田尾雅夫著

公共経営論

木鐸社

はじめに

　この社会がどうなるのか，漠然とした不安が広がりはじめた。この社会を表象する言葉にも，格差社会やニート，ワーキング・プアなどネガティブな意味合いが強調されるようになった。この不安が，グローバリゼーションの荒波や超高齢社会など出口が見えそうにない閉塞感と重なり合うとカタストロフィを迎えるような気持ちになってしまう人も多くなるのではないだろうか。今こそ，公共とは何か，この社会で公共の組織（公共空間にある組織をすべて包含し，その中でとくに公共のためにある組織を地方自治体として区分する）の位置づけを問い，その役割を問うべきである。その活躍しだいでは，楽観は禁物であるが，不安もいくらか解消されるかもしれない。施策しだいでは，狭いかもしれないが出口がいくつか見つかるかもしれない。

　この社会で果たす地方自治体を含めた公共セクターの役割は大きい。そして今後，いっそう大きくなる。その役割が大きくなることを見通して，本書では公共セクターの組織におけるマネジメントの可能性について論じたい。しかし，それは企業のようにマネジメントすることではない。新規の，そしてオールターナティブな議論を必要とする。それには以下のようないくつかの基本的な前提が与件としてある。議論のためのスタートラインといってもよい。

　一つは，公共セクターにある組織とは，公平や公正，社会的な正義を実現するための組織である。この社会の一般的な利害に対応できるのは公共セクターの組織以外にない。二つ目は，その組織の内外にはさまざまの利害が錯綜しながら妍を競うようにして存在している。いくつもの利害関係者が並行して存在しているポリティクスの組織であるといいかえてもよい。ということは，利潤の追求のように一つのビュロ・フィロソフィを一貫させることが難しいこともあり得る。三つ目は，環境からの影響を受けることを当然とする典型的なオープン・システムであると位置づけられることである。新制度派の組織論が事例としたのはほとんどが非企業組織であったのは偶然ではな

い。公共にある組織は企業に比べても法制度や社会情勢，社会の慣習や習慣などによりいっそう影響されやすい。したがって，技術的に合理性を達成するためだけのマネジメントには限界があるかもしれないことを，議論をすすめる過程では疑わなければならないこともある。

　本書の意図するところは，公共にある組織，さらに一般的にいえば公共セクターの組織を企業のように経営できるのかを，真正面から問いかけることである。ニュー・パブリック・マネジメント（略してNPM），最近では，ニューを外してパブリック・マネジメントといわれるようになった。それに対する批判の試みである。用語としてアドミニストレーションが，この20年の経過のうちに廃れてしまい，今はマネジメントである。この用法の違いは決定的に大きい（本文中で明らかにする）。公共セクターの組織をマネジメントしなければならない，その意見に対して原則的に反対ではない。組織論の立場からは大いに関わりたい。しかし，企業のようにマネジメントしなければならないということではない。公共にある組織と私企業は，本来反りのあわない組織である。それぞれの特異さを勘案してのマネジメントであればよいが，その差異を無視してのパブリック・マネジメントは，後世に大きな禍根を残すのではないかと考える。筆者は，本書を通して，もう一つの，オールターナティブなパブリック・マネジメントを考えたい。

　しかし，なぜ，公共セクターの組織をマネジメントの視点から論じなければならないのか。今さらいうまでもないが，地方自治体を含めた公共セクターに区分される組織は右往左往を繰り返している。地震のような大事件があれば，そして，たとえ小さな不祥事でも，市民が被害にあうようなことがあれば，その後始末に，公共にある組織は翻弄される。事故は必ず事件になるといってもよい。そして，マスメディアなどの批判的な言動の矢面に立たされる。危機的状況におかれ右往左往を繰り返すことになる。しかし，危機的といえる状況に向き合うのは今にはじまったことではない。これまでも慢性的に危機的であったし，これからも危機的であり続けることは疑うまでもない。本書で論じるように，公共セクターの組織は四六時中，危機に向き合っている。この危機に向き合うためには，マネジメントという考え方は欠かせない。

　さらに今，いっそう危機的であるというのは，超高齢社会が目前に迫っているためである。逃げ道のない閉塞状況，つまり膨らむ一方の需要に対して，

少ない資源をどのように按分するかは，今後の施策の大きな課題となる。しかも，すでに膨大な財政赤字がある。相乗的に働けば，地方自治体をはじめとする組織がそれを座視すれば，悲惨な状況はただちに明日からでも現実になりかねない。その現実に対処するためにはいっそうの政策的な，施策的な対応が欠かせない。少ない資源を，どのように活かして，この社会の存続につなげるかである。

　公共の，行政の，そして地方自治体を含めた公共セクター全体のマネジメントに関する理論と実践は，すべて資源の希少に由来している。あり余るのであれば，それらは必要がない。あり余る資源を勝手に使ってよいのであれば何の苦労もない。余るようならば使い尽くせばよい。蕩尽とはそういうことである。企業でも同じことである。その蕩尽の対極にあるのがマネジメントの視点（限りのある資源からより多くの成果を得るために何をするのか）であり，その視点から，公共セクターにある組織を再度捉え直すことが本書に与えられた課題である。

田尾雅夫

目　次

はじめに……………………………………………………………… 3

第1章　公共と公共の組織：論点整理……………………… 13

　Ⅰ　公共とは何か　　(13)
　Ⅱ　組織論の立場　　(21)
　Ⅲ　政府という組織，その役割，効用と限界　　(28)
　Ⅳ　公と私の狭間で：第三セクターのマネジメント　　(35)
　Ⅴ　公共経営とは何か　　(39)
　要約　　(42)

第2章　ガバナンス…………………………………………… 46

　Ⅰ　論点　　(46)
　Ⅱ　ガバナンスの概念と意義　　(47)
　Ⅲ　ガバナンスの変容，拡張，曖昧化　　(56)
　Ⅳ　私的政府の形成　　(62)
　Ⅴ　組織間関係：パートナーシップ，ネットワーク，コラボレーション　　(70)
　要約　　(75)

第3章　公共サービス………………………………………… 78

　Ⅰ　論点　　(78)
　Ⅱ　公共サービスとは何か　　(79)
　Ⅲ　サービス提供の仕組み　　(87)
　Ⅳ　サービス提供の多様化，その展開と課題　　(94)
　Ⅴ　発給のためのツール革新，そして適正な運用のために　　(99)
　要約　　(107)

第4章　環境適合とパワー・ポリティクス……………………………109

　Ⅰ　論点　（109）
　Ⅱ　環境とは何か　（110）
　Ⅲ　環境適合　（114）
　Ⅳ　パワー・ポリティクス　（125）
　Ⅴ　制度という環境　（132）
　要約　（139）

第5章　マネジメントⅠ：ビュロクラシーの効用と限界……………142

　Ⅰ　論点　（142）
　Ⅱ　内部統制のためのビュロクラシー　（144）
　Ⅲ　マネジメント・サイクル　（152）
　Ⅳ　リーダーシップ　（158）
　Ⅴ　コミュニケーション　（166）
　要約　（172）

第6章　マネジメントⅡ：システムの革新………………………………174

　Ⅰ　論点　（174）
　Ⅱ　NPM：その発端と経緯　（175）
　Ⅲ　NPM：その手法　（180）
　Ⅳ　NPM：その限界　（188）
　Ⅴ　限界を超えて　（199）
　要約　（204）

第7章　マネジメントⅢ：意思決定………………………………………211

　Ⅰ　論点　（211）
　Ⅱ　意思決定　（212）
　Ⅲ　非合理的意思決定　（219）
　Ⅳ　職員参加　（226）
　Ⅴ　意思決定の工学　（232）
　要約　（239）

第 8 章　市民と行政Ⅰ：市民参加 ……………………………… 241

Ⅰ　論点　（241）
Ⅱ　市民参加　（242）
Ⅲ　地域社会と地域組織　（251）
Ⅳ　NPO とボランティア活動　（255）
Ⅴ　市民と行政のパートナーシップ　（263）
要約　（269）

第 9 章　市民と行政Ⅱ：クライエントとしての市民 ………… 272

Ⅰ　論点　（272）
Ⅱ　クライエントとは何か　（273）
Ⅲ　ストリート・レベルのビュロクラシー　（277）
Ⅳ　サービス関係のダイナミクス　（287）
Ⅴ　ゲートキーパーとしてのストリート・レベル・ビュロクラシー　（294）
要約　（300）

第10章　人的資源管理 ……………………………………………… 303

Ⅰ　論点　（303）
Ⅱ　公人ということ　（304）
Ⅲ　モチベーション管理　（317）
Ⅳ　キャリアとキャリア管理　（321）
Ⅴ　プロフェッショナリズム　（324）
要約　（331）

第11章　評価 ………………………………………………………… 334

Ⅰ　論点　（334）
Ⅱ　評価とは何か　（335）
Ⅲ　評価の基本的枠組　（344）
Ⅳ　自己評価　（353）
Ⅴ　アカウンタビリティ　（357）
要約　（362）

第12章　残された問題と今後の課題……………………………………… 365
　Ⅰ　変化という与件　(365)
　Ⅱ　政策官庁化への試み　(372)
　Ⅲ　再度，公共とは　(378)

引用文献……………………………………………………………………… 382
あとがき……………………………………………………………………… 423
索引…………………………………………………………………………… 428

公共経営論

第1章　公共と公共の組織：論点整理

I　公共とは何か

公共とは何か

　単純な二分法によるが，私的に対する公的，あるいは公共があるとすれば，それは私的な，個別の利害を排除すること，少なくともそれを一時的に放棄することである。そこには利害の何かが共有され，それを得るための合意の調達があり，その過程で利害に関係する人たちの納得が欠かせないことである。得心できない人が，もしいるとすれば説得に努めなければならない。しかし，たとえ納得できない人がいるとしても，功利主義の立場に立てば，できるだけ多くの人たちにとっての幸せが達成できるところが，公共の場（あるいは公共空間）であると考える。そしてそれを可能にする組織が，公共のための組織であり公共の組織である（この使い分けについては後述する）。近代以降，それがデモクラシーの価値を追求するための仕掛けであるとされてきたことと合わせて考えれば，当然であるといってよい。

　しかし，この論理には，公共のためには私的な利害を放棄すべきであるという，公の優先を一方的に迫るニュアンスがある。従来の公共性とは，このニュアンスに偏重していた。これによれば，私的な利害を瑣末と捉え，公共の下位に位置づけて，納得できない人は，それでも納得しなければならないとされた。極端な場合，少数意見を圧殺することさえなくはなかった。この延長線上で単純化すれば，組織そのものが公共という錦の御旗を掲げ，それに服しなければひどい目に遭わせるぞ，と脅迫しているようなところがなくはない。アイヒマン実験（Milgram, 1974）などはその延長線上で構想された

ことである。単純な功利主義では済まされないところに，公共における問題の根の深さがある[1]。

　私的とは，本来完結した世界を構築して，その中で一つの，いわばストーリーができあがるところである。家族がそうであるし企業もそうである。端的には個人そのものが私的である。閉じられた世界といってもよい。閉じられた世界では，たとえば家族には互いに仲良く，企業には利潤の追求という一元化されやすいストーリーができやすい。個人でも相応に自分を中心とした世界に住まうことになる。それらのストーリーが互いに出合うところが公共である。しかし，その公共の場が，一つのストーリーにまとめられてしまえば，公共ではなくなる。それが極端に走ればファッショともいわれるが，一つの大きな私的な世界である。

公共性の前提

　逆に，いくつものストーリーがそれぞれ語られるところが公共である。公共とは開かれた世界である。地域社会に公共が成り立つとすれば，互いに相容れない意見，いくつものストーリーがあって，それらが相並ぶという前提によってである。ということは，公共のための組織とは，本来的ともいうべき矛盾を孕むことになる。いくつものストーリーに応えなければならないからである。これはあり得ない，または非常に難しいことである。組織とは，何か目標を定めて，それを達成するためにあるからである。いくつもの目標を同時に達成するような仕掛けは，極めて非効率的となる。それらすべてに応じた資源などあるはずはない。資源の配分のためには，中にはムリを承知のストーリーもあり，ほかを圧殺するような意図を秘めたストーリーもなくはない。

　いくつもの立場が並立するという考え方によれば，たとえば国家を公共とするのは，それがいくつもの利害をかかえ，それらの間で対立，競合しているからこそ公共が成り立つので，戦時体制のように，一つの目標に向かって反対意見が圧殺されるような方向に進むとすれば，公共という考え方は欠落することになる。また，地方自治体が財政再建を至上課題として，それだけのために有無を言わさずサービスを切り詰めるとすれば，マネジメントに成功しても，それだけでは公共という足場を一時的にではあるかもしれないが，失うことになる。とはいいながら，従来的な意義において，国家が公共を独

占してきたという経緯は否定しがたい。一時的が再々重なれば，やはり公共は国家に発するという事実は残される。独占することで効率的なマネジメントができたといってもよい。それに政治的，倫理的に対抗するのが，後述の市民的公共性（Habermas, 1990）である。

再度いえば，すべての関係者が自由に考え行動し，何か言えば，それに対して応答が必ずあることが公共性の前提である。必ず他者の存在を必要としている。しかし，いくつものストーリーが並列して，それらが競い合うだけでは公共は成り立たない。説得と納得を経てカオスが抑制され，やがて合意が成り立つ。しかし，成り立たないことも多々あるので，紆余曲折を当然の与件とせざるを得ない。この過程が公共性である。語弊はあるが，利潤追求に狂奔する私企業の結果重視の姿勢と対照的である。

より好ましい，達成可能なストーリーが選ばれ，それの達成に向けて，だれもが協力しようとする。当然，協力しようとしない人もいる。しかし，その全員を，有無を言わさず動員するようなところでは，公共性はフィクションであるというべきで，通常は，異論，あるいは異端さえも存在するはずである。それのあることが，逆説的ではあるが公共性の要件でもある。だれもが自分のストーリーを実現しようとする。多数派工作や駆け引きも辞さない。混乱する，カオスに至る。それを緩和することが，公共性の維持のために必要とあれば，公共性という名の下に，一定の枠組を与えることもある。この最後の部分だけを切り取って公共性というのは，それを狭い意味に限定しすぎることになる。公共性とはフィクションでもあるかもしれないという悲観論もあり，パラドックスを内包していることだけは疑いない。しかし，その悲観論を受け入れることで，公共性は中身が豊かになると考えなければならない。

公共性の多義性

したがって，それは多義的である。齋藤（2000）によれば，(1)国家に関する公的なもの（official），(2)すべての人々に関する共通のもの（common），そして，(3)公然，あるいは公開されたもの（open）という多義性を前提として成り立っている[2]。また，山口（2004）によっても，(1)社会的有用性，あるいは社会的必要性，(2)社会的共同性，(3)公開性，(4)普遍的人権，(5)国際社会で形成されつつある文化横断的諸価値，(6)集合的アイデンティティの特定レ

ベル，(7)新しい公共争点への開かれたスタンス，(8)手続きにおける民主制のように，多様な要素から成立っている。

　これらは互いに相容れない関係にあることもあるが，いくつかが揃えば，疑うまでもなくデモクラシーが成り立つ要件となっている。すべてが揃うことはない。揃うという仮定はそのものがフィクションであり，そのうちのいくつかは相互に相容れない関係にある。ということは，本来的にこのパラドックスは避けようがないということである。デモクラシーそのものがフィクションではないかという極論もあるが，万人平等のように支えなければならないフィクションもある。

　話を元に戻すが，すべての人が自由に考え行動し，何か言えば，それに対して応答が必ずあることを前提とした空間とは，ハーバーマス（Habermas, 1990）のいう公共圏である。言説の空間である。ハーバーマスは，公共性を空間概念として捉え，市民が集うところに公共は存在し，市民が私人として自覚的に（したがって公人となって）行動する社会にあるものを市民的公共性として概念化している。そこでは，公と私が重なり合い，重なることを自覚して，市民が公論形成のために議論に参加することになる。公共性は，積極的に市民社会を構築しようという意図関心によって成り立つというのである。齋藤や山口の定義において，公共性を成り立たせる要因としたものが，デモクラシーを成り立たせるものと重なり合うのは，むしろ当然というべきである。

　そして公共にある組織は，それぞれが一つ一つストーリーを語ることでデモクラシーを支える組織となり，結果として公共性を支えるための過程の組織になる。いくつものストーリーを内部に抱えて，それぞれが錯綜しながら市民的公共性と交響するのである。デンハートとグラブス（Denhardt & Grubbs, 2003）によれば，公共にある組織とは，(1)経営管理的，(2)政治的，そして(3)倫理的の三つの意図関心に応じることを義務としている。これらは互いに齟齬を来すこともあり得る。具体的にいえば，経営管理的とは，生産的であるということである。量的と質的の成果の向上を狙っている。私企業の意図関心と近似している。まさしく経済的な意味において効率的なマネジメントを行うことである。そして政治的とは，その組織の内外には多くの利害関係者が並立し，しかも錯綜している。それらに適切に，望ましい対応ができたかどうかである。さらに倫理的とは，錯綜する利害に対して的確な裁

定ができたかどうかである。公平や公正，および正義の達成が課題となる。組織自らの正当性，なぜ今そこにあるのかが真正面から問われることでもある。以上はしかし，互いが相反し鼎立しないこともある。

　要約的にいえば，公共に関わる組織をすべて包摂した公共にある組織とは，公共圏の発展，市民的公共性を支えあうためにある。逆にいえば，そこにある組織が貧弱であれば，公共圏が成り立たない，デモクラシーの発展が阻害されるのは，むしろ必至というべきである。公共圏を支えるために，またはデモクラシーの価値を実現するために，政府も政府的組織（準政府）も，そして公共の組織一般はあると考える。地方自治体は，そのもっとも重要な一部であることはいうまでもない。

ルールによる公共性の支援

　本来，公共性とは，すべての人が自由に考え行動するところであるから，パワー・ポリティクスとは裏腹の関係にある。自由な人が利害を競うところである。ポリティクスのアリーナ（競技場）である。しかし，それに参加できない人たちも少なからずいる。マイノリティや社会的弱者とされる人たちである。参加できなくもないが，その機会は非常に狭く制約される。スティグマ（可視的な社会的弱者）をもった人たちは，それだけで除外されることもある。これはポリティクス以前の問題である。公共性が，それにどのように関わるべきであるのか。過程としての公共性が，それをまったく無視してしまえば，公共性そのものが成り立たない。無視させない，あるいは無視できないように仕組むためには，公共性というアプリオリな錦の御旗を必要とする。それは，たえず公平や公正，そして正義を倫理として問いかけている。公共性とは，だれでもどこからでも参加できるというルールによって支えられる。この社会には，枠のない枠というルールを設定した上でのポリティクスでなければならないとされる。

　公共性には，その状況に合わせた倫理システムがなければならない。何らかの行為を当然とし，この社会が必要としていることを明示できる正当性の付与が欠かせない。これは山口（2004）や山口ほか（2003）に従えば，正当性基準としての公共性である。この基準を満たさないようなものは，公共とはいえない。この基準さえも状況によって変動はするが，弱者切捨てなどを公然と行えば，基本的な人権に抵触することになり，公共性が成り立たなく

なる。では，正当性を支える基準がどのように構築されるか，その基準の詳細をめぐって利害が競合するアリーナが公共空間である。パワー・ポリティクスは避けられないが，そこでは，アリーナに入れない人たちをどうするかも含めて，具体的にルールを考えなければならない。

　過剰なパワー・ポリティクス，またはリバイアサン的世界に至れば，正当性は根拠を失う。俗にいえば，欲望には限りがない。したがって，その基準さえも本来脆いことを承知しなければならない。だれもが欲望をむき出しにすれば，極端ではあろうが共有地の悲劇（Hardin, 1968）に至る。利他主義にも個人差があり，しかも状況限定的であることはすでに知られていることである（高木, 1998）。自分だけのことを考える人も少なくはない。またコモンズ（commons: Lohrmann, 1992a, 1992b）というアイディアもあるが，市民を自発的な世界に呼び込むための仮想の仕掛けであって，ポリティクスはそのような善意をときには踏みにじることがある。コモンズはボランタリズムを前提にしているが，そのボランタリズムも個人に固有の意図関心を前提とせざるを得ない。当てにはならないということである。

　ルールの構想は，この社会では容易でないという悲観論も理由がないことではない。それにもかかわらず，コモンズを内実化するためにも，そして共有地の悲劇を避けるためにも，そして過剰なポリティクスを抑制するためにも，ルールを人為的に設定しなければならない。公共性とは人為的に構築されるものでもある。虎視眈々と互いにその隙を窺わなければならない社会では，ポリティクスのコストが異常に膨らむので，それを減らすためには，少なくとも互いにそれに気づくことになれば，してもよいこと，してはいけないことなどのルールが設定される。公共性とは人為によって支えられる。

カウンターパワーの存在

　公共とは，さまざまの利害が衝突するところであると述べた。したがって，開放的であり，新規の利害関係者もいれば，退出者がいることも当然であるということもできる。利益を得られずして，敗残の身に落ちぶれ果てることもなくはない。ということは，そのままでは公共空間とは冷たい世界である。この冷たい社会に向き合うためにはルールによる配慮だけではない。それだけではパターナリズムに転じる危険はいくらでもある。パターナリズムをルール化するだけでは，世界は閉じられる方向に進む。閉じられないためには

カウンターパワーが存在することが，公共空間には欠かせない。

　たとえ主流派がいても，それに反発する反主流派が存在することが公共であるために必須といってよい。互いが向き合えばルールとは逆の，むき出しのパワー・ポリティクスである。いわば公共性の奪い合いである。ダール（Dahl, 1961）が描いたニューヘブンという町にはエリートはいながらも，そこにはその意味での言説の空間の広がりがある。公共性に関する主張が競い合ってこそ，逆説的に公共性が成り立つ。そして，デモクラシーの価値が想定外のように活かされる。ほぼ一つの言説が支配的なところもあるが，それを覆すような動きがあってこそ公共性があることを，人々に周知させることになる。たとえばロイコ（Royko, 1971）が描いたデーリー・シカゴ市長が，市を専制的に支配したこともあった。しかし，それでもそれが一時期に限られ，やがて旧に復したのは，カウンターパワーが健全であることが，公共性には必須であることを示唆している。

　この場合，公共空間は百家争鳴ともいうべきで躍動している。しかし騒がしいだけでは何もできないかもしれない。空騒ぎが続いてしまうと，デモクラシーの負の局面が露呈してしまう。舞台は暗転，逆に，シンプルな舞台装置が好まれるようになることもある。この場合，公共空間は縮小されるが，物事の進捗状況はよくなるかもしれない。公共空間とはその両極を左から右へ，またその逆へ揺れ動くのである。縮小したり拡大したりの繰り返しでもある。いずれにしても公共性にとって，カウンターパワーを不断にその空間の内部に有することが必須である。揺れはあった方がよい。

　ミンツバーグ（Minzberg, 1983）は，いくつかの組織類型を比較的に論じている。地方自治体などではカリスマ的な首長が行政を主導すること，財政危機に対処するためには財務部門が圧倒的に影響力を発揮すること，中央政府の影響下で公共事業が優先的に実施されることなどが多々ある。しかし，それらは例外的というべきで，本来カオスを与件とする組織である。ミンツバーグによれば，互いが利益を競い合って，カオスに陥る政治的組織がもっとも効率的でないとしている。ということは，公共のための組織はもっとも効率的ではないということになる。しかし，たとえ効率的ではないとしても，政治的組織であることを与件として受け入れ，過程重視の姿勢を理念として堅持できれば，多少の非効率は我慢するという合意も，利害関係者の間で成り立つのではないか。デモクラシーには寛容が欠かせない。そして，カオス

が見え隠れしても構わないという関係者の気概が，この社会を支える。それこそが成熟した市民社会である。

ルール再説

　関係者の気概が向けられるべきは，この空間に，カウンターパワーになれない部分が存在することへの関心である。再度言えば，言説の空間から排除された人たちである。この社会が市民の社会であるとすれば，実質として市民でない人たちである。アンダークラスやアウトローである。古典古代に遡っていえば，市民ではない，奴隷である。反対できる人はまだよい。黒人であればブラック・イズ・ビューティフルといえるようになればよい。しかし，それさえいえない人たちがいる[3]。この人たちを組織に組み入れれば，効率が阻害される，さらにいえば過大なコストを生み出してしまいそうな人たちである。したがって排除に向かう。前述の，言説の世界にとどまることができれば，まだカウンターパワーの資格を得て復活の機会を窺うこともできる。敗者復活戦は，公共空間では保証されていることである。しかし，それが保証されていない人がいる。落ちこぼれもいる。高コストであるから保証しない，あるいは救いあげようともしない。それでは公共空間は限られた人たちの空間になる。公共性のためには，パワー・ポリティクスが正当性に準拠して成り立つこと，そして彼らの存在を当然として受け入れることである。そのことで正当性基準も内実を得ることになる。

　しかし，逆に，だれもが言説空間に入り込めば，混乱してカオスになりかねない。カオスに至らないためには，再度いえば，ルール化も含めて安定化のための仕組みがいる。しかし，逆説的であるが，安定させようとするほど当事者の関係は固定化に向かう。安定的になれば，互いの期待が可視的になれば，そして互いに期待できない人たちを排除できれば，カオスの部分は少なくなり，いわば安心して生活できる。そこではポリティクスで得た利益の多い人から，それの残りを得るだけ，さらにほとんど得ることができない人たちまでの階層が生まれ，それぞれがその中だけで交流するのである。そしてその最底辺には排除された人たちが居つくのである。正当性基準が逆に，内部的な秩序化を促すようなことになる。これらの仕組みの成り立ちを公共性の成熟といえなくはないが，それへの関係者は限定的とされる。安定を即市民社会の成熟とみなすことについては異論がなくはない。

いわば化外(けがい)の人たちを，ポリティクスを超えてどのように支えるか，どのように社会の一部として組み込むことができるかは，その社会の成熟を問うことである。放置しても公共空間は成り立つ。しかし，その社会は，いわゆる公平や公正，そして，正義を備えているとはいいがたく，以上の議論に即していえば，公共的であるとはいえない。公共空間とは別途に，公共的であるというのは，規範的であることを問うこととほぼ同義である。公共空間の大騒ぎとは関係なく公共性は構想されるべきである。再々度いえばルールができる。それに従うことが公共性である。公共にある組織が倫理的でなければならないというのは，この含意があるからである。しかし，ルールの可否を問うことも公共性と重なり合う。ルールの構想を問う機会が多くの市民に開かれていなければならない。とすれば，公共空間の言説に公共性そのものが左右されるのは避けられない。公共空間の大騒ぎに公共性が歪められるようなこともないとはいえない。しかし，そこで展開される言説に，辺境に，底辺にいる人たちに対する感受性が含まれるかどうかは，その社会の成熟を示す格好の指標になる。それらを包括できるルールができるかどうかによって，その社会の成熟の度合いを問うことができる。それが社会の寛容であり気概である。寛容であれば，そして気概があれば，逆説的な表現であるが，公共性の脆さを受け入れることができる。

以上は，公共空間と公共性とは相違することを含意している。公共空間が成り立ってもさらに公共性を構築するためにはルール改訂も含めたさらなる努力を要する，その調整のために公共のための組織が必要になる[4]。

II 組織論の立場

公共の組織，そして，公共のための組織

前節の議論を受けていえば，公共性は過程であるが，理念でもある。この二つは公共の組織を成り立たせるコインの表と裏である。前者で存在するものを公共の組織といい，後者のためにあるものを公共のための組織として，便宜的に以下で使い分ける。なお，それらを一般的に私企業に対比させる場合は公共セクターという用語を使う。

公共の組織は公共空間で利害を競い合い，前向きの表現をすれば，そこで切磋琢磨を繰り返して，公共のために貢献している。ポリティクスを不可避

とする公共の組織に対して，公共のための組織とは，すでに述べたが，公正，公平，そして正義を実現する理念の組織であり，公共性の基準を満たそうとする組織である。以下の論考では，地方自治体は代表的な公共のための組織であるが，それに対して公共の組織一般は，その周囲に無辺に広がるさまざまの組織群である。後述するNPOやNGOもそれに該当する。メセナやフィランソロピーに真剣に関われば企業でさえもそれから除外できないことがある。

ただし，その社会にとって満たすべき基準は，パワー・ポリティクスの過程で，あるいは公共空間で修正され，変更させられたりもする。それ自体がその時代の，その社会のニュアンスを含み込み，固定的な理解を拒むのは当然というべきである。たとえば市民参加によって，その基準が大きく変容しつつあるのは周知のことである。

組織のドメイン

以下で議論される公共セクターの中にある組織とは何をドメインとするのか。いうまでもなく公共のための組織は，地方自治体を含めて政府がこれに該当する。しかし，公共の組織の範囲は定義しだいで融通無碍に広がる。地方自治体の周辺に位置する組織群である。病院や福祉施設，最近では介護の事業所なども公共の組織である。これらを包括的に捉えた，後段で論じられる広義の第三セクターも，そのサービスは公共のためにあるので公共の組織である。

これらはすべて組織である。公共の組織としても，公共のための組織としても，組織，あるいは経営体である以上自ら効率的な，合理性を達成する組織でなければならない。そのためには，マネジメントが欠かせないということである。しかし，組織の理論は従来企業に偏して，公共の組織も含めてそれ以外に関心を向けることは少なかった（Christensen & Laegreid, 2007）。しかし，公共にある組織はすべて組織である以上，組織論によって説明されるべきである（Frederickson & Smith, 2003; Christensen et al., 2007 など）[5]。

二分法

再度いえば，組織論の立場としては二つの群に大きく分ける。公的と私的である。公共セクターと私的セクターである。前者は政府を代表とし，後者

は私企業である。またそれぞれを第一セクターと第二セクターに区分けすることもある。この二分法はしばしば使われる。しかし、その境界は明確ではない。一般的にいえば、政府は、公共のために、それ自身のためには行動しない領域にあり、企業は自身のために行動する領域にある。しかし、第一セクターを公共セクターと重ねてしまうと、そのニュアンスが相違するようになる。公共空間における組織は政府だけではない。私企業も、メセナやフィランソロピーなどにみられるように、公共のために行動することがある。

この区分けの背景には、その中間の領域に公的とも私的ともいえない、区分けの難しい組織が多くあり、これに第三セクターという呼称を与えなければならなくなった事情がある。今に至るまで、第三セクターという便宜的に、政府でもない企業でもない、残余ともいうべき領域が大きく膨らんできた。公共セクターの領域には、私的な、しかし、公共に関与する組織が多くある。それらをすべて第三セクターに組み入れてしまえば、圧倒的に広大な領域ができあがってしまう。

さらにこの議論の背後には、政府だけが公共サービスを提供する組織ではないという考えがある[6]。第3章で紹介するが、サービスの多様化に関わっている。とくに「小さな政府」を議論しようとすれば、政府のドメインは縮小されても、それが従来から担っていた公共サービスが消えてしまうことはない。それはそれ以外に転嫁されるはずである。それを第三セクターが担うとすれば、それが肥大化するのは、むしろ当然というべきである。その議論の詳細は後段で試みるが、それに先行して、二つのセクターを区分しながら、相互に依存する関係にあることの認識は共有されるべきである。

二分法はどのようにして成立つのか

企業はそれ自身の戦略的優位のために、具体的には利益を得なければ存続できない。それに秩序を与えるのが政府である。その利益から応分の税を得て、その場、つまり公共を支えるのである。政府がなければ企業は成立たないし、企業がなければ政府は成立たない。夜警国家でも最小国家（Nozick, 1974）でも、政府という第一セクターはとりあえず必要であり、それがなければその社会が成立たない。逆に、それに原資を提供するのは企業の第二セクターである。互いが互いを必要としている。

このことを前提に、端的に、政府と企業はどのように相違するのかについ

ての論点整理は欠かせない。以下で，政府である第一セクターについて企業と比較した場合の特徴を述べたい。しかし，これの特徴を広く公共セクター一般に拡張すべきではない。公共セクター一般という概念は成り立たない。というのは，公共の組織とは，第一義的に利潤を追求しない組織である。私企業以外の組織をすべて含むことになる。それは残余的であるが暫定的でもある。暫定的であるというのは，企業の間でさえも，公的なところを多く取り入れて，純粋型としての（自己の利害以外は一切考えない）私企業は決定的に少なくなっているからである。メセナやフィランソロピーを考えれば，企業自体がすでに公的な存在である。利潤追求に血眼になるような企業は社会的な制裁を受けることも多い。やがて行き詰まることにならないとはいえない。逆に，公的な関心だけに限定しても，病院や福祉施設（介護の事業所を含む），さらに NPO や NGO などの，近似のさまざまの組織を取り込まざるを得なくなる。第三セクターがその間にあろうとなかろうと，その境目は極めて曖昧になりつつある。

とはいいながら，境界を画する必要はある。さまざまな組織があるというだけでは，公共のためにある組織の特異性が明らかにならないからである。企業を核とした第二セクターは，経済的合理性を追求するための明確な意図関心によって成り立つ領域である。他方で，公共にある組織の群を一括できる，統合的に捉える論点に欠かせないのは，それらの多様な組織が，個々バラバラで企業に向き合えば，第一セクターの意義は雲散霧消してしまう。企業という経営体のミニチュアになるだけである。企業に比較して，そのマネジメントの非効率が強調されるだけである。行政に対する NPM（第 6 章で詳述）がそうであったし，病院経営に企業の経営技法が導入されるのも似たようなことである。

非企業組織の独自性が看過されれば，あらたに議論すべきところは多くない。しかし，これらの組織に通底する論理が明確になれば，マネジメントの合理性の論拠を確実にできる。経済的合理性だけでは組織は成り立たないというオールターナティブも，そこではあり得る。そのマネジメントが，企業組織のイミテーションではない立場から論じるという可能性を，本書では次章以下で考えたい。

ここで非企業組織として典型的に考えるのはまず政府である。それを中心としてその周囲に広がる組織群に共通するものは，利潤を追求しないことの

他に何があるのか。それらに通底する論理が明らかになれば，公共セクターの汎用的な一般理論が成り立つことになる。

公私組織比較の視点

　公共のための組織とはどのような組織であるか。二つのセクターは明らかに相違する。それぞれはこの社会に対して区別するに値する，むしろ相反的ともいえる機能を果たしている。現状では，すでに述べたように，公と私は境目が不明瞭になりつつあるといわれるが，それでも，コアの部分は対比的であり，明瞭に区分される特徴がある。

　基本的な相違をいえば，私的，つまり企業では，何はともあれ繰り返しになるが，利益を得ることが最大の関心事で，逆に，公共の組織は公共を成り立たせ，それを支えるための仕掛けを用意し，その公共一般に，サービスを円滑に提供するためにある。目的が相違するのは当然というべきで，企業はそれ自身のために存立し，公共の組織は，他の何かのためにサービスを提供するために存立するのである。

　構造は戦略に従うという，チャンドラーの命題（Chandler, 1962）に従うとすれば，その目的を達成しようとして，それぞれが展開しようとする戦略も相違し，それぞれが採用する組織の仕組みも相違することになる。その相違に関する議論は，公私組織比較ということでさまざまの研究がある。

　たとえば，ブラウとスコット（Blau & Scott, 1962）によれば，私企業では，その利益の受け手は経営者や所有者のように狭く限定される。しかし，公共の組織では，不特定多数，いわば公衆の利害が尊重されるべきであるとされる。また，レイニイら（Rainey et al., 1976）に従えば，公共のための組織は，目標が特定されず拡散的となる。拡散するほど，達成にかかわる個々の作業の間の関係は曖昧なものになり，手順や手続きが相互に明確に定義できなくなる。さらにいえば，私企業である場合は，目標をどのように特定するか，それの選択の自由があり，さらにどのような目標を選択しても最終的には金銭的価値に還元できる。しかし，公共のための組織では難しいことである。さらにリングとペリー（Ring & Perry, 1985）は，もし自らの意図関心を特定の目標に絞り込み，しかも明瞭に提示するようなことになれば，必ずそれに対抗する関係者が出現するとしている。マレク（Malek, 1972）も，目標の決定に多くの関係者が吾こそはと参加しようとし，またそれが原則的にオープン

であるがために，それぞれの利害が競合して，一つの目標に絞り込むことができない事情を指摘している。

　要は，とくに公共の福利に関わろうとすれば，万人のための合意形成を至上価値としているために，不特定多数の福利向上を図ることを目標とする。さまざまの利害関係者がさまざまに関与することになれば，目標の並立，拡散，その間での対立や競合は避けられない。その典型としての地方自治体が，地域の福利の向上などと，その目標を抽象的に表現せざるを得ないのは，このような背景がある。しかし，それに対して私企業は，目的を狭く限定でき，しかもその成果を金銭的な価値に集約できる。極端にいえば，財務諸表でその成果を見届けることができる。さらに，手段－目的関係を自らの意図的選択によって設定できる。つまり合理性を貫徹できる。

　そのほかにも多くの論者が，私企業では，できないことを明らかにしようとして，とくに禁じていない限りは何をしてもよいが，公共の組織はできることを明らかにして，法的に規定されていることのみを行うべきであると考えがちである（Pfiffner & Presthus, 1967; Gorter, 1977 ; Berkley, 1981 など）。できることはこれだけと制約を課すことで，行動の選択肢を狭めることになる。地方自治体で，安定重視や前例を踏襲したがる傾向（田尾，2007a）はこのことと裏腹である。ボズマンとキングスレイ（Bozeman & Kingsley, 1998）によると，リスク行動に公私の差はないが，公共のための組織は，リスクを減らすような仕組みを備えているということである。

　過程については，以上の指摘に重ねることになるが，成果を得るための手続きが合法的であるか，関係者にとって政治的に望ましい成果を得るように意思決定がなされ，それに準拠した実行があるかないかが問われる，つまり純粋技術的というよりも，パワー・ポリティクスへの配慮が優先されることが多い。意思決定過程でより多くの合意を調達できるかどうかが優先される。そのためにはバーゲニングなどがしばしば行われる。企業では，その過程は比較的技術的な配慮が優先される。

　加えて，フィンチ（Fintch, 1974）によれば，組織の成果は，私企業は生産性であるが，公共の組織では配分である。私企業では，成果を生み出す過程が重要であり，公共の組織では，生み出されて以後，どのように配分するかが重要である。配分にポリティクスが絡むことになるのは必至である。

　成果についてその多くがサービスとして提供される（第3章）。それは本来

評価が困難である（第11章）。しかもまた，それを利害関係者がそれぞれの立場で評価するので，断定的な評価がないこともあり得る。評価そのものがポリティクスになる。時間スパンの壁もある。その多くは今日の成果を明日知ることができない。数年後，もしかすると数十年後ということもあり得る。評価自体を拒むようなこともある。地域住民の意向に沿って施設をつくったが，人口の減少などでいつの間にか遊休施設になって財政を圧迫していたなどである。そのような事例は枚挙にいとまがないほどである（評価については第11章で詳述）。

特異性への注目

以上のように公私比較については多くの研究が累積している[7]。最近に至ってもその傾向は連綿と続いている。NPM（ニュー・パブリック・マネジメント）の批判を受けて，さらに，ポリティクスやデモクラシーとの関連がより強調されるようになった。たとえば，デンハートとグラブス（Denhardt & Grubbs, 2003, 5-7）は，本書のこれまでの論説と重なるところもあるが，以下のように三つの論点から，その違いを論じている。

(1)曖昧さ：まず，企業は利潤を大きくするためにある。しかし，公共の組織は，マネーの損得が経営の失敗や成功に直接結びつかない。すでに述べたが，成果の評価の困難さということである。その目標を絞り込んだり，測定可能なようにつくり変えることは難しい。さらにその多くは，人間へのサービスであるから，財務よりも，その欲求を充足できるかどうかが問われることになる。曖昧さが否応もなく増すことになる。

(2)多重な意思決定：多重な意思決定というのは，多くの個人や集団が意思決定に関与することになる。これをむしろ是としなければならないのは，公共の組織がデモクラシーを実現するためにあることに由来する。利害関係者が多くいるのは，組織にとって避けることのできない，むしろ好ましい与件であって，それを織り込むことで組織の存立はある。まさしくパワー・ポリティクスである。

(3)可視性：そして，デモクラシーのために，その中にあるからこそ，それがたえず監査されていることが重要である。いわば秘密があるべきではない，公共監査（public scrutiny）を受ける組織である。これを金魚鉢にたとえることもある（Murrey, 1975; Rumsfeld, 1979; Cupaivolo & Dowling, 1983 など）。公

共のための組織に在籍する公務員は，その中を泳いでいる金魚である。私企業の社員以上に，公共に関わる人たちが，不正や腐敗に対して敏感にならざるを得ないのは，この特徴による[8]。

III 政府という組織，その役割，効用と限界

政府という組織

公共にある組織とは，ポリティクスとデモクラシーによって制約される。典型的に，地方自治体を含めた政府は，前節の特異性に制約される。では，政府という典型的な，あるいは公共セクターの中心に位置する組織は，組織としてマネジメントのためにどのような特徴があるのか。ヒューズ（Hughes, 2003, 75-76）によれば，

(1)強制的な制裁が可能：市民は，政府の決めたことに従うことを強制される。従わなければ，相応の制裁を受けることになる。

(2)アカウンタビリティの特異さ：政府における職員のアカウンタビリティ（第11章で詳述）は，政治的なリーダーや議会，そして，公共に対してであり，企業に比べると確実さに欠け，不規則である。

(3)アジェンダの外部性：政治的なリーダーシップによって喚起されたアジェンダの多くは組織の外にあり，それへの対応が職員の仕事になる。

(4)成果測定の困難：目標の達成やそれをどのようにして評価するかについて，合意を得ることが非常に困難である。

(5)統制の困難：規模が大きくなったり事業が大きく膨らんで部門が多くなることがしばしばで，それらを一つの組織としてまとめることが困難になる。

以上のように，公共のための組織には，それ自身のマネジメントの考え方や技法があるべきで，企業からの借り物で済むことではない。マネジメントの困難さを示唆しているといってもよい。

政府の役割

これらの相違を背景に，再度ヒューズ（Hughes, 2003, 81-83）によれば，公共セクターの中心に位置する政府（公共のために組織と言い換えてもよい）とは，以下のような装置としての働きをしている。

(1)サービスの提供，とくに予算に基づく執行（government provision）：主

に税金によって集められた資源を，予算の執行として教育や健康，福祉などのサービスを非市場的に配分する。再配分（redistribution）というべきところも含まれる。

(2)さまざまの活動の補助，あるいは助成（subsidy）：政府活動を支える，あるいは補完するさまざまの領域に対して支援的に資源を配分している。前述の執行と助成の区分は実際には難しい。

(3)サービスの生産（production）：あたかも企業がサービスを提供するように直接的に提供することがある。直営で鉄道や電力を供給する場合などである。

(4)規制，または統制（regulation）：法的な違反者を罰したり，順法行為を強制するなどである。経済的社会的に規制することもある。

デンハートとグラブス（Denhardt & Grubbs, 2003）やメイヤー（Meier, 1987）は政府の役割として，規制（regulatory），配分（distributive），再配分（redistributive），基本的施策（constituent）という四つの役割をあげている。配分と再配分は前述の(1)(2)(3)に該当し，基本的な施策の例としては，外交や防衛がある。

近年，緊縮財政によって(1)や(2)が減少し，(3)もできる限り少なくし，そのために(4)が相対的に大きく膨らむようになった。しかし。それさえもNPMによる政府の役割の縮小への期待によって，少なくされようとしている。市場の失敗に政府が関与するような施策は，むしろ事態を悪化させるという考えも，新古典派経済学の立場から提起されている（Stigler, 1975; Friedman & Friedman, 1980など）。失敗したからといって，政府は積極的に介入すべきではないというのである。ただし，民間企業のスキャンダルの多発から（たとえばエンロン事件など），政府の統制機能を再強化しようとする意見も，根強くある。論点，あるいは立場によって，その役割は，極端にいえば，融通無碍に変更できるということである。

しかし，近年，NPMなどの動向と並行しながら公共セクターの組織がマネジメントのフリーハンドを得たということは同時に，舵取りが難しい荒海に出てしまったということで，前述の困難を倍加することになる。

非営利であることの意味

雑駁な残余定義によらざるを得ないが，公共セクターは営利の私企業に対

して，非営利とされる。営利を目的としないという極めて曖昧な表現の中にすべてを収めてしまうことになる。私的でない，正確には，私的な利潤をその組織の，いわば懐に収めない組織はすべて非企業であり，その相当部分を公共セクターが占め，その中心に政府，地方自治体が位置づけられる。非営利であるということは，必要な資源を自前で用意できないということである。したがって，そのマネジメントは環境に依存的である。そして，とくにこの社会の制度の枠組みに大きく縛られている（制度については後段で述べる）。私企業に比較すると，何をするか，あるいはしないかについての選択肢が多いとはいえない。環境に向き合う場合の戦略策定の自由度も，企業に比べて大きいとはいえない。

それならば，企業も制約されているのではないかという異論がある。制約を受けていることは事実としてあり得る。企業でも勝手を野放しにすれば，近年アメリカ合衆国で多発したような不祥事が起る。企業も勝手はできるようでできない。企業も公共を気遣うべきである。この違いは本来大きくはないと考えることもできる。しかし，抽象的ではあるが，公共の組織はそのもののために存在しない。それ以外を含めた何かのために存在する。したがって，それが得た利益は，それを支えるためだけにではなく，それ以外のために使われる。たとえばNPOやNGOは，さまざまの企業的な活動はしてもよいが，それから得た利益を分配してはならないとは，このことである。この場合，そこだけを強調すれば，公共のための組織である。

それ以外が必要としていることのために，それ以外から得た資源を使うのである。そのことに了解を得なければ，次なる資金調達はない。行政でさえこのモデルが当てはまるのである（たとえば納税者の反乱）。NPMは，このことのために政府が納税者から了解されるようなシステムを構築しなければならないと主張している。重要なことは，資源を提供してくれた，それ以外の利害関係者，さらに抽象的にいえば社会一般が，納得できるようなマネジメント方式の工夫がなければならない。非企業の組織が成功していると評価されるのは，元手を提供しているその環境，その社会が，その組織を受け入れていることである。地方自治体であれば，すでに述べた，その期待に応えた役割を遂行しているかどうかである。

制度論による論点整理

したがって，公的な組織が成り立つということは，社会一般の合意が前提となる。一般からの大きな合意はなくとも，少なくとも大筋でその社会が必要とするものを，その組織が提供していることが前提である。またそれを広く周知させることで，その社会にその組織は成り立つ。ということは，その社会の，いわば網の目の中に，その組織が納まっていること（institutional embedment），その社会のいわばモード，要は，形式や様式に準じていることが公共にある組織，とくに公共のための組織には必要不可欠の要件である。チャンドラー（Chandler, 1991）によれば，そこではマネジメントの技法を重視するよりも，社会にいかに貢献するか，そのためには，これまで伝統とされた価値観に拘束されることになる。

　たとえ互いに利害が錯綜することはあっても，たとえ曖昧模糊であったとしても，いわば交通整理にもたとえられる，その社会のルールに従うことがなければ組織としては成り立たない。あらかじめの制約を強調した制度派組織論（第3章で詳述）が，私企業よりも，公共の組織，および公共のための組織においていっそう妥当するのは，このことによる。公共セクターの組織は，制度という可視的ではない（法律のように可視的なこともある，しかし，その解釈は必ずしも可視的ではない）ルールによって制約され，縛られる。どのように縛られているのか。どれほど有能な経営者でも所詮，釈迦の手のひらで踊った孫悟空のようなものである。しかし，マネジメントとは，賢い孫悟空であれば，どのように社会から自立して，その制約を超えることができるかを考える。社会の価値，そして制度を受け入れながら，組織による成果を向上させることができるかどうかである。とはいいながら，賢い孫悟空ばかりではない。村松（1984a，1984b，1985）の相互依存モデルを発展させた伊藤（2002）の動的相互依存モデルによれば，地方自治体は独自で政策を工夫することはありながらも，相互に参照しあい，また競争するということで，自治体間，あるいは組織間関係の枠組みの中に拘束されざるを得ない。であればむしろ，内生条件への顧慮，相互参照，横並び競争を戦略的に組み合わせながら制度的な与件に立ち向かうべきである。どのように縛られそうであるかを予知することもマネジメントの一部である。

　なお，ルールに従うことは多くの場合，暗黙の合意である。暗黙の合意を調達できるほど，制度としては可視的ではないが，定着しているといってよい。合意があるからルールに従うと言い換えてもよい。しかし，その合意が

根本から問われることも少なくない。たとえば、地方自治体の議員や首長は、選挙によって住民からの支持の程度が問われる。少しの不祥事でも世間に知れ渡ってしまうと、浴びる非難は企業に比べればはるかに大きくなる。出直し選挙などといわれる。そしてもし対立候補が圧勝すれば、合意は組み直しを迫られる。公的な組織であるほど、ルール、制度、暗黙の合意とは循環を当然としている。であればこそ孫悟空の賢さに頼るのではなく、社会が定めた行動の枠組みに従うべきである。病院や福祉施設などは設立も含めて、法的な制約が非常に大きい。また、NPOやNGOでも、不祥事は資金調達の行き詰まりに発し、活動の停止に追い込まれることもよくあることである。

　社会が、必ずしも意図的ではないがルールを定める。それが制度であり、それに従うことによって組織が成り立つ。その程度は、企業よりも公共セクターに属する組織のほうが明らかに大きいということである。

合理性という視点

　以上の議論を受ければ、公共の組織では、制度の枠の中での経営的な裁量は比較的乏しい。乏しいが、その枠の中で達成すべきことは達成すべきで、そのために何をするかである。抽象的にいえば、公共のための合理性が重視されるのである。

　合理性とは何か。暫定的ではあるが、組織の存在は合理性を達成しているかどうかによって評価される。できるだけ少ないコストで、できるだけ多くの成果を得ることが組織構築の本来の意味である。一人でできないことを二人、三人と集まって、できるようにする。できなければもっと多くの人を集める。ということは人が集まることで余分なコストが負荷するようでは、組織を成すことの意味がなくなる。このコストの節減、それに反比例して、それでも多くの成果を得ることができれば、成功した組織として評価されるのである。この一連の評価は経済的合理性として位置づけられる。

　しかし、経済的合理性だけでは、その組織の社会的な意義が明らかにはできない。経済的合理性を究極まで追求した企業が、不祥事やスキャンダルを起こしているのは散見されることである。企業が利益を上げて、株式の配当を増やし従業員の給与を上げれば、とりあえずその過程は問わないというのは理の当然である。しかし、スキャンダルや不祥事の後始末に、株主や従業員が巻き込まれ、さらにこの社会に対しても間接的にではあるが負の影響を

及ぼしているのは，すでに周知のことである。ガバナンス（次章で論じる）が機能していないとされることもある。

　それとは別途に，社会的合理性が考えられる。組織とは，この社会で有意義とされなければならない。それが社会的合理性である。その組織が発する成果が社会に役立つかどうか，この社会の維持，そして発展に寄与するかどうかが，合理性を評価する基準である。前述の制度派の組織論と重なり合う。たとえば，公平や公正，正義がある。この社会が，たとえこれを維持するためにだけでも，不正があってはならないことであるし，不公平なことも少なくしたい。貧富の差を少なくし，だれもが幸せに暮らせるという正義の仕組みが維持されなければならない。

　従来，曖昧ではあるが，私企業が前者の経済的合理性を担い，公共セクターが後者を担うという役割分担があった。今は，NPM の興隆とともに，公共セクターも経済的合理性に深く関わり，とくに公共の組織では，これまで以上にその存立に経済的合理性が重視されようになった。他方，企業もまた，メセナやフィランソロピーなどで公共への配慮を考えざるを得なくなった。行政の経営化，経営の行政化と言い換えてもよいであろう。しかもまた，これらの中間領域に，すでに述べたが第三セクターといわれる組織が膨らみつつある。そこでは経済的合理性と社会的合理性はそれぞれ基本的なスタンスが違うので本質的には相容れないが，それらをいかにして共存させるか，両立させるかという議論に向かわざるを得なくなっている。これが，もっとも難しい議論になる。

　なお，社会的合理性については，経済的なそれよりも複雑で，その意義の吟味を避ければ曖昧な建前論議になる。まず社会という概念が曖昧である。社会一般は，多層の，複雑に絡み合った利害関係者が重なり合って構成されている。多層ということは，関係者の数が多いということであり，いわば一枚岩ではないということである。互いに利害を相反させている。互いが利害を声高に主張すれば紛糾は必至である。利害が複雑に絡むほど解きほぐすのは容易ではない。公共の組織は互いに自身の社会的合理性を競うことになる。つまり，互いが利害を主張するということは，それぞれの合理性を言い立てることである。自分に利があるというのは当然のことである。それを調停しようとすれば，あちらを立てればこちらが立たないということになる。極論すれば，経済的な指標で捉えるような合理性の判断基準はない。その上での

社会的合理性である。その状況の読み取りに大きく依存する。

たとえばパイがある。分け前を増やすにはパイを大きくすればよい。理解しやすい基準である。これが経済的合理性である。社会的合理性とは，そのパイの配分に関わる。通常，とりあえずは平等に切り分ける。それができれば最上の社会的合理性の実現であるが，基本的にはあり得ない。あり得ないことを前提にしての社会的合理性とは，公平，公正，そして正義の実現である。公共のための組織は，これに向かう，しかし，互いが公共の組織であれば，互いに少ない資源を奪いあって，阻止しあうというパラドックスである。ただし，その理念においてさえ，ただ平等に切り分けるだけでその合理性が達成できたのか。深刻に議論されているように，結果の平等と機会の平等は，それだけで相反する結果を生み出す。社会の中でももっとも深刻に争われる価値の相克である。公共のためには，抽象的な美辞麗句を羅列することはできるが，実際，パワー・ポリティクスが絡み，価値の相克は避けようがない。しかも，公共のための組織は，この絡み合いを調整する役割を背負わされるのである。その中で，どのようにハンドルを握るか，どのような方向にハンドルを切るか，ドライバーの役割を果たさなければならない。

再度いえば，企業という私的な組織に対比させれば，公共の組織も公共のための組織も，パイを大きくするための組織ではなく，パイの配分を工夫する組織である。効率的に機能しているということは，その配分を適切に実行しているということである。社会的に合理的であるということが，組織の成果を評価する基本的な前提要件であり，そのためには社会一般を納得させる行動でなければならない。概括的にいえば，その特徴としては，社会一般への貢献を当然とし，そのためには，非営利であり非企業的でなければならない，少なくとも組織そのもののためには行動しないということである。その存立が，社会一般の合意を前提として，その社会の制度的な制約の上で成り立っている。

しかし，公共のために，公共というアリーナの上に成り立つ公共の組織は，その過程では競合の果てに，公共のためにはならないこともしてしまう。公共の組織とはパワー・ポリティクスを与件とする政治的な組織でもある。公共を僭称する組織そのものが，特定の利害を代表することはよくあることでもある。公共の組織は，公共のために，それ自身の利害を優先させてポリティカルな行動を採用せざるを得なくなる。公共の組織の内側では社会からの

支援を受けて，それぞれが影響力を大きくしようとしている。互いがさまざまの価値の，そして利害の拮抗，それぞれの利害を大きくしようとするポリティクスに翻弄されるのは必然というべきである。いうまでもないが，その社会は，さまざまの利害関係者の集合である。極論すれば，それぞれは自分の利得しか考えていない。放置すればカオスである。それに何らかの秩序を導入して，公共という合意世界の構築に関わることが，地方自治体などの公共のための組織に期待されるのは，このことである。

Ⅳ　公と私の狭間で：第三セクターのマネジメント

あらためて，公共の組織とは

以上のように，公共にある組織一般は私企業に比べると，公共の利害に関わり，公平や公正，そして社会的正義の実現に努めることになる。場合によっては公共のための組織に重なることもある。とはいいながら，あらためていえば，公共のための組織でさえも，それを成立たせている公務員（本節で述べるいわゆる第三セクターなどに勤務する職員も含めて）も，それぞれの利害を重視する。部局主義といわれ，縦割り行政の弊といわれ，さらに縄張りといわれるが，それらはすべて個別利害の追求の所産である。

一般化されるような，だれにも納得され合意を得られるような利害は，抽象的にはあり得ても，それが今日や明日の関わりの中ではないことがほとんどである。それぞれはそれぞれの関わりを重視して考え，行動する。当然のこととして，合意には至らないし，むしろ競合や対立の関係に立ち至る。組織の内部の，組織の間での関係をポリティクスの文脈で捉えなければならない。結局，公共とはいいながら，公共を分断した個別利害に仕えることになる。個別利害に徹しても，逆に経済的合理性が社会的合理性の達成のために阻害されることもあり得る。その合理性がポリティクスに撹乱されるのではないかという見通しであり，さらに合理性の実現がデモクラシーと折り合うのかという論点（Hendriks & Tops, 1999）と繋がることになる。折り合うことへの悲観が極端に至れば，デモクラシーそのものへの懐疑に至る。

とくに公共のための組織の中では，折り合いについて，場合によっては堂々巡りになってしまう。どちらの合理性も立ち往生してしまう。それならば外部化するのも選択肢のうちに入る。公共サービスの多様化である。詳しく

は第 3 章で論じるが，地方自治体以外に公共サービスは多くの発給主体から提供されている。その場合，積極的に外部組織に移転している場合，そこに含まれる組織群は，これまで機会あるごとに述べたが第三セクターである。公共の組織の中にはこれに含まれるものも多い。公共のための組織が，スーパーマーケットかデパートにたとえることができれば，それらはそれぞれサービスを特化して専門店にたとえることができる（田尾，1981）。

第三セクターのマネジメント

再度いえば公私の二分法は役立たなくなっている。というのは，従来からどちらにも区分できない組織は多くあり，それらは便宜的に例外的な組織とされるか，どちらかの変異，あるいは異型とされた。しかし，それ以上に，その境界のところが大きく膨らみはじめた。従来は細々と，教育や福祉や医療，保健などがあった。福祉については大半が措置ということで行政が関与してきた。保健もほとんどは行政の関与によっている。その境目は，それに関わる人でさえもそれほど意識することはなかったのである。

その状況は一変している。その部分が果たす役割が格段に大きくなった，そして重要になった。繰り返しいえば，その間の境界部分を便宜的に第三セクターとしている。本書でいう公共の組織と重なり合う。その領域が急速に拡大をはじめた。さらにその役割が重要になろうとしている（Etzioni, 1973; Sukel, 1978; Anheier & Seibel, 1990）。そして，重要なことは，この部分が従来の公的なセクター，とくに公共のための組織が担っていた仕事を引き受けるようになったことである。

なお，地方自治体などが便宜的に創設した地方公社などを第三セクターということがあるが，これは本義のそれではない（今村，1993）。語義には多少の混乱がある（便宜的に設立された第三セクターに対して，サードセクターなどということもある）。広義のそれには含めてもよいが，本来は，次項以下で定義しているようなものである。土地開発公社などで失敗事例の報告は多々あるが，本来の第三セクターは今後さらにいっそう重要になる領域である。誤解を避けるために，広義のそれをサードセクターと呼び変えて使う場合もある（堀場・望月，2007）[9]。

ただし，アンヘァとサイベル（Anheier & Seibel, 1990）によれば，その範囲も，さまざまに定義されているので，欧米の定義をそのまま持ち込むこと

の意義は少ないといってよい。漠然と，政府と企業の間にある組織群を第三セクターと呼称することもかまわない場合もある。市民主体の活動をそれに重ねることもある。本書では，その濃淡を一切考えないで，公共の組織として扱っている。

議論の範囲の確定

本来が政府の失敗，市場の失敗に対して，その間隙を埋めるための仕掛けとしての第三セクターという位置づけである。したがって，中間のセクターであり，政府でもなければ企業でもないということで残余的な定義にならざるを得ない[10]。少なくとも地方自治体などが外郭団体として設立した第三セクターとは規模も内容も格段に異なる膨大な領域を漠然と包み込む大きなセクターである。

どのようなドメインを設定するか。公益法人はおそらくすべてこの中に区分されるであろう。医療，保健，福祉，さらには教育などは，どのような法人資格を有するかには関わりなく，カテゴリーとしてはこの中に含められる。たとえば学校は，義務教育のためには当然，公共のためにあるが，すでに私立の小中学校は多くある。大学に至っては私立のほうが多い。病院も同じことである。宗教法人や政治団体も異論はあろうが含めてよいかもしれない。便宜的に設立した公営企業，公社・公団などの第三セクターも，とりあえずこれに入れてよい。民間委託や民営化によって成り立つ企業などはすべてこの中に含まれる。公共サービスの多様化は，この領域をいっそう膨らませることになる。さらに市民活動の団体も含まれる。アメリカ合衆国では第三セクターを市民セクター，あるいはボランタリーセクターと読み替えることもあるが，市民活動やボランティア活動はすべてこの中に組み込まれる。NPOやNGOもこの中に入る。法人格を有さない有象無象ともいうべきグラースルーツ (Smith, 2000) の団体も，この一部である。また，協同組合などもこの中に含まれる。その延長上で，セルフヘルプ集団も，自治会や町内会，婦人会や老人クラブなどの地域団体も，さらに趣味の会のような懇親団体も含められる。

他方，企業にも類似の経営体がある。利潤追求よりも地域社会への貢献を主要な目的とした企業である。たとえば，コミュニティ・ビジネスなどは企業ではあるが，第三セクターに含められる。逆にいえば，企業も公共への関

心が求められるようになった。再三言えば,メセナやフィランソロピーなどはそれである。それを区分けする境界が薄いできた。地方自治体が民間委託や民営化などをすすめれば,ますますその境は見えなくなる。この間は明確な一線で区分することは困難であり,不可能である。公共サービスを提供している組織はほぼ第三セクター的であり,公共の組織である。

ということは,対象を絞り込めない,そして網羅的でありすぎるので定義が成り立たない。公共に深く関わる組織から企業との違いがそれほどではない組織,むしろ営利活動を重視している組織まである。それらを一貫させる論理は脆弱であろう。したがって,組織論の枠組が曖昧になるのは避けがたい。しかも今,このセクターは大きく膨張し,さらに大きくなろうとしている。議論を精緻に行うためには論点を絞らなければならないが,以下では,とりあえずどのような範囲を第三セクターとするか。以下のような要件を備えているかをドメイン設定の基準としたい。

(1)広義において公的なサービスを補完する。
(2)法制度による強制は実質的に限定的とされる。市民やプロフェッショナルの参加によって,自律裁量の余地が大きい。
(3)私的領域の支援を見込んでマネジメントされる。

以上はそれぞれ程度がさまざまで,正確な定義のためには不十分である。しかし,残余定義から多少とも絞り込みはできるようになる。何よりも公共への関与が欠かせない。しかし,法制度に従属することはなく,それに属する人たち,あるいは,その外にいる関係者,または市民の自発的な意図関心に従ってマネジメントができるということである。その範囲では,利潤追求はある程度許容されることであろう。その意味ではグレイ・ゾーンであり,いわば準公的サービスを提供する公私混合の経営体である。ただし,公的と準公的の境界を決めることは,状況依存的であり,ポリティクスによることが多いと考える。たとえば,ゴミ回収や清掃事業は,直営にするかそれとも委託か,民間の企業によればよいかは,さまざまの論点について果てしのない議論になる。

マネジメントの不在

第三セクターが,政府と企業の中間に位置するということは,行政の管理でもなく企業の経営でもないということになる。従来の用語にこだわれば,

アドミニストレーションでもなくマネジメントでもないということになる。NPM による格好の素材のようでもあるが，マネジメントの革新的な導入ではなく，そのバランスの上に成り立つので，両方に配慮したシステムの構築にならなければならない。本来中途半端な仕組みを有しているのである。

たとえば，地方自治体などによって便宜的に設立された（狭義の）第三セクターの破綻について，基本的に言えば，マネジメントの不在がある。さらに正確にいえば，それへの意欲が欠けていた。組織，あるいは経営体という認識が経営幹部になかったのではないかという指摘もある。しかしそれだけではない。中途半端な仕組みは，一方で経済的合理性に関心を向け，他方では社会的合理性に関心を向けざるを得ないという役割葛藤がつきまとう。これに耐えうる管理の方法が提示できていないことが問題として指摘されるべきである。新しいモデルの構築を迫られている分野でもある。

さらに，私的政府（第 4 章で詳述）の可能性が議論されるようになると，さらに中間の領域は膨らみ，公共とは何かという本質的な議論が混迷の度を深めることになる。拡大を続ける第三セクターとの相互性を顧慮しなければ，公共の組織の位置づけ，その機能について実りのある議論ができなくなる。

V 公共経営とは何か

三つの視点

公共を一つの世界として成り立たせるために，あるいは，公共性をより好ましいものに仕立てるために，行政管理，あるいは公共経営という仕掛けがある。それらの中身を問うことが本書の一貫した姿勢である。前者はパブリック・アドミニストレーション，後者はパブリック・マネジメントに邦訳を当てたものである。その語義についての詳細は第 5 章で論じるが，ともにパブリック，つまり公共を支えるための理念と方法論，そして手法を集大成したものであり，そのまま広大な分野を包括する知識体系でもある。

公共性とは，すでに論じたようにさまざまの人たち，そしてさまざまの集団，そして社会に開かれていることで成り立つ宇宙である。ただし，公共とは肌身で実感できることで成り立つのであるから，広大無辺の世界で公共が成り立つかどうかは不明である。概念的に世界市民，そして世界的規模で公共は成り立つが，私たちにとってまず必要なことは，この私が住んでいる，

この地域の公共を実感できること，それをよりどころにして私の生活を公共の中で考えること，その質をよくするための工夫をすることである。公共とは，そのスタートは小さな宇宙である。

その小宇宙を捉える視点は三つある。

(1)この宇宙とは，公共の定義で述べたように，私もあなたも含めて有象無象の集まりであることから生じる混沌の世界であるということである。だれもが利害関係者であり，だれもが自分の利害を大きくしようとして，その世界に参入するので，結果として秩序を与えること，そしてそれを維持することが，欠かせなくなる。行政管理はポリティクスと重なり合う。政治学の視点が要請される。

(2)だれもが利得を大きくしようとすれば，そのパイを大きくしなければならない。ましてや，ムダなどは排除されるべきである。多種多様な人たちを動員して，効果的な仕組みに仕立てなければならない。マネジメントという議論が欠かせなくなる。ここでは，効率や生産性が議論の主軸となり，経営学や経済学の視点が要請される。

(3)それでも，ここの利害関係者を抑えきることは難しい。公共というのは，それがこの社会に開かれているほど，むしろ混沌を与件としている。それを政治的に，経済的に，そして経営的に押さえ込むだけではむしろコストを大きくする。公共とは，法律で，そして制度や規範で支えることになる。さらに法律学や倫理学の立場から議論されなければならない。

したがって行政管理，あるいは公共経営と言い換えてもよいが，それらの実践，そして，それらを支える知識体系は，多くの知識や技法の集合であり学際的である。

パラドックス再論

公共セクターに位置する組織とは，極論すれば，利害関係者の巣窟である。巣窟とは，多少語弊のある表現であるが，すでに述べたが，本来利害関係の深刻な相克を内包した組織である。これを乗り越えるために，一方で，経済的合理性に準拠して，実現可能な指標に従って，生産性や効率を向上させることである。他方で，法的に，倫理的に，そして，社会制度的に枠づけることである。パラドックスそのものの解消はないが，一定のルールとして水路づけられれば，その弊害は軽減される。

公共性とは，知覚心理学における図－地関係にたとえれば，図の部分は全ての人たちの福利厚生の向上であるが，地の部分はポリティクスであり，利害関係者が競いあうアリーナである。図に見えるところは合理性の実現を意図した公共のための組織であり，地になるのはそれぞれの意図関心を最大化しようとしている公共の組織である。非合理の世界である。図と地はたえず入れ替わる。そして，それぞれの組織に合理性を付与するのが，一方で，経済的合理性であり，他方で，法的，制度的，倫理的，そして概括的に要約していえば社会的合理性である。これらの二つの合理性に挟まれて，公共のための組織に重なろうとする公共の組織はあるということである。しかし，重ならない。

　なぜ重ならないのか。それは，以下のような本質的に対立する二つの原理の折り合いのよくなさに由来しているからである（Denhardt & Grubbs, 2003）。まさしくパラドックスである。

　(1)ポリティクスとアドミニストレーション：行政では，さまざまの意図関心が渦巻いている。公平といい公正といい，それを定めるまでには紆余曲折がある。いくつもの公平や公正があるので，それらの調整に多大のコストを払わざるを得ない。要は，行政とは政治，つまりポリティクスと裏腹である。単純にテクニックによって解決できることは多くない。そのこともまた，企業とは相違するところである。

　(2)ビュロクラシーとデモクラシー：公共のための組織は，端的にいえば市民のためにある。この社会のデモクラシーの価値を体現しなければならない。しかし，それの管理はビュロクラシーを通して行う。それは端的に上意下達を当然とする仕組みである。たとえば，市長という経営幹部は，その政策を実現するために職員を駒として，部品として活用することになる。デモクラシーに準拠した運用ではない。

　(3)効率と応答性：組織とは何かを効率よく生み出すことである。目標を達成するためにできるだけ少ないコストで実行するように要請されている。政府という組織も同じである。税金によって市民から委託された資源を上首尾に活用しなければならない。無駄遣いがよろしくないのは当然である。しかし，無駄であることを承知で，市民の要望に応えることも少なくない。

　本来経営と行政は相反的な部分を有している。公共の組織におけるパワー・ポリティクスに備えるためにマネジメントのさまざまの技法の導入を図る

ことは，他方で，公共のための組織，つまり行政とは，企業経営における経済的な生産性や経済性のような成果を超えて，公平や公正，そして社会的正義を実現するところであるとの理念と齟齬を来さずに至るのである。極端にいえば，社会的な弱者を救済する最後のよりどころは行政である。私的なところが放棄したところを，行政が引き受けざるを得ない。当然，コストが膨れるのは仕方がない。

そして，そのよりどころを確実にするためには，公への奉仕，観念的ではあるが，それを支える理念が存在しなければならない。公共に関わる，とくに公務員の倫理が厳しく要求されるのはそのことと関係している。行政では，個人的な意図関心は，職務に関わるところでは極力抑制されなければならない。しかし，この議論に従うだけでは，逆に，公共にある組織は過剰なコストに押しつぶされることになる。

結論として欠かせないのが，公共の組織と公共のための組織の均衡であり，さらに公共の組織の中で，そしてその間でのパワー・ポリティクスを作為的に均衡させるために，マネジメントの技法を動員することである。

なお，本書のタイトルは公共経営であるが，以下ではほぼマネジメントという語彙に統一する。互換可能であることはいうまでもない。なぜ，その語を使うのか。一方で，経営といえば依然として，企業経営の含みがあり，とくに大企業に限定する論者も多い。他方で，NPMの普及もあって，地方自治体の関係者はマネジメントという言葉を使うことが多くなったからである。

要約

この社会にはさまざまの組織が存在する。組織論的には公と私を区分し，それぞれは独自の意義を備えている。またその間には明確に区分できない組織（公の第一セクター，私の第二セクターに対して第三セクターということ）もあるが，それはすべて利害関係者として，この社会の公共性に関わっている。市民社会の成熟とは，公共性によって支えられる。公共性とは，さまざまの人たち，さまざまの集団から成り立つ開かれた社会によって成り立っている。だれもがどこからでも参加できることが欠かせない前提である。

しかし，そのことが，公共性にパラドックスをもたらし，マネジメントを困難にさせる。利害関係者はだれもが自らの利益を大きくしようとし，それの結果としてパワー・ポリティクスは避けようがない。したがって，公共性

はカオスに陥る危険性を絶えず胚胎している。それはデモクラシーを危機的にさせることさえなくはない。成熟社会を維持するためには，それを回避し，デモクラシーを内実化しなければならない。そのためには，そのカオスに参加する，あるいはせざるを得ない公共の組織と，その中でマネジメントの役割を引き受ける公共のための組織を区分することが重要である。カオス的な状況を低減するためにこそ，地方自治体のような公共のための組織がある。

さらにいえば，公共を支える，公共のための組織は，公共によって支えられる組織である。公共の組織の多くは過程の組織であるが，公共のための組織は理念の組織でなければならない。しかし，カオスに向き合うのであるから，本来的にパラドックスを内包する仕組みをもっている。さらにデモクラシーを支え，それに支えられる組織であるからこそ，ポリティクスを不可避とする組織である。とはいいながらそれを当然としてしまうと，出口がふさがれ誰が何をしても同じことというアイロニーの罠に陥ることがないとはいえない。それを克服することが，公共のための組織のマネジメントである。端的にいえば，私企業に比べて容易にマネジメントできるということはない。そのためのオールターナティブなマネジメントの可能性を問うことが，次章以下，本書の狙いとするところである。

次章で詳細に論じるが，公共にある組織一般は，地方自治体も含めて私企業に比較すれば，経済的な，そしてもかすると社会的な合理性さえも達成することが難しい。また，ガバナンスを達成することも易しいことではない。組織の中や外で，利害の競合を，パワー・ポリティクスを与件とした組織論を構築しなければならないのである。

（1） 第二次世界大戦中，アイヒマンはユダヤ人収容所で上司の命令のもとで虐殺行為を続けた。戦後，戦犯として裁判にかけられたが，善良な一市民が組織の中ではいかに冷酷非道になるものかが明らかにされた。その後 Milgram (1974) によって，その過程が実験的に再現され，だれもがアイヒマンになれるということを実証した。ファシズム（全体主義）という公共にだれもが飲み込まれてしまうということである。
（2） 齋藤（2008）はその後，公共性を複数性に依拠する考え方をさらに明確にしている。著者としては本書の立場を支える論拠を得た。
（3） 齋藤（2008）によるが，公共性への参加は，それを主張できるのはアリーナに入ることのできる通常の人たちのことである。アンダークラスやアウトロー

はどうなるのだろうかという素朴な疑問は必ずしも素朴ではない。公共性を正面から論じるのであれば，それらへの配慮は当然あるべきで，行政がそれにどのように関わるか，あるいは市民についても彼らを化外の人にしないための工夫がいる。その一つはやがて論じるが市民運動への期待である。セルフヘルプ集団（田尾，2007b）のアドボカシーにもつながる。

（4）逆説的であるが，NPM の普及によって，公共セクターを再考しようという動きもあった。たとえば，公と私の相互浸潤のなかで，Stewart & Ranson (1988) は，パブリック・ドメインという用語を使ってその領域を確定しようとした。NPM に対する，ごく初期における公共セクターの独自性の主張である。

（5）組織論の体系的な記述は，Robbins (1990)，Daft (1995)，桑田・田尾（1998）などを参照。わが国では大企業を対象としがちな経営学よりも，組織一般を視野に入れた議論を展開している。本書を一貫させる論理の都合上，経営，経営学という用語よりも，ほぼ同義ではあるが，マネジメント，組織論を使うことにしたい。

（6）なお以下の用語について，念には念をということで使い分けたい。

行政サービスは，政府や地方自治体が発給するサービスで，より広範な公共サービスの一部である。端的にいえば，一人の市民さえ公共サービスを担うことがある。現在ではそれが普通のことになっている。市民として公共に関わっているのであるから。すでに文中で使い分けを試みているが，公共の組織と公共のための組織についても使い分けたい。前者は公共サービスを提供するあらゆる組織に言及している。NPO や NGO もその中に含むこともある。しかし後者については，ほぼ地方自治体を主とした政府組織に限定される。公共の組織によって生じるカオスを調整，または調停の役割を担うことを期待するからである。

また，少ないが官僚制と記載する場合もあるが，ほとんどはビュロクラシーとそのまま使うことになるが，官僚制はそのまま役人の組織というニュアンスを込めている。ビュロクラシーはウェーバーによる用法に準拠し，近代化の過程で確立された，もっとも合理的な経営管理システムという意味で用いている。

それぞれ微妙な差であるが，それらの使い分けは，本書の企図するところと重なり合うので留意していただきたい。

（7）なお，公私の組織比較については，他にも，Parker & Sabramanian (1964), Buchanan (1974), Murray (1975), Rainey et al. (1976), Rosener (1977), Rainey (1979), Fottler (1981), Whorton & Worthley (1981), Bower (1983), Rainey (1983), Romzck & Dubnick (1987), Perry & Rainey (1988) などがあり，田尾（1990）は，それらを要約して目的，過程，そして成果の評価の三つに要約した。田尾による要約以降の研究では，Bretschneider (1990), Bozeman et al. (1992), Emery & Giauque (2005) などがあり，公と私の組織は仕組みそのものが相違するという見解は依然大方の支持を得ている。

（8）NPM の最盛期に比べると，行政管理のテキストでは，それの冒頭の章に政

府という組織の特異性を記述することが多くなった。一例をあげると，Christensen & Laegreid (2007) の(1)選挙によって選出されるリーダー，(2)いくつもの機能を備える，(3)自由な競争的市場を前提としない，したがって，企業を模倣したマネジメントなどあり得ないという立論である。最近に至って様変わりをしかけたという，著者の印象である。

（9） 狭義の外郭団体としての第三セクターは，周知のように，管理統制上の問題が深刻で，人事管理，あるいは監査など，さらには，成果の評価なども問題は山積である。同じような問題は広義の第三セクターにもある。マネジメントに関する議論が不足しているということは，基本的な論点が欠落しているということである。なお，第三セクターの定義や機能などについては，Sukel (1978) や Werther & Berman (2001)，高寄（1991），君村（2006）などの論考を参考にした。

なお，これらの議論の欠落した部分は，そのまま第3章で述べる行政サービス供給の多様化につながる。その欠点が，民間委託や民営化によって解消されるか，あるいは，そのまま持ち越されるかという議論である。

（10） 実際問題としていえば，市場の失敗も政府の失敗も，規範モデルからの演繹でしかない（Bozeman, 2002）。なぜ失敗したか，どのような経緯を経て失敗したかは本来ケースバイケースである。しかし，実証的知見の蓄積による理論化が欠けるので，失敗がアドホックに，また逆に抽象的に語られることが多い。ということは，二つの失敗の上に成り立つ第三セクターとは具体的に何なのか。逆にいえば，失敗から第三セクターが生まれたというよりも，必要があって，第三セクターを創設せざるを得なかったということである。結局，第三セクターが何であるかを決めるのは実務においてである。

第2章　ガバナンス

I　論点

　ガバナンスが近年，しばしば議論されるようになった。邦語でいえばとりあえず統治である。だれが統治しているかである。組織論一般でいえば，組織はだれのものか，だれが責任をもって組織を稼働させているのか，加えて，その責任を全うするだけの力量も問われる。当然のことながら，恣意によっていないか，それを監視するという含意もある。私企業ではコーポレート・ガバナンスともいわれ，経営者の恣意を排して，株主重視のマネジメントに供される概念である。

　しかし，公共セクターに適用される場合，いくらかニュアンスを異にすることになる。ガバナンスは，従来のガバメントに対比される。第6章で論じるNPM改革の文脈の上で頻用され，「漕ぐ」ことから「舵を取る」ことへの政府の役割変容（Osborne & Gaebler, 1992）を象徴する概念である。ガバメントが枠組み，システムそのものを支えることを強調していたのに対して，ガバナンスは，むしろ枠組みを支える過程に焦点を当て，さらに過程の動揺に向き合うという積極的な意義を有している。過程が安定していないからこそ，その組織の正当性の根拠を明らかにしたいという意図が，そこにはある。次章で詳論するが，サービスの多様化は公共の世界をむしろアナーキーにさせる。その場合，だれがどのように責任をもつのか，その解決を方向づけるのがガバナンスである。

　ということは，近未来に向けて，システムの正当性を明らかにしようという姿勢を強調することである。「静止画から動画へ」というたとえ（岩崎・田

中, 2006, 3 ; Pierre & Peters 2000 の援用による[1]) は的を射た表現である。たとえば，地方自治体は，たえず，その存立の正当性を真摯に求めているというイメージである。前章で論じたが，地域社会はさまざまな利害関係者から成り立っている。公共のための組織はさまざまの利害関係者の集合に向き合っている。その組織をだれが統治しているのか，だれのための組織かという問いかけに対して，個々の利害を超えて，また一組織の利益ではなく，広く公益を追求するための仕掛けを構築することがガバナンスである。

なお，ガバナンスは多義的でしかもいくつもの論点を伴っている（Hirst, 2000; Rhodes, 2000 など）。理解のために用意された分析枠組の，当初の僅差がその後の理論展開をまったく違うものにしてしまうこともあり得る。本章では，私企業におけるコーポレート・ガバナンスと対比させながら，公共セクターのそれは何かという論点を採用する。

公共セクターにとってのガバナンスとは，市民社会，その経済社会的な状況，そして利害関係者全員を，施策の決定やサービスの需給過程に入れ込むことである（Massey & Pyper, 2005, 8）。彼らのための彼ら自身による統治でなければならない。逆にいえば，システムの運営はガバナンスに配慮したものでなければならない。それは必然的に，個々にある公共の組織の外に出て，互いに連携と競合の過程を経験しなければならなくなる。この場合，利害関係者とは，公共の世界，公共空間を成り立たせる人たち一般である。NPO や NGO などの市民団体を含め，パートナーシップ，ネットワーク，コラボレーションも，このことと密接に絡んでいる。

II　ガバナンスの概念と意義

ガバナンスの危機

公共の組織は相互に利害関係を対立，競合，あるいは連携しながらサービス・システムの構築に関わる。その中心には公共のための組織があり，さまざまの利害関係者との整合性を図りながらいっそう効率的なシステムを企画することになる。システムの基本はビュロクラシー（第5章で詳述）[2] である。（モダンの組織論として批判されることはあるが）それは，もっとも効率的なシステムを実現する。しかし，それは自身でさまざまの限界を有し，さらにその仕組みを徹底すれば非効率になるというパラドックスが待ち構えている。

ビュロクラシーの病理ともいう(これについても第5章で詳述)。その病理とはコインの裏表のような関係にある。その病理を克服し,パラドックスを超えたシステムでありたいとすれば,環境からのさまざまの要請に応えるべきである。応えるためには,以下で述べるガバナンスを重視することである。ただし,その要請のすべてに応えることは困難であり,不可能である。

　ということは,この概念は,一つの理念を語るためにあるといってもよい。ガバナンスを達成するために,公共セクターはシステムの効率が重視される。しかし,それを優先しすぎると,経済的合理性の実現に結果として寄与することはあっても,理念が後退を迫られることがないとはいえない。また,市民や関係団体がシステムの内部に入り込むほど,公共のための組織は,内部過程で利害が錯綜して合意調達が難しくなり,合理的に,ビュロ・フィロソフィ(組織として独自にある基本的な考え)を貫徹できなくなることもある。利害が深刻に対立すると,ビュロ・フィロソフィが成り立たないこともあり得る。

　今後,公共空間でのさまざまの組織の活動が盛んになりそうである。社会の成熟,そして身近に迫った超高齢社会の到来とともに,そのドメインがさらに拡大しそうである。社会の成熟によって,市民の活動領域は広がり,その中で,それぞれの利害関係者の意図関心が多様化し,しかも自らの利害を強固に主張するようになる。資源の不足はそれに拍車をかける。とすれば,それらを調整したり調停したり,さらには新しい企画につなげることに,公共にある組織は関わらざるを得なくなる。

　公共セクター自体が大きく膨らみながら,しかし,膨らむほどその内部に矛盾を大きく抱えるようになり,その矛盾を多少とも解決することでさらに,その機能を発展させる。いっそう関わりが深くなり,さらに矛盾が大きくなる。だれのために公共の組織はあるのか,そして公共のための組織が,現実に成り立つのか。ガバナンスがいっそう真剣に問われることになる。理念の組織が,理念の葛藤を抱え込むことになる。

対照としてのコーポレート・ガバナンス

　公共セクターのガバナンスを考えるとき,コーポレート・ガバナンスをまず参照すべきとの立場がある。その場合,ガバナンスとは,その企業とはだれのものかを問うことである。コーポレート・ガバナンスは,それが,特定

の狭い範囲の利害関係者（この場合，経営者）ではなく，株主にあること，そして，広く一般に社会に向けてあることを明示している。経営者の恣意的なマネジメントを排除することを意図している。したがってその議論は，マネジメントの上に位置する概念である。マネジメントを技法や方法ではなく，理念で論じるべきであるという新しい展開を意図している。

　それに対する公共セクターのガバナンスは，逆の視点に立つことがある。従来から，公共一般のための，少なくとも市民（前章を受けていえば，利害関係者）のための組織であったのであるから，それのための技法や方法の洗練が，さらなるガバナンスの向上につながるのではないかという論点が必要になる。それのために公共セクターは何をしなければならないかということである。

　ということは，コーポレート・ガバナンスをこのセクターに適用しようとするとき，株主を市民に言い換えて済むようなことではない。私企業では，マネジメントの技術から理念への転換を，ガバナンスという言葉で表現しようとしている。それに対して，公共セクターでは，その言葉を使いながら，ガバナンスを実現するための技術の，さらなる洗練を要請しているのである。それは市民のためにすでにあり，いうまでもなく公共の福利を向上させるためにある。それが達成されていないのは，私企業の視点から見れば，ガバナンスがマネジメントの拙さのために達成できていないということである。

　そして，組織はだれのものかという議論を敷衍すると，私企業と相違することは，自分たちのためだけにあった組織が，公共の組織として公共空間に深く入り込み，それらを含めた大きなネットワークの中で，公共のために活動している組織として自らを捉えなければならなくなったことである。だれのものでもあるが，だれのものでもなくなるかもしれない。本章の後段では，今後の私的政府の可能性やネットワーク論を援用したモデルなども紹介したい。ガバナンスとは公共セクターの中では一筋縄では捉えようのない，語義の混乱を内包した言葉である。

コーポレート・ガバナンス

　コーポレート・ガバナンスという言葉は90年代を通して，とくにその後半，流行語のように使われた。私企業が不祥事を起こすたびに，学術語としてよりもマスメディア用語として話題を提供してきた。「企業統治」と訳されるこ

とが多く，企業を健全に運営するための仕組みとそれを支える実際的な手法を意味している。経営者に権限が集中することによって暴走や独走に至らないように，そして，組織ぐるみの違法行為を監視でき，阻止できること，さらに企業理念を実現するために，従業員も含めてその方向に協働しているかを監視することを大きな目的とした概念である。実際的には，株主重視の視点から論じられることが多く，経営者の恣意や勝手で企業を壟断すべきではないという意図を含んでいる。

そのためには，マネジメントの透明性を向上させなければならない。迅速かつ適切な情報公開などと密接に関連している。違法性（コンプライアンス）が確保され，マネジメントが健全であることを，遅滞なく利害関係者に周知しなければならない（土屋・岡本，2003）。この場合，周知とはアカウンタビリティ（説明・報告責任）を徹底することである。アカウンタビリティを徹底させるとは，経営者の責任を明確にすることである。暴走や独走を阻止するとはこのことである。具体的な例としては，取締役会に社外のメンバーを入れることやその員数を多くすること，株主総会において選任された取締役の職務執行の適法性を監視する監査役をおくことなどがある。

コーポレート・ガバナンスの確保は，利害関係者への，とくに組織外への配慮にはじまるが，それは，組織内だけの利害を越えることを意味している。要は，そこで働く従業員や，それと取引のある関連会社などに対する配慮だけではなく，株主を含めた広範囲に及ぶ利害関係者への配慮を重視することになる。ただし，その配慮のバランスを重視して，伊丹（2000）は，株主と従業員のみがコーポレート・ガバナンスへの参加者であるとしている。彼らに対する配慮は，とくに経済的合理性の達成，資本効率を向上させることによって適うことになる。経済的に合理的でなければ，組織の存立はあり得ない。それを果たすためにさまざまのマネジメントの考えがあり技法がある。コーポレート・ガバナンスとは，利害関係者がその存続のための仕組みについて合意することで評価される。評価されるためには，合意の結果として成果を得ることである。利害関係者がその成果を評価できれば，その企業はガバナンスを果たしているのである。企業では何よりも資本効率をよくすることが，ガバナンスを評価するための基軸である。

したがって，限られた経営資源を活用して，できるだけ多くの，そして良質の成果を上げるように仕組むことである。少ない資源をいかに活用するか

が，経営幹部の腕の見せどころである。ということは，ガバナンスは，それがだれのものであるかを問いながら，そのだれかのために何ができたかを問うことである。だれかのものであっても，そのだれかのために何もできなければ何の効用もない。合理的な組織とは，ガバナンスのための効率的な組織であるということである。逆にいえば，マネジメントの失敗はその基盤を脆弱にする。資源を無駄に浪費してしまえば，成果は乏しくなる。質を落としてしまえば，消費者は信用しなくなり，買わなくなる。財務が悪化すれば株価も下がる。逆に，少ない資源を有効活用できれば，また，特許の取得や新製品の開発などは，その企業に対する信頼を増すことでガバナンスに貢献する。

逆にスキャンダルに巻き込まれればそれだけで存続自体が危うくなる。その影響が直接的であるほど，当然のことながら，配当金は大きく減る，ガバナンスについても疑わしいとされる。組織は，この社会で有意義とされるスタンスを確保しなければならない。その組織が提供する成果が社会に役立つかどうか，この社会の維持，そして発展に寄与するかどうかも，合理性を評価するもう一つの基準である。前章で述べた社会的合理性である。当然，不正があってはならないことであるし，社会の正義にも貢献したい。貧富の差を少なくし，だれもが幸せに暮らせるという仕組みの維持に役立ちたい。企業でさえも，この合理性を実現するためにこの社会にある。

公共セクターの場合

単純化していえば，私企業の場合，コーポレート・ガバナンスとは第一義的に重要である株主を通して，さらにこの社会一般の中に位置づけるということである。極論すれば，利得の配分だけを考えればよい。それを通して社会に貢献している。それで社会に貢献しているのであれば，コーポレート・ガバナンスを果たしていると見得を切ることに問題はない。それに工夫を多少加えれば，たとえば，環境にやさしい企業であるとか，メセナやフィランソロピーに熱心であることを喧伝すれば，そして，この社会がそれを認知して評価すれば，中長期的には株価が上昇し，さらに株主という直接の関係者の利害に貢献することになる。

しかし，すでに部分的には指摘したが，公共セクターにこの概念が転用された場合，論点の軸足はいくらか相違する。地域社会はさまざまな利害関係

者から成り立っている。株主を市民や住民に置き換えれば,すでにさまざまの利害関係者の集合である。それらが個々の利害を超えて,その組織をだれが統治しているのか,だれのための組織かと問いかけ,一組織の利益ではなく,広く公益を追求するための仕掛け作りをすることがガバナンスである。逆にいえば,コーポレート・ガバナンスは利害関係者を単純化しすぎたきらいがある。その利害の錯綜を,むしろ企業は公共セクターに学ぶべきではないかとの指摘(Benz & Frey, 2007)もある。

　個々の公共の組織にとってガバナンスとは,個々の利害関係者に対する,いわば気遣いと重なり,公共のための組織にとっては,さらにだれが利害関係者か,もしかすると全員がそうではないのか(市民という場合,それに近似する)。彼らをどのように納得させ,説得すればよいのかなど,ガバナンスの当事者自らがその理念を真正面から問わなければならない。避けることはできないことである。実際問題として,公共の組織では必ず代表性(representation)が問われる(Mitchell, 1997)。だれを,何のために責任のある地位に就かせるか,そしてマネジメントの責任を負わせるかである。組織が脆弱であるほど,この問題は深刻に問われる[3]。

　したがって,この場合のマネジメントは,利害関係者が互いに期待するガバナンスの錯綜に配慮したものになる。それは組織の中で済まされることではない。利害関係者とはシステムの内部の人たちだけではない。むしろ,その外に多く重なりあって広範に存在する。公共セクターのマネジメントは,広範囲の利害関係者に対して説得し納得させる議論がなければ成り立たない。そのマネジメントを支えるのがガバナンスである。コーポレート・ガバナンスとは捉え方が相違するのは当然である。

ニュー・ガバナンス

　公共セクターにおいて,ガバナンスという概念はマネジメントと併用して移入された。ということは,伝統的な行政管理,つまりアドミニストレーションと対比される。この用語は第6章で対比的に論じるが,語義的には配分という意味を有している。適正な配分のためには,政府と(営利目的であれ,非営利であれ)私的セクターの間に緊張関係を想定することになる。

　というのは,公共セクター,とくに公共のための組織は,強制力の合法的な行使を独占して,それを根拠に合法的に配分していると主張する。そして,

正当性を得ることができる。逆にいえば，この正当性によって配分を実行できるのである。そのように公的な権限を与えられた公共のための組織，つまり行政当局は，ある私的グループ，または特定の，限られた利害関係者の意思ではなく，フィクションであるかもしれないが公共の意思によって配分する。この配分する公共セクターと，配分を受ける私的セクターのそれとの間に明確な区別がなければ，だれがガバナンスの当事者であるかが不明となり，だれにでもガバナンスがあるということは，だれにもその責任はないということになる。

　しかし，再度いえば，近年その境界を明確に画することは不可能とまではいえないとしても，困難になっていることは事実としてある。互いが浸潤しあう関係にあると捉えることが現実的である。公的な領域と私的な領域は混合しながら，近年一つの領域になろうとしている。ただし，まったく一つになるようなことはあり得ない。セクター相互は理念もマネジメントの手法も相違する。大きく広がるネットワーク上の中で互いがどのように補完しあうかである。結局，ネットワークに加わる公共の組織は，それぞれの公共の発展，それぞれの福利の向上を目指して協働する。競合を繰り返すばかりで連携できないこともある。それはそれでやむを得ない。公共空間の中での利害の対立は避けることはできない。ただし，その利害の相克を含めて役割を分担し，さらに大量の，良質の公共サービスを生み出すために，公私協働の仕組みを成り立たせ，その過程で，相互に調整や総合のために，いわば補完性を欠かせないとすれば，サラモン（Salamon, 2002）の，次章の「サード・パーティ」政府と重なり合うニュー・ガバナンスとなる。それは後段で述べる公的と私的の相互作用に支えられる。

　たとえば，地方自治体は地域へのサービスを充実させたい。しかし，自治体が新たに参入する分野には，すでにさまざまの関係者が参入して活発に関与しているのである。それらの活動を結合したり統合することでサービスの質を向上させることができる。互いが知恵を出し合ってこそできることである。公共セクターのガバナンスは，利害関係者が互いの壁を越えて，説得と納得を繰り返すところにある。補完のための協働がある。これはパートナーシップ，コラボレーション，アライアンス，一般的にいえばネットワーク組織論で議論できることである。公共セクターのガバナンスは，ネットワークによって実現される。ケトル（Kettl, 2000a, 200b）によれば，政府が何でも

できるプレーヤーではなくなった。新しいパートナーが参入してきたことによ，まさしくだれもがネットワークの当事者となったために，必要とされる概念になったのがガバナンスである。

公─私セクターにおけるガバナンスの相違：比較分析の視点から

しかし，ニュー・ガバナンスは，従来のガバナンスが緊張を前提としていたように，二つのセクターの間には克服することの困難な，いわば溝とでもいうべきものがある。その溝を越えなければ，ニュー・ガバナンスは成り立たない。要は，公共セクターには，直截にコーポレート・ガバナンスの考えを適用できない。私的と公的のセクター間では明らかにマネジメントが相違する。企業はいうまでもなく営利の組織である。基本的に，政府は企業と相違するからである。前章の議論と重なるが，公共セクターにおけるガバナンスの前提として，以下の事項を再度確認しておきたい。

(1)行政のドメイン

公共セクターとは，公平や公正，そして社会的正義の実現という理念に関わるところである。たとえば社会的弱者を救済する最後のよりどころは行政しかない。私的なセクターが放棄したところを，公共セクターが引き受けざるを得ない。当然，コストが膨れることになる。

(2)公務倫理

そのよりどころを確実にするためには公共への奉仕が欠かせない。観念的であるが，それを支える理念が存在しなければならない。公務員の倫理が厳しく要求されるのはそのことと関係している。公共セクターでは，個人的な願望，さらにいえば欲望は，職務に関わるところでは抑制されるべきである。

(3)パワー・ポリティクス

公平といい公正といい，正義といい，それらを定めるまでには紆余曲折がある。さまざまな意図関心が渦巻いている。いくつもの公平や公正がある，正義でさえ複数あるので，それらの調整に多大のコストを払わざるを得ない。マネジメントはポリティクスと裏腹の関係にある。単純にテクニックによって解決できることは多くない。

要は，私企業のように，マネジメントの上にガバナンスがあるというのではなく，公共セクターではガバナンスのためにマネジメントがなければならない。しかし，そのガバナンスのために動員できる手法が，公共セクターで

は限定される，あるいは適用が制約されるということである。管理技術だけで処理できることは少ない。政治的に，さまざまの立場からの関心，意見が反映される。経済的合理性を重視すれば，財政事情の好転には大いに貢献するであろう。しかしまた，財政を圧縮する中で，影響力を強く有する利害関係団体には相応の優先的な配慮がないとはいえない。それがポリティクスである。それだけではその地域がどのような方向に伸び，どのように発展するかを見誤ることになる。その芽を摘み取ることになることになるかもしれない。芽を見つけ脹らませることがマネジメントである。

とはいいながら，従来，マネジメントの技術を公共セクターのマネジメントのコアにすえることはできなかった。今後，社会的な資源が少なくなる方向に進むとすれば，市民の納得を経てどのように少ない資源を配分するかという立場が，さらにいっそう重要になることは避けがたい。公共セクターでは，経済的合理性以上に社会的なそれが重視される。それをよりいっそう重視することが，公共のための組織の，またはガバナンスを全うするための要件であるといってもよい。

したがって，ガバナンスのためにマネジメントをどのように工夫するかである。ガバナンスが技法として問われる。具体的には，山本（2002, 2005）によれば，公的と私的のセクターの相互作用をガバナンスとして位置づけ，次章で述べるサービス発給の多様化と絡ませて，何らかの問題解決に際し，地方自治体が，どの程度主体的な役割を演じるかの中で，ガバナンスの技法，および個々の手法が議論されることになる。ここに至れば，ガバナンスは，理念ではなく手法として認識すべきである。山本（2002）では，行政だけによる，公共のための組織だけによるサービス提供の限界を明らかにして，その不足部分の補完のための協働という論点が提示されている。公的と私的セクターの相互作用，相互の浸潤がガバナンスの程度を決めることになる。強いていえば，公的と私的とが相互作用しなければならないからこそ，ガバナンスを手法として真正面から論じなければならなくなったというのである。

前述の山本（2002）によれば，具体的には，地方自治体が単独で問題を解決できない場合の方策は，(1)再生化，(2)委譲化，(3)外部化，(4)自己組織化・協働化の四つのタイプに分類でき，これら四つに対応するガバナンス類型を，また四つに区分して(1)伝統的経営，(2)企業的経営，(3)市場的経営，(4)ネットワーク的経営という政府経営の類型と対応させることでガバナンスの仕組み

ができあがる。それは錯綜した利害関係を公共の視点（それの多くは，公共のための組織としての地方自治体の立場）から利害調整を試みて，サービス提供の主体の組み換えを行い，それによって新しいシステムを構築することである。そのシステムは企業で構想された従来のガバナンスの論議をさらに，公共セクターの現状に即して，企業的や市場的に工夫されたマネジメントを組み込むことになる。

　しかし，拡大は同時に概念が変容し，あるいは，曖昧になったり希薄になったりもする。次節で論じるが，ガバナンスは公共セクターに導入された途端，理解が難しい概念になった。広義の公共サービスは政府だけの発給では済まされなくなった。次章で述べるように多様化を不可避とすれば，パートナーシップやコラボレーションなどとの関わりでそれを考える必然がある。いっそうガバナンスは混迷に向かうといえなくもない。

III　ガバナンスの変容，拡張，曖昧化

コーポレート・ガバナンスの変容

　以上を要約すれば，ガバナンスとは，組織の内向的な，仲間内だけで通じる考え方，いわば従来のマネジメントを，むしろ外向的なそれに変換させる役割を背負った概念である。私企業であれば，本来その存立だけを考えればよい。しかし，利害関係者が外にも多くいること，さらにその利害がこの社会一般と関わっていることを，端的に表現することに大いに意味があった。理念として議論される。ただし現実的には，受益の対象が従業員か株主かという二者択一的な図式を提示し，それを前者から後者に向かわせることである。しかし，それほどの単純な図式に帰すことができないことはすでに指摘されている（小佐野，2005）。

　さらに，その概念が，公共セクターに論点が移行するとともに，公共性への関与よりも，いかに効率的に運営できるか，その結果として社会に貢献できるかという技術的な側面が強調されはじめた。いうまでもないが，このセクターには，市民という受益の対象者がすでに存在する。しかし，この市民はいくつもの相反する利害の下にある関係者である。配当金を多くするような合理的な経営をすればよいだけが経営者の役割であるとするような議論が，一義的に成り立つことはない。

公共セクターでは，規範的にすでにガバナンスは存在している。あるいは想定されているといってもよい。政府のガバナンスは市民に帰する。しかも定期的な選挙によって，それの度合いはたえず評価できる。そこでガバナンスを達成しなければならないということは，コーポレート・ガバナンスにおける規範的な論点を，いかにして達成するか，充実させるかという方法的な，あるいは技術的な論点を強調するようになった。意義，あるいは重点の変更である。

パワー・ポリティクスとガバナンス

基本的な論点をいえば，ガバナンスは達成されるかということである。コーポレート・ガバナンスは企業でさえも達成は難しいという議論がある (Kim & Nofsinger, 2004)。どのような仕掛けを設けても，それを越えて経営者は独走しようとする。それが競争を刺激してこの社会を活性化するという考えもあり得る。その競争のルールだけを明確にすることがガバナンスに至る道筋であるというのである。ルールで行政過程を捉えるフッド (Hood, 1986) の議論は，地方自治体のような政府という組織のガバナンスを認識する手掛かりになる。したがって新しくはじまった議論ではない。前章から引き継ぐが，ルールの生成と，それを巡る，葛藤も含めたパワー・ポリティクスは本書を一貫するテーマである。

しかし，その議論はガバナンスの限界である。すでに述べたようにルールの生成と運用は，とくに公共のための組織では難しい問題を内包している。さまざまの利害関係者が競うという事実を受け入れることで，すでにポリティクスの議論に屈することになる。従業員か株主かという二分法が事態を単純化していることはすでに述べたが，さまざまの利害が錯綜する中でだれのための組織かと問うことはポリティクスそのものである。思惑をもった利害関係者たちが公共空間では，だれもが自らの利得を最大化しようとしてアリーナに殺到しているのである。大衆化された株主であれば，それをただ観客席から見ているのであろうが，競技に加わる利害関係者は，当然，会社は俺のものという意識で参加するであろう。そこで議論されるガバナンスは競技そのものである。競技でないとすれば喧嘩である。無法地帯になる。無法地帯でなくするためにガバナンスに対する期待がある。ガバナンスが倫理との関係で述べられるようになったのは，このことと関係がある。株主の利害重

視は，経営者の倫理への期待と裏腹であるといってよい。しかし，企業でさえもそれは往々期待はずれに終わってしまう。そして，株主重視を古典的モデルとして，それを克服した発展的な新しい多元主義のガバナンス・モデルが想定されるようになるのである（稲上・森，2004）。

公共セクターへの転用

ガバナンスは株主重視から従業員重視，さらには地域社会重視に至るまでいくつもの規範的な期待と合わさって議論される。ということは，それぞれの期待が重ならなければ競合する，期待が折り合わなければ動揺することもある。しかし，私企業におけるガバナンスは，それをどのような足場におくか，足場の組み合わせもあるはずで，それぞれの足場がにらみ合い，いがみ合うこともある。しかし，それらはマネジメントの中で解消されるという楽観主義的な前提もある。足場によるプレーヤーもほぼ特定できる。

しかし，地方自治体の場合，配分される少ない資源を求めて，足場同士，足場の中でさえもにらみ合いやいがみ合いがある。アイアン・トライアングル（職員，議員，関係団体の連合），具体的には部局主義といわれるものがそれである。新興の利害関係者は新しい足場をつくろうとしている。市民団体などは，既存の足場の正当性根拠に疑いをもっている。それを遠慮なく崩そうとすることはよくあることである。ということは，利害関係者が相当程度の広がりの中で，だれもがガバナンスに関わろうとしているということで，コーポレート・ガバナンスに比べると，ポリティクスの尖鋭的なアジェンダになり得る。また，プレーヤーが多くなるので，だれもがアジェンダの足場を得ることができれば，それぞれは味が薄くなるのはむしろ仕方のないことである。後段で論じるが希薄化に向かうのである。

要は，それをだれもが自分のほうに引き寄せよう，近づけようとする。そしてだれの手にも入るが，そのガバナンスは，締まりのない味が薄いものになっている。この味の薄さに耐え切れないで，セルフ・ガバナンスという動向が散見される。分与のガバナンスではなく，独自のそれを打ち立てようというのである。一例として，コミュニティ再建に関する議論がある。つまり，市民運動や市民参加はまだ，プレーヤーとしての公共セクターへの関わりであるが，やがて自分たちで住民自治を内実化しよう，独自のガバナンスを確立しようという動向に転じる。何もしてくれない地方自治体よりも，自分た

ちで必要なことをしてしまおうという発想である。実際，アメリカ合衆国では建国以来，多くの基礎自治体は，このような経過を辿っている（中邨，1991；牧田，1996；前田，2004；小滝，2004らによる）。今に至っても，後述するが，さまざまの意図関心の下に，さまざまのセルフ・ガバナンスの集合体は，独自のガバナンスを有した社会的な実体になろうとしている。当然ではあるが，この小さなガバナンスは，大きいな，全体社会的な，あるいは政府のガバナンスと相克する。

コミュニティとガバナンス

たとえば，コミュニティが公共セクターのガバナンスとどのように関わるかである。ガバナンスの枠組みの中でコミュニティは重視されるべきである。理念的には地域社会の中の自治，セルフ・ガバナンスの仕組みである。頑強にできた仕組みもある（Delanty, 2003; Rubin, 1993 など）。強固な仕組みを備えれば，次節で論じる私的政府となる。

もっとも身近にある町内会や自治会，そして各種の地域団体は相応にセルフ・ガバナンスの仕組みとして捉えることができる。ここでは相対的に，全体社会的な地方自治体のガバナンスと小さな地域集団，コミュニティのガバナンスを対比できる。双方に関心がないと無視することも傍観することもできなくはないが，関心があればポリティクスの当事者，そしてプレーヤーとして積極的に参加することもできる。わが国では町内会や自治会は第二市役所と揶揄されてきたので，語弊はあるが市役所の使いやすい手足であった。従来，ガバナンスの利害を考える当事者ではなかった。地域の有力者がそれに関わることもあったが，不平をこぼす程度である。利害関係のネットワークがそこまで及ばないことも少なくない。地域エリート以外の住民の多くは無関心である。

しかし，自分たちの日々の生活がそこにあるということを真剣に考えるようになると，にわかにセルフ・ガバナンスが成り立つことになる。震災などに遭遇すると，町内が結束するというのはこのことである。市役所は何もしてくれない，私たちがしなければ，というのである。これの行き着くところがNPOやNGOであり，さらにいえば私的政府である。地域集団，そしてコミュニティは，独自のガバナンスの可能性を秘めている。カウンター的な，もう一つのガバナンスが成り立つ素地は，潜在的にいつもある。

コミュニティについてさらにいえば，それ自体の存続を中核的な目的とした集まりである。また人為的というよりも，すでにある集団という含意がある。地域社会にコミュニティという用語を当てるのは，それを含意するからである。そこにいる人たちの去就は，その人たちの判断で決めることができないこともある。そこに生まれ，そこに住み続ければ，そのコミュニティのメンバーであることから逃れることはできない。さらに議論を逆転させれば，従来の地縁的な，そこから逃れることができないようなコミュニティが崩れ始めたから，それの肩代わりをするセルフヘルプ集団という，新しいコミュニティができることも稀なことではない（Giloth, 1985；田尾，2007b）。実際に，この集団を真正のコミュニティとして理解すべきであるという見解もある（Riessman, 1985; Levine, 1988 など）。

　逆に，コミュニティを理解するためにも，セルフヘルプ集団の理論や方法を援用することができる。自治会や町内会，あるいは婦人会や老人クラブのような準制度的な集団だけではなく，草の根的，そして古くからある伝統的な集団（恩田，2006）を読みとき，さらにそれを活性化させ持続させるためには，互助をシステムとして捉えるマネジメントの考え方は欠かせない。マネジメントの必要を痛感し，システムとして成り立たせようとすれば，やがて NPO や NGO に発展するかもしれない。なお，コミュニティはアカデミックな用語としては本来価値中立的ではあるが，さらにそれを超えて，政治的な用語として，濃厚な価値を帯びて語られるようなことがなくはない。コミュニタリアンなどの学派，あるいは運動論などは，それを典型的に主張している。極論すれば，コミュニティそれ自身が優先されるべき公共の組織であるとの主張である。

　しかも，コミュニティへの期待は，日常生活の相互支援から精神衛生的な問題解決に至るまで多様である。セルフ・ガバナンスができれば，犯罪も減るという見通しも想定されている（割れ窓理論：Kelling & Coles, 1996 など）。そこでの機能は，コミュニティの小さなガバナンスは，地方自治体の大きなガバナンスと重なり合うかもしれない。とすれば似たようなものとの認識が成り立つかもしれない。

　ここでコミュニティとは，アソシエーションに対比させれば，目標の達成よりも存続を重視した集団と考えられる。そのためにはメンバーが互いに仲のよいことを至上の価値としている。連帯とか共生とかの用語を付帯させる

のは，そのような事情を背景に有しているからである。また，続けたい，続けようという意図よりも，続いているという結果の状態に関心が向けられる。逆にいえば，仲よくなるためには何でもするという雰囲気がある。結果さえよければ何でもよいという規範が働くこともある。その結果に関心を向ければ，パワー・ゲームの当事者になり，大きなガバナンスに向き合うに至る。

　その過程でアソシエーションを離陸したコミュニティには問題がないわけではない。異質性を厭い，境界を画定しようとすれば，コミュニティとしてその中だけを排他的に囲い込む以上の策はない。しかもこのようなコミュニティは，社会的に，いわば強者のコミュニティを理論的に支えることになる。壁の外には弱い人たちが取り残される。その典型が私的政府である。

希薄化

　近年，組織システムが必ずしもビュロクラシーを前提としないモデルへ移行するのが散見される。いわゆるポスト・モダン組織論（Clegg, 1990）が喧伝され，パートナーシップ，ネットワークやコラボレーションのような従来型ではない，つまりビュロクラシーを前提としない組織が議論されている。そのような組織では，ガバナンスを徹底できない，あるいはその枠組が曖昧になることもあり得る。ヒエラルキーによる拘束力が弱まり，権限が分散されてだれがだれに責任を負うのかが明らかではなくなるからである。意思決定に統制を欠くと，汚職や腐敗を招いてしまうことも少なくない。

　とくに公共セクターでは，組織の境界が明確でなくなることがある。市民参加がその典型である。それこそがそのセクターのガバナンスであるという極論もあるが，市民参加こそがガバナンスの実現であると主張しても，またそのセクターが市民のものであると主張しても，それを支える市民とは，一部の地域のパワーエリートや利害関係団体などを除外すれば，実体があるとはいえないことも多い。ガバナンスの議論だけが夢物語のように表層的に語られるだけのこともあり得ないではない。だれのものかというよりも，成果を向上させるためには，だれがマネジメントに責任をもつかが重要であることも多い。ガバナンスの所在を市民に帰するだけでは，むしろその概念が希薄化に向かっているといってよい。だれもが公共に関与する，あるいはすべきとされても，その中で無関心が多数であれば，ガバナンスが希薄化に向かうこともあり得ないことではない。

コーポレート・ガバナンスは，当初，企業はだれのものかを問う単純な問いからはじまった。しかし，さまざまの不祥事などを通して，単純に株主重視だけではなく，さまざまの利害関係者を組み入れることで成り立ち，パワー・ポリティクスを包含した概念であることが今では承知されている。企業から公共セクターに転移されて以後，利害関係者がいっそう多層に絡み合っていることが承知され，それに対処するためにガバナンスは拡大し拡張され，希薄化する一方である。それだけに曖昧になりがちとなる。曖昧を放置していると，公共のための組織は成り立たない。

以上は論理展開の都合上，セルフ・ガバナンスからコミュニティについて述べたが，アソシエーションに関する議論を欠落させることはできない。それがデモクラシーの価値を体現している（佐藤，1982，2002，2007）以上，それ自身が目標達成の過程でガバナンスを担うのは当然である。それもまた特定の目的を有した集合体であれば，セルフ・ガバナンスを実践している。地方自治体という大きなガバナンスの中で，相対的に小さなガバナンスを担っている。公共サービスを提供する公共の組織はすべて，公共のための組織の周辺で，ガバナンスを果たしている。しかし，それは次章で述べるサービスの多様化の議論を展開する中で位置づけるべきである。

Ⅳ　私的政府の形成

私的政府とは何か

私的政府（private government）という考え方がある。というよりもアメリカ合衆国の行政風土の中で，それはすでに実現されている（Baer & Feiock, 2005）。6人に1人はすでに何らかの私的政府の一員であるという論説もある。由来はさまざまであるが，これはセルフヘルプ集団の概念をコミュニティに拡張したものとして捉えることができる。ゲーティッド・コミュニティなどはその典型である。自立と自治を優先させる合衆国社会の風土であれば，同根という捉え方も必ずしも的外れではない。たとえば互助のための地域通貨のような仕組みが発展して独自の通貨を発行するために中央銀行を備え，その紙幣の発行のために徴税すれば政府と相違するところはほとんどなくなる。実際，擬似的な税金として負担金などを強制的に徴収していれば政府に限りなく近似する。準政府といってもよい。私的政府という用語用法はすで

に市民権を得つつある(田尾,2007b)。しかも,ガバナンスを考える場合の一つの有力な論点を提供している。

私的政府におけるガバナンス

政府や地方自治体が統治に関わる資源を独占するというようなことはない。関係のある住民が,自分たちのために自分たちで,それに代替できるシステムを構築すればよいのである。同義反復であるが互助の自治体である。アメリカ合衆国でいえば,基礎自治体は住民による自立のためのセルフ・ガバナンスの仕組みに発している。自立できなければ,不足同士の自治体間でネットワークを構築して(田尾,2002,2003b,田尾他,2002など)さらに広範囲の連立,あるいは連合自治体のようなものを,基礎自治体以外に構成すればよいのである。

このようなネットワークは,アメリカ合衆国における政治的な伝統の中に位置づけられている。政府間関係はアメリカ合衆国の行政学の主たるテーマとなっている(横田,1997など)。とくに近年,連邦政府,州政府も含めてさらにその傾向が著しい。その政治的な伝統を背景にして地方自治の現場では,基礎自治体を超えてセルフ・ガバナンスのための仕組みが多く構築されている。特別区のような一つの目的だけを達成するための自治体ができ[4],そしてその周囲に,さらにそれに近似の仕組みが多くできている。そのような仕組みが一方で政府的に,そして他方でセルフヘルプ集団的に働くのは,その背景を考えると奇異であるとは必ずしもいえない。

この集団は,大都市のあらゆる機能を包含した基礎自治体に比べるとはるかに小さい。大都市の中にいくつものネットワーク的な仕組みができあがり,地方では小規模の基礎自治体をいくつも巻き込んで,そのようなネットワークができている。そこに住む人たち,そしてそれから恩恵を受ける人たちにとって可視的,つまりスモールでローカル,そして不足なものを身近な生活圏で補完的に得ることができる。しかし,これは制約要件でもある。たとえば利用料が徴収される。もしかすると負担金や課徴金が取られる,さらに日常の行動も,公共の仕組みの中では制約される。勝手はできなくなる。それにもかかわらず,この近さを肌身で感じることは,自分が何かの一員である,そして,何かをするために自分の考えが活かしやすい,参加する気にさせるということである(Jacobs & Goodman, 1989)。グラスルーツ・デモクラシ

ーを学べるのである。

　参加という政治的な実践を身近で学習するために，セルフヘルプ集団を経験することには意味がある。地方自治，とくに住民自治が発達したアメリカ合衆国で，セルフヘルプ集団が他のどの国よりも多いというのは，アル中などの疾患者が多いとか身近の福祉施策に欠けるところが多いこと以上に，民主主義の学校としての意義が，この集団にはあるということである。古典として知られるトクヴィルの著書（Tocqueville, 1984, ただし英訳による）にも，すでにこの点についての指摘がみられる。これはフランス革命を経験した政治家の創設から発展期のアメリカ合衆国探訪の記録である。

　とくに昨今，大都市やその近郊で，基礎自治体の近辺に私的政府とされる仕組みができる傾向にある。典型的な例としていえば，住民コミュニティ団体（residential community associations）とビジネス活性化区域（business improvement districts: Briffault, 1999, その紹介は，保井，1998，1999；高橋，2004；明野，2005など）である。住民が自発的にコミュニティを構築しようとしたのであれば，そして互いに公共サービスの利得を大きくしようとしたのであれば，規模の相違は依然として残るが，機能的に相違するところは少なくなる。たとえば，ニューヨーク市には60以上のビジネス活性化区域があり，独自の理事会を有して利害関係者，とくに商工事業者から強制的に課徴金（市税の徴収に追加される）を徴収して，それで得た資金を市街地の活性化に充てている。市庁への依存よりも自分たちの住む町は自分たちでまず考えようという意図からはじまっている。街灯やベンチの設置，目障りな看板などの除去，監視カメラの設置などを積極的に活動として行っている。ニューヨーク市内の治安が近年よくなったといわれるのは，彼らが自ら警戒に回り，また私的に治安要員を雇用しているからである。私的な警察をすでに有しているのである。アウトリーチと呼ばれるホームレスへの積極的な対応も，彼らを追い出すだけではむしろ街頭を物騒にするだけであるが，雇用対策も並行させれば街の治安には役立つとされる。これらは通常の基礎自治体のサービスを超えている。

　このような私的政府は利己的であるという批判はある。関係者だけに利害が囲い込まれてしまえば，区域内の関係者だけの利得になる。しかも囲い込むことができないそれ以外のところとの落差は拡大する一方である。民主主義の前提であるいわゆる一人一票の原則が侵され，負担金を納めることがで

きる人，多く納めることができる人ほど都合のよい地域に住めるようになってしまうなどの危惧はある。地方自治体のガバナンスが支えるはずの公共の価値を蝕むことになるのではないか。これまで続いてきた公共サービスを公平に配分するという公共の規範を犯すようになるのではないか。さらにいえば，負担金を多く徴収できる豊かな地域はますます豊かになり，そうでなければそのような私的政府さえ樹立できないのではないかなどの危惧を払拭することはできない。前述の事例であれば，ニューヨーク市内では，活性化の区域とそうでない区域は見た目にも歴然と，街路や壁の汚れや公園の備品の壊れ具合など景観が違って見えたということである。

わが国でも類似の試みは，アメリカ合衆国ほどではないが，散見できる。在来の地域団体を活性化したり，単一目的のコミュニティを新しく創設するなどである。しかし，法制度的にはまだ私的政府というには至っていない。また地方分権の仕組みがアメリカ合衆国とは大きく相違するので，確たる基盤の上に成り立つかどうかは不明である。しかし，地方自治体には依存しないという住民が多くなるほど，その考え方が利害関係者に共有されて強固になるほど，夢物語ではなくなるかもしれない[5]。

その限界

しかし，ヘルスレイとストレンジ（Helsley & Strange, 1998）は，公共サービスとの関係をモデル的に分析して，その政府，つまり，私的政府のメンバーになることによって得られる利得は，期待するほど大きくはないとしている。理由として想定されることは，私的政府によって提供されるところで節約された経費は，それ以外の地域に再配分するなどで，それほど大きな格差は生じないであろうと考えられるからである。公共サービスの，そして，旧来の基礎自治体などの重要性を改めて確認させるものである。

それでもなお，今も，そして今後も私的政府が多くでき，またできるであろうということは，互助による非経済的な動機づけを重要と考える雰囲気があり，さらに，自分たちのことは自分たちでという伝統が背後にあるのであろうと考えられる。自分たちで自分たちの住むところを守ろうという意識にエゴイズムは残るとしても，この社会の自立に向けての健全なメンタリティを読み取ることができる。公共サービスの不足を痛感する人たちが自分たちでそれを補おうとする行動を，外部の人たちが阻止できるものではない。

とはいいながら，私的政府ということは，何らかの限定的な目標の達成だけでよいのであれば比較的問題は少ない。政府的になるほど，さまざまの利害の角逐をその中に抱え込まざるを得ない。意見や考えを違える人たちを多く内包することを当然の前提としなければならない。たとえ目的が限定的であっても，規模が大きくなればなるほど，その中で利害の相克は避けられなくなる，裂け目も大きく広がる。政府たる所以は，その相克による裂け目はあり得ることとしても，それを大きくしないことである。しかし，それでも大きくなる。政府としては関係者間の利害の調整，そしてやむを得ずパワー・ポリティクスに関わらざるを得なくなる。

なお，私的政府をさらに小さく凝縮して，しかもセルフヘルプ集団の発展形として捉えることができるのが集合住宅である。というのは，多くの場合，一つのコミュニティとなっている。居住者からなる住宅所有者組合（homeowners associations, HOAs）などはその典型である。多くの場合，機能的にはわが国の団地の自治会，マンション組合などと重なっているが，分担金を徴収してさまざまの住民に役立つ事業に使っている。他方，約款を定めて，住民の行動を制約している。そのような管理組合があるところや，管理の専門家を雇用しているところなどは，保有している住居の資産価値が上がるなどの報告がある（Langbein & Spotswood-Bright 2005; Agan & Tabarrok, 2005 など）。ただし，居住者の中には熱心に参加しない人も多く，いわゆる近所づきあいを避けよう，あるいは正面から拒否する人も少なくない。その違いは相当程度あるが，多くの集合住宅は擬似的ではあるがセルフヘルプ集団の体裁を備えている。さらに発展すれば居住者個々の権利に対して制限を課してでも，相互扶助や排他的な価値観を共有することで全体の利益が優先されていることもある。そこに至ればコミュニティそのものである。

それが極端に発展したのが，すでに触れたゲーティッド・コミュニティ（McKenzie, 1994; Blakely & Snyder, 1997 など）である[6]。連綿と引き継がれたブルジョア・ユートピアの言説がそれを支えている。同じ価値観を有した人たちが集うことによって独自の世界をつくろうというのである。公共性への関わりを捨てる，あるいは公共空間から離脱することにならないとはいえない。しかし，このような住民自治組織が成長しても，同質的で閉鎖的な団体でしかないとすれば，たとえ内部的に団結し合意を調達できても，単なる「経済的アパルトヘイト」（竹井，2005）であるに過ぎない。

要は，自分たちの居住のために負担金を多く払う人たちの意向が優先されがちになるというのである。負担金を多く払う人ほど私の街になるが，払わない人にとっては，私の街にはならない。追い出すこともできる。商店街であれば，店舗をもった商店主は参加できても，そこに住んで，他の地域に通う人たちの期待は適えられないことが多い。私的政府とは，地域の活性化には大いに貢献するが，デモクラシーとの両立については，なお議論の余地があるということである。問題を繰り返していえば，私のガバナンスが，私たち市民社会のガバナンスにつながるようでつながらないことが，もっとも深刻な問題として議論されなければならないということである。

これらのゲーティッド・コミュニティ，あるいはそれに近似するアイディアが，ハワード（Howard, 1965）のような田園都市構想を受けているとすれば，その中の社会改革的な意義は薄れ，共同プランのみが残ったという批判もある（Lavery, 1995）。というのは，マッケンジー（Mckenzie, 1994）が，すでに，私的政府の仕組みをいくつかの論点から批判している。たとえば，そこに住み着いた人たちは，そこの中の生活だけを考えて，その外，コミュニティの外には関心を向けなくなる。つまり社会的な隔離を促すことになるというのである。当初は，資本主義の波及による社会の病理をなくそうという遠大な理想に支えられていたが，結局は，それを回避しようという一部の人たちの都合を優先する仕組みの提案となり，しかも，それさえも，具体的なプランの提示を欠くものであった。

またそのことによって，自分たちだけのために対費用効果を考えるようになれば，全体的な社会資本の整備を遅らせることになる。当然，自分たちだけのことを優先させるような価値観は，全体社会の公正や公平を重視するデモクラシーの考え方に合致しない。その多くが豊かな人たちであるとすれば，自分たちが負担するサービスは質的にも量的にもよくなるが，全体的には公共サービスの質も量も劣るようになるのは避けがたい。そのバランスを図るためには，地方自治体は過大なコスト負担を抱えることになる。

もしいくつものコミュニティに分岐して，私的政府を競うようになれば，その間に資源調達に差が生じることになる。サービスの質や量に差が生じることになる。それを比較できるならば，または比較できる立場にあれば，「足による投票」（Tiebout, 1956）が可能である。自分にとって好ましいところに移動すればよいのである。しかし，移動が頻繁に生じれば，最底辺の貧しい

コミュニティからゲーティッド・コミュニティのような豊かなそれに階層化することになる。その私的政府への参加は，それぞれの意思，そして選択の問題として議論される（Wildeasin, 1991）と，いっそう格差を大きくすることになる。

　要は，多くの場合，私的政府はそれが効率的であるほど新規参入者を受け入れたがらない性向を有し，同質性を重んじ調和を維持しようとするからである。すでに成り立った内部の均衡を維持することを何よりも優先する。したがって，それを揺るがす，いわば移民のような人たちを受け入れるようなことはない。足による投票は，公共の政府の場合か，または私的政府がまだ形成過程にある場合に成り立つことである。できあがってしまった私的政府では入会基準は相当程度厳しいであろうし，新しくメンバーになれるのはよほどの資源の保持者である。入会を許されない，閉め出された人たち，つまり，資源の少ない人たちは新しく私的政府をつくらざるを得ない。私的政府の間で格差が生じるのである。結局，コミュニティ，あるいは，それの発展形としての私的政府に，足による投票を適用することは必ずしも現実的ではない。階層化するが階層間の移動は制限され，しかも自由に選択できる人は多くない。

　しかし，私的政府に至らないまでも，豊かな人たちによる疑似的コミュニティは少なくない。そのような状況では，自分たちの個別利害を重視して，公共空間の中でのガバナンスには関わろうとしなくなる。小さなガバナンスは大きなガバナンスに関心を向けなくなり，それ自体で自給自足の世界をつくろうとする。小さなガバナンスが乱立すれば，公共世界が成り立たなくなる。逆に，自由に選択できない多くの人たちはガバナンスに関わる機会を失うかもしれない。社会的隔離を必至とする社会の中で，ガバナンスをどのように捉えるべきか，難しい問題に遭遇しているといってよい。

再評価

　以上の批判的な議論については反論もある。ラベリー（Lavery, 1995）は，アメリカ合衆国の地方自治体，とくに都市部のそれの機能が低下している現状では，このような私的な政府が地域活性化の切り札になること，そして，自分たちのことは自分たちで考え，そして行動するというのは，住民や地域関係者に，いわゆるエンパワーメントの機会を提供することになり，地域の

さまざまな問題についての意思決定過程への参加を実感させることになり，またアカウンタビリティも身近で可能になるとしている。少なくともアパシーの大幅な軽減には役立つ。前述のトクヴィルの再評価に繋がる。

　私的政府の議論が，停滞気味の地域社会を活性化するのに大いに貢献していることは確かである。公共政策がだれのものでもなく，私のもの，あなたのものとして実感できるようになる。ストライキが長引けばそこに自ずから互助の仕組みができあがるのは，企業に対して労働組合がコミュニティ，そして私的政府に変貌する（McConnel, 1958）のと同じことである。困ってしまえば，私の町という気分で街角に立つようになる。ガバナンスを身近に引き寄せなければならなくなる。たとえば，ニューヨークなど大都市に多くできた前述のビジネス活性化地区などは，その地域の治安を格段によくし，街路を清潔に，観光客さえ呼び込むなどの成果を挙げているが，従来，市当局にはできなかったことである。よほど困ったからこそ，そして逃げようのない私の町だからこそ，タバコのポイ捨てにも目を光らせ，注意もするようになる。しかし，再度いえば，一部の利害関係者にとっても利害になることも多く，一人一票という意思決定の基本的な原理が犯されないとは限らないという危惧はある。私の町があなたの町ではないこともある。疎外感を味わう人も少なくない。しかし，その気分を緩和する工夫が施策として並行できれば，私的政府の可能性は，今後大きく広がることになる。

　なお，以上の議論はさらにわが国の地域自治区に適用できる。平成16年に地方自治法が改正されて，地域自治区が創設されることになった。「市町村は，市町村長の権限に属する事務を分掌させ，及び地域の住民の意見を反映させつつこれを処理させるため，条例で，その区域を分けて定める区域ごとに地域自治区を設けることができる。」（地方自治法第202条の4第1項）とされて，その区には，事務所と地域協議会が置かれることになっている。独自の自治区を設けて，責任者をおいて地域評議会を運営することになる。条例で定める重要事項や地域自治区に関わるものは，そこで決定できるのであり，市として変更しなければならない場合は，あらかじめその意見を聞かなければならない。その長を自治体が任命するなど自発的な要素に欠けるところは残される。しかし，地域づくりの手がかりとなり（岡田・石崎，2006），もしその運営のために独自の資源（負担金の徴収による）を有するようになれば，枠組みとしては私的政府に近似する。コミュニティは自生的とされるが，こ

れは制度的な成り立ちを有しているので擬似コミュニティである。互助のシステムを人為として構築しなければならない。当然，マネジメントは真正面から必要になるはずである。そして，そのマネジメントはガバナンスのためであり，さまざまの利害得失を調整しながらの運営であり管理である。

V 組織間関係：パートナーシップ，ネットワーク，コラボレーション

より大きな文脈でのガバナンス

さらに重要とされるのは，ガバナンスはその組織の中で決定されるものではない。さらに広い文脈で考えれば，第4章で論じるが，それは環境によって産出される。市民や住民も環境の一部をなすが，さらに大きな文脈による影響も考えなければならない。企業もその中の一部となる。そして，互いが影響を受けあうのである。ネットワークを通して，より多くの資源を保有することによって影響力をより多く行使できるという資源依存関係（Dahl, 1957; Emerson, 1962, Bachrach & Morton, 1962, 1975; Scott, 1987b）でいえば，場合によっては，影響力の相互作用が存続の鍵を握っている組織もあり得る。資源を環境に，他の組織に依存することが大きいほど，それからの影響は看過できない。地方自治体に限ることではない。さまざまの組織が林立する中でのガバナンスである。

以下では，その一つの経営体が，さらに他の経営体とネットワークを構築する中で成り立つガバナンスであることを考えたい。制度的に捉えると，地方自治体間，政府－地方自治体などの政府間関係である。また，地方自治体はそれぞれ関係する小さな組織の集合として捉えることができる。パワー・ポリティクスの絡む利害関係者はすべてネットワーク状に結びついている。地方自治体そのものがすでに巨大なコングロマリットである。本庁を中心にして，さまざまの出先や公共事業の出張所，旧来の利害関係団体を周囲に配することになれば，さらに民間委託や民営化，エージェンシー化を進めれば，明らかに大きな企業体のようにみなすことができる。

すでに準政府組織（PGO）や擬似政府組織（QUANGO），さらに PFI, PPP, パートナーシップ，コラボレーション，NPO や NGO など近年の公共セクターに関連する概念をすべて加えると（なお，これらはすべて次章で述べる公共サービスの多様化と関連している），地方自治体を中心に大規模なシステ

ムができあがっている。メガビュロクラシーからマルチビュロクラシーへという表現もできなくはない。前節で紹介した私的政府も，この広がりの中で捉えることができる。

このことは経営体としては従来から慣れ親しんでいた手法とは異なる考え方，そして手法を開発しなければならないことを意味している。組織内部のことであれば，一致団結，合意を調達して，全員をその目標達成に向かわせることがマネジメントの要諦であった。しかし，外部にいる利害関係者を，その一致団結の強制に誘い込むことは難しい。

しかも，この場合，さまざまの利害関係者が多様に，自らの利害を主張している。囲い込める団体もあればできない団体もある。あの団体が賛成すれば，私のところは反対という気分しだいで動向を定めるようなことがないとはいえない。本庁が圧倒的な影響力を行使できれば，それに従うというパワー関係もないことではない。しかし，それは地方自治という理念を損なうことはいうまでもない。行政環境そのものが，互いに利害が反しあう関係を内部に抱えている。近隣自治体，都道府県，中央政府などとの関係は，そのガバナンスをその内容を大きく左右している。それらの関係を捌くことが地方自治体の課業となっている。

関係としてのガバナンスは，協調と対立，競合の中で繰り返されるので，その成り立ちが明確に定まるようなことはない。資源を多く所有したものが影響力を大きくし，それに従うようなガバナンスの仕組みがつくられることになるが，それが永続することはない。必ずカウンターパワーが生じる。とくに地方分権が内実化するほど，中央省庁が組織間関係の主たるプレーヤーとしての役割から後退することになる。地方自治体が，その周囲に，どのような関係，つまりどのような相互依存のガバナンスをマネジメントのために構築するかは，非常に重要なことである。

ネットワーク

再度いえば，関係として構築されるガバナンスは，ネットワークとして捉えることができる。ネットワーク・ガバナンスといってもよい。実際，サラモン（Salamon, 2002）によれば，ニュー・ガバナンスを支えるのはネットワーク・マネジメントである。ネットワークとは，互いがその都合のために連絡を取り合う網の目のことである。組織論の論点からいえば，それぞれの要

素が互いに対等に，ということはヒエラルキー的にではなく水平的に結びつきあった関係である（Nohria & Eccles, 1992）。ネットワークとは，ビュロクラシーに対峙するモデルである。それの限界，あるいは不足に対抗したシステムである。ビュロクラシーのタテ型に対して，ネットワークのヨコ型という対比もできる。ビュロクラシー・モデルに対抗して，命令と応諾の関係は原則としてあり得ず，自発的な協働によって互いの関係は成り立つと考える。すでに，公共にある組織はヒエラルキー（あるいは，それによって支えられるビュロクラシー）ではなくネットワークで解読されるべきとの論調が勢いを得ている（O'Toole, 2000）。いわゆるポスト・モダンに向けての有力な組織論とされるが，しかし，ネットワークだけで運営される組織は少ない。それだけであれば効率的とはいえない。限界も承知されている。放置すればいつの間にかバラバラになってしまう。結論をいえば，本来はビュロクラシーの欠点を補うためのネットワークである。どのようにその欠点を補うか，どのようにマネジメントのために活用するかという方法論が問われている。

　たとえば，地域社会は，サービス資源の宝庫ともいえる。それを活用しない手はない。地域社会に根付くことが欠かせない（Mulroy & Shay, 1997; Mulroy, 1997）。近隣関係に深く根付いた協働しあえる関係 (neighborhood-based collaboration) である。また，サービスの受け手を巻き込んで，新しくネットワークを構築するようなことさえもある（Finn & Checkoway, 1998）。たとえば，若い人たちを地域で社会問題の対象として位置づけるのではなく，彼らをネットワークの中に囲い込んで活動の場を提供するのである。これらのネットワーク構築方策によって，若い人が意欲的に働くなど資源が安定的に確保できるようになり，クライエントも確保できる。したがって，管理コストも節約できるようになる。

　ネットワーク組織論（今井・金子，1988；金光，2003；若林，2009など）によれば，それの中では情報の自由な流通が重視される。必要な情報が必要なところに届くための仕組みを構築することである。ビュロクラシーであると，情報の伝達に歪みが生じやすい。しかも，ヒエラルキーの上下の間で滞ることもあり得る。情報の開放がネットワークの意図するところである。そのこともあるが，コンピュータ技術の発達によって，この組織論はいっそう盛んに議論されるようになってきた。横関係の情報の流通をいかによくするかにネットワークの工夫はある。

しかし，この議論には欠陥もある。情報が集約されるために時間コストが大きくなること，そして，決定に手間取ることである。ゴールドスミスとエッガーズ（Goldsmith & Eggers, 2004）によっても，ネットワークは公共セクターでの可能性に期待を大きくさせながらも，責任をだれがどのように担うのかなどの問題が多く残されていると指摘している。たとえば，情報の流通のためにネットワークを恣意的に設けると，その自由さが統制できなくなり，ビュロクラシー以上の不便さえある。だれに何を報告しなければならないかなどである。上意下達のような仕組みが決まっていたほうが，むしろコストは少ない。

どのように構築するか

昨今，パートナーシップを含めたポスト・モダンの組織論が議論されるようになった。NPM 改革の行き過ぎを補正する意味があるが，ブレア以後の英国で検討されるようになった。そこには，すでに述べたニュー・ガバナンスが成り立つとされる。新しい仕組みに至るというのである（Sullivan & Skelcher, 2002）。そのコミュニティのさまざまの関係団体が協働しあって新しい自治システムを構築するというのである。

しかし，住民の自発的な関与が重視され，中央政府や地方自治体に次ぐ第三の政府などとされ，しかも討議民主主義（Elster, 1998）がそこでは重視されるなどは，明らかに自立の経営体が成り立つことを意味している。ただし，そこでは関係者たち相互の利害の角逐が想定され，互いに依存しあう関係を一方的に，暗黙に想定した従来のコミュニティからは逸れるところもある。依存もしあうが競合もあり対立もある。ポリティクスを与件としたコミュニティである。

そのコミュニティには，前段で述べたが，依存もしあうが競合もあるということで，合意調達に至るまでには相当なコストが負荷される。何らかの問題を解決しようとして集まるが，いくつもの問題が並び立ち，その優先度を競うようなこともある。コミュニティが大きくなれば当然である。さらに，解決に向けての解も複数あり，それからどれを選好するかについても合意に至るまでの曲折は多くある。コンフリクトは日常的に発生するということである。そしてそれをマネジメントしなければならない。それらの調停がマネジメントに課せられた使命である。いかに自主的な参加を成り立たせコミュ

ニティを支えるかについては,限定的ではあるが従来の理論や手法は適用できると考える。それに加えて,ネットワークを張りめぐらせて情報流通の機会を増やし,流通障害を少なくすれば誤解は減る。

また,公共の組織が林立することを必至とすれば,それらを仲介する組織が必要にならざるを得ない。再度,サリバンとスケルチャー (Sullivan & Skelcher, 2002) によれば,コラボレーションを有意義なシステムとして稼働させるためには,互いが対等な関係で寄り合うだけでは効用を著しく低下させることになる。その場合でも,中心的な役割を果たす地方自治体のような仕切り役を演じる組織が欠かせない。ここでも,たとえ理念に過ぎないとしても,ガバナンスが成り立つためには,利害を競う多種多様な公共の組織を調停する公共のための組織が立ち上がる必然がある。地方自治体はネットワーク構築,そしてその維持の主たる役割を背負っているのである。ただし,その組織でさえも,コミュニティの利害関係,あるいはネットワークに絡め取られた利害から自由でないことはいうまでもない。ネットワークが対立を深刻にしてしまうようなこともないことではない。ネットワークのマネジメントは,ビュロクラシーのそれよりも難しいことがある。

ネットワーク組織の限界

地方自治体がネットワークによって外部のさまざまの利害関係者から影響を受け,それに応諾的に,他律的に対応せざるを得ない,つまり,資源を多く他の組織に依存しなければならないとすれば,そのガバナンスの基盤はいっそう脆弱となる。資源依存関係モデルを援用すれば,その組織の存立について,環境依存的になるほど,自らの意思決定について,主体的に判断し行動して実現する可能性は限定されるようになる。

その限定された状況を打開する,あるいは,それを少しずつでもよいが,メリットを得て機能回復を図るためには,ネットワークの中で,一方的な依存関係をなくしたり減らして,また少しでも多くの情報を得,資源を得るためのマネジメントを重ねることである。組織間関係論の適用である。自前の資源調達に固執するのではなく,不足は不足として,ネットワークを積極的に展開して,関連する組織が互いに連携して,依存することで自立の余地は少なくなるが,融通でき活用できる資源は格段に多くなる。結局,ネットワーク組織はポリティクスに曝されるのである。

限界についてはネットワーク・モデルの適用に際して，すでに指摘したことも含めて以下のような問題が指摘できる。

(1)意思決定に手間取ること

ヒエラルキーによる上意下達ではなく，合意による決定を重視するので，関係者が協議を繰り返すことになる。決定にコストをかけることになる。合議ということでは，決定主体が明確に定まらないという危惧がある。責任，とくにアカウンタビリティが定まらないことになるかもしれない。また，危機的な状況に遭遇しても，極論をいえば小田原評定になってしまうことも否定はできない。

(2)情報が必ずしも円滑に流通はしない。それぞれが多方向的にチャンネルを有しているということは，得た情報を他に伝えるかどうかは，その受けた当事者の判断に委ねられる。そこで滞留しても，それを外から窺うことはできない。都合のよい情報だけを流通させて，自閉的なサブ集団を成り立たせその中に対立や競合を生じさせることがないとはいえない。

(3)そして，そのサブ集団の間で部分的には競合的な関係が生じることもあり得る。

以上のような弊害がネットワーク組織にはあるが，それでもそれがビュロクラシーを超えて推奨されるのは，利害関係者の意思決定過程への参加を促し，決定の質をよくすることに貢献するからである。

限界は指摘されながらも，公共の組織も公共のための組織も，広大なネットワークの中に位置づけられるのである。それを外れては存続できない。ガバナンスは，その中でこそ吟味されるのである。

要約

組織はだれのものか，組織をだれが責任をもって稼働させているのか，そして，その責任を全うすることができるのかが問われることになる。地方自治体にその力量があるのかどうか。それを問うのがガバナンスである。とくにさまざまの利害関係者が，公共に関わるようになるほど，それを集約，あるいは機能的に質の向上を図るためにガバナンスという考え方は今後，中心的な概念になるであろう。

従来は，私企業ではコーポレート・ガバナンスともいわれ，経営者の恣意を排して株主重視のマネジメントに供される概念であった。しかし，公共セ

クターに適用される場合，いくらかニュアンスが相違する。NPM改革の文脈の中で頻用され，「漕ぐ」ことから「舵を取る」ことへの公共セクターの役割変容を示唆する概念である。さらに過程の動揺を感じ取るというニュアンスを含んでいる。過程が安定していないからこそ，パワー・ポリティクスの中で，その組織の正当性の根拠を明らかにしたいという意図を込めた概念である。

しかし昨今，公的なセクターにおけるガバナンスを，ただ私企業に由来する，それへの対抗としてガバナンスだけではなく，独自の新しい視点から論議されるべきであると考える。それは，一方では，私的政府という，従来，あり得なかった新しい概念が導入され，他方では，マネジメントの議論としてビュロクラシーに代えてネットワーク組織による新しい方向づけが試みられるようなことになったからである。公共セクターは本来，ネットワーク状に構成されるのである。しかし，ネットワークのマネジメントは，ビュロクラシーのそれよりも難しい。ということはガバメントの達成もそれだけ難しいということである。

次章で議論される公共サービスの多様化とともに，ガバナンスは，ではだれがどのような責任を担うのかということが真剣に問われることになるが，その際のキー・コンセプトといってもよい。

（1） 本書によって多くの示唆を得た。なお，この言葉の出典は Pierre, J. & Peters, B.G. (2000) による。
（2） ビュロクラシーには二つの意味がある。いわゆる官僚の組織としてのビュロクラシーと，合理的な仕組みとしてのそれである。以下では，官僚の組織に言及しない限り，官僚制という意味では用いない。
（3） 公共サービスの一翼を担うとされるNPOでは，とくにこの問題は真正面から問われる。だれをボードメンバーにするかによって組織の成り立ちが相違する（田尾，2004c）。
（4） 実際，アメリカ合衆国ではすでに地方自治体の中には，一般目的の行政体（カウンティやシティ，タウン，これらは基礎自治体（municipalities）とされる。わが国の市町村に該当する）とは別に特別区（special districts）のような，ある単一目的の実現のために使用料や負担金を独自に徴収してセルフ・ガバナンスを行っている地方自治体があり（小滝2004，牧田1996など），道路や上下水道，病院，公園などがある。複数目的の特別区もある。近年は，地域の治安や産業育成にも特別区のような制度が導入されている。前述のゲーティッド・コミュニティ

のように多目的化したサービスを提供できるようになれば，さらに，その集まりがホームルール（自治体憲章）を作成し州議会がそれを認証すれば，独自に税金を徴収できる基礎自治体として存在することができる。基礎自治体と私的政府の境目は限りなく曖昧である。
（5）　地域がコミュニティ・バスを運行するなどの例は，たとえ自治体からの財政的な支援があるとしても，もっとも身近なセルフヘルプと捉えることもできる（佐藤，2003；浮谷，2004）。
（6）　ゲーティッド・コミュニティについては Bauman (2001)，綾部（2005），渡辺（2007）などに紹介がある。

第3章　公共サービス

I　論点

　公共にある組織の多くはその成果を，モノの単なる給付ではない，サービスを中心に成り立たせている。それの提供を目的としているところが公共の組織である。サービスを提供することで公共に貢献している。そのサービスによって公平や公正，そして正義の実現に関わることが期待されている。
　しかし，その期待は一様ではない。サービスを受け取る人の立場や考え方によってさまざまとなる。受け取ったサービスへの評価もさまざまである。いつまでも不満を言い続けるクレーマーもいれば，すぐに納得してしまう人まで千差万別である。ということは，サービスの提供が単なるテクニカルな技能の向上によって，顧客満足を図ることではないということである。買い手が来てサービスを提供した，それで買い手は満足して帰っていった，だから，それでよいではないか，ということで済まされないのが公共サービスである。相応しくない買い手であれば，売ることを拒み，こちらから買い手を選別することさえもある。本当に納得したのかどうか，確認しなければならないこともある。
　以下では二つの論点について問題設定を試みる。一つは，公共の組織のサービスの効果に関する議論で，当然，その質をよくし，量を多くするために，サービスのいわば買い手を満足させるテクニックを向上させるために，何をするかということである。しかし，消費者満足を優先させることが成果指標のすべてではない。もう一つは，買い手を満足させることも重要ではあるが，だれに売るのかという選別に関わるテクニックも欠かせない。売るべきでは

ない買い手もいる。その選別が公平，公正，そして正義の実現に関わることである。そこでは，公共のための組織の力量が問われることになる。

以下では，顧客という表現は避けたい。消費者という用語も使わない。それの原語としてのコンシューマーやカスタマーでは相応しくないことも少なくない。むしろクライエントという用語を当てるべきである。前者は，顧客にはよいサービスを選ぶ権利が担保される。顧客優位である，つまり消費者である。しかし，後者ではその見込みは制約される。顧客に選ばせることもあるが，逆に顧客を選ぶこともある。前者を消費者と訳すことに問題はないが，後者を顧客と訳しても，そこから消費者というニュアンスを汲み取るのであれば，本書の意図が通じない恐れもある。以下ではクライエントという言葉を，抽象的にサービスの受け手として使うが，利害関係者（ステークホルダー），具体的には，住民や関係団体などと表記することもある。

II 公共サービスとは何か

成果としてのサービス

サービス化社会といわれるが，サービスを提供する産業分野の組織が急激な勢いで増加しつつある。というよりも，すでにこの社会の中心領域になってしまった。サービス組織が圧倒的に多くなった。それは，組織の成果としてのサービスを外部の顧客（場合によってはコンシューマー＝消費者）に提供する組織である。金融や交通運輸，ＩＴ関連，そしてレジャー産業，加えて医療，福祉，教育などのヒューマン・サービス組織（田尾，1995；2001a）などが含まれる。今後，社会全体がサービス化されるのに伴い，それらの機能の重要性はますます大きくなり，組織も，そこで働く人々も多くなる。

その中で公共の組織もサービスを提供する。現物を給付することもあるが，ほとんどがサービスに付随したものである。モノよりもサービスを成果とすることが多い。ハコモノ行政などといわれるが，建ててしまった後のいわゆるアフターサービスのほうがはるかに重要である。全般的に公共サービス，あるいは行政サービスなどといわれるのは，そのことと対応している。

組織一般として，それが成果として何を産出するかは評価（詳細な論点整理は第11章で試みる）において重要な問題となる。目に見えるモノ，つまり製品を成果とするか，それとも目に見えないサービスを成果とするかによっ

て，その組織を分析する枠組みは大きく変わることになる。

サービスとは何か

　サービス組織では，従来のモノを提供する組織とは著しく異なる特徴がみられる。メンバーの行動にもいくつかの特異な問題点が指摘される。その問題点を明らかにするためにも，まず，サービスとは何か，それについてはモノと対比させながら多くの論者が定義を試みてきた（Sasser, 1976; Mills & Moberg, 1982; Schmenner, 1995; Gronroos, 2007；中島，2007など）。以下に提示されるようないくつかの特徴がある。

　(1)直接性（あるいは一過性）：サービスは成果を提供された，その瞬間に消えてなくなる。生み出された瞬間から新鮮さを失う。したがって，成果は生み出されたその場で消費されなければならない。したがって，サービスを巡って，その送り手と受け手，つまり，クライエント（この場合は顧客でも消費者でもよい）の間には高密度の社会的相互作用ができるように，互いに近いところにいなければならない。

　(2)非貯蔵性：それを蓄えることができない，ということは在庫できないことを意味している。その場で消費されることになる。これがモノとして生産されれば，それを配給するためのシステムを別個につくらなければならない。しかし，サービスでは生産されると同時に消費される。製造のための工場は即サービス提供の小売店に転じる。

　(3)無形性：形がないことである。サービスそのものは眼でみて，手で触れて確かめることは不可能（不可視，不可触）であり，それが，どの程度のものであるかは個人的な経験によってしか捉えることができない。物理的な尺度がないので，評価は主観的にならざるを得ない。だれをも納得させるような評価指標がないといってもよい。

　(4)不可逆性：発給したものを，元に戻してどこかを修正したり，新しく何かを追加したりということができない。途中で不都合に気づいても，今更の修正は不可能で，それはそれとして後工程を続けなければならない。

　(5)認識の困難：上記の特徴から，それが何であり何でないかを明確に定義できない，あるいは，セマンティクス的な捉え方しかできない。その成果がどのようなものであるかは，それを受け取った人がどのように感じたかということで，それを集約して一つの確定的な概念に至らしめることは不可能で

ある。個々の主観を客観に転じる試みはあっても代替的でしかない。

上記のような理由で，サービスのマネジメントは根本的にモノの場合と相違することに留意すべきである。組織がマネジメントに意欲的であっても，消費する人は成果の可否や適否をただちに評価できないこともある。できたとしても，その妥当性や信頼性は低いものにならざるを得ない。強いて評価しようとすれば，その基準は曖昧で，身近にいる人や周囲のうわさに影響されることも少なくはない。ハーセンフェルド（Hasenfeld, 1983）によれば，成果の質はサービスを発給する人たちへの個人的な信頼関係の中で決められる。信頼できないという理由で不当に低く評価されることもある。プロッタス（Prottas, 1979）はさらに，不安定な関係の中で評価されると，その後は互いが信用しなくなるとも指摘している。

要は，成果としてのサービスは捉えようがない。しかし，それをそれとして捉えないとマネジメントは何もできなくなる。サービスのマネジメント，そして公共サービスのマネジメントの困難はすべてこのことに由来する。

サービス発給の円滑化のために

サービス組織では，モノをつくる組織に比べるとマネジメントに障害が起こりやすい。組織は本来，目標の達成に都合のよいように状況の不確実性を低減することに努めるが，サービス組織ではそれを阻害する要因が余りにも多い。サービス組織は，前述の特徴に由来して，概して外部の受け手に依存的であることが多い。そしてモノを生産する組織に比べると，特異な構造を発達させることになる。

たとえば，ミルズら（Mills et al., 1983）によれば，サービス組織では成果を統制することが難しいことから，それに至る過程を統制しようとする。人事考課において，結果よりも，汗と涙，誠意など，成果を得るに至る過程を評価しようとし[1]，中味よりも努力が大切と考えるようになる。また，モノをつくるに際しては，仕事の流れを円滑にすすめるために，道具や順序に工夫が，しかも事前に施されるが，サービスの場合，どれほど習熟しているか，あるいは，対人関係の処理のためのノウハウが欠かせないとされる。

要は，サービスの送り手と受け手との相互作用の中で即応的に，道具や順序が決められることも多く，事前に確定的で細かなプログラムをつくりあげることに意味がないこともある。確定された工程がない。クライエントの好

みによっては変更することも，また予期しなかった追加もあり得る。当然，不確実さや曖昧さは避け難い。送り手と受け手の間には，直接，顔を合わせたり，いわば取引をする関係にあり，しかも，この関係においては，当方の都合や相手の出方に合わせて，変更したり修正することもしばしばである。その都度，その状況に見合ったユニークな方法を開発しなければならないことになる。

　言い換えると，個々の送り手が組織のために活動を重ねても，組織への貢献があったかどうかを評価するための明確な判断基準がないということである。その成果がクライエント依存，つまり，クライエントとの個人的な関係の中で主観的に評価される。その活動を集約したものが組織への貢献であるとすれば，その根拠はきわめて脆弱である。成果が可視的でないから達成度を周知できない。それだけではなく，組織のアセット（資産）として評価できるものが限られる。それは，専門的な技能，状況依存的な知識，信用でき，されるネットワーク，個人的に蓄積されたノウハウなど，その状況，送り手と受け手のサービス空間において，それぞれ非常に特異なものである。組織として，もし困難に遭遇して破綻，そして再度出直そうとしても，清算できないものが多くある。一度失った信用の回復は難しい。たとえ出直すとしても，新しい分野を開拓することにならざるを得ない。再度ゼロからのアセットの蓄積になる。

　これらの特徴は，サービスという組織の成果は，いわば合理的なマネジメントの難しいことを含意している。合理的というのは，その基本的な考えは，できるだけ少ないコストで，できるだけ多くの利益を得ることであり，また，組織の目標を達成するために，最短の経路を見つけることである。そのような合理性準拠は，サービス提供組織では，モノをつくる組織に比べると難しいことを示唆している。

よいサービスとは

　よいサービスとは何か。評価に関することであるので，その議論はあらためて第11章で詳論したいが，よいかどうかは本来主観的である。しかし，それはそれを支える可視的な何かがなければ，サービスを発給する立場からもそれを受け取る立場からも，意味のないことになる。極端にいえば，相手方の不興を買わないように愛想笑いしていればよいのかということになる。

主観を越えてのよいサービスには，以下のような前提が欠かせないと考える。

(1) 主観的以外の指標によって評価できるかどうか。

可視的ではないサービスのよさを知るための手掛かりとして，客観的に周知できるようなものは限られる。外部からそれを評価できるような指標の設定は難しいことも多い。熱心そうであるとか，まじめであるとか，信頼できそうであるとかなど風聞だけで評価されるようなこともある。評価は本来風聞に左右されやすいのである。前向きの印象を与えると，判断の根拠が希薄であってもよい評価を受けるようになる。逆に，悪い印象を与えると真偽を確認しないまま，よくない組織であるかのような扱いを受けるようになる。客観的な評価指標が少ないだけに，それに反駁することも難しい。

したがって，万が一の事態に備えて，マネジメントが受ける衝撃を和らげるための方策は，とりあえずは主観に依存するだけではない，可視的な代替指標を工夫する努力が重要である。ライアン（Ryan, 1980）の指摘するように，代替できるような指標を確立すべきということになる。たとえば，クライエントの人数，動員可能な人員，それに関わる予算規模など，また，施策の本数や研修の回数なども指標になり得る。昨今の行政評価は，これと重なる。サービス評価については代替的であるが，ないよりはましという考えがあってもよい。また，これらの評価は集約されると主観的なそれを超える。だれにとっても主観的によいという評価は，社会的事実に結晶してやがて一つのモノになる。だれもがよいといっているのだから，よいのだろうという評価である。

なお追加的にいえば，モノとサービスはそれを生産する時点では明らかに区分されるが，クライエントに関わるところでは，たとえば，モノを売る場合，店員の誠意のある説明，あるいは故障した場合，親切な補修などのようにサービスとして認識され，それがモノに付加価値として追加されるので区別はできなくなる。したがって，厳密な二分法は妥当ではないこともある。

(2) 全体的な枠組みの中で適正な位置づけを得ているかどうか。

単一目的の組織で，クライエントも固定している（いわばリピーター）のであれば，この配慮は必要がない。しかし，いくつものサービスを提供していて，それが相互に関係し合っている場合，その中で一つのサービスだけが突出して提供されることは，そのサービスの正当性が疑われる。行政サービ

スにおけるアイアン・トライアングルのもとではありそうなことである。いくつものサービスが並行している場合は，その間のバランスが欠かせない。一つだけが突出していれば正当性が疑われる。それらが互いに均衡して統合的，総合的であることが望ましいとされる。逆に，それによって画一的，または金太郎飴のようになるとの危惧はある。正当性が得られるような方向で，サービスをシステムとして組み立てるのである。大きなストーリーにまとめられるかどうかと言い換えてもよい。

(3)そのサービスを持続的に提供できるかどうか。

よいサービスとは続かせることができる。続くものである。よくないサービスであるから続かなかったかもしれない。続くサービスとは必要に応じたものであろうし，続かせるということは，関係者である送り手が無理なく対応できていることを意味している。無理なくということは，それが必要であること，それを関係者が実行したいと願っていること，それに関わる資源の手当てができることなどが絡んでいる。

サービス提供において，あるいは目標の達成のために，できるだけコストを少なくしたい，しかし，その算定基準が明確ではないことも多い。マネジメントそのものが絶えず試行錯誤的であるが，それでも必要であること，実行できることが明らかになれば，それに重点的に資源を投入することになる。資源の裏付けがなければ持続はあり得ない。この場合は，ポリティクスの結果に左右されることもあるが，他にもう一つ，持続的に資源を投入するに値するかどうかは，サービス担当者の技術合理的な判断が欠かせない。続かせるかどうかは現場での彼らの判断に負うところが大きい。

公共サービスとは

広義には公共の場で提供されるサービスはすべて公共サービスである。ただし，それから，金銭などによる対価を払って，いわば購入する私的なサービスは除外する。ただし，この境界は明確ではない。公共サービスでも対価を払っての購入は多いからである。逆に企業などが私的な利潤のために提供しているサービスを除くということでは，サプライサイドから定義したほうがよい。受け手からは，公共的であるかどうかは関係ないことである。仮に，公共性の向上に貢献するサービス一般を公共サービスと定義する。この場合でも，生活保護などはその典型であるが，個人の生活保障に関わるサービス

などは間接的に社会の枠組みを支えているので，公共性の維持に貢献しているといってよい。公共性そのものがたえず広義に理解されるべきで，それに関わる公共サービスも当然，たえず広義に理解されなければならない。

その場合，行政サービスとの区分は重要である。行政サービスは政府が発給しているサービスである。第1章の定義に従えば，地方自治体など公共のための組織が提供しているサービスである。それに対して，公共の組織はすべて公共サービスを提供していることになる。そして，行政サービスは，公共サービスの一部である。今村（1997）も，公共サービスを上位概念としている。さらにいえば，行政は何をすればよいのかという問題設定によって，行政サービスのドメインは縮小しつつあり，逆に公共サービスのドメインは拡大しつつある。市民の要望が大きく膨らみ，それが公共の領域を大きくしつつあるが，さらに民間委託や民営化によっても公共サービスは増えている。後述する多様化とは，公共サービスを担う組織が増えていることとほぼ重なり合っている。公共性が広義に理解されるほど，その公共サービスを，公共のための組織である地方自治体がどのように統括できるかが，大きな課題となりつつあるという認識が欠かせない。

ヒューマン・サービスにおける公共性

前段に加えて，公共サービスの多くがヒューマン・サービスである。また，行政サービスの多くもこれと重なる。そして，これは前段で提示された特徴を典型的に備えたサービスであるといってよい。

ヒューマン・サービスとは，人が人に対して，いわば対人的に提供するサービスである。具体的には，医療や保健，福祉，教育，矯正などの領域におけるサービスを包括的に捉えた概念である。警察など治安に関わる領域も，これの一部である。それらは公共サービスの大きな一部となり，行政サービスとは重なるところが多い。それらのサービスが個人の基本的な福利に関わることが多く，公的にサービスが提供されることも多いのは当然である。私的に購入されることはあっても，本来が公共のために供せられるサービスである。私的に提供されても最終的には行政が責任を持つことが多い。矯正や警察のように行政サービスとしてしか提供できないこともある（しかし，刑務所の民営化や私的政府による警備員の雇用などの例外もある）[2]。

ヒューマン・サービスとは原則として対人的であるために，信用や信頼が，

その可否や是非を決定する非常に重要な要素になる。ヒューマンな要因，たとえば，熱意や誠意，努力のようなものがサービスの量だけではなく質さえも決定する。しかも，それらが不足すれば，明らかに不幸な事態の到来を予想させる。その中でもっとも重大な問題とされるのは，この領域では，人が人に対してサービスを提供する場合，その多くが対等ではなく，サービス資源を有する人が提供者，それに不足するか，全くない人が受給者という関係である。送り手のプロフェッショナルと，クライエントという受け手の一方的な関係として成り立っている（Lefton & Rosengren, 1966; Krupat. 1983）。

また，資源の多寡によるサービス関係が，持続的に制度として存在していることも，後段の議論のためには注目しなければならない。たとえば，患者は一方的に治療を受け，老人は一方的に介護される。一方はサービスを与える人であり，他方はそれを受ける人である。法的に定められれば，いっそう強固な制度になる。この関係は制度的に固定されているといってよい。この与える，受けるという役割が途中で交替することはあり得ない。たとえば典型的な生活困窮者がさまざまの福祉サービスの支援を受ける場合である。この関係は第9章ストリート・レベルのビュロクラシーの節で詳述するが，行政サービス一般では，お上と下々などと揶揄されることもある。送り手はお上であり，受け手は下々である。この関係はサービス資源の均等ではない度合いに応じて，それを受ける人，つまり，クライエントを支配する構造を必然としている。極端にいえば，応諾しなければ，必要な資源を提供されないのである。生活保護世帯はその典型であるが，受給できなければ生活を維持できない人にとって苦痛は避けられない。病人や障害をもった人も同様である。児童や学生もいくらか近似する。

しかし，サービスにおいて裁量の余地はそれほど大きいものかという疑問もある。というのは，私企業に比べると，してはいけない，すべきではないという社会規範による制約が非常に大きいからである。次章で述べるが，社会という制度環境から受ける拘束はあまりにも大きい。公共サービスを提供する組織のほとんどは，社会という大きな枠組み，あるいは大きな制度の中に組み込まれたパーツの一つとして機能している。それを外れることはほとんどない。ということは，マネジメントによる裁量は制限される。その社会の枠外に出るような行動は，結果的にはこの社会の制度という大きな枠組によって許容されないからである。暗黙の規範としても，利己的で社会の利害

と対立するような行動は慎むべきであるとされる。資源を多く有する人ほど，職業倫理が問われる。

Ⅲ　サービス提供の仕組み

公共サービスの経営管理

　以上のようなサービス関係は，サービス一般のマネジメントにおける困難な問題をすべて引き継ぐことを意味している。公共サービスでは，人から人へのサービス過程をマネジメントの対象とするので，経済的合理性を基準に対処するようなことは，繰り返すが不可能であることがしばしばである。公共サービスの質を向上させるためにはヒトというコストを過大に消耗する。ヒトという資源を動員し，いわば人海戦術のようなマネジメントを当然とすれば，コストが過剰になるのは避けがたい。コストの極小化，便益の極大化という合理性の達成がただちに成り立たないことに配慮すべきである。できるだけ少ないコストで，できるだけ便益を大きくしようとする合理化の努力には限界がある。しかし他方，それを少しでも減らす努力も欠かせないことはいうまでもない。

信頼のマネジメント

　サービスを円滑に提供するためには，クライエントの積極的な参加がなければならない。公共サービスについては，それを受ける人たちが，それについて前向きに評価することが基本的な要件である。少なくとも権限の行使に関わる部分を除けば，積極的に受け入れることは，そのサービスを信用していること，信頼しているということと同義である。

　権限の行使に関わるところでさえも，面従腹背に至るようでは円滑に運営することに支障を来すようになる。信頼関係を送り手と受け手の間に構築することは，マネジメントのコストを少なくするためには欠かせないことである。反対や抵抗が多くなることは余分なコストの追加である。

　しかし，信頼とは何か。ゲーム的な関係に至る以前の相互に相手が用いるであろう交渉の戦略を互いに知ることができるという関係において，信頼は醸成される。ゲーム的な関係に至っても，相手の手の内が予想を裏切らない限り信頼関係はあり得る。逆に，裏切りを予想できない，たとえば囚人のデ

ィレンマの状況であればあるほど，信頼関係の構築は遅延する。しかし，通常，相互の関係は，程度の差はあるが信頼関係の欠如を前提とせざるを得ない。その欠如を表面化させないことがマネジメントである。公共サービスについては公共の組織を信頼しないほど，さらに公共のためという錦の御旗が信頼できないほど，信頼関係は成り立たなくなる。信頼関係とは公共空間では，不信と裏腹である。だれもかれもが事あれば利得を大きくしたいと願っている。とすれば，信頼関係の醸成よりも，不信を大きくしないことにむしろ公共にある組織は関心を向けるべきである。

　実際，サービスの需給とはディレンマを含むゲームの関係である。圧倒的に受け手の立場が弱くなる場合を除けば，基本的には受け手は多く得たいと考え，送り手は少なく済ませたいと考える。意図や思惑が錯綜する限りでは疑心暗鬼が募るばかりである。疑心暗鬼にならないためには，率直に胸襟を開いて，ゲーム関係を断ち切る。互いが好意を抱けば，信頼し合えるようになる。ヒューマン・サービスの場合では，自己開示（Jourard, 1971）という奥の手を使うこともある。この場合，対人関係における理論的な仮説や枠組みを適用できる[3]。

　ゲーム関係が続けば，その場合，どこまでサービスを提供するか，どこまで我慢するか，あるいは提供の手段などについて取り決めるようになる。ルールの設定である。公式に規則などを設定することもあれば，暗黙の合意のようなこともある。フッド（Hood, 1986）によれば，ルールの構築によってサービスは円滑に流通するようになる。しかし，他方，ルールは暗黙であるほど，信頼関係がそれを支えない限り，それを遵守しようという気持ちにさせないことは言うまでもない（「赤信号，みんなで渡れば怖くない」という心情）。ルールの設定は，それを遵守させる仕組み，あるいは雰囲気のようなものと表裏一体である。それこそが信頼関係である。したがって，信頼とは，サービスの需給そのものに関わり，それを円滑にする，そして暗黙にできあがったシステムを支えることに関わっている。できあがった信頼関係は非常に多機能的というべきである。

　さらにいえば，信頼関係をマネジメントに取り入れてどのように構築するかについて醸成されやすい条件がいくつかある。受け手と送り手が同質の状況にある場合，文化的，あるいは社会的な状況が似ているほど，信頼関係は成り立つ。相手をよく知るほど，信頼できるようになる。ということは公共

サービスの提供に，受け手を参加させることである。市民参加というのは，信頼関係を構築するためのもっとも効果的な手段である。第8章で述べる協働，つまりパートナーシップも，本来はそのためにあるといってよい。ただし繰り返し言えば，公共空間では不信とは裏腹である。相手をよく知るほど相手の手の内も分かるようになり，裏切りも寝首をかくこともできなくはない。そういう思いを互いが抱けば，不信も芽生える。

正当性の確保

　政府という組織に対する信頼が低下するほど，サービスの発給に支障を来すようになる。反対運動などが生じるとさらに支障を来し，コストを過剰にして全体の効率にも影響を与える。極端な場合，たとえば納税の拒否にもつながる。それほどに至らないまでも，妨害的な活動を公然と行うようなことは日常的にも見聞する。公共サービスには正当性があると認識されるほど円滑に流通する。負荷されるコストも少なくなる。正当性とは本来漠然とした概念であるが，誠意のある説得によって入手できることもある。ただし関係者すべてから得ることは難しい。その場合，漠然と説得されるようなこともある。あるいは，地域社会の福利厚生の向上に貢献するなど施策の抽象度を上げることである。

　漠然としているがそれを得るための，短期的にはコスト負荷もあるが，中長期的にコストを節減できる方法は名声（reputation）を得ることである。サービスの質がよい，信頼できる，誠意があるなどである。首長への漠たる信頼感もそれに加わる。漠然としているからこそ風聞によるところも大きい。多少の不都合に対して具体的な証拠を提示しなくて済むようになるが，それに至るまでには，相当程度の信頼構築のマネジメントの積み重ねがなければならない。風聞の広がりによる名声の確立は，何にも替え難いサービスの正当性の確保につながる。ただし，風聞の急激な広がりはファッショの気分と裏腹であることに留意すべきである。

　スミスとシェン（Smith & Shen, 1996）によれば，その組織の有効性とは，名声を得ているかどうかである。そのサービスが利害関係者からの信頼と信用を得ているかどうかである。信頼や信用を得ることでその需要と供給の中で正当性を得て存続できるからである。しかし，この場合，必ずしも正確に，論旨を一貫させて説明できるものではない。曖昧な，もしかすると風聞のた

ぐいによる正当性である。風聞のたぐいであるから否定するのは難しいが，逆に，説明され過ぎると，その論旨を批判することも否定することもやさしくなる。存立が脆いほど，諸方から信頼や信用を広く集めることが，その基盤を強化することになるが，逆に，信用できないという風聞の広がりは，再起を難しくするほど経営基盤を潰すことになる。

ビュロ・フィロソフィの重視

しかし，逆の論点をあえて強調すれば，風聞への依存，あるいは，人気を得ることだけにマネジメントの関心を向けてしまえば，ポピュリスト的な，人気取りを主眼とするマネジメントに堕することになる。小さな失敗が直ちに質の評価に跳ね返り，利害関係者の支持を失い，破綻を来すのである。

名声の獲得は欠かせないことではあるが，他方では，名声に依存しない，ということは風聞にいたずらに左右されない体質を確立しなければならない。そのためには，外部に依存しない，正当性を外部にだけ求めるのではなく，職員など内部の関係者からの強い信頼感を得ること，さらに，他の公共の組織がライバルとなって，むしろ内部の関係者のアイデンティティを確かにするような独自性の追求が不可欠になる。

そのためには，管理組織の確立が欠かせない。つまり，ビュロクラシーとしてのシステムを整備すること，それによって，ビュロ・フィロソフィ（組織において首尾一貫し，方向性の明らかな価値意識，田尾，1990，280）を保持すること，おそらくそれが，好ましい循環を引き起こして，ビジョン，さらにはミッションの構築，また再構築を促し担う。この一連の過程が，利害関係者，つまり環境アクターへの信頼感を醸成して，名声をいっそう高めることになる。質のよいサービスの安定供給が何よりも評価の基準である。よいとの風評を広げることになる。

また，その上で，その組織における独自性を他に対して，とくに環境アクターに対して提示できること，私企業のマネジメントからの借用であるがコア・コンピタンス（Hamel & Prahalad, 1994）をどのように設定できるかは，その組織の存続とも関係している。デパートやスーパーマーケットにたとえられる多種多様の事業を抱えた地方自治体はともかく，教育や福祉などそれぞれの分野で部分的なサービスを提供する公共の組織は，専門店的なコンピタンスが問われることになる。

合理性とサービス・コスト

　組織である以上，合理的にマネジメントされなければならない。少ないコストでできるだけ多くの便益を得る，ムダなくムリなくムラなくとは，当然のことであるが，目標に到達するための最短距離を探さなければならないとされる。通常，組織は目標を定置し，それの達成に向けて，ヒト，モノ，カネ，さらに情報などの資源動員を有効に行い，できる限り少ない資源で，できる限り多くの成果を得ることを目指している。これが経済的合理性の発現である。組織の成果をどのように評価するかという基本的な問題と絡むことになるが，できるだけ多くの成果を得ること，さらに少ないコストで多くの便益を得ることなどの成果指標を考えれば，ヒューマン・サービスを含めた公共セクター一般は，量的には計りがたいものを内蔵している。

　しかし，この組織では，この合理性について再考の必要がある。成果を得ることの非合理をそのまま受容しなければならないとしても，コストの最小化以外に，それを超えた，いわばもう一つの合理性について考えることも必要である。たとえば，社会の価値の実現に組織として対応し，それの達成に貢献するのはまさしく社会的合理性の実現である。コストの削減だけに拘泥すると，この貢献の機会を失うことになる。コストとの均衡を図ることは資源の浪費をなくするために重要であるが，社会の安定的な維持，さらには発展のためには，場合によっては大きな投資を覚悟しなければならないこともある。組織の目標が，それに寄与できるということは公共にある組織にとって本義の合理性の実現である。

　コストと便益の合理性を貫徹させることに先行して，人権などを遵守，あるいはそれの高揚を図るというミッションが優先されることがある。コストを超えて遵守すべきものがこの社会にはある。それが何であるか，そのために何をすべきかを明らかにすること，そのために何かをすることが組織の基本的な役割である。アドボカシー（代弁的な支援）の役割が期待されるというのは，それと関連している。

　なお，アドボカシーは，とくにヒューマン・サービスでは，サービスの受け手が弱い立場に陥りやすく，彼らを護る，そのために彼らに替わって何かをすることである。代弁そのものが目的となれば，救済そのものが目的となり，コストにこだわることはできない。無定量無際限のサービスが当然とさ

れるようになることもなくはない。公共の組織全般には、このことが多少とも問われるが、それが重要になるほど、前述したが、まじめであるとか、信頼できそうであるとか、熱心そうであるとか風聞だけで評価されることも多くなる。評価は、風聞に左右されやすいのである。しかも、そのような前向きの印象を与えると、根拠が希薄であってもよい評価を受けるようになる。逆に、悪い印象を与えると真偽の評価をしないまま、よくない組織であるかのような扱いを受けるようになる。客観的な評価指標が少ないだけに反駁することも難しい。

　したがって、名声の確保を試み、信頼を得ることが、この組織の最大の課題となってしまう。マスメディアを活用したり、市民運動を取り込んだりしてイメージの向上を図ろうとする。何かの、すでに名声を得たブランドに便乗するようなこともある。いわゆる広報活動は、この組織の環境への適合戦略において非常に重要である。一度確定した信頼は消えない。第一印象は強いものである。しかし、悪い印象を得れば凋落も速いということもある。その意味では、公共サービスを提供する組織のマネジメントには脆弱さが払拭できない。

偶発性への対処システム

　サービス一般、とくに公共サービスとは、以上で述べたことを要約すれば、ルーティンとしてのマネジメントが難しいという論点に尽きるといってよい。しかもそれには、しばしば予期せざる問題に直面しがちである。私的な企業などでも当然事故を経験するが、その広がりは公共の組織の比ではない。また、企業であれば、語弊はあろうが、そして極端をいえば、倒産すれば世間一般は納得しそうなところがある。しかし、公共の組織では事故は必ずといってもよいほど事件になる。

　それに円滑に対処できる度合いが、その組織の評価となることがある。事件があってはじめてその組織のよさ、そしてマネジメントの適切さ、あるいは迅速さが問われるとは皮肉ではあるが、確かな真実でもある。偶発性への対処システムとしてその組織があるという考え方は、一つの有力な見方である。例えば、災害が起こる、それに向けての自治体の処理が円滑であったかどうかが、次の首長選挙の動向を左右することはしばしばである。偶発的な問題、あるいは事故や事件が勃発する。それにどのように対処すればよいか

について，リスクを過大なコストに転じないために，以下のような三つの事前に備えるべき対応の考え方と手法がある。

(1)柔構造化

組織総出で対応せずに，部分的に，柔軟に対応することである。これには，管理核とサービス（あるいは技術）核を分離すること（Daft, 1978）や，他に大きく影響しないようなルース・カップリング（Weick, 1976）の仕組みを取り入れることなどが含まれる。いわば事故を事件にしないで，つまり波及させないで，その現場で事故として極小化して処理するのである。

(2)管理スラック

使い果たすよりも，できれば持ち越しの部分を残して，少しでも余裕の資源を蓄えておくことであるが，行財政改革の中では難しいという指摘がある。しかし，資金的以外でたとえば狭い分野にだけ長けるよりも，いわば多能工的に教育訓練を施したりして，スラックの蓄えはいくらか可能になる。

(3)いわゆる暗黙知の共有

多くの場合，経験とカンによらざるを得ない。逆にいえば，適切なテキストがないといってよい。マニュアルがない。それに代替できる知識を共有できるように仕向けることである。具体的にいえば，支援しあう，学びあう，連絡しあうという関係の中で蓄積される何かがある。暗黙知（野中・竹内, 1996）である。

以上の考え方は，すべてサービス現場における権限委譲（より広義でいえば，エンパワーメント）を強調している。組織論の概念でいえば，公共サービスは，極端なまでにそれぞれのメンバーに権限が分散化されて，しかも，それをコントロールできるような公式の支配－応諾関係が成り立っていないのである。組織がクライエントから受ける評価は，第9章で紹介するストリート・レベルのビュロクラシー（Lipsky, 1980）として議論されるように，現場のサービス提供者の腕次第ということである。信頼関係が成立つためには，中枢にいるスタッフはほとんど役に立たない。問題が生じたとき，つまり事故が生じて，さらに事件に発展してしまえば，いわゆる後始末の手際だけが中枢スタッフの評価の対象になる。組織が大規模化するほど，この前線のサービス提供者と，後方に控えるスタッフとの関係は距離的に疎遠となり，その溝をどのように埋めるかはマネジメントの問題として深刻化しないはずはない。

しかし，結論から言えば，サービスは現場の問題であることが多い。偶発的に生じたことを事故として処理できるように，現場裁量を大きくするという仕組みは公共の組織全般に欠かせない。

IV サービス提供の多様化，その展開と課題

「サード・パーティ」の成り立ち

　前節で，公共サービスは，狭義の行政によるサービスから厳密に区分されるべきことを提案した。近年，そのことを前提としなければ，公共セクター全般を論じることができなくなった。公共サービスは，政府部門が提供するだけのサービスではなくなったからである。政府がそれ自身で背負うためにはあまりにも多岐にわたり複雑になっている。以前の政府の活動が，主に，官僚による商品やサービスの直接的提供に限定されていたのに対して，今では，目も眩むほどと形容してよいような多くのサービスが，多くの発給主体から送り出されている。一人の市民でさえもその発給者になろうとしている。NPOやボランティア活動がそれである。

　その背後には，そのサービスの受け手の欲求や立場の変化，そして，受け手であっても請け負うだけの力量をもつようになったからである。そのサービスの深化と多様化という論点で理解しなければならない状況にある。公共サービスは，受け手の側も参加した大きな発給システムのもとで理解しなければならない。公共サービスと行政サービスを区分しなければならない理由はそこにある。また，第三セクターや市民参加やパートナーシップが議論されるのは，このような事情があるからである。

　もっとも重要なことではあるが，これらのサービスは次節で論じるが，この社会を発展させ維持するためのツールであり，それらの多くは社会学的，あるいは経済学的に議論されてきたが，行政学的には議論されなかったということである。それらの領域は，ようやく「サード・パーティ」として，公共セクターの中で，公共の組織として，公共のための組織と連携しながら，どのようにしてサービスを提供すべきかを問われるようになった。

　ネットワーク上に，またはパートナーシップとして，さらにはコラボレーションとして多彩なともいうべき取り合わせによって，公共のために何かをなすのである。地方自治体を含めた，さまざまの非政府が公共の権威を共有

した精巧なシステムとしての「サード・パーティ」政府の構築に関わるのである。それには，効果的なマネジメントが欠かせないことはいうまでもないが，場合によっては非常に複雑な，しかし烏合の衆ともいうべき理解しがたいシステムであることも少なくない。システムとして成り立つかという疑念も払拭できない。多様化を不可避の与件として，それにどのように向き合うかは，公共のマネジメントに課せられた難題である。

ツールとして認識

　すでに多くの公共サービスは，地方自治体による公共のための組織だけではなく，多くの関連する組織に委ねられている。場合によっては，行政が関与することさえ少なくなったところもある。漠然とではあるが，そして実体はまだ判然とはしないが，「サード・パーティ」という仕掛けはすでにできている。

　サラモン（Salamon, 2002）によれば，アメリカ合衆国の場合，政府によるモノやサービスの直接供給はすでにわずかとなりつつある。連邦政府の活動のわずか5％しか占めていない。「直接的な政府」として計算に入れられる所得移転，直接借款，利払いでさえ，連邦政府によるのはわずか28％である。規模がはるかに大きいのは，公共の組織として存在する他の提供主体である。これらはより間接的な主体によって提供されている。具体的には補助金や助成金，契約，債務保証，社会的規制，バウチャーなどである。その重みは次第に大きくなっている。公共のさまざまの領域で，市民生活の向上に寄与するさまざま仕掛けは「ツール」と捉えられ，サラモン（2002）によれば，以下のような基準を用いて区分されている。政府が直接に提供する行政サービスから，ほとんど企業によるサービスと紙一重であるようなサービスまで多様に広がっている。

　(1)強制度：第一の分類基準は，強制の程度である。これがツールが有する特性の中でもっとも突出し，かつ分類の中でもっとも一般的な根拠である。公共のために貢献するということは，それがだれかに何かを強いることもあることを意味している。

　(2)直接性：直接性とは，政策を実行しようとする主体が，それを実行しようとする際に関与する範囲であるとしている。端的にいえば，行政がそれに直接関与するか，それとも，委託や委譲によるかということである。

(3)自律性:そのツールを運営する際,既存の仕組みにどれほど依存するかである。換言すればマネジメントの対象とならない,自律性を得ることになる。さらにいえば,現場即応的に,実務としてサービス提供を委ねるかということである。

(4)可視性:政策の検討,とりわけ予算編成の過程において示されることも多いが,そのツールがどの程度必要になるのか明示できるように,さまざまの論点から議論されることになる。ポリティクスに出合うほど可視的にならざるを得ない,これは大きなインパクトを有することになる。

　以上の四分類それぞれに,有効性,効率性,公平性,管理可能性,正当性および政治的実現可能性(詳細な紹介は省略するが,本書の第11章で述べる評価指標とほぼ重なっている)を掛け合わせ,該当箇所に,高・中・低のレベルを付与したマトリックスを用い,15の仕組み=ツールに区分している。公的と私的における作用部位や程度の相違も含めた精緻な分類でもある。これによって,公共セクターに広がるツールは政府によって供給される以外に,多様に広がっていることが理解でき,市民生活を支えるサービス・ツールは網羅されているといってよい(詳細は Salamon, 2002, 5 を参照)。

　さらに注目すべきことは,政府による直接サービス(本書においては行政サービス)の重要性を説いていることであり,それは他のさまざまなサービスに間接的にも関与しているので,ツールの主軸をなしているといってよい。公共サービスをツールによって整然と区分することは,地方自治体などの公共のための組織が,公共セクター全体でどのような位置づけになるかを知る有意義な手掛りを得ることになる。ただし,一部ではサービスが重なりあうこともある。たとえば,自律性の高いツールと間接性の高いツール,自律性の低いツールと直接性の高いツールの相違は曖昧となり,重なり合う部分が多く,区別の難しさを示唆している。そのことは公共サービスにおけるカテゴリー化の作業の難しさであり,公共サービスと行政サービスの線引きの難しさに通じることである。

ツールの混沌と行政サービスの再評価

　難しさの原因には,政府による強制的に直接的に発給する旧来のツールもあるが,新しいツールもあり,種類も多さも急増しているという事実は無視できない。いわばさまざまの提供主体が,公共のためにさまざまな活動を展

開している。政府に影響を与える環境アクター，その多くは利害関係者であるが，それらがサービス提供者として参加することがあることを前提として成り立っている。この展開は，公共サービス提供の過程をいっそう複雑にすることになる。公共サービスが行政サービスと重なると想定できるような，従来のただ一つのサービス供給モデルでは，そのサービスの提供者は，いわばお上であり，それによって権威づけられた。しかし，利害関係者として行政サービスを受ける人たちが即公共サービスの担い手になることも含めて，サービス発給過程が複雑になり，さまざまの人たちがさまざまのツールの技術に熟達しなければならず，それぞれ独自の手法，基準，成果測定法に精通しなければならない。さらにそれを集約しなければならない担当者（政策立案者など）は，何がどのようになったかの経緯を追うだけではなく，いくつものサービスがどのように絡み合い，それをどのように解きほぐすことができるか，それが成果にどのような影響を与えるかのアセスメントもできなければならなくなった。その結果に対してだれがどのように説明責任を果たすか，アカウンタビリティも含めて，はるかに緻密な問題群を処理しなければならなくなったのである。

　従来の様式にこだわるならば，多様化するサービス，そしてその提供主体の多様化に対応できないことになる。旧来のヒエラルキーを維持するだけではシステムそのものが破綻に向かうのである。それに至らないためには，多様化を必至として，それぞれの発給主体が，大きなシステムの中で協働関係を維持できるようにマネジメントに努めることであるが，そのためには，それぞれ独自に専門化することも欠かせない。公共セクターで専門家をどのように配置し，彼らの技能を最大限発揮させられるかという論点が，再度注目されるようになった。自由裁量や権限行使の余地を大きくしながら，公共サービスの提供をシステム全体として整然と実施できるような仕掛けの構築が重要になる。

　このことを逆の論点からいえば，行政サービスが公共サービスに占める割合が低下するほど，多様化に至るサービスのシステム的な統合を試みる，あるいは試みるべき立場にある行政サービスの役割はむしろ大きくなる。公共のための組織，たとえば地方自治体の位置づけはさらにいっそう重大となる。拡散に向かいがちな「サード・パーティ」政府の中心には政府が位置づけられ，システム全体の方向性についてアカウンタビリティを果たす義務がある。

すでに述べたガバナンスも，多様な発給者からなる「サード・パーティ」政府の中核に自治体がいることで成り立つことである。これらの一連の流れを，前章で紹介した「ニュー・ガバナンス」と総称するのは，企業で議論されたようなマネジメントに対するガバナンス（コーポレート・ガバナンス）ではなく，マネジメントのためのガバナンスであることを意味している。

なお，以上の変化については今に始まったことではない。以前から徐々に指摘されていたことである。たとえば半世紀も前にダールとリンドブロム（Dahl & Lindblom, 1953）は，この急速な変化に注意を促し，それを「おそらく我々の時代における最も大きな政治革命」と呼んだ。また，モッシャー（Mosher, 1980）も，アメリカ連邦政府がその役割を変化させていったことに注意が及ばなかったのは怠慢であるとした。ガバナンスとは，サービスの多様化の中で，公共のための組織（たとえば，地方自治体）が再度重要な役割を担うことの再確認である。

発給ツールにおける協働

公共サービス発給のツールとは，個々それぞれは比較的単純である一方で，現実には，多くのツールが相互に絡み合って発給されるので，その場合，かなり複雑であることを認識する必要がある。しかも，それぞれのツールには，複数の側面があって抽象的なレベルでは定義できるが，発給に際しては実際的な困難が伴うことになる。ツールとは，実際には，多くの要素を含んだ，ツールというよりもツールのパッケージと呼んだ方が妥当であろう。近年，上記のサラモン（Salamon, 2002）以外にも，個々のツールはそれぞれ固有の何かを有しているので，それを区分する論点によっていくつものカテゴリーが成り立つ。サバス（Savas, 1987）は，公共サービスの供給のためだけに使用され得る10の異なるアレンジメントを確認した。米国行政管理予算庁による『連邦政府の支援のカタログ（Catalog of Federal Assistance）』では16の異なったツール，オズボーンとゲーブラー（Osborne & Gaebler, 1992）では36などのように，整理の仕方によって区分は相違するが，多くの手法があることは明らかである。

わが国においても，現状では，すでにさまざまの供給方式が採用され，また採用されようとしている。地方自治体が出資した法人，公社，公団などがあり，民間委託や公営企業・第三セクター，NPOやボランティア集団との協

働などはすでに多くの自治体で運用され，実績も多く積み重ねられている。加えて，PFIのように英国で工夫された方法が導入されつつあり，さらに指定管理者制度や市場化テストなどは導入されている。これらは，公共セクターが，いわゆる官民協働の仕掛けとなって，公共サービスが地方自治体だけに限られることはなくなった。多様化の最中にある。これらがさらに機能的に発展して固形となれば，正しくすでに述べた「サード・パーティ」政府と呼ぶこともできる。政府とは呼ばないまでも，これらの仕組みはパートナーシップやコラボレーション，アライアンスなどと呼ばれる技法によってその可能性が模索されている。

V 発給のためのツール革新，そして適正な運用のために

多様化のメリット，デメリット

　多様化によって多くのメリットを得ることができる。政府が関与する部分を少なくすることで明らかに負担を減少させる。具体的には財政危機の重圧を軽減できる。それぞれが独自の市場で競争することで，サービス効率をよくすることができる。またそれぞれが現場，もしくはそれに近いところで発給されるので，ヒエラルキーを介するよりも即時即応的なサービスになる。そして，社会的に評価されるほど，さらに多くの関連の提供者たちが市場に参入して，互いがメリットを競うようになれば，相応の技術革新も試みられ，さらにいっそうの成果を得ることになる。

　しかし，これらのメリットはすべてデメリットにつながる。自由市場に近づくほど競争は過剰になり，コスト軽減を競うと，むしろサービスの質を低下させ，当面の利益しか考えなくなる。必ずしもサービス効率がよくなるとはいえなくなる。第1章で述べた社会的合理性の達成が難しくなるのは必至である。

　したがって，メリットを大きくデメリットを少なくするためには，多様化をマネジメントしなければならない。サービスが多様化するほど，現場での刻々変化する事態には即座に対処しないと，機会を失うだけではなく組織の正当性を失う。それを維持するためにはどのようなマネジメントが可能であるかがここでは問題となる。再度いえば，ガバナンスとはその議論のために供せられる。

多様化によるシステム運用の変化

いわゆる「ニュー・ガバナンス」はサービスの多様化によって何をどのように変えたのか，変えざるを得なかったのかについては，サラモン（2002）によれば，次の五つのアプローチへの変化として認識することになる。

(1)施策を実施する部署のプログラム重視から，現場でどのようなツールを使うのかへの論点の変換：どこでだれが何を担当していたか，それはどのようなプログラムで執行されていたかという考えから，それらをすべて，施策というよりもツールという考え方から，施策の実施を，具体的にどのような手法によって行うかを主軸に据えるべきであるとの発想への転換である。

(2)ヒエラルキーからネットワークへの提供システムの変換：利害関係者の間にある相互依存の成立である。その結果，政府は重要な協力者を得る。しかし反面，自分自身のプログラムを運営することにおいては，協力者に対してコントロールを行使する能力を失う。さまざまな複雑なやりとりが，政府，または公共のための組織と，公共プログラムの活動に列挙されている多種多様な，私企業も含めた公共の組織の間で生じる。今では，それらは公権力と公共プログラムの運営に対して責任を共有している。発給主体はビュロクラシーではなくネットワークである。

(3)公と私の競合から公と私の協働への関係の変換：協働が，セクター関係の定義上の特徴として競争に取って代わるのである。そのような協働を適切な行政の実施に対する逸脱，あるいは違反とみなすより，ニュー・ガバナンスは，むしろそれを，セクター間に存在する補完性の望ましい副産物とみなし，援助のために築き上げることができれば，公共の問題は解決できる。ネットワーク的になるということは公と私を対比させることではなく，それを結合させること，融合させることに関心を向けるべきである。

(4)指示・命令から交渉・説得へのコントロール・システムの変換：これらの状況の下では，政策設定においてだけでなく，その実施の際に好ましいマネジメント，アプローチとして，交渉と説得が指示・命令によるコントロールに取って代わる。ネットワーク的に相互依存であれば，たとえ政府であってもその意思を他者に強制する立場にはない。政府は，指示や命令ではなく交渉や説得に重きを置くようなマネジメント技法を採用しなければならない。また，不完全にコントロールすることしかできない利害関係者から，望んで

いる結果を得るための，インセンティブを確立する手法を学ばなければならない。

(5)マネジメント技能からイネーブルメント技能（enablement skills）への，現場で必要とされる技能の変換：公共セクターのパフォーマンスを向上させるためには，公共セクター内にビジネス慣行を導入することである。そして，担当者が自由にマネジメントできるように，一方で，彼らをさらなる競争にさらし，結果に対し彼らに責任を負わせる。それに応えるための技能が重要になる。それは，従来のマネジメント技能，および巨大な官僚組織のコントロールのテクニックではなく，イネーブルメント技能である。ネットワーク状に展開している相互依存の状況の下で一つの共通目的のために，複数の利害関係者をまとめることができるかどうかである。その技能は，関係者を資源として動員する（アクチベーション）技能，編成（オーケストレーション）技能，関係者相互を調整（モデュレーション）技能から構成される。

ただし，以上の論点について批判的に考えると，ツールのネットワークという視点は，ツール相互に競合が起った場合，齟齬を来すこともなくはない。それを調整するためには，どこでアカウンタビリティを確認できるか，その長所を発揮させることができるか，あるいはすべきであるかという論点も当然あり得る。やはり公共のための組織の役割を過小に評価すべきではない。ネットワークという仕組みそのものが効率的でないことも多いのは周知の事実である[4]。さらに，これらの技能を発揮できる人的資源は多いとはいえない。湯水のごとく使える人材などはあり得ないことが前提である。また，限られた資源であるからこそ，ツール洗練の前工程として人的資源管理がなければならない。

多様化は不可避であり，いくつかの局面では積極的に採用すべきであるが，それに応えることができない組織も多くある。アプローチの変化は所与としてあり得ても，それを効果的に実施するためには，マネジメントの困難や限界もある。ガバナンスをいっそう難しくするようなこともあり得る。

ツールのポリティクス

公共の組織が，利害関係者に必要な量，そして質のサービスを円滑に届けることができるかどうか，近年，公共サービスは，理念だけではなく，その技術，あるいはツールに関心が向かうようになったことはすでに述べた。さ

らに公共サービスを提供する組織は多様になった，そして格段に多くなった。その中で公共の組織としての正当性を競うとすれば，マネジメントに優れるということが，ツールとしてのよさと重なり合うのは必定といってよい。従来の限られたところから発給されていたサービスは，多様化によってさまざまの組織から発給されるようになった。サービスを競うということは，ツールのマネジメントのよさを競うのである。

　そのような関心の変化は，ここ数十年の間に，数，規模ともに急成長した。これが，一方では公共セクターのマネジメントの本質や，基本的な公共問題の解決方式を，そして他方で従来部分的にしか認められなかった方法に関する考え方を変化させてきた。ということは，どのようなツールを用いれば，より効果的であるかという，個々の施策を具体化するに際してのツールや技法，手法に関心を向けさせることになる。

　施策を設定した後に，それを実施する過程における，いわば出演者である環境アクター（そのほとんどが利害関係者），そして，これらのアクターが果たすべき役割を決定しなければならない。それぞれの異なったアクターには，それら自身の展望，エートス，標準的な操作手順，技能，そしてインセンティブがあるので，アクターがだれであるかということは，ツールの選択を決定し，さらにその実行とその結果に重大な影響を及ぼすことになる。どのようなアクターが，どのような関心を有しているかをあらかじめ熟知することはツール選択と，それによって得ることができる成果の評価に目論見を与えるために，決定的に重要である。ニュー・ガバナンスとはまさしくこのツール選択に焦点を当てている。

　それゆえにこそツール選択は，単にテクニカルな決定ではなくなる。むしろ，それは非常にポリティカルなものである。政策がどのように実行に移されるかは，どのアクターに実施過程を委ねるかということである。そのツールの選択は，それがどのように使われるのか，そして，どのような結果が生じるのかをあらかじめ確定することにもなる。つまりツール選択は，公共プログラムをだれが担うか，どのように担うかということでポリティカルな，価値を競い合う様相を呈することが大いにある（Peters, 2002）。闘争ともいうべきことも少なくない。これらの闘争で競うのは，単にある特定の公共問題を解決するもっとも効率的な方法だけではない。さまざまな影響を受けた利害関係者が，プログラムの選択，その後の実施における相対的な影響力の

維持，発展，もしかすると縮小も懸かっているのである。利害関係者のフィールドからの退場もあり得ることである。

しかもそのような選択は，文化的な基準やイデオロギー的な傾向によってもなされる。そして，それらは，その社会や国家に対する人々，つまり公衆の態度に影響を与える。たとえば，強い市場志向がアメリカにおけるツール選択の基礎となっている一方で，西ヨーロッパでは，市場に対してはるかに慎重な見方をし，選択を微妙に左右している。また，そのような基準が時間を越えて不変であることもない。その地域や時代の雰囲気によって選択は変化する。社会介入の適切なテクニックをめぐる議論，包括的補助金に対する使途を限定した補助金，あるいは直接政府によるサービスに対する契約の推進，公営企業を優先させるか経済的規制を強化するかなどは，時々のポリティカルな状況の下で自在に変化する。

しかしもし，ツールの選択がポリティカルな選択としてあるならば，それは，公共問題のマネジメントに対する重要な含意を伴う選択でもある。それぞれのツールは，それぞれ相違する業務を含んでおり，したがって，互いに相違するマネジメントの知識，そして技能を必要とする。いくつかのプログラムの運営は，それ以外のプログラムの運営とはかなり相違している。一般的な技能が存在していたとしても，公共プログラムが実施されるためには，立案から実施，評価に至るまで，さまざまなツールに特有の技能によって補われなければならない。放置すれば混沌しかない。ツールのアナーキーである。まさにニュー・ガバナンスが提供しようとしているのは，パワー・ポリティクスを与件とした，これらの混沌に向かうサービス提供をどのように調整し効果的なものに仕立てるかというマネジメントの技能である。

交渉と説得の組織化

したがって，公共セクター，つまり公共のための組織も公共の組織も，プログラムの個別的な運営から複雑なネットワークを通して調整される協働にシフトすることを重視しなければならなくなった。「ニュー・ガバナンス」もまたマネジメントについて新しいアプローチを強調しなければならなくなった。それは伝統的な行政とも，また第6章で紹介するNPMの議論とも考え方が相違している。

伝統的な公共管理，いわゆるアドミニストレーションは，公共の組織の運

営に焦点を合わせ，サービスの円滑な提供のために，指示と命令によるコントロールを重視している。そして，公共のためには，いわば命令の連鎖としてヒエラルキーによって組織化された組織間，および組織内部を統合的に活用することができると仮定している。いわば集中的な制御である。実際，このシステムはアカウンタビリティのためにも不可欠である。伝統的なサービスの発給は，制御ラインの明確化と権限の集中によると考える。

逆に，民営化など供給主体の外部化を重視する人たちは，アドミニストレーションの必要性を軽視しがちである。その代替として，公共の目的の達成のために市場を据え，それのマネジメントを重視する。この見地からすると，市場における競争が，公共の意思決定に取って代わり，行政による統制の必要を取り除くのである。NPMの手法は，極端にいえば，公共サービスをできる限り市場化することで，いっそう効率的になる，質も向上するという結論に向かうことになる。アドミニストレーションがマネジメントに置き換えられるというのである。

サラモンのいう「ニュー・ガバナンス」は，これら両者のアプローチを否定し，「サード・パーティ」政府を構築して，公共の目的達成に向けた第三のルートを提案するものである。民営化重視の理論に対しては，それは，間接的なツールが使用される場合でさえ，アドミニストレーションの必要性を引き続き重視している。これは，中央政府や地方自治体のような公共のための組織が積極的な公的な関与を放棄すれば，社会全体が不安定になるかもしれないとの危惧を抱いているからである。多くの，企業も含めた公共サービスを提供する組織が競い合う市場では，それらが自分たちの利害を超えて公共の利益に重きを置いた行動をするなどはあり得ないことであると考えるからである。

企業を含めたさまざまの公共サービスを提供する私的セクターと政府との関係は，調和的でもなく均衡にたえず向かうということもない。むしろ，それの関係を積極的に捌くことが政府に期待された役割であり，NPMに由来するマネジメントを超えてガバナンスとして概念化された政府という組織の果たすべきことである。民営化そのものの過程でさえ，政府による強い政治的なコミットメントを必要とすることは疑いがない。

モラル・ハザード

サービスの供給主体の多様化，それを支えるネットワークの拡大において必ず問題となるのが，それぞれが，公共の組織として責任をもって，公共サービスを提供することができるかどうかということである。アカウンタビリティは必ず問われることである。しかし，モラル・ハザードが不可避のことでもある。

　本人代理人（あるいは，プリンシパル・エージェント）の理論（Eisenhart, 1989）は，市場システムにおける組織の存在について説明するように意図された概念であり，またより広範なサービス・システムを論じるための枠組みを与えてくれる。この理論は多様化に対しては，皮肉あるいはパラドックスともいうべき論点を提示している。それは「サード・パーティ」政府に伴う契約，あるいは，他のサード・パーティとの連携において，本人と代理人の間の関係で生じるものである。本人，たとえば政府が，代理人，さまざまの政府以外のサービス提供組織に対して，いわば財布のひもをコントロールすることでサービスの質や量を決めることができたように見せて，実際は，しばしば現場での判断は，むしろそれに熟知した代理人が優勢で，本人の意図するようにサービスの質も量も提供できないことを示唆している。サービス提供組織相互においてもこの関係はあり得る。

　本人代理人理論が説明するところによると，それは，そのような関係における代理人は，本人よりも代理人の手に残される自由裁量によって提供しているからである。代理人は必然的に，多くの情報を有しているからである。したがって，彼らは，自分たちの任務を忌避する機会を持ち，本人が完全には知ることのできない能力と勤勉さを有する代理人に依存しなければならないというモラル・ハザードの問題がそこに生じる。本人がこれを避ける唯一の方法は，代理人がどのように遂行しているかについてのよりよい情報を確保することである。しかし，これには多大のコストが伴う。あらゆる機会に本人は，代理人に対して行使できるような望ましいコントロールの基準を見つけなければならない。加えて，本人と代理人の目標や特性が相違するほど，より多くの情報が必要とされ，適用される基準はよりコスト高になる。これらの状況の下では，相当の監視コストなしでは，コストを負担する本人が真の意味で，思い通りに意思決定することはできない。多様化は，このような深刻な問題を生じさせることが大いにあることは疑うまでもない。

多様化の効率的なマネジメント

　繰り返すが，多様化は不可避である。多様化された個々のサービスについては，個々の領域でマネジメントを工夫すればよい。その場合は，いわゆる成果重視の，あるいはクライエントの関心に沿った工夫ができる。しかし，技術的に解消される問題は多くはない。また，公共サービスはそれぞれ個別的にあるものではない。サービス資源を取り合う，奪い合うことさえある。しかも多様化によっては，公共の組織同士が争うということも稀ではない。多様化による歪みを，モラル・ハザードの克服も含めて，どのように通常のマネジメントの枠の中に収めるかが課題となる。

　地方自治体という経営体が，多様化に応じてどのように資源配分を行うかは大きな問題である。また，それぞれが小さな城を築いて，その世界に閉じこもるような事態に至ると公共性そのものが失われる。以下にいくつかの論点整理を試みる。

　(1)どこのどのようなサービスに，優先的に資源配分を行うか。この問題にはポリティクスが絡むのは必然である。

　(2)互いのサービスを比較するために共通の指標を設けることができるか，あるいは，それを使ってモニタリングできるかどうか。いわば本庁がそれを有効に行うことができるかであり，本人代理人問題の核心に関わることである。

　(3)モニタリングができれば，評価に応じて資源配分は，政治的というよりも技術的な問題になるが，通常は多様化に応じて，それぞれがクライエントを抱え，互いに競争しあうという関係にある。

　(4)互いが競うことで，調整が欠け重複も多くなることもなくはない。それがコスト増にならないとはいえない。また内部の競合に目を奪われると，公共性への視点が欠け，倫理の欠如によってスキャンダルが生じる危惧もなくはない。

　(5)またモニタリングできたとしても，個々のサービスをどのように連携させるかについては互いがどのように関わるか，そして，それがどのように全体目標（たとえば，地域社会の福利向上のような抽象的な目標）と関連しているかについての論理の構築は欠かせない。

　互いの関連をシステム的にまとめることができるかどうかは，マネジメントの骨格にあたる部分である。当然，企画立案の機能が充実することによっ

て可能となる。地方自治体であれば，本庁が相反する利害を説得によって調整できるかという，本来のマネジメント能力を問われることになる。多様化とは，一方，地方自治体の内部では首長のリーダーシップを中心に，ポリティカルな経営意思の表明，他方，外に向かっては，それを実現するために企画調整のテクニカルな能力が問われるのである。

要約

　公共の組織の多くは，その成果をサービス中心に成り立たせている。サービスを提供することで，公共に貢献するのである。モノの単なる給付ではない。そのサービスをコントロールすることで公平や公正，そして正義を実現する公共のための組織としての期待がある。その期待に応えるために，そのサービスの質をよくし量を多くするためにどうするか，そして，それを公共のための組織として公平，公正，そして正義の実現にどのように関わらせるべきであるかを考えなければならない。

　それのためには，行政サービスと公共サービスを区別しなければならない。前者は後者に包括される。しかも，近年，公共サービスを提供する組織が数も多くなり，その働きも大きく膨らみはじめた。地方自治体，さらに広くは政府の独占ではなく，私的な企業さえ提供主体になりはじめた。従来の行政サービスとは別個に大きく膨らんだ公共サービスがあり，それにどのように応えるかがマネジメントの緊急の課題となっている。サービスの多様化といわれるものがそれである。

　さらに多様化はツールの選択に関わっている。より好ましい成果を得るためには，それに相応しいツールを選択することである。そして，それが適切に選択された政府は，「サード・パーティ」政府になる。ネットワークの政府でもある。しかし，それに至るためには配慮すべきさまざまの問題がある。選択に伴うポリティクスはその一つである。それにどのように対処するかは，今，公共セクターのマネジメントの核心に関わることである。容易に解決できないことも多いであろう。

　なお，多様化によって，地方自治体などの政府の役割が減じるようなことはない。むしろ公共サービスを提供する組織をシステムとしてまとめる役割が期待され，従来以上にその機能がさらに大きく膨らむこともあり得ることである。これが前章で述べたガバナンスと重なることはいうまでもない。

（1） ある市の総務部長から，土地買収に関わるエピソードを聞かされたことがある。市の職員に必要なのは，汗，涙，誠である，結果はともあれ，誠意を見せて頑張ったかどうかを評価したいという意味であったと理解している。
（2） 刑務所に限ることではないが，NPM 一般の議論に通じるが，行政サービスを私的なサービスに移行させること（民営化）は，実験的にあり得ても，その実験がネガティブなコストを多くさせるようであれば，また元のサービス提供主体に戻すべきである。実験的な試みであることを承知しなければならない。施策の成功とは，本章の本文中に述べたように持続的であること，そして制度派組織論が述べているように，それを模倣する組織が増えることである。その施策がある程度以上持続し採用するところが増えることで，その施策は現実に適応的で，さらに，よりよい成果を得ることができると評価できるようになる。先進的，先駆的であるというだけでは評価に値しない。
（3） 対人関係の心理については，多くの社会心理学のテキストが言及している。たとえば，池上・遠藤（1998），小林・飛田（2000），唐沢（2005）などを参照。
（4） ネットワーク組織は情報の流通や周知徹底にはよいが，他方で意思決定のコストや責任の拡散などが問題とされる。Goldsmith & Eggers (2004) にもその指摘がある。ネットワークを使いこなせる人材がいるかどうかが問題であるとしている。なお Shaw (1964) の古典的な実証的な研究がある。ビュロクラシーに擬した伝達過程に比べると，ネットワークでは関係者の参加意欲は向上するが，意思決定のコストが増えるという結果である。

第4章　環境適合とパワー・ポリティクス

I　論点

　公共セクターの中に区分される組織を考えるとき，まずそれを取り巻く環境を考えなければならない。組織論一般においては，以下に論じるオープン・システムの適用が当然とされている。環境に依存するシステムとして組織を捉えることになる。しかし，現実に環境に依存しない組織はあり得ないので，オープン・システム論は公理ともいうべきである。その組織のそこに存在することの正当性は，その組織がおかれた環境から付与される。環境によって評価されることで，その組織がそこに存在できるのである。程度の問題はあるが，基本的に組織は環境に依存している。
　そして，公共セクターの組織はいっそうその依存の度合いが大きい。私企業に比べると環境への依存がさらに大きく，制約が大きいということである。私企業も当然制約されることが多いが，その比ではない。その制約は二重の意味においてである。一つは環境の利害関係がそのまま，その組織の中に持ち込まれる。たとえば地方自治体であれば環境保全を唱える人たちがいれば，他方には経済発展を願う人たちがいる。それの競合が自治体内部での競合となる。以上は極端な例であるが，さまざまの利害関係者が影響力を行使しようとし，それを無視することができない場合が多々あることは，すでに承知されていることである。もう一つは，その社会を支える制度的な枠組みに依拠しなければ存続できないという制度論からの提示がある。組織として自由裁量的に行動できる余地が比較的に乏しくなる。たとえば慣習や法によってできないことがある。実際，その土地に根づいた価値意識による制約は可視

的ではないが,大きいといわれる。

マネジメントの与件として,環境の影響は非常に大きい。それにどのように立ち向かうかは公共の組織,公共のための組織の根幹をなすことである。

II 環境とは何か

オープン・システムとしての組織

オープン・システムとは何か。組織はシステムである。人であれ,あるいは課や係のような作業単位であれ,組織を成り立たせている個々の要素は,互いに依存し合う関係にある。さらに,強く依存しあった関係の集合は,結びつきの疎らな他の構成要素の集合とは区別され,その間に自ずと境界が生じるというシステムに関する一般的な定式が,公共セクターの組織にも当てはまるからである。

なお,システムズ・アプローチの立場からは,これらの集合はさらに高次の相互依存関係にあり,より大きなシステムを構成しているとされる。他のシステムと相互に依存しながら上位のシステムを形成することになる。また,一つのシステムは,外部環境としての他のシステムから資源の入力を受け,高度に依存し合う内部環境の下で処理され,再び外部環境に成果としての出力を送り出すという一連の過程でもある。いくつかのシステムは,相互に入力と出力を互いに受け合うことによって,さらに大きなシステムを構成している。

この論点はオープン・システムの考え方である。カッツとカーン (Katz & Kahn, 1966)以来,このようなオープン・システムの視点は,組織について,その内外の要因が相互に依存し影響を及ぼし合う関係のダイナミクスを分析するための,有意義な分析パラダイムを提供することになった。この立場は,当然のことながら,閉鎖的な組織を前提としたウェーバー的なビュロクラシー・モデル(次章で詳説)には限界のあることを示唆し,組織の動態に関して新しい知見を得る手掛かりを与えることになった。

要は,組織は開放的でなければならない。開放的であれば当然外部からの影響を避けることはできない。外部から必要な資材や人員を調達しなければならない,ニーズを受け付けなければならない,新しい考え方や技術を受け入れなければならない。さらには,広く社会一般の価値システムが変化する

と，組織がその働きそのものを変化させなければならない。構造や働きそのものを変えるのである。そのことに注目して，以前から環境論は組織論の中で大きな位置づけを得てきた（たとえば，Perrow, 1970, 1986 など）。

近年の大きな変化は，公共のための組織こそがオープン・システムを前提として環境に向き合う必要があるということである。むしろ環境の変化にいっそう前向きに関わることが求められるようになった。消費者満足という言葉が公共セクターでもしばしば使われるようになったことと符合する。サービスの受け手が従来のサイレント・マジョリティではなく，むしろ積極的に発言する（異議申し立て＝ボイス，Hirschman, 1970 による）人たちに変化したからである。積極的に発言しない場合でも，些細な事件が首長の再選を妨げたりすることがある。ガバナンスを自分たちに関係があるものとして受け入れるかどうか，受け入れられなければ組織としての正当性を失うのである。公共の組織一般についても，このオープン・システムを前提としなければ，その仕組みが理解できない。オープンであるからこそさまざまの利害が競い合い，その衝突が組織の中に，組織の間に入り込む。それに向けて両手を広げて向き合う公共のための組織とは，さらにいっそう本来，環境のカオスを前提とした組織である。

環境とは何か

あらためて問うことになるが，環境とは何か。

環境とは，境界によって区分される当該組織以外のすべてである。その境界の外にある，ヒト，モノ，カネ，情報のすべてである。同業者も環境である。したがって地方自治体にとっては近隣自治体や，いわゆる類似団体もまた，そして中央政府も環境を構成する要素である。当然，労働組合も環境である。マネジメントに対する与件はすべて環境であるといってよい。後段でパワー・ポリティクスを議論するが，外部的な要因を引きずり込みながらの影響力の競合はやはり，本章で扱うべきである。加えて，必ずしも可視的ではないが制度もまた環境を構成する，しかも重要な要素である。

なお，境界が明確ではなかったり，そこから影響を受けることが少なければ，とくに環境を意識せずに済ませられることもある。その意味では，境界をどのように設定するかによってマネジメントの方向が，限られた枠組の中でではあるが，変化することもある。環境とは実体というよりも，操作的に

創造できることもあり得る。ということは、それは意図的に知覚されるものであり(perceived environment: Robbins, 1990)、どのように知覚されるかによって、促進要因や障害物が決まってくる。たとえば、恣意的に競争相手を見つけて、それとの優位性を競うとすれば、まさしく境界を意識することになり、全員一致のマネジマントに転じるのはこのような場合である。ベンチマークは否が応でも環境を意識させる。住民運動が過激になれば、否応なく境界を意識せざるを得ない。それらに対処してマネジメントの方策も決めることになる (Downey et al., 1975)。

このことを敷衍していえば、他の組織はもっとも重視すべき環境要因になる。組織間関係論（佐々木、1990；山倉、1993など）は、環境論において新しい展開をみせている領域である。具体的にいえば、前述の自治体間の関係であるし、中央政府との関係である。分権化や合併、そして具体的には、権限の委譲、サービス・ドメインの画定、情報の交換などはこの理論的な枠組みで考えることができる。ある領域に参入するか撤退するかは、この関係をどのように判断するかで決まることが多い。近隣自治体の間でのインフォーマルな連絡調整が多くあるのは、このことと関係している。すでに述べたネットワークも環境として認識できる。さらにいえば、ガバナンスそのものが環境によって差配される。その差配の程度、いわばマネジメント可能性に影響を及ぼす環境を、以下のように便宜的な二分法で考えることができる。

技術環境と政治環境

マネジメントにおける環境について、いくつかの区分によってその概念を明確にしたい。その一つは、操作可能性の大きい技術的な環境と、むしろ操作の余地が乏しい、逆に翻弄されるという表現が当てはまることもあり得る、極端にいえば、ポリティクスが跋扈する政治環境に区分する。

技術的というのは、工夫次第で対処できるような環境である。困難なことがあっても事態の打開は、マネジメントとしてできることがある、あるいはその余地がある。したがって、それができないということは、組織のマネジメント能力が問われることである。ガバナンス以前の問題である。たとえば職員の質が問われることもあるといってよい。それに対して、政治的環境とは、その組織にとって外から否応なく負荷された環境である。利害関係が絡んで、それにバーゲニングで対応できることもあるが、技術的に打開できる

余地は限られる。ただし，その境目は明らかではない。社会的な規範や価値観，さらにそれに政治的な思惑が絡むといっそう，ポリティクスに翻弄され，マネジメントはただ傍観ということもあり得る。

ポリティクスに対抗するためには，一般的にいえば，それ自体の組織としての裁量を大きくすることである。裁量のためには経営資源の自己充足の可能性を大きくすることであるが，複数の調達ルート，調達先へのパワー行使（いわゆる川上支配）などで依存度を下げることで可能となる。イノベーションによって余計な介入をできなくするという対抗措置もある。素人集団であれば，高度の技術を習得した専門家の集団には太刀打ちできない。その質を向上させれば，政治的な思惑を超えて行動できるようになる。しかし，いくつものプロフェショナルが思惑を秘めて跋扈するほど，技術的に処理できない政治的な環境があらわになってくる。たとえば，専門家を中心メンバーとする環境団体が保全運動を起こすような場合である。パワー・ポリティクスにプロフェッショナルが参入した場合，政治的と技術的の二つの環境が真っ向から対立する。

なお，技術環境に対しては，後段で述べるが制度環境を対置させることがある。その社会に仕組まれた制度から受ける影響に対して，技術的な対処がさらになお難しい環境という意味である。

タスク環境と一般環境

環境の区分にはもう一つある。タスク環境と一般環境（Perrow, 1967）である。その組織に独自の環境で，マネジメントの工夫によっては変更が可能な環境に対して，あらゆる組織に共通する環境，つまり，組織にとって変更不可ともいうべき環境がある。変更可能な部分が大きいほど，環境をマネジメントによる統制の下におくことができるようになる。その場合，問題はタスクごとに分割されて，それぞれが担当する部署でマネジメントされる。小さなタスクに分解できるようであれば，この環境に対する裁量が大きくなる。取り組み次第では成果の向上を図ることができる。技術的に対応できるということである。しかし，それに対して，少子高齢化やグローバリゼーション，地球温暖化などは典型的な一般的な環境である。一つの組織としてはどうしようもない。部分的にはタスクに分解することもできなくはない。しかし，所詮，語弊はあるが小手先の対応である。担当部署でそれぞれ対応しながら

も，抜本的な対処のためには，近隣自治体の協力が要る。上級官庁への働きかけによって法の改正が必要かもしれない。環境問題になると，国際機関によらなければ解決できないこともある。

たとえ小さな問題でも，その組織だけでのマネジメントでは対処できない，この社会が抱える，あるいは共有せざるを得ないような問題に対処しなければならない場合，中長期的な見通しが必要で，タスクには分解できない汎化された問題を内包しつつ，それへの対応は，施策を立案する以前のさまざまな制度的な制約，その背後にある政治的な思惑に配慮しなければならないこともある。これを技術的に乗越えるために，ポリティクスのための，つまり説得や多数派工作の技術に頼ることになる。ただし，その場合，さまざまの利害の競合，対立も覚悟しなければならない。一般的であるほど合意の調達は難しくなる。

前述の技術環境と政治環境の区分法と重なり合うところもあるが，この場合は，一つの組織で対処できない，むしろより広範な問題として共有せざるを得ない問題群というべきである。したがって，この社会一般が環境であるというべきである。

III 環境適合

環境と環境適合

組織が，その目的を達成する過程は，それを取り囲んでいる環境に適合する必要がある。もし組織の目的や活動が社会によって支持されないものであれば，つまり組織を取り囲む環境に受け入れられないものであれば，組織は環境と軋轢を繰り返すことになる。環境との不適合は，組織目的の達成を困難にし，組織の存続の基盤を脅かすことになる。それでは，どのように適合を果たすかということである。環境との円滑な，良好な関係を図ることが環境適合である。

しかし，良好な関係を確立するということはどういうことか。適合とは何かということである。前述の政治環境と一般環境において，環境適合がより難しいとされるのは，それが内包している曖昧さ，あるいは不確実さ (uncertainty) の度合いが大きいことによっている。それを低減することがまず環境適合であり (Dill, 1958)，良好な関係を構築できる第一歩である。どのように

して不確実さを少なくするか，それを不可避の与件として関係の構築を図るかである。その工夫ができるのであれば，環境に関する議論は技術論に転じることができる。しかし，技術的に減少できない曖昧さも多くある。繰り返すが，急速な人口の減少，突然の景気後退，グローバリゼーションなどの一般的な環境である。地方自治体にとっては中央政府の政権交代による政策変更なども直ちに適合が困難な環境変動である。

　とくに公共のためにある組織では，住民の短兵急ともいうべき要求に対応しなければならない場合など，環境適合には限界がある。不確実性を低減するためのマネジメントの努力は報われないこともあり得る。そのことを前提にした環境適合論である。公共セクター全般では，不確実性を残しつつ，そのやむを得ない程度については，環境からの了承を得て，その存続を図ることになる。企業のように徹底的にそれを排除して効率化を図る組織とは，正当性のよるべき基盤が相違する。

　いうまでもないが，公共サービスは，それのドメインが拡大しつつあり，それは公共の組織における環境の拡大に伴うことである。前章で概説した，選択的余地の大きい分野への進出と軌を一にしていた。昨今はこの関与の拡大は「大きな政府」として批判されているが，それに対抗しての，環境適合としての「小さな政府」もまた，ドメインの拡大を残したままの縮小であるから，さまざまの公共の組織は，その小さな政府の外延に残されたままで，その領域の縮小にはならない。

　公共の組織，あるいは公共セクター全体を通覧した場合の環境において，前述の政治的環境や一般的な環境，そして後段で述べる制度などのマネジメントに対する優位はあり得ることとして受け入れなければならない。マネジメントの及ばない領域も少なくはない。この部分が曖昧なままで，結局，不確実さとして残らざるを得ない。ではどうすればよいのか。環境アクター，要は利害関係者の動向を見極めることで，環境への適合，いわば円満で円滑な関係の維持を図るのである。マネジメントにおけるバランス感覚といってよい。それを通して，資源の偏在や極論の台頭を抑え込むのである。それによって関係者の不満がいくらかでも減ることになれば，ワン・テイクス・オール（one-takes-all）よりもはるかにましであるという評価を受けることになる。比較的にではあるが，存続に対する正当性の保証（存続こそが成果であるという見解もある）を得ることになる。以上は，公共サービスを提供する

立場からの論議であるから，サプライサイドの功利主義といってもよい。

なお，その功利主義的な論点からは，公共のための組織が環境適合的であるために，以下のようにいくつかの前提が欠かせない。

(1)合意があること，議会などの条例による場合は，当然，大多数でなければならない。少なくとも一部の利害のために，合意形成を無視しての環境支配はあり得ないこととされる。

(2)正当性が確立されていること，少なくともそれに向かうように仕組まれていることである。合意に至る過程で，説得を重ね，この変更が近未来的に，必要な変更であることが承知されていること。正当性は，結果というよりも，それを得る過程が重要である。

(3)リスク回避的であること，その正当性は，余分なコストや不要な課業を追加するものではないこと。新たな事故を招来するなどは論外である。利害関係者に過分のコストを付加しないことが，合意を得るための基本である。

ただし，このような環境適合の試みは，たとえばカリスマ的な首長の出現などのアントレプルナー的な経営幹部によって，合意もなくまた正当性に不足を生じても実行されることがある。ビュロクラシーの硬直がその組織の雰囲気として共有されていれば，アントレプルナーとしての活躍の余地は大きい。しかし，極端な環境との関係の変更はまたゆり戻しも大きい。合意形成が不足しているなど変革の正当性が共有されていなかったことが，ゆり戻しの，後付けではあるが大きな理由となっている。

なぜゆり戻すのか。公共セクターのマネジメントを考える場合の前提は，企業に比べると制約要因が大きいということである。企業も当然，制約されることが大きいが，その比ではない。自由に行動できる余地が，明示的に，たとえば法制度によってできないことがある。また暗黙に，さまざまの利害団体が圧力をかけようとし，それを無視することができない場合が多々あることは，すでに多くの人たちに承知されていることである。

なお，適合を図るための環境要因について，概して多くの適合論は技術や規模といった諸要因，つまり，マテリアル要因と組織構造の因果関係を重視することが多いが，社会的ルールや規範などの制度的な，シンボリックな要素が組織に与える影響を重視しなければならないことが，公共の組織や公共のための組織では多くある。制度論として後段で議論を試みるが，従来は社会的ルールや規範などのシンボリックな要因は，適合の対象にはなり難く重

要視されなかった。

変化対応の組織

　公共セクター一般は，従来環境に気遣うことはなかった。とりあえずは法制度によって，その存立が保証されていたからである。部分的には法による環境支配もありえた。また住民は困ったことができたから，そこに行くのである。仕方なく行くこともある。好き好んでということもあり得るが一部でしかない。しかし，近年の大きな変化は，公共セクターこそが環境適合の組織（動態的組織）になる必要があるということである。むしろ環境の変化に真正面から向かうことを余儀なくされるようになった。これはサービスの受け手がサイレント・マジョリティではなく，むしろ積極的に発言する（ボイス）人たちに変化したからである。正当性とそのガバナンスを評価するのは，サービスを受ける人たちであるとの認識が一般的になろうとしている。デモクラシーの徹底という社会心理の変化が後押ししている。

　したがって，私的な企業以上に，それの周囲にいる人たちがその組織を組織らしくしている。なぜ存続できているのか，それを根拠づけるのは，その組織に発するサービスを受ける人たちの評価によるからである。消費者満足という言葉が公共セクターにもしばしば使われるようになった。その正当性とは，組織そのものが環境に取り入れられることで，たとえば，資源を支えるスポンサー（政府の場合，納税者）が受け入れることで存立が可能になったという考え方である。

　以上の環境適合論の背景には，60年代後半からのコンティンジェンシー理論の勃興がある。それらの理論が環境として概念化を図った際，当初は技術や規模といった環境の要因が重視された。それに連動する構造に注目した研究が主であった。たとえば，環境は変化するほど不確実性を大きくする（Thompson, 1967）。不確実性とは，環境が複雑になるほど，変化を繰り返すほど大きくなる（Duncan, 1972）。対処すべき問題が深刻の度合いを増して，さらに異質なものを多く抱え，しかも調達資源が減るなどすれば，不確実性はいっそう増幅することになる（Dess & Beard, 1984）。

　しかし他方，外圧を受けることがそれほど多くはなく，内部的に資源を安定的に確保できていれば，環境適合にそれほど大騒ぎをしなくてもよい。要は，環境の変動とシステムの安定性を関連づけたモデルである。また機械的

と有機的 (Burns & Stalker, 1961) によって二つに区分して，環境が変動すればするほど有機的組織が対応しなければならない。しかし，安定的であれば，従来の機械的，つまりビュロクラシーの組織の方がが適合的である。不安定になるほど，有機的な組織に変えなければならない。有機的な仕組みに再構成することで，環境からの圧力に耐えようとするのである。圧力に耐えて，確実に適合関係を維持させようとするところにマネジメントの意義がある。さらに，環境が変化して不確実性が大きくなるほど，それに耐えるシステム構築のために，たとえば，部門化などによって分化させて，それぞれが相対する環境に分割するマネジメント手法もある (Lawrence & Lorsch, 1969)。

　要は，環境適合とはシステムを環境圧力に耐えるように柔軟に変更することである。その技法として，地方自治体の場合，以下のようにいくつかの工夫が提言されてきた。

　(1)部課制の廃止：厳密なビュロクラシーの仕組みを廃して，命令の一元化などヒエラルキーの機能を停止させるようなこともある。部課制の廃止である。田中 (1994) によって紹介されている。より柔軟に組織を編成，運用しようというのである。ただし，公共セクターの仕組みが本来ヒエラルキー準拠であるから，廃止を強行しても不都合が生じて元に戻るようなことも多い。また，その廃止自体が望ましくない，たとえばルーティン業務が多い分野もある。

　(2)フラット化：そのための構造的な変化としては，フラット化がある (北大路, 2004)。ヒエラルキーの階層数を少なくして，経営幹部と現場の距離を小さくするのである。そのような組織では，統制スパンが大きくなり，結果として，組織の構造がフラットになる。現場の判断を重視し，そこに決定の権限を委譲するほどフラット化は促進されるようになる。ヒエラルキーが発達しないので，しかも，現場作業者の資質に依存的でもあるので，フラットな構造をもたざるを得ない。

　(3)権限の分散，または委譲：上記の仕組みも含めて，上意下達の厳格なヒエラルキーによる運用を改めて，環境の変化に柔軟に対応できるように権限の分散化を図ること，現場への権限委譲である。とくに現場での変化即応的な判断のために実施する。ヒエラルキーの上位者に逐一判断を仰ぎ，また議論していては機会を逸するようなことも，また判断自体が適切でないこともある。現場の意向，つまり住民や関係団体の意向を取り入れるための仕掛け

でもある。ヒエラルキーの運用だけでは，経営幹部の意向が優先されて環境のそれが配慮されないことも多いからである。後述のストリート・レベルのビュロクラシーも，このための仕掛けとして前向きに評価すべきである。

　また，プロジェクト・チームやタスク・フォースを立ち上げて，ビュロクラシーの硬直に対抗すること，また，そのようなチームを発足させ，柔軟に問題解決に当たらせることも多い。一般的に，動態化，または柔構造化ということが多い。時限的に一定期間だけの，特定のアジェンダに限られた方式であることも多い。地方自治体でいえば，大区役所制やワンストップ・ショッピングのような仕掛けもこれに該当する。

　組織論の文脈でいえば，動態化は個々の人や単位が分立して，しかも自立しながら，それぞれの判断で行動する，分散化，あるいは，非集中の意思決定システム（第7章で詳述）と対応している。したがって動態化を多用すると，組織としてのまとまりを欠きがちになることがある。その欠点を補完するために，以上の柔構造的なデザインの工夫以外に，後段で述べる，境界を掌る関係者を限定することやルース・カップリングの仕組みを導入するなどして，権限委譲の仕組みを工夫して環境からの変化の影響を少なくすることもある。

　以上のようなシステム変革の試みは，近年の行政改革の中で，ほぼすべてといってもよい地方自治体で実施されている[1]。それらの方策に共通していることは環境に対する感受性の向上と，即時的に対応できるような方策の工夫である。

境界関係

　オープン・システムの論点からは，組織と環境の間に境界が設けられる。この境界を通して必要な資源を取り込み，それを成果に変換して環境に送り出すことになる。境界の外にある利害関係者たちが影響力を競い合うこともある。ロビー活動が施策の立案や実施を歪めることもある。中に入り込めば，それはイッシュー化（政治化）されて，それに関与する利害関係者たちは大きな利益を入手することになるからである。しかし，その外では，それに異議を唱える利害関係者がいる。市民運動や市民参加などは境界の外側で影響力を行使しようとする。内部でそれに呼応する人もいる。

　この境界をどのように定義するかによって，組織の仕組みは大きく相違す

る。環境さえも再定義の必要に迫られる。環境とは境界があっての環境である。あちらとこちらを分けるものが何もなければ，外という環境をマネジメントする必要がない。しかし，通常，境界のこちら側にいるという自覚が明確になるほどメンバーシップを強く自覚するようになり，われわれ意識（we-feeling）なるものを抱くようになる。しかし，その境界もペンキで描くとか紐を張り巡らせて，ここからここは内だといえるようなものではない。どのようにでも変わるという融通無碍なところがある。環境のマネジメントは，この境界の定義に由来するところが大きい。

　この境界を掌握するたちを境界人（boundary person あるいは boundary spanner: Adams, 1976, 1980, Aldrich & Herker, 1977）とする。だれもが境界にいるわけではない。それを専門的に処理できる部署を設けたほうがマネジメントとしては都合がよい。だれもが境界にいるとなると，境界そのものが意味をなさなくなる。境界はマネジメントによって定義される。それを勝手にだれもが定めてしまうとメンバーシップが意味をなさなくなる。境界の中に入れてよいもの入れてはよくないもの，逆に，出してよいもの出してよくないものを識別するためには，組織としての基準がなければならない。

　境界人はだれであるか，その基準の作成はマネジメントの果たすことである。当然，首長は境界人である。経営幹部もその役割を果たしている。さらに，入るもの，また出るものを差配できる実務の専門家が，そこにいなければならない。だれでもではないというのは，このことによる。この環境マネジメントの専門家をゲートキーパー（gatekeeper）ということがある。いうまでもなく広報公聴の担当者は境界人である。彼らは経営幹部から委託は受けるが，それにもまして必要とあれば環境を操作できる立場にある。どのような情報を幹部に注進し，またはしないか，さらには無視することも彼らの権限のうちにある。その結果，リスクを按配できる。そのようなメリットやデメリットを想定できるにもかかわらず，環境変動から相対的に自立するためには，彼ら境界人というプロフェッショナルの力量に依存するのが通常である。

　しかし，組織がオープンであるほど，下位のメンバーがそれを担当するようになり，しかも，人員も増えることになる。したがって，窓口事務を担当している人たちも境界人である。現場のサービス提供者はすべて境界人である。外から来る人を境界でサービスを提供しているからである。市民との接

触を日々強いられている人は，すべて境界人にならざるを得ない。市民に向き合う彼らの達成の総量が組織の成果になる。彼らが評価を得なければ正当性を得ることはできない。区役所でも，窓口での応対への不満がイメージを悪くすることは，少なくなったがまだある。さらに逆に，市民の行政への関心が高まるほど，市民が積極的にその境目に入り込んで，たとえば，審議会に市民代表が参加することなどで，企画や財務にいる職員でさえ境界人になる必要に迫られている。

　日常，境界でのマネジメントは，経営幹部の意のままにならないことが多い。ストリート・レベルのビュロクラシーは，このことを的確に指摘している。しかし，それにもかかわらず，組織が正当性の獲得に至るためには，日々の境界人の果たす役割は大きい。

境界関係のマネジメント

　境界関係をどのようにマネジメントするかであるが，環境をどの程度オープンにするかと関連している。組織は，とくに公共の組織はオープンを当然としているが，すべてをオープンにすれば，たとえば，出入りをまったく自由にしてしまうとか（メンバーシップを無意味にする），情報を細大漏らさず公開してしまえば，混乱は必至である。ある程度，中にいる人員を制限し，情報を統制下においたほうがよい。これらを操作することがマネジメントであり，境界担当者，とくに経営幹部の役割である。しかし，公的であることや情報の非対称性などによって，公共セクターは境界をオープンにするように強いられている。とくに，情報公開などでその傾向が強化されるようになった。それでも，オープンになると，意思決定などがさまざまな環境アクターに影響されて歪みを受けるようなことも少なくない。オープンであるということは，さまざまの利害関係者が，組織の内部過程に容喙することを阻止できなくなることを部分的に含んでいる。調整に手間取ることが多くなる。無責任な介入もなくはない。ということは，オープンさとは，公共性のためには規範的に望ましいことであっても，障害ともなり得ることがないとはいえない。環境関係の維持とはオープンさの程度を決めることである。そして，その働きを機能的にするかどうかは，それに関わる境界担当者のマネジメントの技能に依存している（Williams, 2002）。施策の実施に際してどこまでをオープンとして取り込むか，逆に排除するかは，境界を挟んで決定されるこ

とである。PPP（public-private partnership，第6章で紹介）においても，その可否は両者を仲介する境界担当者の腕次第ということで，非常に属人的であるとされた（Noble & Jones, 2006）。

環境からの影響を少なくするために

　一般に，オープン・システムとしての組織では，状況の変動による影響をどのように和らげるか，吸収するかがマネジメントの重要な問題である。適合論で提示された工夫に比べると，以下の議論はむしろ戦略的に，仕組みの大規模な変更を伴うといってよい。とくに地方自治体も含めて公共セクターの組織では，構造的に，あるいは，制度として，その問題に対処しなければならない。以下のような，外からの影響を緩衝するためのモデルがいくつか提案されている。

　⑴ Thompson (1967) を援用すれば，組織は合理性を維持するために，自ら中核的なテクノロジーを固めることになる。Daft (1978) によれば，サービス組織は二つの核心をもつことになり，一つはサービスを実際受け手に提供するためのものであり，他の一つは，組織を管理運営するためのものである。前者が技術核（technical core）であり，後者は管理核（administration core）である。外円の技術核は外からの影響を受け，それへの対応に追われることもあるが，内円の管理核までにその影響が届くことは少なく，そこではビュロ・フィロソフィが確定され，独自の方針で組織の行く末を決定できるという仕組みである。排除の仕組みであるといってよい。

　瑣末な例をいえば，本庁の1階に受付の担当課があり，最上階に市長のオフィスがあるなどである。それも秘書を通さないと近付くことはできない。そして，議会棟は別棟にあるなどである。

　⑵ Weick (1976) は，教育組織（学校）について，ビュロクラシーのように組織の下位単位がタイト（tight）に結合しあった組織に対して，ルース（loose）な構造をもった組織を考えた。ルース・カップリングの組織である。ルース・カップリングとは，下位単位が互いに依存しあってはいるが，個々の独自性あるいは自律性を保持している関係のことであり，その間は，相互に影響を及ぼすことが少ないか，あるいは弱い関係にある。

　ルースな結びつきの組織は状況変動に対して機能的に適合できる。組織のそれぞれの要素が，相互にタイトに，つまり，緊密に連結しあっていないの

で，ある箇所に起きた変化が速やかに波及しないからである。相互がルースに，緩やかに結びつき，場合によっては独立しあう関係にもあり，ある部分の変化を他の部分が無視することもできる。環境が激しく揺れ動いているとき，影響を局所にとどめ，全体への波及をできるだけ少なく，あるいは，なくすることもできる。要は，境界の外の利害関係者が何を言おうと，その影響を緩和する，中に入れてもその波及を阻止して，伝わりにくくするのである。それによって中核部分のビュロ・フィロソフィを確保するのである。部分がそれぞれ自律的に行動すれば，外からの影響はその部分だけに止まることになる。オープンな組織とはいいながら，内部の仕掛けはクローズドでもある。

　地方自治体のタテ割り行政といわれ，また部局主義といわれているのはルース・カップリングによって読み解くことができる。その弊害はすでに諸所で指摘されていることであるが，組織防衛のための仕掛けとしては当然あり得ることである。これらの仕組みは危機管理という論点からは評価できるところもある。

　(3)受け入れるべき影響を速やかに流通させることで，組織内部の混乱を少なくしておいたほうがよい。入口での情報の滞りはむしろ弊害となる。ノウハウ的な情報は普及させながら，柔構造的に仕組まれた内部過程で選別すればよい。現場で取捨すればよい。それは学習する組織によって可能になる。「学習する組織」とは，センゲ（Senge, 1990, 1992）によれば，人々が継続的にその能力を広げ，望むものを創造したり，新しい考え方やより普遍的な考え方を育てたり，情報を共有して，人々が互いに学びあうような組織のことである。このような組織では，だれかが得た知識が短期間のうちに組織全体のものになり，あたかも「組織が学習している」かのように見える。必要とされる知識を習得し，場合によってはそれを新たに創造できる技能を有し，既存の，硬直に傾きがちな行動様式を，その新しく得た知識によって変革できる組織である。そのためにはコミュニケーションの円滑化や研修の機会を増やすなどで対処することになる。庁内での研究会や庁内誌の発行は，これを支援している。

　組織全体として新しい知識を得ることがもっとも重要であるという，きわめて単純な考え方を基本としている。そして，新しい知識を創造したり，獲得したりするだけでなく，その知識を実際の行動に反映させることが不可欠

の要件である。マネジメントとは試行錯誤の繰り返しである。しかし，失敗から学ぶことは実際少ない。学習によって失敗をコントロールできれば，偶然ではなく意図的に，業績向上に資するようなマネジメントができるようになる。

分化と統合

とくに公共にある組織では，環境の影響を避けながら，しかし，受けざるを得ないという背反的な関係に至る。前述のさまざまの仕組みも，影響をマネジメントの中枢に及ぼすことを少なくする，制限するということで，現場が受ける影響はますます大きくなるという前提に立っている。というのは，公共にある組織はその成果が問われる。そのためには，サービス現場で何をしたか，できたか，逆にいえば，しなかったか，できなかったかである。アカウンタビリティが重視されることと軌を一にしている。そのためには権限委譲が必須になる。それ以上に，組織デザインとして集中化に対して分散化，そして分権化が欠かせなくなる。サービス・メニューが増え，しかも，そのそれぞれが，現場でクライエントに向かって発給されるとすれば，個々は自律的に行動することを，仕組みとして保証しなければならない。業績重視，加えて，アカウンタビリティの重視に向かうのを不可避とすれば現場裁量を大きくしなければならない。

しかし，そのことが，逆に，現場に過剰な依存，本庁部局の無関心が，経営マインドの欠如を招き，さらに放漫経営に至るという図式に描かれることも少なくない。幹部のいわゆる天下り，そして人事のマンネリ化，停滞によってさらに事態は悪化するようなこともあり得る。それを食い止めるためには統合の促進が欠かせない。集中化の仕組みも取り入れるべきである。というよりも，本来の仕組みは，権限を集中させることで成り立ち，それをどの程度委譲するかということである。やむを得ず，環境変動に合わせて，環境適合的に分散化，そして分権化を試みるというのが組織デザインの方式である。前述の議論に合わせていえば，管理核がなければならないのは当然で，それの健全な働きがあって技術核は機能する。ルース・カップリングも柔構造化も，環境の激しい変動に対するやむを得ざる措置である。統合されてこそマネジメントはある。あるいは統合することがマネジメントであると言い換えてもよい。首長など経営幹部のマネジメントに果たす役割は大きいとい

うべきである。

Ⅳ　パワー・ポリティクス

環境というカオス

　パワー・ポリティクスについては本書で何度も言及してきた。しかし，その内容についてのまとまった説明はまだしていない。以下で，パワーとパワー・ポリティクスについて，それが公共セクターのマネジメントにおける位置づけについて詳論したい。

　第2章で述べたが，ガバナンスとは，端的にいえば，だれのための何の組織かということである。その組織目標の設定と実現に関わることである。しかし，その目標さえも下位集団の競い合いの中からつくられる。たとえ一つにまとめられていても，すべてのメンバーがその目標に承服しているようなことは稀である。一つの組織にはただ一つの目標しかないということではない。カオスである。そこからいくつもの目標が現れては消えていく。その中で優勢なパワーを伴う下位集団の目標が残るのである。それさえも長続きしないことがある。

　組織とは，その内部でさまざまの利害が錯綜している。それぞれは利害を大きくしようとしている。これはパワー関係で捉えることができる。パワー関係はマネジメントに必要な資源を相互に依存する関係である。依存することでパワーは少なくなる（Blau, 1964）。逆に依存させることで大きくなる。その相互依存関係が，組織の基礎的な枠組みを決定する（Pfeffer, 1981）と考えられる。公共にある組織はたえずパワー関係に曝され，マネジメントはポリティクスと裏腹の関係にあり，パワーを制御することがマネジメントそのものであるともいえる（Bachrach & Morton, 1962, 1975）。

　つまり，マネージャーの役割とは，このような利害関係の錯綜を統制して，組織の成果に，公共の福利の向上に貢献できるように仕向けることである（Behn, 1998）。組織内過程を利害の競合として捉える視点は古くからあり，組織とは，パワーを保持するものの間で繰り返される内部的演技（interplay: Zald, 1970）である。とすれば，競い合いの中のパワー関係に分析の焦点を合わせなければならない。組織の中で，人々は自らの利得を多くするために影響力を大きくしようとしているのである。パワーを多く得ようとする。目標

の取り込みは,そのためにも欠かせないことである。その意味で,彼らは,繰り返し言えば,パワー・ポリティクスを実践しているのである。

　ロビンズ(Robbins, 1983)は,組織のポリティクスを,そのメンバーによる自己の利益に奉仕する(self-serving)行動と定義しているが,多少とも利己的でない人はいないと考えるのは妥当な分析視点である。必ずだれかが利益を大きくしようとして抜きんでようとする。その中には合法的とはいえない,公共の利害を傷つけるような遵法的ではない行動もある(Farrell & Petersen, 1982; Drory, 1988)。コンプライアンス(法令遵守)が問われるのは,このような場合である。

パワー・ポリティクスとは何か

　あらためてパワー・ポリティクスとは何か。本書では,公共の組織,そして公共のための組織にとって,それは不可避であると論じてきた。妥協の余地のない利害関係者が向き合うこともあるとすれば,当然というべきである。しかし,それがマネジメントを複雑にする。場合によっては,成果を歪め,評価を歪めることがあると再三指摘した。しかし,それが何であるかについて,以下で,それをあらためて議論を試みる。

　とくに,公共のための組織では,さまざまの利害の錯綜がその環境にあって,それがそのまま,組織の中に持ち込まれる。単一目的の組織でない限り,環境の中の相克を,部局の間で,課や係が相互に争うことも珍しいことではない。たとえ単一目的の組織であっても,いくつかの組織の間で深刻な葛藤に至ることもある。これらの状況は,すべてパワー・ポリティクスを招来する。自らの意図関心に沿って,利得を最大化しようとして行動を企てる。影響力のさらなる拡大を企てる行為もその中に含まれる。将来的にさらに大きな利益を得ようとするのである。自ら確信を持って率先して行動するためには,すでに有利な地歩を得ているほど有利である。大きな資源をすでに有しているところが有利であるのは当然であるし,それに対抗するためには,外部の大きな資源を有した利害関係者との連携を強化したりもする。パワー・ポリティクスは,公共にある組織の場合,一個の組織をはるかに超え,市民や利害関係者との合従連衡もあり得ることである。多くの利害関係者を巻き込んだ大規模な反対運動に転じることもある。しかし,パワー・ポリティクスは,それに対処するために,新たな基準や規範を創り出すこともある。市

民運動の高まりが住民投票や市民参加条例など新しい仕組みの構築を促すこともある。パワー・ポリティクスの新しい展開である。

権威の後退

　権限が委譲され，命令の連鎖が整備されてヒエラルキーができる。それにもかかわらず，パワーは発生を続ける。制度化された体制内部では対立や競合は避けられない。利益を多く得ようとする人がいれば，そのために利益を失うことになる人もいる。場合によってはゼロ・サム的なゲームに近似することもある。現状を維持したい人もいれば，逆に，変更したい人もいる。不利な立場を覆そうとするかもしれない。ウォムズレイとザルド（Wamsley & Zald, 1973）によれば，組織そのものがポリティカルに存在するので，ポリティカルなパワー・ゲームが組織から消えることはない。

　加えて，メイヤズとアレン（Mayes & Allen, 1977）によれば，ポリティクスとは，組織によって是認されない目的に到達するために，あるいは，是認されない手段を通して是認された目的に到達するために影響力を行使することである。組織の中で，あらかじめ用意された手順や手続きをはみ出しながら，その隙間をくぐりながら，影響の及ぶ範囲を広げることである。常軌を逸することも含まれるということである。その場合は，相応の工夫，第11章で詳述するが戦略が必要になる。つまり，パワーを拡大するための戦略に個人も部局も苦心を凝らすことになる。

　それを放置すれば混沌に至る，アナーキーである。できる限りシステムとしての秩序が成り立たなければならないが，それを支えるのが権威（authority: Barnard, 1938）である。権威は受容されることによって成り立つ。そして受け入れられてこそ，組織の活動はフォーマライズされ機能が発揮される。しかし，公共というアリーナでアナーキーに至れば，公然と利害を競う場になってしまえば，組織を成り立たせている，あるいはビュロクラシーを成り立たせている権威が当然機能しなくなる。圧力団体が跋扈し，それに議員や部局が加わっていくつものアイアン・トライアングル（鉄の三角形と訳されることがある）が成り立ち，近年では，地方分権化などで中央官庁による影響力の後退する中でいっそう，権威は後退して，それと入れ替わるかのように公共はパワー・ポリティクスの修羅場となってしまうことも想定できないではない。

であるからこそ逆に、独自の権威を維持しながら、利害調整の機能が問われることになる。そのためには、公選による首長の権威の確立、あるいは多くの公共の組織における民主的な手続きを経た経営幹部の権威の醸成が欠かせないということである。機能が低下すれば、やむなく一時的にはカリスマ的な指導者が権威を一手に引き受けることもある。

政治家と行政官

　マネージャー（現場の監督者、多くの場合は係長クラスを除く、それ以上の職位にある人たちの総称）には組織の意思の忠実な実行者としての役割が期待されている。何よりも組織の生産性や効率性を向上させることが彼らには課せられている。組織を効率的に運営するためにマネジメントの専門家として関わるのである。しかし、単なる実行者としての役割を超えて、施策の枠組みを変更し、さらに新たに施策を追加することもある。企画立案は彼らの役割の重要な一部であり、さまざまの案件を調整して、それの実行可能性を評価することは本来のマネージャーがなすべきことである。不確実性の高い状況の下では、自らが組織を支える価値を創造することもある。不確実さの多いところでは、何を捨て、あるいは何を追加すべきかを判断しなければならないこともある。組織デザインを自らが描くこともある。そこでは、マネージャーは単なる決定の実行者という行政官の役割を超えて、いわば政治家の役割を果たさなければならなくなる。

　しかし、政治家として価値を創造することと、行政官としてそれを忠実に履行することの間には互いに合致しないところがある。マネージャーの役割における二律背反である。直接的に利害関係者を満足させようとする目的とそれに至る手順手続きが食い違うことがある。一方は理念を重視するが、実施に至ると経済的にそれができないこともある。全体的な枠組みを重視することと詳細な実施手続きは両立しないことも多くある。いわば政治家と行政官は役割として、分離しておいた方が都合のよいこともある（後述のNPMはその方向で議論される、しかし、逆説的に重なり合う方向にある）。公共という環境が、身近にある以上は、それに合わせて当意即妙の判断が強いられる。その一つ一つの判断の積み重ねが環境適合につながるのである。

　とはいいながら、多くの価値判断を含んだ問題はしかるべきところで自由裁量がなされている（行政裁量）。単なる小手先の方法を開陳することではな

く，なおさらながら単なる解釈ではない。何のために決定し実行するかという価値判断を含んだ政策的な問題になっていることが多い。その決定が組織の成り行きに重要な結果をもたらすことも少なくない。その場合，トップであろうと末端の監督者であろうと，環境が発する価値の問題を敏感に受け止める必要がある。マネージャーは政治家や経営幹部が提示する価値判断に素直に従っていればよいということではない。

ポリティカル・マネージャー

自ら価値的に判断する管理者はポリティカル・マネージャー（Useem, 1985; 田尾，1990）になる，つまり，単なる行政官ではなく政治家としての役割も同時に遂行すべきである。ポリティカル・リーダーシップ（Cook, 1998）を発揮するともいえる。何を何のために，何故しなければならないのかについて自らを納得させなければならないし，それを他に提示して説得できなければならない。そのための行動は外部環境に対して受け身ではなく，むしろ，その環境を自ら積極的に創出することが含まれる。環境形成（田尾，1990）である。それは，状況からの要請を受動的に応じるのではなく，むしろ，それを創り出すような行動である。支持者や支援者がいなければそれをつくるのである。

いうまでもなく政治的な価値を背負った首長を補佐するのが，地方自治体職員であり，地方自治体という経営体である。そこでは，さまざまの価値を背景にした利害関係者に対処しなければならない。対抗することもあれば，それの代弁的なポジションを期待されることもある。正規のルートではないが，議員や地域の有力者たちからのバイパス的な要請も少なくない。マネージャーになるほど，その立場は政治的，そして価値的になる。避けられないことである。公共といい行政といい，本来，政治的で価値的である。ということは，施策の立案やその実行は，いわば声の大きいものが勝つ傾向があるという厳しい現実がある。ポリティクスがその方向に傾けば，それの成り行きが決定や実行に影響するのは当然である。しかし，勝たせてよいかどうかという視点も，公正，公平，さらには正義という論点から吟味を受ける。

しかし，実際には，キャンベルとピーターズ（Campbell & Peters, 1988）によれば，彼らはその過程を掌握していることが多いので，意図的に反則すれすれのプレーをすることもなくはない。政治と行政を分離して政治の優位

を説いても、現場のアリーナでは行政裁量の余地が多くある。行政の細部を知り尽くしたマネージャーは、ポリティクスを自らの利害に引き寄せるという負の局面を指摘しておかなければならない。

また、地方自治体のような公共のための組織では、ゼネラリスト優先の傾向がある。意図されていないこともあるが、通常、全庁的視野から個々の行政サービスを捉えることができるかどうかは、ヒエラルキーの階段を昇る、いわゆる昇進昇格とともに、さらに重要な資質になる。社会的合理性に沿った判断のためには、鳥瞰的な判断ができなければならない。個々の利害関係に拘泥しないで、大所高所からの、いわゆる経営判断ができなければ、施策そのものが成り立たない。

朝令暮改的な変更、あるいは度を超えた横槍がたとえあるとしても、それについて行政サービスが普遍的に提供されているかを判断でき、それの問題構造を的確に認識できるかどうかが問われることになる。その場合、現時点だけではなく、中長期的な視点も必要になる。ポリティカルな判断ができ、それに柔軟に対処、行動できるマネージャーであることが望ましい。短期的な、あるいは当座しのぎの判断は、それだけで環境に向けて発信できる正当性の根拠を失うことになる。

パワー・ポリティクスの制度化とルール

パワー・ポリティクスは組織の中で繰り返される。ポリティクスは組織を活性的にもする。しかし、それは限られた範囲の中でである。過剰なポリティクスは仕組みそのものを弱体化してしまう。いくつかの下位集団、たとえば派閥のようなものが互いに影響力を競うと組織全体が疲弊してしまう。争うことが目的になると組織の効率は格段に低下する。競合はあるが、それをある範囲の中に押しとどめておく工夫が制度化である。ポリティクスをルール化することであり、極端なポリティクスを排除することである。それでもそれをはみ出すのがポリティクスであるが、コミュニケーションの円滑な流通はそれを排除するのに役立つ。活発に議論できる仕組みが保証された組織では、品位に欠けるストラテジーを忌避できる雰囲気を醸成できる。

公共の場とはさまざまな利害が相競うところであるとは繰り返し述べた。価値の多元性を前提にしている。互いに折り合うはずのない価値が競合するところでもある。競い合わなければならないとすれば、逆説的ではあるがや

がてルールができる。多元的であることを互いが認めないと，競い合うコストが大きく膨らんで自身の価値を全うできないことを，やがて否が応でも悟らざるを得なくなるからである。ルールとは，いわば互いの棲家に土足で入らないような取り決めである。あるいはゼロ・サム関係にしない取り決めも含まれる。どこかで共存共栄を図るのである。互いに利害の異なる人たちの寄り合い所帯であるほど，ルールは精緻になる。そして，それを遵守するための社会的な仕掛けも整備される。

　また，競い合うことがあっても資源の不足が常態化していれば，自前で調達できる分量は限られる。相互依存は必至である。競合と相互依存が並行するのである。逆に，ルールが相互依存を促すのである。ルールの整備は，即その社会の成熟の度合に対応する。だれもが自分の立場を心得て，できることできないこと，すべきこと，すべきでないことの範囲を承知するのである。それは，命令と応諾の関係ではない。ヒエラルキーにはならない。この議論は，公共の組織の成り立ちについても考えることができるし，公共そのものについてもいえることである。すでに市民参加は止めようのないこととなった。とすれば，それを条例などによってルール化を図り，要望受付の総合窓口を設置し，それを具体的に検討するためのプロフェッショナルを配置した部署を設ける。

　ルールの整備過程は，ネットワーク組織として展開でき，また，ヒエラルキーの発達がそれほどではないフラット組織によって考えをまとめることができる。ルールの発展的な効用は，市民社会論，そして，社会的な連帯や紐帯についての議論を援用できる。しかも，ネットワークによって成り立つ公共セクターの組織は，社会の成熟を受けて，暗黙のルールを支え，それに支えられて存続するのである。言い換えると，市民社会が与件として存在しなければ，ルールは成り立たない。たとえ成り立っても，その基盤は脆弱で，それを支えようとする市民の意欲は乏しい。ルールが制度として根付かなければ，むき出しのパワー・ポリティクスが跋扈することになる。パットナム（Putnam, 1993）のイタリア研究では，公共心に富む北部では，成熟した市民が集い，したがって，ルールが成り立ち，過剰なパワー・ポリティクスが抑制されるが，南部ではそうではないと対比的に紹介されている[2]。公共セクターは，その背景に，市民社会の成熟がなければ機能的ではない。

V 制度という環境

制度論による視点

　前節のパワー・ポリティクスの背後には，公共という無辺ともいうべき環境がある。しかし，それはカオスではないという認識も一方ではある。組織一般は大筋では一定の仕組み，制度という枠組みの中にある。カオスにも秩序があるという議論にみられるように，環境はただむやみに動揺しているのではない。組織に，一定の秩序を有した，しかし不可避の，そして暗黙の制約を課すことがある。その多くは，当事者さえ気づかない影響である。人々の信念や価値などが，時間的な経過の中で澱のようにたまってできたので，今さら回避しようがないといってもよい（DiMaggio, 1988b; Tolbert & Zucker, 1996; Scott, 1987a, 1991, 2001）。不可避とは，意図的な適合が容易ではないと言い換えることができる。つまり，経営幹部がそれに向かおうとした場合，施策やマネジメントの方針を変更ができないとはいえないが，過大なコストを強いられることがある。たとえば，法制度があり，その制度を支える，その社会の仕組みがある。変更できないこともある。

　さらにいえば認識できない制度もある。気がつかない制約，たとえば生活の奥深くに，日々の行動に潜んでいる慣習や慣行などは，気づかないまま制度の有力な一部となっている。宗教的な行動様式や考え方と絡むと，短期的な変更はほぼ不可能に近い[3]。その向こうには人口の増減や国際化の進展のように，中央政府でさえ座視せざるを得ないような環境もある（前述の一般的環境とほぼ重複）。しかし，その変化を待つことはむしろ，それに見合うだけの利益を得ることはあり得ないことも少なからずある。伝統的な文化による制約などは，極端な言い方になるが，百年河清を待つようなこともある。それをむしろ受け入れた，その中でのマネジメントにならざるを得ない。制度を与件として，それに従うことによって組織は成り立つというべきであろう。いわば釈迦の手のひらの孫悟空である。

　前述の環境適合論は，その多くは私企業をモデルとして展開されたが，制度論の多くは従来非企業組織を対象としている。たとえば教育組織（Rowan, 1982; Borum & Westenholz, 1995など），赤十字社（Christensen & Molin, 1995），行政サービス（Tolbert & Zucker, 1983），保健所（Bigelow & Stone, 1995），

劇場（Mouritsen & Skaerbaek, 1995），美術館（Gapanski, 1986）など，公共に関わる組織が多い。

　なぜか。たとえば私企業における消費者（consumers）に比べると，公的なセクターにおけるクライエントの場合，選択の余地が少ないだけに，制度によるさまざまの制約を組織に課さないと不利益を蒙ることがある，それを少なくするために予備的仕掛けを社会が講じているのである。消費者は自身の都合によって選択できるが，クライエントは好みに合わせて選択できないこともある。割り当てを受けることもある。法律に定められ，あるいは明文化されたルールになれば，だれもがそれに従うようになる，あるいは，従うように強制されるのである。むしろ制度一般は，長い間そこにいる当事者たちが，社会化の中で血肉化してきたものがほとんどである。強制に気づかないから制度である。環境という外なる与件に対して，制度は内なる与件として対比させてもよい。規範として，それぞれが内面化しているからこそ，マネジメントとして変更しがたいのである。

　また，内面化の必然という与件に付随して，制度に適合を強いられる組織に共通してあげられる特徴は，社会にとって重要な役割や価値を期待されていることである。これらの組織は，純粋に経済的合理性を追求できない。規範的に適切とされる過程を採用することによって結果を出し，それによって評価されることになる。社会的合理性がより重視される。ジョンソンほか（Johnson et al., 2000）は，マネジメントの工夫を導入しても，制度によって拘束され，容易には変えがたいスクリプト（台本）があることを，民営化の事例で報告している。企業に衣替えしても自由な企業活動は制約されるのである。結局，基本となるスクリプトを変えることはできなかったということである。

適合できない環境

　繰り返しいえば，その影響は私企業よりも公共セクターの組織に該当することが多い。公共性への配慮はまさしく制度による影響の取り込みである。さらに非企業であることによる経営資源の，当該組織外への依存は，環境によって構築された不可視の制度を受け入れざるを得ない。法制度による規制を受け入れ，自前の資源調達の手段を持たなければ，この社会の仕組みの一部に否が応でもならざるを得ず，マネジメントの自由度は，その当事者が意

識する，あるいはしないに関わらず，限られざるを得なくなる[4]。

　言い換えると適合できる環境と，できない，あるいは難しい環境がある。メイヤとスコット（Meyer & Scott, 1983）によれば，マネジメントの工夫によってより効率化ができるという意味での技術環境と，入念に仕組まれたさまざまの規制や制約条件にむしろ，個々の組織は正当性や支持の獲得のためには，受け身の順応を強いられる制度環境があるとの二分法を唱えた（前段で述べた二分法と重なる）。後者では，自発的な適合というよりも適合が強制されるのである。

　制度的環境として取り上げられるさまざまの要因は組織の外部に，法律や世論を含めて無視できない，さまざまの社会的現実として存在している。ハロップ（Harrop, 1999）は，公共サービスはポリティカルな状況に大きく影響され，それが醸し出すカルチャーが結局，サービスの形態を決定するとしている。この場合，カルチャーは制度と言い換えてよい。ベヴィアら（Bevir et al., 2003）も，施策立案は当事者の主観に影響されざるを得ない，そしてその主観は結局，その社会の伝統に拘束されざるを得ないと述べている。制度的環境を公共の組織は，受動的に迎え入れているのである。

　以上の視点は，組織論では，とくに70年代に理論的に整備された以後の枠組みを要約したもので，新制度学派と総称されている。再度いえば，新制度学派では組織構造の説明に技術や機能的な理由などからではなく，人々の信念や価値などの要因を反映して成り立つと主張する。この主張は，多くの制度的視点からの経験的研究によって，すでに証明されている。とくに環境の影響を強く受けやすい公共セクターの組織では，従来の技術やその機能による環境よりも制度的なそれのほうが，それらの組織が接している環境に対してより有効な枠組みを提示しているといってよい。

どのように制約するのか

　メイヤとロワン（Meyer & Rowan, 1977）は，近代社会においては高度に制度化された文脈，または合理化された制度的ルールによって組織の構造が発生すると論じている。彼らはこの合理化された制度的ルールによって公式構造が決定されることを制度的ルールの「神話としての機能」と呼んでいる。制度的ルールのこの機能を二つ挙げている。

　一つは，神話，すなわち制度的ルールが持つ機能は，合理化された非人格

的な規定であり，それらによってさまざまの達成されるべき目的が，技術的に達成される目的として確認される。そして，技術的な目的を合理的に追求するための適切な手段が，ルールと類似した形式で明記されるようになる。もう一つは，それらは高度に制度化され，それゆえに個別の参加者や組織による選択の自由を超えたものである。そこでは，「神話は正当なものとして当然視され，それらがどの程度目的達成に影響を及ぼすかについての評価とは，独立しているに相違ない」(Meyer & Rowan, 1977, 343-344) というのである。

　制度的ルールに従うことは組織を正当化することに繋がる。組織内外の利害関係者，たとえば，企業であれば国税局や証券取引委員会などに対して，組織は社会的に適合していると示すことができる。制度的ルールへの適合は，社会からの信頼を生み，借金，寄付，投資などをより得やすくすることになり，その結果として組織は生存の見込みを高めることになる。地方自治体であればいっそう制度的ルールに従う，また従わざるを得ないのである。

　このように，新制度学派においては，技術などの環境要因ではなく社会の規範や価値などの制度的な要因が相互主観的に存在し，組織はそれらを取り込むことによって，社会からの正当性を獲得し，生存の見込みを高めると主張される。人々の信念や価値を反映してその構造が決定されるという主張は根拠のないことではない。以後，以上の考え方によって，マネジメントに対する制度的環境の影響について多くの調査が行われた。それらによって，制度的ルールへの従順を強いる環境が，構造の採用に相当程度影響を及ぼすことが実証されている。

　事例としていえば，トルバートとズッカー (Tolbert & Zucker, 1983) は，人々の信念によって構造が決定することを示している。それは，公式構造の普及について調査する目的で，1880年から1935年の間のニューヨーク，マサチューセッツ，オハイオの三州における市民サービス改革について調査した。その初期の段階では，改革を採用する都市の間には共通の特徴があり，その改革を必要とするような市の構造的特徴（規模や人種構成などの）と深く関連していた。しかし，後期において改革を採用した都市は，改革を必要とする都市の構造的特徴とは関係なく進行していた。この結果から，初期における施策の採用は，採用前における既得権益を守ろうとする利害関係者とのコンフリクトを経て，いわば紆余曲折を経ながらの合意を得て決定されたが，

後期において施策を採用した市は、初期に採用した市で引き起こされた議論により関係者から正当性が得られることが確定することによって、機能的にどうかの是非ではなく、それの採用が当然備えるべきものとして考えられるようになったことで促されたのである。実際、近隣自治体や類似団体の動向を見ながら、施策が採用されることが多い（伊藤2002による地方自治体施策の相互参照や横並び競争など）のは、制度論の論点から説明できることである。それだけに先駆的な施策は非常なコストを負うことになるのもやむを得ないであろう。

新制度学派の考え方

制度重視の考え方は、以下のようないくつかの特徴的な概念を有している。

(1)組織フィールド

以上の制度的ルールは、すべての組織に適用されるというわけではなく、同種の組織群からなる範囲、組織フィールドというが、その中で生成され、影響を与えると考えられる。環境の範囲はそれが採用される組織モデルによって異なっているが、新制度学派においては、組織フィールドとして概念化されている。

組織にとっての環境の範囲とは、組織というシステムに影響を与えるものすべてであるといえる。新制度学派においては、制度的ルールが組織に影響を与えると考えるために、組織が取り込むべき制度的ルールをつくりだすその源泉やそれらを適用し正当性を与える組織群を環境と考えている。

(2)制度的同型化

組織フィールドは、時間の経過とともに構造化していく性質を持つと考えられている。組織は不確実な環境の下にあり、不確実性を合理的に扱おうとする努力によって、やがて適切に扱う方法や手法、そして重要さの程度を学習することになる。いわゆる「学習する組織」であるが、組織と組織の相互作用から時間とともに確立される。ラッシュマンとランダー（Rashman & Randor, 2005）によれば、自らの経験を、広く地方自治体間で共有することで、ベストプラクティスができるということである。実際、自治体間での協議会は多くあり、インフォーマルなネットワークも少なくない。類似団体や近隣自治体への参照もこのような活動として捉えられる。

さらに組織に対する制度的環境の影響は、ある一時点での組織と環境の関

係ではなく，歴史的視点で行われる。制度化は，正当性が確立し，それらを獲得もしくは取り込んでいく過程として描かれる。そのために，長期的な時間軸によって取り込みが行われる。環境は徐々に制度化されていき，すなわち制度的ルールが確立することによって，同一環境におかれている諸組織は，それらの制度的ルールに適合することで互いに同型化することになる。フィールド内の組織の制度的同型化が見られる。

(3)制度的同型化の三類型

ディマジオとポウエル（DiMaggio & Powell, 1983）は，組織フィールド内で起こる上記のような同型化が三つの異なったプロセスによって進行すると考えた。

強制的同型化は，当該組織が依存している組織や社会からの文化的期待などによってかけられる公式的，非公式的圧力から生じる同型化である。強制的同型化を引き起こす圧力の具体的な例としては，法律や消費者団体の意見などを含んだ世論などが挙げられる。

模倣的同型化は，環境の不確実性から生じる同型化である。この同型化は，組織が目的をはっきり認識できない，技術を十分に理解できていないときに，組織が成功している他組織を模倣しようとする圧力から生じる。前述の伊藤（2002）もこれである。

規範的同型化は，主に専門職業から生み出される同型化である。専門職業化は仕事をより合理的に扱うために仕事の方法や状態を定義するための認知的基礎を提供する。大学や研究機関などは，研究を通じてある事柄に関して合理的に扱う方法を生み出す。規範的同型化は，諸組織がそれらの知識を取り込むことによって進行する。公共政策大学院が設立されるなどは，この傾向を促すことになる。

制度化モデル

以上のように，新制度学派では，相互主観的なルールの存在によって制度化を説明している。当然，あるいは当然ではないという共有された認識，それに由来する集合的な規範によって構造が決定すると説明される。組織の公式構造は，組織内の状況に合うように合理的に選択されたものと考えるのではなく，その構造的特徴を備えることが正当だと思われているために採用されるのである。新制度学派の制度化を説明する様式には，人々の選択に関す

る裁量の余地は存在しない。また，選択の余地が存在しているとしても，その選好そのものがしばしば制度によって決定されると仮定するのである (Scott, 1987a, 1991; Abell, 1995 など)。

しかし，以上の制度化論は，制度の継続性に関しての説明はできるが，なぜある施策やイノイベーションが新たに制度化していくのかなどの変容や発生について説明することが難しい。この問題を理論的に克服するためには，制度論に変化の説明要因として，利害関係者の利害関心やそれらの互いの葛藤，その調整などの過程のダイナミクスを制度化の過程に組み込むべきである (Scott, 1987a, 1991; DiMaggio, 1988b; Jepperson, 1991 など)。また，メイヤとロワン (Meyer & Rowan, 1977) のように，この社会で生活している人々の利害関心の変動に関心を向ければ，そしてその過程を分析すれば，意図関心が制度として凝固する過程，自ずと制度的ルールとして成り立つ過程を知ることができる。

トルバートとズッカー (Tolbert & Zucker, 1996) は，利害関係やコンフリクトを含んだ形での制度化の過程をモデルとして提示している。それは習慣化 (habitualization)，対象化 (objectification)，沈殿化 (sedimentation) という三つの段階からなり，漸進的に社会において正当性が確立され，当然のものとして受け入れられる過程である。まず習慣化の過程は，前制度化段階 (pre-institutionalization stage) に位置する。この段階では，新しく発生した構造を採用する組織は，同じような問題に直面している比較的少数の組織からなる集合であることや，構造の普及は模倣によって行われることが主な特徴となる。そして対象化の過程は，中制度化段階 (semi-institutionalization stage) に位置する。この段階の特徴は，革新の理論化への圧力が高いことである。構造を採用する組織は，習慣化の過程の時とは異なり，類似していない組織集合にまで広がる。さらに 沈殿化の過程は，全制度化段階 (full-institutionalization stage) に位置する。構造の拡散は規範的圧力によって行われる。沈殿化は，グループ全域での完全な普及や，構造の永続化によって特徴づけられる。構造の完全な制度化は，相対的に低い抵抗，継続する文化的支持や支持集団による奨励や，期待された結果を得たとの評価などとの相関に依存する。

制度化には深さと広さがある。制度化は，初期の比較的狭い範囲での同質な組織においての試行錯誤による革新の出現，組織間でのモニタリングによ

る模倣や革新の理論化を通じてやがて中範囲に普及し，利害関係者の支持や抵抗に依存しながら広範囲における普及に至る。制度化は深さと広がりを獲得していく過程である。

新制度学派の制度化モデルは，このように制度化を初期段階においては，人々の利害関心やそれによる試行錯誤によって進行し，後期の段階には理論的に正しいとする正当性の確立などによって，人々の個々の利害関心から離れて，やがて当然のものとして受け入れられる過程に至って完了するものと考えられている。

以上の新制度学派の考えは，公共の組織にも，そしてよりいっそう公共のための組織に該当する。公共という考え方そのものが，制度的ルールを長期的に醸成してきたその果てに成り立っていることで，変更自体は容易なことではなく，それを避けられない与件として組織は成り立つことになる。その制度を与件とすれば，同じ組織フィールドの中での同型化は避けられないことである。近隣自治体では似たような施策を採用せざるを得ないであろうし，類似団体に関心が向かうのも当然である。まして成功例として喧伝されると見学者が押しかけるなどは，制度論で説明できることであろうし，それがもし採用されても，広範に普及している制度的ルールに反していれば，やがて行き詰まるということもあり得る。戦後改革では自治体警察や教育委員会の公募制（ともにアメリカ合衆国の制度）などが取り入れられたが，早々に廃止されたのは，それまでに醸成されていたルールと反りが合わなかったということであろう。それでも制度的ルールは徐々に変化はする。ただし首長の一期や二期で済むことではない。制度を主軸に据えた環境の影響はそれほど大きいというべきである。

さらに，組織はその状況という環境，あるいはエコロジーの一部として，その枠組みの中で盛衰を左右されるという悲観的というべき論説がある（Hannan & Freeman, 1989）。たとえば少子高齢化やグローバリゼーションという環境の大きな変化にいわば翻弄され，施策的に対応できないところもある。公共セクターそのものが巨大なエコロジーの中にあることは疑うまでもない。

要約

組織一般は環境を受け入れることによって成り立つ。公共にある組織一般，とくに公共のための組織にとってこのことはいっそう重要である。環境に受

け入れられなければ，その存立は危うい。公共に受け入れられることでその組織は成り立つからである。いうまでもなく環境への依存，または相互依存関係はマネジメントにおいて第一義的に配慮すべきことである。

　環境の価値を取り入れる。そのために組織はオープンでなければならない。しかし，オープンであるほど，その中にさまざまの考え方や価値が取り込まれる，そしてそれらは互いに競合する。パワー・ポリティクスとはこのことである。これはカオスと隣り合わせである。これに応じ切るためには格別の仕掛けを用意しなければならないこともある。たとえば，それに長けたマネージャーを配するなどである。しかし，それ以上にオープンもポリティクスもカオスも，すべて大きな社会の仕組み，つまり制度の一部としてある。経営幹部が環境を取り込んだように見えて，環境が彼らを取り込んだのである。取り込まざるを得なかった，そして，取り込んで改革せざるを得なかったのである。

　たとえば急進的で大胆な改革が，やがて行き詰まる。行き詰まるというよりも，それをだれもが真剣に執行しなくなるというのは，制度の逆襲といってよい。どこかに制度というネックが存在する。改革そのものが，見えざる手，つまり環境に背中を押される。その一方でまた，環境にゆり戻されるということもある。その環境に，組織はマネジメントとしての外部適応をしなければならない。そして，システムの中でシステムとして存在し適応しようとする。適応できない組織は淘汰される。

　組織とはすべてオープン・システムという前提を強制されるからである。環境は不可避の与件である。オープン・システムとは，従来のビュロクラシーを典型的なクローズド・システムとして，それに対峙するものである。翻訳すれば，閉鎖系に対する開放系という言い方もできる。要は，環境から入力したものを組織という変換機能を通して環境へ出力する過程に，組織は位置づけられるのである。

（1）　もっとも最近の報告では，村松・稲継（2009）がある。
（2）　Putmnam (1993) の議論は，本章後段の制度論の文脈で理解できる。相互依存的なネットワークが構築できているほど，制度という枠組みが社会に浸透していて，余分なパワー・ポリティクスによる弊害を少なくできると読み取ることができるからである。社会に余分なコストを負荷しないということで，社会関係資

本の充実は，環境に向き合う有力な方策である．しかし，同じ著者（2000）がアメリカ合衆国で，その充実に不足を来していることを指摘しているのは，環境論の視点からは問題が多いとしなければならない．であればこそ，その論を受けた Skocpol (2003) は，環境，この場合，地域社会をマネジメントの視点から捉えるべきであるとしている．
（3） 秋月（2001）による空地の例（pp. 26-32）は，制度が発達する過程の適切な例示である．
（4） 最初に，自覚的にこのような問題に注目したのは，Selznick (1957) である．組織が社会的な価値を取り込むことによって制度となり，持続的に社会の価値を担うような存在になることの重要性を指摘している．その後，新制度学派といわれる人たちは上記のように，社会の規範や価値がもつ組織への影響を重視し，さらに，組織の公式構造が，法律や世論，および慣習や慣例などの制度的要因によって規定されると考えるようになった．その議論を適用すれば，企業よりも公共セクターの方がよりいっそう制度に制約され，さらにいっそう自治体などの公共のための組織は，それに強く制約されることになる．

第5章 マネジメントⅠ：
ビュロクラシーの効用と限界

Ⅰ 論点

　公共の組織は，公共への関与を当然とする組織であり，その関与の立場や手法が問われる組織である。その関与とはおもに配分に関わると言い換えてもよい。必要とされるところへ必要な資源が投入され，意図された成果を上げたかどうかが，組織としての成功の指標となる。したがって，それが評価されるのは必ずしも生産性の向上ではない。量的な成果を多くすることだけではない。経済的合理性だけでその成果を問うとすれば，マネジメントが大きく歪むことになるのは避けがたい。

　しかし，私企業のマネジメントと比較すれば，公共の組織は，そしてとくに公共のための組織は一般に効率的ではないとされる組織である。資源が税金など法的な強制力を伴って得ることになるのでコストやリスクへの配慮が乏しくなる。できるだけ少ない資源でできるだけ多くの成果などと考える機会が少ない。使い勝手のよい資源をふんだんに使えるという錯覚に至る。したがって，放漫経営に陥りやすい。というよりもマネジメントそのものが成り立たない。

　加えて，いわゆる以下で指摘することになるが，ビュロクラシーの病理を必至とする組織である。お役所仕事などといわれ，その病理を端的にみせつけてくれる。お上と下々という意識が下地にあって，配分する，配分されるという関係は，上下の関係として捉えられる。下々は頂くのである。多くの場合，その下々は内部のマネジメントには介入できない。放漫がここでも見られる。

パーキンソンの法則（Parkinson, 1957）もまたビュロクラシーの病理である。お役所はいつも大きくなろうという生来の傾向をもっている。したがってたえずスリム化の必要がある。通常，スケール・メリットのために組織は大きくなろうとする。一般的に，公共セクターの場合は，コストへの配慮がないので異常に膨らむこともある。行財政改革が多くの場合，廃止や再編，統合を試みるのはこのためである。

　配分に関わるということは，それのためのシステムが正当化され，権威づけられなければならない。この場合，公的というのは，下々に対するお上という権威の付与によっている。法的には当然であるが，長い歴史的な経過がよりいっそうの権威づけに役立っている。何か問題が起これば，自分たちで解決するよりも，お上に訴えて解決してもらうという習性が，否が応でも公共セクターを権威づけることになった。税の徴収についても異議を申し立てることは，日常的にはやはり少ない。

　したがって，一見すれば私企業よりも，その組織のビュロ・フィロソフィを貫徹しやすい組織である。語弊があるが，勝手ができると言い換えてもよい。税という権力に任せて，有無をいわさず得ることができる豊かな資源を，パワー・ポリティクスで優勢な一部の利害関係者が意向のままに使うことができるとすれば，マネジメントなどという考え方が成り立つことはない。効率性や生産性に関する議論は必要がない。

　しかし，これは，税という資源が期待のように必ず徴収できること，そして，それの使途について異議がないこと，あるいは少ないこと，あっても，ビュロ・フィロソフィを侵害するほどではないことが前提である。しかし，現実には，前述のように，公共のための組織ほどビュロ・フィロソフィは一貫させがたいところはない。組織の中に利害関係者が入りこみ，だれのために何をなすかについて，だれかが必ず異論を唱えるからである。異論を集約して一つのフィロソフィに至らしめる決定過程は極めて複雑に，かつ曖昧になる。あり得ないといった方が正鵠を射ている。むしろ私企業のほうが利益を拡大すれば，当面批判されることはないという意味では，ビュロ・フィロソフィを一貫させやすい。利潤追求という至上命題のためには，極端に言えば何でもできる。異議を唱えるとすれば，それは少数の例外的見解であるとされる。

　公共セクターでは，どのように配分するかについて異議はあって当然であ

り，それについて競い合えば，ポリティクスの修羅場となる。その修羅場にならないための仕掛けがビュロクラシーである。病理はさまざまあろうが，とりあえずそれを円滑に稼働させることである。

本章と，第6章，第7章は内部管理に関わる議論である。狭義の組織論であり，環境を扱う章とは論点が相違する。

II 内部統制のためのビュロクラシー

ビュロクラシーによる統制

たとえ利害が錯綜する人たちが集まるところであっても，長期に安定的にサービスを提供するためには，組織を成り立たせなければならない。人が集まる以上は次第にシステム的なものは形成されるし，役割やその分担がなければならないとすれば，一つのまとまりのある有機体でなければならない。組織の出現は当然の成り行きである。

組織になるとは，ビュロクラシーの要件を形式的に備えることである。これを唯一の完成されたモデルと考えるについては異論もある。しかし，一つの，しかも有力なモデルとする立場を捨てることは難しい。組織の多くが統治のシステムを前提としているからである。これを官僚制，またビュロクラシー・モデルとして概念化し，公理にも近い前提としながら，それの限界をどのように克服すべきかに，関心が向けられているからである。

このモデルによれば，組織とは厳格に合理的に設計され，人間はその機能に忠実な，いわば部品とされた。その意味では，人間らしさとはノイズ（雑音）であった。たとえば典型的なビュロクラシーは，以下のような特徴を備えているとされる。なお，学説史的にはウェーバー（Weber, 1922）にはじまるとされ，それの展開も含め膨大な論稿が蓄積されている。また，その議論をモダンの組織論として，それへの批判的な展開，とくにビュロクラシーの限界を論じるポスト・モダンの組織論とすることがある（Clegg, 1990）。次章で述べる行財政改革における変革の議論，NPMは，ビュロクラシーを否定するポスト・モダンの組織論と密接に絡まっている。

(a)命令の連鎖

指示と応諾の関係が垂直に形成され，ヒエラルキー構造が発達していること。そして，部下はただ一人の上司から命令を受ける，あるいは，ただ一人

の上司に報告するという命令の一元化の原則が貫徹されていなければならない。
(b)分業体制
　それぞれのメンバーは，専門的に分けられた仕事を担当することになる。分業体制が採用され，それぞれのメンバーや部門は，それぞれ他のメンバーとは異なる仕事を行うことになる。重複は無駄につながり，冗長な仕組みは効率的ではなくなる。
(c)公式化
　達成すべき目標に向けて，遵守すべき規則や手順手続きを決めて，それに従うようにする。だれがしても同じ結果を得るようにメンバーの行動を斉一化しようとする。公式化である。標準化と言い換えてもよい。
(d)業績重視
　昇格昇進や給与などの待遇は，そのメンバーがどのような業績を達成したか，目標達成に貢献したかどうかで決められる。それ以外の基準はない。当然，情実や温情によるえこひいき的な人事は排除されなければならない。
(e)非人格的手続き
　個人的な事情や感情ではなく，非人格化された手順手続きにもとづいて上司は部下に対しなければならない。個性は抑制され，個人差はないものとされる。組織を大きな機械にたとえれば，極端に言えば，一人一人はその部品である。
　これらの特徴をあわせると，組織はある一つの目標の達成に向けて，効果的に進むことができるとされた。簡略に定義すれば，組織とは，目標達成のシステムと捉えて，その内部での役割期待が定式化されること，つまり，だれに何を期待するかについて，だれもが承知するようになることであり，さらに，それが，通常，縦関係に広がり，行動や判断について一定の秩序を有するようになること，つまり，ヒエラルキーとして成り立つことである。その結果として，あるいは，そのためにこそというべきでもあるが，効率的に稼働するようにシステムとして期待されることである。そして目標が達成できたかどうか，つまり，成果の是非を問われるのである。
　効率的に稼働するためには，組織を構成するそれぞれの部分がバラバラに動いたり，重複したりすれば，本来得るべき成果の半分さえ得られない。その調整も含め，一つの大きな目標の達成に向けて安定的な構造をもつことが

必要になる。安定的な秩序を得た，つまり，ヒエラルキーを有した構造を確定することが，組織を組織らしくする最大の要件であり，これがビュロクラシーである。

　ここで構造とは，目標達成のための個々のタスクが役割や地位に応じて分与され，だれがだれに命令や指示を下し，その結果をだれに報告させるかを明確に定義した，協働メカニズムの安定的な相互関係（Robbins, 1990）のことである。ただ人が集まっただけでは，その関係はたえず変更され一定しない，不安定である。行き詰まって崩れるようなことも少なくない。短命な組織の浮き沈みは浜の真砂にたとえることもできるが，やがて，その中のいくつかが役割を分化させて，それぞれの担当者が正確に，重複することがないように決め，それに付随した規範や規則を定めて仕事に着手し，しかも，それが一時ではなく長い期間に及ぶ仕事になると，安定的な構造ができるようになり，その挙句，組織が成り立つことになる。組織として成長するのである（Quinn & Cameron, 1983; Cameron et al., 1987, なおヒューマン・サービス組織については Hasenfeld & Schmid, 1989; Koroloff & Briggs, 1996 など）。

　ビュロクラシーを官僚制と訳せば，まさしく政府はビュロクラシーの組織である。地方自治体であれば，首長という幹部の下に，部局があり，その内部がさらに課に分かれ係に分かれている。それぞれには，部局長，課長，係長という部門の責任者をおいて，全体としてピラミッド型の仕組みを成り立たせている。それぞれのヒエラルキーについては，職務を分担させ，それぞれの役割を明確に定めている。また規則や基準などについても文書などで明示され，そこに勤務する限り，それに準拠し応諾することを当然として受容しているのである。公共セクター一般は，ビュロクラシー化の程度の差はあるが，似たようなものである。

権限と権限委譲

　構造を稼動させるのが管理システムである。フォーマルなシステムを維持するためには，だれが何を命令しだれがそれに応じるかという関係をだれもが周知していないと，組織は混乱する。その命令を発することができる立場を支えているのが権限である。この権限に沿って，組織は一つにまとめられる。そして，その程度は通常ヒエラルキーにそって配分される。地方自治体であれば首長から管理者，部局長へ，さらに課長を経て現場の監督者，係長

に，権限の一部が委譲されるのである。権限委譲（delegation）である。

　組織においてこれが当然とされるのは，すべてのことを一人の経営幹部が判断して決定を下すことはできないからである。決定に関わる事項が少なく，それに必要な情報も多くない，小さな規模では可能である。しかし，組織の成長とともに，情報も多くなり決定事項も増えれば，一人や数人の手には負えなくなる。権限の下位への委譲は必至である。とくに現場で専門的な判断を必要とするほど委譲の範囲は広がり，上長の関与は制限されるようになる。上長からの委譲を受けて，限られた範囲であるが自由に裁量できるのである。現場裁量が可能になる。

　その程度であるが，権限が一つにまとめられるほどその組織は集中的であるといい，委譲されるほど分散的であるという。集中化の典型は，トップに権限が集中するワンマン経営である。小さな組織ではワンマン経営もあり得るが，成長とともに分散化に向かう。しかし，すべての権限が委譲されることはあり得ない。通常の管理システムでは，集中化と分散化の中間に，それぞれの組織の必要に応じて権限が委譲されている。サービスの質が消費者から評価されるようなところでは分散化が進行して，現場の自由裁量は大きくなる。逆にいえば，そのようなところでは個々のメンバーがそれぞれの資質を最大限発揮できるような組織文化であることが望ましい。組織が活性的になるためには，下位のメンバーにパワーを与え（empowerment: エンパワーメント，Conger & Kanungo, 1988），それぞれが責任をもって働けるような仕組みにつくり変えなければならない。厳格なビュロクラシーを維持するだけでは，次第に硬直，つまり病理に向かい，そこにいるメンバーに積極的に仕事に向かわせる意欲を減退させることになる。

　またプロフェッショナルな組織は，専門家の力量を問うので，彼らの裁量の余地を制限すると，意欲的に目標達成に貢献しないかもしれない。また，組織が大きくなりすぎると，事業部制や分社化などによって権限を分散化しようとする。それでも分散化するほど，それに見合って，中央統制を図るのがマネジメントである。プロフェッショナルが暴走すれば組織への信用が落ちる，事業部（地方自治体であれば部局）がそれぞれが勝手に判断してしまうと効率を低下させることもあり得る。集中的であり分散的であるのが通常の組織である。権限は職務命令であるから，もしそれに服さなければ制裁が用意されている。命令のための権限である。組織を一つにまとめる仕組みで

あるので，権限の行使には服従するという暗黙の合意がないと組織は成り立たない。

なお，この権限はインフォーマルな関係によって発することもある。支配と応諾の関係は必ずしもヒエラルキーに沿って発するのではない。同僚からも部下からも，組織の外部からも，従わざるを得ないことは多くある。その中でフォーマルに従わなければならない場合に限って権限への従属としただけである。実際，知識や技術に優れた部下による，もしかすると勝手な裁量によって権限がインフォーマルに生じることもあり得る。第9章で述べるストリート・レベルのビュロクラシー（Lipsky, 1980）はその典型である。

なお，企業では権限の集中化は，社会状況や目標などによって他律的に変動することが多いが，地方自治体などでは職務分掌などを法的に定めることで，集中化を人為的に変動させることができる。それでも，財政危機などの状況の悪化で首長に権限を集中せざるを得ないようなことが多々ある。前章で述べたが。基本的には権限の集中化と分散化は，環境変動によって大きく制約される。また，フォーマルな，あるいはインフォーマルな権限は，環境変動の関数であることはいうまでもない。

権威

権限は，支配と応諾が当事者の中で内面化されなければ，実質的にヒエラルキーの中で安定しない。支配はそれを納得しなければ，強制となり，それに対しては面従腹背で応じることになる。権限は内面化されなければならない。これが権威であり，バーナード（Barnard, 1938）のいう無関心域（zone of indifferrence）によって権威は成り立つのである。権限の行使とは，それに応諾する人たちが，だれが発するかに関心をもたなくなり，自然にそれを受け入れるようになって有効になる。また，ケルマン（Kelman, 2005）も受け入れの過程を，面従腹背から内面化，一体化のような心からの応諾に至るまでを区分している。直接的に服従を迫る関係よりも，内面的に応諾できるほど権限は権威として受け止められ，その関係は安定する。要は，それぞれのメンバーが権威に対しては内心から応諾することで権限は正当化される。多くの利害関係者が，その権威を当然のこととして受け入れることによって，組織はシステムとして実質的に整えられることになる。

組織間，または部局間においても，その関係を安定にするための試みは続

けられる。上位の団体を設置して調整することや関係のルール化などである。権限の行使がそれを受ける側によって納得させられるほど，それがルーティンとして受け止められるほど，制度として組み込まれ，応諾をむしろ当然とすることで，成果を大きくすることができる。

　なお，権威を直属の上司に対してだけではなく，組織全体に対して感じるようにさせたい。権限を権威によって裏付けることを越えて，組織そのものがそのメンバーによって正当であるとみなされる仕掛けが必要である。組織が，その人にとっても，その社会にとってもなくてはならない，その気持ちがあってこそ権限が権威となるのである。コミットメント，あるいは自我関与（Buchanan, 1974; Mowday et al., 1979; Allen & Meyer, 1990 など）で，詳細に議論されてきたことである。組織の人であろうという意欲がなければ，権威は成り立たない[1]。さらに公共の組織であるということは，私たちは今，公共のために何をしているのか，そして何をしようとしているのか，いわゆるミッションを内面化する，あるいは正当性を内面化する過程（indoctrination: 教化）とともにある。

　さらに公共のための組織であれば，公務とは何か，公務労働とは何かなどを，研修などを通して徹底させる。徹底するほど，一つの価値が隅々にまで共有されることになる。公務倫理が周知されれば汚職などの不祥事は少なくなる。とはいいながら，さまざまの利害関係が交錯するのが，公共の組織であり公共のための組織である。正当性はいくつも存在する。正当性を互いに競い合うこともあり得ることである。その競合が激化するほど，公共の福利向上などという抽象化された正当性が主張されるようになる。権威の確立は企業に比べると難しい。

組織デザイン変数

　ではどのように組織を構築するか。組織を成り立たせる権限や権威は，いくつものデザイン変数によって組み立てられ，それに媒介されえて強化されたり，あるいはその効果が減殺されたりする。ビュロクラシーの仕組みもさまざまに成り立っている（Pugh et al., 1968; Reimann, 1974; Pugh & Hickson, 1976; Pugh & Hinings, 1977; Pugh & Payne, 1977 など）。

　一つの例として，
(1)サイズ（組織の大きさ，メンバーの員数で表示されることが多い）

(2)階層数（トップから末端成員までのランク数）
(3)分業化の程度（部門をどの程度細分化しているか）
(4)コントロール・スパン（一人の管理監督者が対応している部下の数）がある。

たとえば，サイズが大きいと，その周辺まで経営者の権限は至らないであろうことは容易に想像できることである。したがって権限委譲は欠かせなくなる。階層数が増えると，末端との意思疎通が困難になる。現場裁量が当然となる。分業化にはそれぞれ権限が分与される。したがって集中的ではなくなる。一人の上長が抱える部下が多い場合，現場裁量を多くしないと不都合が生じることになるであろう。これらの要因をどのように組み合わせるかによって組織の形態は変化する。権限の布置も変化する。メンバーの判断や行動も変化する（James & Jones, 1976）。権限とこれらの構造に関わるデザイン変数が不都合を来すと権威が成り立たず，組織そのものがビュロクラシーの病理に至ることもないではない。

とくにサイズは，ビュロクラシー化を促す要因であることはブラウとションハー（Blau & Schoenherr, 1971）以来，周知されていることである。大規模な地方自治体ほどそのシステムは徹底され，県庁のような組織は変革を繰り返してもビュロクラシーを基調とした組織である。それを否定することはあり得ない。逆に村役場のところでは，むしろそれは忌避される。仲間のような和気あいあいの気分が基調になる。さらに小さなボランティアの団体ではハンドメイドな気分が欠かせないが，大きく成長するほどビュロクラシーによる制度化は避けられなくなり，本来のミッション達成というよりは，組織の維持に関心が向かうようなことがないとはいえない（田尾，2004c）。これについては，ミヘルス（Michels, 1957）による労働組合（非営利組織の一つの類型とすることもできる）の変容に関する研究が有名である。ともにサイズが膨らむと，それをマネジメントするために非人格的な管理手法の導入は避けられないという基本仮説があるということである。小さな村や町が大きな自治体に併合されることは，一挙にビュロクラシー化が進行することと裏腹の関係であろう。

以上のような構造要因だけではなく，人間そのものにまでデザイン変数を拡大することもできる（Robertson et al., 1993）。人間そのものを対象とする変革論の枠組みは組織開発（organizational development）としてまとめられ

ている。ヒトという資源に対する権限の布置，そして権威の成り立ちを，さまざまの要因と組み合わせ，その上にビュロクラシーが成り立っているのであれば，ヒトの集合をどのように組織化するかも，前章で述べた環境適合の一部をなしているといってもよい。

ビュロクラシーの限界，そして病理

しかし，以上のようなマネジメントの仕組みはそれ自体に限界が仕組まれている。繁文縟礼（またはレッドテープ）はその典型であるが，規則に規則を重ねると，規則を遵守することが目的となって，それが本来何のためにあるかに関心が向かわなくなる。規則そのものに権威が賦与されなくなり，赤信号，みんなで渡れば怖くないようなことも頻発する。

その限界が，本来得るべき成果の質を落とすように，また量を少なくするようになれば，病理というべきである。実際，ビュロクラシーは限界に至るほど，硬直に向かうのはむしろ自然の経路というべきで，その保持をいたずらに優先させるようなマネジメントに向かいがちである。前述したが，組織は規模を大きくさせるほど，その維持のためにビュロクラシーのシステムを採用するが，維持を優先させると，いわゆる大企業病などと呼ばれ，硬直化することは必至である。公共セクターでもサービスを大規模に提供するようになるほど，ビュロクラシーとして整備されるが，病理の萌芽もそれとともに膨らむことになる。

ビュロクラシーの，いわゆる逸脱，あるいは病理現象はマートン（Merton, 1940），セルズニック，（Selznik, 1949），ベンディクス（Bendix, 1949, 1952-53），ブラウ（Blau, 1956），グールドナー（Gouldner, 1954）などによって描かれている。組織を病理に至らしめる要因が，ビュロクラシーそのものに内在しているというパラドックスである。フランスでのクロジェ（Crozier, 1964）の悪循環の指摘もまた，この病理がビュロクラシーには通文化的であることを示唆している。この場合，フランス独自の規則重視の政治文化がいっそう硬直を促すという指摘であるが，比較的には程度の問題でもある。また硬直の促進要因はそれぞれの社会で，どこにでもどのようにでもあり得るということである。お役所仕事を徹底的に正すのは，極論すれば百年河清を待つようなものである。

以上は，ビュロクラシーは欠かせないシステムでありながら，それに固有

の病理と表裏一体であることを意味している。近代化の過程で、それが鉄の檻（ウェーバーの示唆を受けた Clegg, 1990 による紹介）と悲観的に位置づけられたことに注目すべきである。合理的な仕組みであることは疑いない、しかし、それを使いこなすことは容易ではない。マネジメントとはその限界と病理を承知することである。

なお、ビュロクラシーによる限界という指摘もあるが、それ以上に組織そのものがその成り立ちにおいて、パワーによって成り立つという前章で述べた議論そのものがマネジメントを難しくしていることはいうまでもない。ビュロクラシーという縦の合理的なシステムを、いわば横槍ともいうべきパワーが歪めてしまう構図である。ただしパワー関係は、競合によって組織を活性的にすることもあるが、極端に歪めてしまえば病理に至り、システムは停滞に向かうことになる。

Ⅲ　マネジメント・サイクル

マネジメント・サイクル

マネジメントには通常、企画を立て、それを実行し、さらにその成果を評価し、さらに次なる企画に活かすというサイクルが想定されている。PDS（plan-do-see）あるいは PDCA（plan-do-check-action, この語法は経営工学的な文脈で使われることが多い）サイクルなどと呼ばれることがある。それぞれの担当者は互いに前工程、後工程に配慮しながら、互いの責任を全うするのである。一つでも外れると全体が影響を受けることになる。その意味でもマネジメントはサイクルというシステムを前提にして成り立っている。そのサイクルを円滑に稼働させることがマネジメントである。しかし、円滑のためには、それぞれはそれぞれを専門的に担う人たちとして切り離すべきである。たとえば、できるだけ多くの有意味な情報を集約して、それを取捨選択して、中長期的な企画立案にはそれに長じた人材が欠かせないし、実行のためには、現場で臨機応変に対応できる洗練された技能に長じた人材が欠かせない。評価も専門的な知識の支えがなければならない。それだけではない。組織が大きくなるほど、部門が枝分かれするようになる。とくに実行についてはいっそう専門分化する。

以下で論じることは、どのようにビュロクラシーを円滑に、効果的に稼働

させるか，という問題に応えることである．しかし，円滑な稼働には限界があることから，ビュロクラシー・モデルの代替（第6章），さらにいっそうの意思決定の工夫（第7章）が論じられなければならない．

職場集団

全体としてサイクルはあるが，組織では何人かの少人数の集団が仕事をすすめる基本的な単位として存在している．職場集団である．職場集団は，係，それをまとめて課，それをさらにまとめて部というように，組織のヒエラルキーを成り立たせるための基礎的な単位でもある．公共セクターの組織も，当然とはいいながら，このような小さな集団がそれぞれ分業しながら環境へのサービス提供に対応している．それぞれはその中で集まりをなして協働関係を築いている．協働が成り立つためには，集団の中で互いが好ましく感じることである（Backman & Secord, 1959）．そのためには後述のリーダーシップが欠かせない．

ビュロクラシー的な編成であれば係長や班長という呼称の責任者，あるいは監督者がいる．組織の最末端の作業チームである．組織の成果とは，これらのチームの成果を集積したものである．その集団ごとのサイクルの集積が組織の成果につながっている．職場集団の存在は，小さな組織でも大規模な組織でも例外はない．仕事が互いに並行しているので協働しなくて済ませる場合でも，便宜的に小集団を編成している．これは，単に協力しあうということ以上に仲間意識，私たちという意識を醸成するために，職場集団は欠かせないからである．組織が成果を得るために物理的に近くにいる人が，互いに関係を密にして信頼しあい，信用しあわなければならない．この関係を築きあげるために，職場集団の働きは重要である．ホームオフィスが普及しないのは，これに欠けるからである．

小さな集団は個人の心情や息づかいを大切にし，フォーマルな堅苦しさから解放するところでもある．集団のメンバーになるということは，それだけでその人の自尊心を充足させるようなことがある（Mossholder et al., 1982）．職場集団のインフォーマルな働きに配慮しなければならないということである．これはホーソン工場実験という古典的な研究に端を発して，人間関係論学派（Mayo, 1933; Roethlisberger & Dickson, 1939 など）として，今なお言及されることが多い考え方である．職場集団には必ずインフォーマルな関係が

でき，インフォーマルな集団によって支えられるということである。公共セクターでも同じことで，人間関係の円滑なことが成果に大きな影響を与えている (Platt, 1947)。

なおインフォーマルな集団では，正規に定められた規則以外に，そこに帰属したいメンバーだけに適用される規範や基準がつくられることもある。たとえば，達成すべきノルマを仲間内で正規よりも低いところにおくように，そしてそれを順守するように暗黙の強制をする。職場の人間関係は個々の判断や行動を強く制約しているとされ，モラール（集団志気：morale）やモチベーションを規定するのである。その制約のために独自の集団基準（group standards）や集団規範（group norm）が形づくられる。場合によっては，強制的にメンバーに従うように働きかける (Deutsch & Gerard, 1955; Schacter, 1951など)。集団に所属したいと欲する以上，基準や規範に同調（conformity）すべきであるとされる。それに従うように強要したり，もし従わない場合，つまり，基準や規範から逸脱（deviance）すると，つまりメンバーとしての資格を失ったり，制裁を受けることになる。また，これらは，メンバーそれぞれが集団の中で果たしている地位や役割に対応しているので，これに従うことには濃淡がある (Hollander, 1958, 1961)。

しかし，集団によっては同調の度合いは異なる。従わない人が多い，まとまりのない集団もあれば，従う人ばかりの猪突猛進ともいうべき集団もある。その違いは何に由来するのか。その違いは集団の凝集性（cohesiveness）の相違でもある。集団が何か目的を達成するために，それを効率的にやり遂げるためには，メンバーが互いに好意をもち合い，魅力的でなければならない。互いを魅力的に感じる度合いが凝集性である。互いに好ましいと感じ，凝集的であるほど，基準や規範に従い同調する人が多くなる。したがって，目標の達成に障害が少なくなり，生産性や効率の向上に貢献することになる (Summers et al., 1988)。マネジマントとは，この凝集性を高めることである。集団への魅力を高め，規範への同調を促すことが，マネージャーの役割でもある (Feldman, 1984)。凝集性が低ければ，集団が得る成果も乏しくならざるを得ない (Brown, 1984)。

しかし，メンバーは同調するだけではない。すすんで同調しないこともある。強制されない，あるいは，制裁を恐れない度合いに応じて，同調のために支払うコストとのバランスに配慮しながら，個人的に同調するか，それと

もしないかを決めることになる。相応の利益が得られなければ同調しようとはしない。利益が少なく，また，損失を受けるような場合，さらに，選択肢が他にもあるとすれば，基準に逆らい，規範に積極的に従わなくなる。無関心を装い，さらに無責任な態度をあからさまにすることも少なくない（Diener, 1979）。地方自治体でさえも，外部の利害に関わるほど内部の規律には同調しなくなることがある[2]。

マネージャーの役割

組織には，フォーマルに権限が委譲され，正当とされるパワーを備えた人が存在する。その人には権限が付与され裁量の余地が大きく，その行使による結果には責任をもつことが当然とされる。組織の秩序，つまりヒエラルキーを維持しようとするマネージャーである。マネージャーは，その権限に応じてパワー・ポリティクスの当事者であるが，対立や競合に際しては，正当性に依拠して主宰者としても機能する。一体としてビュロクラシーが機能するように円滑な上意下達や，部下からの意見聴取など逆の連絡経路について相応の働きが期待される（linking pin: 連結ピン，Likert, 1961 による）。その機能が確かなものになるほど彼らの権威は確定，さらに組織も安定する。加えて，彼らの働きは，組織の中で，どのような立場にあるかによって大きく相違する。ヒエラルキーの下方にいくほど，対人的な関係の中で監督的でルーティン的な仕事が多くなる。上に行くほど，マネジメント全般に関わる意思決定的な仕事が増えるようになり，必要とする権威も大きくなる。

マネージャーの役割とは何か。彼らは対人的（interpersonal）役割を遂行し，それによって，情報的な（informational）役割に近接しやすくなり，さらに，情報を利用できる機会が増えるために，意思決定的な（decisional）役割を果たすこともできるという多面的に行動を捉えるべきである。ミンツバーグ（Mintzberg, 1973）は，彼らの行動が組織内外の要因と絡むことを示した。内部の人間関係に対するだけではない。

以上で肝心なことは，マネージャーは次節で述べるリーダーとは区別されるべきである。彼らはそのフォーマルな権限を行使できる人である。職位に規定される。つまり，マネージャーは辞令によってつくられる。それに対してリーダーとは対人的に影響力を発揮する人である。ミンツバーグ（1973）の区分に従えば，リーダーとしての行動は，この場合，対人的な領域におけ

る役割の一つである。彼らの行動は、リーダーシップに先行して、あるいはそれを一部として、統合的な組織機能を果たすことになる。組織の中には膨大な経営資源が蓄えられている。利用し尽くされているとはいえない。また、だれもがこれを利用できるものではない。彼らはこれに接近できる機会は多いはずであり、これを率先して活用しなければならない。対人的な影響だけのリーダーに比べれば権限委譲や指示・命令によって、人的資源を動員できるパワーには大きいものがある。

　したがって、これだけの経営資源をどれだけ有効活用できるかが、彼らの資質や能力ということになる。それがあってはじめて、マネージャーはリーダーシップも発揮できるというものである。そのリーダーシップは何よりも公的な立場の正当性によって支えられることになる。マネージャーとして有能でない限り、リーダーとしても有能ではあり得ない。コッターとシュレジンガー（Kotter & Schlesinger, 1979）によれば、対人的なネットワークが重視され、かつ、対人的な技能が不可欠とされているが、この場合、対人的技能とは単なる影響関係のためではなく、組織内部のポリティクスにおける便宜のためである。このネットワークを利用して、モノやカネ、情報を機能的に一つにまとめあげることが彼らの仕事である。そして、それによって自らのパワーを大きくするのである。パワー・ポリティクスに関わらざるを得ない地方自治体のマネージャーは、否が応でも、以上に挙げたような技能を複合的に行使しなければならない。ラウら（Lau et al.,1980）によれば、従来から、組織には意思決定や資源の割付、交渉など多くの機能があるにもかかわらず、その中の対人的な影響関係であるリーダーシップのみに過分ともいえる関心を集中させる傾向があり、それが、より複合的であるはずの組織現象を解明する際の障害ともなっていると指摘している。

スタッフとライン

　組織化に伴うことによるシステムの整備の向かうところは、再度いえば、ヒエラルキーの成立である。いわば上司と部下の役割分化であり、指示を与える人と、それを受ける人の役割分化である。しかし、他方で、環境の中で存続するためには、サービスを提供するために現場の働きを強化すればよいということではない。それを支える補完的な働きが重要になる。総務や人事、企画、財政のような機能はサービスの質向上には欠かせない側面からの支援

である。これを欠くと質の低下は避けられない。一般的にいえば，現場のラインとオフィスにいるスタッフの役割分化である。規模が大きくなるほど，そのドメインが広がるほど，スタッフの仕事を持ち回りや片手間仕事ではなく，専任者によって執行させることになる。地方自治体などでは，管理間接部門と直接サービスを提供する事業部門に区別される。前者には，総務や企画，財政などがあり，後者には民生，土木建設，商工，観光などの部局がある。いうまでもないが，公共の組織一般についても規模が大きくなるほど，この分化が顕著になる。

しかし，スタッフとラインとの関係は本来，厳しい葛藤関係にある（Dalton, 1950）。とくにクライエントのニーズに直接相対して，その欲求に応対する現場で日々サービスを提供している人たちは，オフィスのスタッフは現場のことを知らないといい，スタッフは無駄なことをしていると互いに批判的になったりする。とくに市長部局のようなゼネラル・スタッフはそのような観念の虜になりやすい。活動が大規模化すれば，さらにその心理的距離感は大きく感じられるようになる。組織化とともに，スタッフの役割の比重が大きくなり，現場との意思疎通が難しくなるほど，その乖離を小さくすることは欠かせないマネジメントになる。

規模が大きくなるとともに，スタッフを適正に位置づけなければならなくなるが，どのように位置づけるかは重要なマネジメントの課題となる。なぜ重視しなければならないのか。要約すれば，

(1)スタッフは，中長期的な視点から考える。しかし，現場のラインは今，当面のことにどのように対処しなければならないかを考える。

(2)スタッフは，コスト節減を組織の存立を優先させて考える傾向がある。しかしラインは，クライエントの信用を得るためにも資源をできるだけ多く使い，コストを度外視することもやむを得ないと考える。

(3)スタッフは，ゼネラリスト指向で，広範な知識を動員することで思考様式を成り立たせているが，ラインは，スペシャリスト指向で，深い見識の動員が期待される。思考パラダイムの対立といってもよい。

地方自治体では，このような思考パラダイムの本質的な対立を避けるために，人材として将来を期待される職員には，スタッフとラインを交互に経験させるというキャリア・パスを設けているところがある。

柔構造化

　ビュロクラシー・システムは機械に擬すことができる。公共セクターはすべてが機械としての合理性を追求する仕組みを採用している。そのための人間は歯車，あるいは部品である。しかし，これがまたビュロクラシー・システムの限界であるともいえる。すでに述べたが病理に至る。ビュロクラシー・システムはこの合理性を金科玉条にすることで，逆に，硬直化を招来し，非効率に陥り，また徒に権力の組織となり，腐敗に至るのである。

　ビュロクラシーの限界，または病理ともいうべき状況を超えるために，いくつかのアンチ・ビュロクラシーによる統制の試みがある。ビュロクラシーに対して有機的対応，あるいは柔構造化，さらに動態化と一括されている。これらの柔軟な対応によって，官僚的な，あまりにも官僚的になりすぎたところを見直し，適切な改善を施すことで本来の機能的なシステムとして蘇ることになる。環境の変動への適切な対応のために，以下のようないくつかの柔構造化のための仕掛けを組み入れることになる。

　(1)フラット化：階層数を少なくして情報の伝達経路を短縮する。個々の課や係の自律性の拡張にも役立つ。

　(2)部課制の廃止：課長や係長などのフォーマルな仕組みを廃すること。自治体の事例については田中（1994）が詳しい。

　(3)タスクフォースやプロジェクト・チームの設立：特命を受けた作業チームを発足。

　(4)マトリックス組織の採用：必要に応じて，指示を受ける上司を変更することもあり得るという仕組み。

　(5)ワンストップ・サービス：タテ割り行政の弊害を少なくする。

　以上は相互に関連しあっている。環境変動にマネジメント・サイクルを有機的に対応できるようにする仕組みである。

IV　リーダーシップ

リーダーシップとは

　経営管理のためにマネージャーの果たす役割は重要であるが，実質的な影響はリーダーシップによって部下に浸透する。リーダーシップとは対人的な影響関係を捉えるためには不可欠の概念である。従来，組織の中の職場集団

や人間関係で，もっとも重視されてきた分析概念でもある。しかし，その反面，それに含まれる意味が包括的であるために，友人関係のインフォーマルなリーダーシップも経営幹部のそれも同じリーダーシップという用語用法で一括されることから，曖昧なところも少なくはない。これまでもリーダーシップについては，いわば百人百様の考え方があり，定義が試みられてきた。それらをただ一つだけの概念やモデルに収束することは難しい。

　その中でほぼ合意を得ていることとして，リーダーシップとは特定の個人の能力や資質によるのではなく，対人的な関係の中で発揮され，場合によっては，集団の機能そのものであるという考え方である。特定のメンバーによってなされることがあっても，それはリーダーシップの機能が，その個人に仮託されているとみなすべきである。

　スタジル（Stogdill, 1974）は，リーダーシップとは，集団のメンバーに受け入れられるような目標を設定し，それを達成するために個々のメンバー（フォロワーと称する）の態度や行動を統合的に組み立て，いわゆる組織化を行い，それをさらに一定の水準に維持するという集団全体の機能であるとしている。あるいは，そのために対人的な影響が集団に及ぶ過程全体がリーダーシップである。それは，その集団が求めている方向や価値などと合致していることが肝要である。リーダーであることを理由にスタンドプレーをしても，それから外れていれば，リーダーの役割を果たしたことにはならないし，リーダーシップにもならない[3]。

リーダーシップの基本モデル

　リーダーシップには伝統的に二つの働きが対比的に議論されている。専制的と民主的である。専制的とはリーダーがフォロワーの意図関心には関係なくすべての事柄を決め，フォロワーはそれにただ従うだけである。民主的とは，それとは対照的に，フォロワーが何を考え，何を期待しているかを考えながら，集団を方向づけるようなリーダーシップである。リーダーシップを放棄した放任的をあわせて三類型とすることもある。要は，政治的民主主義の浸透とともに，民主的なリーダーシップが専制的なそれよりも望ましいとする一般的な考えと並行している。

　その後，いわゆるオハイオ研究やミシガン研究などによって知られるいくつかの研究集団がリーダー行動の詳細な記述を試みた。その結果として二つ

の主要な次元が明らかにされた。一つは人間関係に向けられメンバー相互に生じる緊張やストレスを和らげ解消し，互いの関係を友好的に保つように働きかけるような行動である。配慮（consideration），あるいは従業員指向的（employee oriented）と呼ばれた。他の一つは，目標達成に向けられメンバーのさまざまの関心や行動を一つの方向に動員し，効果的に統合するような行動である。体制づくり（initiating structure），あるいは課題志向的（production oriented）と呼ばれた。リーダーシップとは，集団の目標を円滑に達成することと集団の中の人間関係をよくすること，この二つをともになし遂げることであるとされる。昨今のリーダーシップ論はほぼこの流れを受けている。

また，バウアとシーショア（Bower & Seashore, 1966）は，二つの次元だけではリーダーシップ機能の全体を把握できないとして以下のような四次元説を提案した。支持（support）：メンバーが個々自らの価値や個人的な目的を支えるような行動，相互作用の促進（interaction facilitation）：メンバー相互に親しい関係をつくりあげるような行動，目標達成の強調（goal emphasis）：全体の目標を達成するための行動，仕事の促進（work facilitation）：目標達成を支えるようなプランニングや資源の提供，情報の配分などの行動である。前二者が人間関係中心，後二者が仕事中心である。また，フォロワーに圧力を加え，アメとムチの使い分けの上手なリーダーシップと，フォロワーに有意味な情報を与え，指導しながらのリーダーシップでは，同じ仕事中心の行動次元でも大いに相違している。

わが国では，三隅（1978）は独自の二次元モデルを提唱した。特徴的であるのは，それらの二つを併せもつことで好ましいリーダーになるとされた。人間関係の維持がメインテナンス，つまりM，生産性の向上がパフォーマンス，つまりPとされ，PMリーダーになるようにリーダー研修のプログラム化が図られた。このモデルは加藤・三隅（1977）によって自治体のリーダーシップ研修プログラムに取り入れられた。また，二つの次元をあわせるという発想は，ほかにブレークとムートン（Blake & Mouton, 1964）などがあり，ともに研修プログラムに通じている[4]。

役割分化

これらは一人の管理者が使い分けることが望ましいとされる。つまり，マネジメント・システムを効果的に稼働させるために，課長のほかにもう一人

課長がいるような，マネージャーが複数いるような状況は，命令の一元化というビュロクラシーの仕組みに反することである。しかし，実際的にこれらの二つの次元については，一人のリーダーによって統合的に演じられることに懐疑的な立場がある。一方で優しさ，他方で厳しさという役割葛藤を強いることでマネージャーに過重な負担をかけることになりかねない。ストレスに陥るかもしれない。

これらの役割は本来折り合いがよくない。ベールズとスレーター（Bales & Slater, 1955）は，リーダーの役割として課題領域の専門家と社会情緒領域の専門家を考えた。これはそれぞれ，仕事中心と人間関係中心に相当する。この二つの専門家の働きは，それぞれ独自の方向に働く役割でもあるので，一人の人が同時に果たすことは難しいと考え，時間の経過とともに異なるメンバーによって分担されるようになる。もっとも有能な人ともっとも好意をもたれる人は別人になるのである。仕事のできる人は必ずしも人気者にはならないのである。役割分化である。

リーダーシップの状況適合

さらにいえばリーダーシップは本来状況依存的でもある。二つの役割を忠実に果たすだけでは行き詰まることがある。基本的には二次元モデルではあっても，状況適合的にその役割を変化させることが少なくない。以下にいくつかのモデルを紹介する。

(1)状況がリーダーにとって好ましいほど役割行動を課題中心に仕向け，好ましくないほど人間関係を重視する役割に重心を移して，部下の仕事をしやすいように役割を変え，集団の成果を大きくしようとする（Fiedler, 1967）。

(2)リーダーシップ・スタイルを管理者の意思決定モデルに結びつけて，どのような課題状況では，どのようなスタイルが望ましいかという選択を診断的にモデル化している。意思決定のために十分な情報があるか，決定の部下による受け入れが重要であるか，目標を部下と共有しているかなどの要因の組み合わせによって，部下の合意や情報の共有が欠かせない状況ほど参加的なリーダーシップ・スタイルが適合的で，その逆になるほど，専制的なスタイルが望ましくなるという仮説を展開した。規範的意思決定モデルと称されている（Vroom & Yetton, 1973; Vroom & Jago, 1988 など）。

(3)リーダーがどのようにフォロワーを動機づけ，満足させているかに主要

な関心が向けられた。フォロワーを動機づけ，満足させるために，リーダーは彼らの目標の達成に至る道筋を明確にしなければならない。通路，つまり，パスを明示化（path clarification）しなければならないのである。パス・ゴールモデル（House, 1971; House & Dessler, 1974）と称されている。

　具体的には，フォロワーを目標に向けさせるためには，その目標がそのフォロワーにとって達成可能であること，そして，達成によって，そのフォロワーに好ましい成果が入手できそうであるとの見通しがなければならない。その見通しをつけるのがリーダーシップである。フォロワーが望ましいとしているものを提供できなければならない。彼らを満足させなければならない。フォロワーのニーズに合致するような，または，不足なところを補うようなリーダーの行動はフォロワーを動機づける。

　(4)リーダーシップは，必ずしもリーダーだけが果たすべき役割ではない。組織の制度や構造，仕事の特性などが補完的にリーダーシップを発揮することがある。たとえば，マン―マシン関係が自動化や装置化されると，計器が仕事の手順を次々に指示するかのように，リーダーシップの機能の多くは代行されてしまうことになる。すでにベルトコンベアではスピード自体が冷酷な課題達成を重視したリーダーシップを発揮している。また，興味を与える課題はそれ自体配慮的な要素を備えたリーダーシップである。代替性仮説といわれている（Kerr & Jermier, 1978）。

　(5)リーダーシップとは，フォロワーの成熟の度合いに応じて変化するものであると考え，まだ成熟していない，意欲も能力も低いところでは，課題中心のリーダーシップが望ましく，成熟に伴って，課題中心と人間関係中心をあわせ，やがて，人間関係中心のみ，さらに，成熟の段階に至れば，フォロワーに全てを委ねればよいので，リーダーシップそのものが不要になるというのである（Hersey & Blanchard, 1993）。

　以上の議論はおもにリーダーシップで議論されてきたが，マネージャーの行動に適用できる。彼らの行動はリーダーシップに支えられて部下の信任を得るのである。公共の組織に限定したリーダーシップ研究は，前述の加藤・三隅（1977）がある程度で少ないが，対人的な影響に関する論議は，公と私の区分を超えて一般的なモデルが想定できる。

　しかし，公共空間ではさまざまな利害が並立している。そのためにさまざまなタスク，あるいは目標が並び立っている。それに相対しては状況適合的

なリーダーシップの工夫がさまざまにある。とくにヒエラルキーの上位に至るほど，部下の間での利害調整に手間取る事態もあり得ることで，リーダーシップが適切に発揮できる場面も限られることが少なくはない。

カリスマ

マネージャーやリーダーになる人には，それになれない人とは異なる能力や資質，そしてパースナリティ特性が備えられているのではないかと考える立場がある。この立場からは，いくつかの個人的な特性について，ある人たち，とくに有能とされる人たちに一貫してみられ，その特性は組織の成果にも有意に関連していることが主張されている。経営者論の領域で，この論点は有力である。このような考え方は，特性論アプローチ（trait approach），あるいは偉人説（great-man theory）として知られている。しかし，これまでの文献研究によって，これらの特性は有能なマネージャーやリーダーに一貫してみられるとは必ずしもいえず，また，彼らがそれらの特性を備えていれば，組織の成果が好ましい方向に進むともいえないことが示され，理論としては否定された。

しかし，共通してみられる特性は否定しがたく，ギゼリ（Ghiseli, 1963）はすべての特性を並列にするのではなく重要度に従って序列化している。認知能力（cognitive skill）や自己主張（self-assurance）などは他の特性よりもリーダーにとって重要である。知性，監督能力，主導性，自己主張，高い社会経済的地位への帰属は，多くのリーダーに共通する特性であると考えた。他の人よりも優れた能力を誇示できることは，自ずと他に対して優越的な立場を確保できるというのである。その後，パースナリティとリーダーシップとの間には，これまで考えられていたよりも強い，より一貫した関係があるとも考えられている。

リーダーの個人的な特性に注目した試みとして，近年議論されつつあるのはカリスマ的リーダーシップである。ハウスとバエツ（House & Baetz, 1979）によれば，フォロワーに対して，深く強い影響を及ぼすことのできる個人的な資質をもったリーダーである。自らの姿勢に自信にあふれ，確信をもってフォロワーに対して達成すべき目標を示し，それに至る道筋を提示するリーダーである。フォロワーは，そのリーダーをいわばスーパーマンのように受け入れ，異議をさしはさむことなく，その後に従うことになる。

カリスマになれるリーダーとは、自己犠牲を厭わず、すすんでリスクを背負い、既存の秩序を超えたところに新たなヴィジョンを打ち立てるような構想を示すことができるような改革者（Nanus, 1992）であり、しかも、それがフォロワーに受け入れられる範囲の中にあり、実現可能な現実主義者でもなければならない。このリーダーの出現は、現状が不備であり、それを改革しなければならないという期待が大きくなるほど、つまり、現実と期待のギャップが大きいほど、カリスマは現れやすい（House & Baetz, 1979）。

地方自治体でしばしば個性的な首長が出現することがあるのは、これである。とくに財政危機などに際してカリスマ首長が出現する。そのカリスマの権威を受け入れる熱心なフォロワーを従えて、新しい施策を推進することになる。その際、上意下達のビュロクラシー・システムの安定した働きを、一時的に停止させるようなこともある。さまざまの利害のしがらみを断ち切って現状を打破することは、多くの場合、信任を一手に取り付けることのできるカリスマでなければできないことである。事態が混沌として何から手をつけてよいか、諸般の合意が得られないことがある。何かをしなければならないが何もできないという状況では、既存の管理システムが機能しないのであるから、それに代わる非常時のシステムが作動しなければならない。それがカリスマの登場を支えているのである。

しかし、このリーダーシップは、その首長の個性に準拠しているのでほとんどその人一代限りである。代継承はない。そのような個性は継承できないからである。代が替わるとむしろ前代のカリスマを否定するようなリーダーが出現するようになる。また、その個性で行き詰まりがある場合にはむしろ、積極的に、いわば首をすげかえることで問題を解消に向かわせるということも、地方自治体ではあり得る（Boyne & Dahya, 2002）。多くの場合は、前代のカリスマを否定することで権威を得ようとするので、安定的なビュロクラシーに回帰することがほとんどである。

なお、変革的（transformational）リーダー（Burns, 1978; Tichy & Devanna, 1986; Tichy & Ulrich, 1984）も、変革によって支持を得る、または支持を調達するために変革を試みるということで、カリスマ的リーダーシップと近似している。

アントレプルナー

カリスマはアントレプルナーの議論につながる（田尾，2003b）。起業家とも訳されるが，事業を起こす人である。資源の少ない，あるいはないところから，事業を起こしてそれを発展させる人は，前節で述べたカリスマ的な特徴を備えた人であることが多い。ビュロクラシー・システムがまだ整備されていないので，その人の個性によってのみ事業を支えるしかない。多くの組織のはじまりは，特異な個人的な特徴を備えて，それに従う人に有無を言わさない，強引に引っ張る人である（Dollinger, 1999）。

NPO や NGO などの公共の組織を立ち上げる人はアントレプルナー（正確にはソーシャル・アントレプルナー）で，その多くはカリスマ的である。しかし，多くの場合，カリスマとして事業を起こしたアントレプルナーは，マネジメントのシステムが整備されるとともに，その役割を終えることが多い。カリスマは事業の継承のためには，やがてルーティンの，そしてリスクを少なくするような施策に移行しなければならない。ビュロクラシーとアントレプルナーとは両立しない。個性によるマネジメントは長続きしない，それだけではなく，組織がビュロクラシーとして整備されるほどやがて忌避されるようになる。

しかし，逆にまた，ルーティンに向かって整備されれば，やがてすでに述べたようにビュロクラシーそれ自身の限界に至る，硬直に至るのである。それはビュロクラシーの病理とされ，病が進行すれば円滑に機能しなくなることもある。機能を復元するためにアントレプルナーが現れる。たとえば中興の祖などといわれる人は，カリスマ的な特徴を多く有してアントレプルナーとして機能することがある。疲弊した地域を立て直すのはアントレプルナーである。さらにまた，危機に直面すれば，それを強行突破するためには，強烈な個性による，変革の機会を捉えての即断即決であることが多く，衆議を待てないことが多い。一人の個性がその信じるところから一か八かの賭けに出ることで事態を打開するというのはよくあることである。アントレプルナーには，ハイリスクの行動が求められ，それに耐えることが個性の一部でなければならない。

しかし，個性的であるためにいわば思いつきによることが多くなる。思いつきのマネジメントは失敗と裏腹である。戦略も体系的な思考を欠くことがあり，成果に対する正確な評価さえも欠くので破綻に向かうようなことも少なからずある。アントレプルナーには，リスクを回避するためのブレーン

(これまでの用語に従えば，ゼネラル・スタッフに近い）が欠かせない。ブレーンの役割が大きくなると，まだだれもが関わることのできるルーティンのシステムに向かうことになる。その意味ではビュロクラシーとアントレプルナーとは時間軸に沿えば，相互補完的であるといってもよい。

V　コミュニケーション

コミュニケーション・モデル

　組織では，誰が何を考え，それがどのように伝わるか，あるいは伝わらないかは非常に重要である。情報の流れ方，つまり，コミュニケーションは，その組織の枠組み，つまり何をどのように決めるか，意思決定の方式をも制約する。歪んだ，あるいは間違った決定は組織の存続を危うくすることがある。組織はさまざまのメンバーからなる。その価値観や意図関心は多様である。その当初から，一つにまとまることなどはあり得ない。まとめるためには，少なくとも達成すべき目標を定めるためには，その多様さを認識しあい，互いの意思を伝達し，さらに，それらを集約することが欠かせない。ビュロクラシーにとって円滑なコミュニケーションは重要である。

　コミュニケーションは，まず個人間の過程として捉えられる。ある個人が，その意図を，だれかに伝えることである。そこには，送り手，その人が送ろうとしているメッセージ，それを送るための媒体，それを受け取る受け手の四つの要素からなる。意図はそのまま伝達されない。何らかの記号化がなされる。それがメモや電話，電子メールなどの媒体に乗せられて，受け手のところに伝わり，解読されることになる。誤って解読されることも多々ある。誤解や曲解である。さらにそれは，送り手にフィードバックされて，互いの意図の確認が行われる。その繰り返しがコミュニケーションである。

　それが繰り返し行われることで，組織の中で意思の統一，あるいは意見の集約がなされる。伝えるという行為は，組織を一つにまとめるためには欠かせない。それには，いくつかの方式がある (Simpson, 1959; Harriman, 1974)。

(a)下方伝達

　組織とは，基本的には幹部が決定したものをより下方のメンバーが実行することになる。いわば，上意下達，トップダウンが，その基本的なコミュニケーションとして存在する。そのために，ヒエラルキー・システムが発達し，

幹部から現場作業者に至るまでの，いわゆるピラミッドの形態ができあがる。上が決定，下が実行という機能分化が組織の本質である。権限は，円滑な実行のために公式に賦与された上からのパワーである。ビュロクラシーが整備されるほど，より効率的に，コストが少なく内容に歪みがなく，幹部の意向が現場に伝達されるので多大の成果を得ることができる。

(b)上方伝達

組織の中では必ず下方から上に向けて伝達される意思がある。ボトムアップである。職員参加などはその制度的な仕掛けである。わが国独自とされる稟議は典型的な上方への伝達である。現場でしか得られない情報を上方に向けなければ，上質の意思決定ができないことがある。上方に影響を与えるために意図的にコミュニケーションが流れることもある。ヒエラルキーの下にいる人が上位の人たちに影響を及ぼしている例は多い。現場の見解が施策の実質的な中身を決めるのである。また，下方の抗議や苦情を的確に処理しなければ，モチベーションについても不足を生じ，過大なストレスを生じさせることになる。ストリート・レベルにいる人たちが，上方に向けて情報を伝達しないまま実質的に権限を掌握しているのは，これの裏返しである。

(c)水平伝達

当然，ヒエラルキーの同じ，あるいは近い立場の関係者たちが互いに，情報を交換することがある。違った部署にいても，職場単位を超えて互いが互いの知識や技術を交換しあうということは，成果を向上させることに役立つ。互いに並行している部門が協調するためには水平的なコミュニケーションが欠かせない。また，コンピュータ化が進んで組織内部で端末を介して，情報の共有がいっそう促進されることになるが，それが意図していることは，作業過程のよりいっそうのシンクロナイゼーションである。

情報を多く得る立場にいる人ほど，パワーを多く得ることになる。ヒエラルキーの上方に位置するということは，それだけ情報を多く得ることができ，権限の行使を円滑にする。市長公室や秘書課を設けて情報を集中化させることで，首長は意思決定の中心的な役割を果たすことになる。逆に，次節のように，情報が歪められると裸の王様のようになる。

伝達障害

さまざまの伝達は，必ずしも正確に送り手の意図が受け手に伝わらないこ

とがある。それぞれ人は過去の経験や現在の価値関心において相違する。当然，送り手が符号化したものが，そのまま解読されない。違った意味に解読されるようなことがある。判断や行動の準拠枠組みが相違するのである。思いが伝わらないというのは，この場合である。組織の中では立場によって，解読の枠組みが相違するので，ワトソン（Watson, 1982）が指摘するように，上司と部下の間で誤解が生じることもある。

　このような，メッセージの解読における受け手の認知的な歪みも，伝達の効率を損なっている。王様の耳はロバの耳というように，都合のよい情報のみが伝達され，不都合なそれは排除される。当然，解読に歪みが生じることになる。もし首長がカリスマ的で，それを取り巻くフォロワーがカリスマの権威を支えるために，都合のよい情報だけを伝えると，環境適合的な組織でなくなり，マネジメントは不全に至る。不祥事を起してカリスマ性を失うことも少なくない。また，あまりにもメッセージが多い情報過多も正確な解読を妨げる。回路が極端に自由になると，全体のまとまりやメンバーのアイデンティティが失われることになる。だれもが勝手にだれから指示を受けてもよく，だれに報告してもよいとなれば，混乱が生じてシステム全体がまとまることはできなくなるからである。直属の上司を越えて経営幹部に直訴することが厳しく禁じられているのはこのためである。

　次善の策としていえば，トップダウンもボトムアップも制約しながら，コミュニケーション回路を同時的に開放することである。フィードバックを促す，いわば双方向性のコミュニケーションは誤解を少なくする（Linden & Mitchell, 1985）。制約しながら開放するのである。一方で，開放することで環境適合のシステムが成り立ち，場合によっては組織固有のビュロ・フィロソフィを失わせることもあるが，そのために他方で，制約を強化すれば，その回路が厳しく制限される。逆に，組織は硬直化することもある。欠かせないのはその中間をどのようにデザインするかである。

　以上のようなコミュニケーションの伝達障害は，ビュロクラシーを官僚制と訳することから，公共のための組織に典型とされるような誤解がしばしばあるが，規律を重視する大企業のほうがむしろビュロクラシーによる病理は大きいこともある。いわゆる大企業病というのは，以上のようなコミュニケーション不全である。しかし，やはり公共サービスの受益者にとって，お役所仕事に象徴されるような伝達障害は，公共セクターに固有のマネジメント

に内在的な問題であるといってもよい。

　以上の情報伝達と障害に関する議論はすべて権限の集中化－分散化に関わるそれと重なっている。ボトムからはじまる上方伝達のコミュニケーション回路の設定は，権限の分散化に向かうこととほぼ軌を一にしている。

インフォーマル・コミュニケーション

　また，公式のデザイン，つまりビュロクラシーによる情報伝達システムとは別個に，必ずインフォーマルな伝達回路が形成される。これは，葡萄のつる（grapevine, Davis, 1953）のように組織の中に蔓延り，重要な情報はこれを伝わって流れるようなこともある。この回路は公式の回路を補完，もしかするとバイパスすることもある。仲のよいものが互いが緊密に情報交換するのである。その挙句，情報伝達の便宜のために派閥（あるいはクリーク）を構成することがある。重要な情報ほどこれを伝わって流れる。逆に，正規の伝達回路によって周知される情報は，形式だけを整えて不要なところを切り捨てるようなことがある。いわば憶測が流れ，いわゆる裏情報（ゴシップ）やうわさがこれを補うようなことになる。したがって，うわさはもう一つの情報伝達である。曖昧さの度合いが高く，当事者たちにとって重要なトピックであるほど，たとえば人事情報などは，うわさによって一瞬にして広がるようなことになる。思惑が先行するので，それを意図的に利用することも少なくない（ルーモア・ポリティクス）。

　インフォーマルなコミュニケーションは不可避であり，それをどのように制御するかについてはむしろ不可能というべきである。ただし，内外の利害関係者との信頼関係が醸成され，その回路がオープンであるほど，情報は正確に伝達される。しかし，オープンさはビュロクラシー・システムの正当性を傷つけることがある。その程度の工夫によって組織に与える被害は相違する。また，境界管理の担当者，いわゆるスポークスマンを決めて情報伝達に一定のルールを与えることもマネジメントの一部である。広報公聴担当部署の重要性はこのことによる。

非言語コミュニケーション

　伝達はしばしば文書や電話，あるいは電子メールだけで伝えられるものではない。それだけでは正確に送り手の意図が通じないことがある。それを補

う，あるいは，よりいっそうの正確な伝達のためには，身振り手振りという，いわゆる非言語的なコミュニケーションが，言語的に表現されたコミュニケーションを補うことになる。文書や電話だけの伝達よりもテレビ会議のような工夫，さらにできれば直接会って話し合う方が正確にメッセージが伝達されるのは当然というべきである（俗にいえば，顔色を見ながら判断するなど）。庁議までが電子会議になってしまうことが望ましいことであるかどうかは，最終的には判断が難しい。コミュニケーションはただ情報を伝えるのではなく，送り手の情動も伝えることになる。その情動が付随することによって，さらに正確に情報が伝えられるということもある[5]。

　公共に関わるほど，正確な，時宜を得た相互理解のためには，対面的な関係が欠かせないとされる。タスクフォースやプロジェクト・チーム，総合窓口の設置などは，関係者が顔を不断に合わせることで以心伝心，課題対応の仕組みをより円滑にしようという意図が込められている。

コミュニケーションにおけるカオス

　場合によっては，ビュロクラティックなヒエラルキーが稼働しないこともある。上司と部下の関係を制約する縦のコミュニケーションよりも，横のそれのほうが大きく働くこともある。クライエントに対して，どのようなサービスをどのように提供すればよいかということが関心の中心にあれば，ヒエラルキーよりもチーム的な作業になるのは当然である。上司の指示や命令によって行動するというよりも，必要な情報は随時必要なところから得ればよいということで，二人，三人もの他所からの情報源をもつことも多い。いわゆるマトリックス的な情報の回路ができる。これはビュロクラシー・システムを動揺させる。命令の一元化などが支える特徴は用をなさなくなる。これは，コミュニケーション・チャネルのマトリックス化としてもよい。

　また，組織境界の内に多くのクライエントが入り込むと，さらに境界が不分明となる。組織の正式のメンバーとそうでない人の境目が不分明になる。組織への出入りのためのゲートが何であるかを決めることが難しくなるからである。さらに，サービスの送り手と受け手の関係も一線を画することができなくなる。クライエントが組織の準メンバーになる公共セクターではいっそうメンバーとの差異は少なくなる。

　コミュニケーションが横に広がり，しかも，クライエントを内部過程に抱

え込んでしまうほど，システムをビュロクラティックに設計できなくなる。マネジメントはカオス的な状況に直面する。これに対しては，インドクトリネーションなどによる内部規律の明文化や価値観の共有などによって対処せざるを得ない。

ネットワークの展開

　外部のさまざまの利害関係者から影響を受け，それに応諾的に，他律的に対処せざるを得ない，つまり，資源を多く他の組織に依存しなければならないとすれば，そのマネジメントの基盤は脆弱となる。環境に資源を依存すればするほど，その組織の存立について依存的になるほど，自らの意思決定について，主体的に判断し行動して実現する可能性は限定されるようになる。公共セクターの組織はすべて資源を環境に依存している。そのことが企業とは本質的に相違している。その限定された状況を打開する，あるいは，それを少しずつでもよいがメリットを得る，あるいは回復するためには，ネットワークを構築して，一方的な依存関係をなくしたり，少しでも多くの情報，また，資源を得るための努力を重ねることである。その意味では，第2章の「ニュー・ガバナンス」のためのネットワーク・マネジメントに戻ることでもある。そのネットワーク組織のモデルが適用される必然性は大いにあるといってよい。そして組織間関係の構築である。広域行政などはそれである。それほど大きくはないが，資源の乏しいいくつかの公共の組織が互いに連携しあうなどである。自前の資源調達に固執するのではなく，不足は不足として，むしろネットワークを積極的に展開して，関連する組織が互いに連携し依存することで自立の余地は少なくなるが，互いに融通でき活用できる資源は格段に多くなる。

　なお，地域社会はサービス資源の宝庫ともいえる。それを活用しない手はない。地域社会に根付くことが欠かせないということである（Mulroy, 1997; Mulroy & Shay, 1997）。近隣関係に深く根を張った，それに基盤を置いた協働しあえる関係（neighborhood-based collaboration）である。また，サービスの受け手を巻き込んでネットワークを構築するようなことさえある（Finn & Checkoway, 1998）。第8章で論じる市民参加がそれである。市民からの主体的な参加もあるが，市民を巻き込む施策もある。たとえば，若い人たちを地域で問題として位置づけるのではなく，彼らをネットワークの中に囲い込ん

で，活動の場を提供するのである。これらのネットワーク構築方策によって，資源が安定的に確保できるようになり，また，クライエントも着実に確保できる。さらにいえば，第3章で論じた公共サービスの多様化はすべてネットワーク組織論に通じる。多様化するほど，それらをどのように協働させるかはマネジメント，そしてガバナンスの課題としても重要になる。すでに，パートナーシップやコラボレーションで議論されようとしている。

要約

　本章は，組織論としてはもっとも公式的，そしてもっとも常識的な議論である。伝統的なテキストの劈頭を飾る議論である。要は，マネジメントの要点は，その基本的な前提として正確に稼働するビュロクラシーがなければならないことである。内部統制のためにビュロクラシーというシステムが欠かせないことを述べた。それはもっとも生産的な成果を得るシステムでもある。ビュロクラシーが正確に稼働しないところでは所期の成果を得ることができない。とくに地方自治体などの経営体は，企業に比べてもさらにいっそうビュロクラシーに依存する組織である。首長のマニフェストはビュロクラシーを通して実現に向かうからである。たとえカリスマでも，それを支えるビュロクラシーがなければ何もできない。権限も権威もビュロクラシーに発する。

　ただし，それには限界がある。ビュロクラシーがしばしばその病理に至る避けることのできない欠陥をその内部に抱えていることは，明白な事実としてある。実際，その限界や病理はしばしば指摘されていることである。お役所仕事などはその典型である。しかも根絶できそうにもない病理である。しかし，その限界や欠点を正すことがマネジメントである。賽の河原の石積みのようでも，それを正そうという不断の努力がマネジメントに正当性を賦与するのである。また，そのシステムを活性化して機能させるのはヒトという資産である。ビュロクラシーを成立たせる，そして組織を成り立たせる権威や権限は，ヒト次第でどうにでもなるものである。組織の中にヒトを取り込んで，そのヒトを最大限活かすことがマネジメントの重要な一部となる。そのヒトを活かすマネジメントの伝統的な工夫がリーダーシップであり，円滑に稼働するコミュニケーション・ネットワーク構築である。それらはビュロクラシーの病理を，万能薬ではないが和らげることはできる。有能なリーダーや情報を滞りなく流通させることによって，その限界を少しでも遠くにす

ることができる。

（1） コミットメントや自我関与は，所属する組織のために貢献の意欲を向上させる必須の概念である。公共セクターにある組織にも当然欠かせない概念である。多くの文献がすでにある。田尾ほか（1997, 1998）を参照されたい。
（2） これらの知見はグループ・ダイナミクス（Cartwright & Zander, 1968）として体系化されている。
（3） リーダーシップについては，Stogdill (1974) から Yukl (2006) に至るまで学問としては研究が尽くされている。概念や分析手法も定説とされ，他の分野に比べると異説や異論は少ない。
（4） ただし，著者は，加藤富子地方自治研究資料センター所長（当時）から，個人的な会話によるが，PM論の適用は，ポリティクスに関わることの少ない，現場の係長クラスに限定されるのではないかという意見を直接聞いた記憶がある。
（5） 非言語コミュニケーションについては，社会心理学的な知見が多くある。前掲の社会心理学のテキストには，それについての記載がある。

第6章　マネジメントⅡ：システムの革新

Ⅰ　論点

　前章で紹介したビュロクラシーを前提としたマネジメントには，さまざまの欠点あるいは限界が指摘されている。お役所仕事などといわれるのは，地方自治体に向けられた端的ともいえる非難であり，組織それ自体が多くの問題を抱えていることは事実としてある。ビュロクラシー一般ではそれ自体が惰性に陥って，マンネリ化し非効率的になることはしばしばである。とくに地方自治体では，サービスの受け手の期待が大きいのでいっそう非効率が目立つことになる。しかし，それを改善して旧に復するマネジメントは，賽の河原で石を積むような作業にもたとえることができる。

　組織論一般であれば，組織変革は動態化の枠組みでの検討で済むことが多いが，公共セクターはそれを越えて議論される。いわゆるニュー・パブリック・マネジメント（New Public Management，以下NPMと略称）に集約される仮説群は，公共のための組織をマネジメントするための新しい考え方である。とくに財政危機が喧伝されるようになり，いっそう少ない資源でいっそう多くの成果を得るような仕組みの構築が迫られるようになった。効率的な組織の再構築が望まれる。

　NPMは前章で述べた，従来のビュロクラシーによるマネジメントでは，この事態に対応できないと考え，そのシステムの限界や病理を克服することで，必ずしも体系的であるとはいえないが，効率的な仕組み構築のための新しい方式の確立を目指すとされている。しかし，従来のビュロクラシーに多くの欠点や弱点があったように，NPMで想定されるシステムにもまた，それを超

えるといいながら多くの問題点が見られる。

以下では，この一連の改革の枠組みを通覧し，公共セクターに与える影響を考え，そしてその限界，あるいは意図せざる副作用についても論じたい。

II NPM：その発端と経緯

モダンの組織への批判と対応

ビュロクラシーを適切に運用することによって成り立つ，いわゆるモダンの組織の限界を超えるために，ポスト・モダンの組織（Clegg, 1990）が構想された。行財政改革もそれと表裏一体の関係にある。ヒエラルキーを疑うことのない与件とし，それの円滑な運用を目指すべきとの立場は，この成熟した市民社会には有効に対応できなくなった。さらに，財政危機というより深刻な事態に陥り，互いが互いに絡み合いながら，ビュロクラシーに依拠する従来の仕組みが揺さぶられている。

また，従来の地域エリートだけではなく，さまざまの利害関係者が資源配分についてパワーゲームに参加するようになった。すでに述べたが，パワー・ポリティクスに関与する利害関係者も多くなった。彼らが向き合う社会は，さまざまのボイス（異議申し立て）から成り立つ大きな塊である。彼らに揺籠から墓場までサービスを提供するとすれば，公共セクターによる関与は無限に広がる。しかもそれに応じきれるほど，資源の，たとえば税の徴収は大きく膨らむことはない。当然，その乖離は広がるばかりである。揺籠も墓石も数が増える一方で，それに見合った数はすでに揃えられなくなっている。行政（アドミニストレーション）から経営（マネジメント）に，要は，少なくなる資源をどのように有効活用するか，そして，ビュロクラシーの否定に向かうのは，時代の趨勢，あるいは避けようのない必然である。

発端

80年代半ばから，行政システムの管理について新しい考え方が広範囲に議論されるようになった。あるいは，80年代に入るころまでに，すでに伝統的な行政管理の方法について限界が指摘されるようになった。たとえば，イギリスでは，フルトン報告書が従来の行政管理の変革を必須として関係者の責任を明記した法律の制定を促すなど（Keeling, 1972），その後の一連の改革の

下地はできつつあった。この改革は以後，ニュー・パブリック・マネジメント（NPM）と総称されるが，マネジリアリズム（Managerialism: Pollitt, 1993）やマーケット対応の公共管理（Market-based public administration: Lan & Rosenbloom, 1992），あるいはポスト・ビュロクラシー・パラダイム（Post-bureaucratic Paradigm; Barzeley, 1992）と呼ばれることもある。なお，マネジリアリズムは1979年の初出で，公私に関係なくマネジメントはなければならないとする議論で，80年代後半以降の NPM の露払いをしたといえる（Considine & Painter, 1997）。

典型的ともいうべき NPM は，周知のようにイギリスとニュージーランドで試みられた。イギリスでは，1979年に保守党が政権について以来，民営化を通じて公共セクターの規模の縮小を図った。政権を担当した首相に由来してサッチャーリズムといわれる。まず主要国有企業が民営化され，政府が得た収益は100億ポンドを超えることになった（Flynn, 2002）。民営化だけではない。企業のマネジメントに擬したさまざまの施策が取り入れられるようになった。では，なぜ民営化か。一つの大きな理由は，政治的な問題によるとされている。国家所有に対するイデオロギー的な反感，つまり労働党への反発を利用したといえる。しかし，やはり大きな理由は，財政的な問題への対処である。短期的な論点としては，民営化による収入が予算を支える重要な要因になった。それで所得税減税が可能になった。とはいいながら，前史的な経緯はあるが，やはり国家の財政破綻に対処するためには，民営化も含めて新しい考え方で行政サービスの仕組みを再構築する必要に迫られたということである（経過の詳細は Horton & Farnham, 1999; Flynn, 2002; Massey & Pyper, 2005 など。また，ニュージーランドについては Boston et al., 2000; Wood & Rudd, 2004; Shaw & Eichbaum, 2005. 本章注1（205頁）に簡略な紹介を試みた）。

なお，経過や概要について，わが国でも上山（1998），大住（1999），中邨（2003）などによる紹介がある。

経緯

イギリスといいニュージーランドといい，NPM を採用せざるを得なかったところは深刻な財政危機に遭遇した。それを乗り越えるための仕掛け，あるいは理論的なよりどころとして位置づけられたのである。しかし，当時の

事情はそれだけではなく，NPM を前面に押し出し，支えたのは，それに先行した，政治から行政を実質的に独立させたいと考える行政関係者の願い，あるいは，経済学的なアイディア（とくに新古典派経済学，その中でもとくに公共選択論：Ostrom & Ostrom, 1971）の導入，さらに市民の，政府の役割に対する懐疑的な見方などであり，多くの要因が重なっていたというべきである。福祉国家を支えている「大きな政府」に対峙する新しい考え方が，この NPM に集約されるに至ったのである。

したがって，福祉国家論がいくつもの論点から成り立ち，それ自体理論的な体系性を有しないと言われるように，NPM もまた，さまざまの経験的な手法が集約されたものを指している。理論がないともいわれる。福祉国家の破綻という共通の課題に応えるということで，同時発生的であった（Kaboolian, 1998）ともいえるので，当初から国際比較的な論点が重視された。しかし，その手法については，イギリスやニュージーランドによる事例が先行しながらも，財政危機という先進国の共通した問題に対処するためには，それぞれ改革には独自に取り組まざるを得なかったので，イギリス，ニュージーランドやオーストラリア，アメリカ合衆国のようなアングロ・サクソン系の国々の中でも相当程度の差異がみられる。たとえば，民営化の意味についてイギリスとアメリカでは意味するところが違う（Kolderie, 1986）。それらと，フランスやドイツ，そしてイタリアなどとはさらにいっそう大きな差異がみられる。それぞれ独自の方式が試みられたのである（Pollitt & Bouckaert, 2000）。我が国への導入も模倣というべきではあったが，中途半端に終始したのは，この差異によるものであろう。あるいは模倣できないほどの差異が彼岸との間にあったと考えることもできる。

理論化

その基本的なパラダイム設定は，ほぼオストロム（Ostrom, 1989）にはじまり，その用語はフッド（Hood, 1991a）で確定したと考えてよい。それは，公共管理を，パブリック・アドミニストレーションからパブリック・マネジメントに，80年代後半から90年代にほぼ切り替えた時期と対応している。ダンリヴィとフッド（Dunleavy & Hood, 1994）は，端的に古いと新しいを対比的に用いている（from old public administration to new public management）。それが意味するところは，原義に遡ればアドミニストレーションとは，仕える

(to serve) であり，マネジメントとは結果を統制すること，あるいは，得ること (to control or gain results) である。パブリック・マネジメントというのは，結果への関心，また，それに対する責任（アカウンタビリティに関連する）と不可分に結びついている。この比較は，前者では，パブリック・サーバント (public servants) が，後者には，パブリック・マネージャー (public managers) が対応することになる。公共に奉仕する公務員ではなく，公共のために成果を出さなければならない公務員である。いうまでもないが，マネジメントには，少ない資源のやりくりに苦労するというニュアンスが含まれている。

その議論の大枠は，公共の組織としての，ウェーバー以来のモダンの組織論，とくにビュロクラシーの限界を指摘し，それに替わる原理として市場重視を主要な軸としている。私企業に軸足をおいた経済学の影響のもとにあり，私的企業のマネジメントを見習えというのである。この場合，再度いえば，とくに自由競争を重視した新古典派経済学の影響は大きい。公共選択論に加えてゲーム理論の影響も大きい。競争重視にはフレキシブルな組織が対応し，その組織的な枠組みを提供するためにポスト・モダンの組織論が対応している。

前章の議論を繰り返すことになるが，伝統的なマネジメントとは，正確に稼働するビュロクラシーという仕掛けがあり，それによって公共セクターは管理される。しかも，それを稼働させるただ一つのよい方法があると仮定され，その方法に準拠しなければならない。ほとんど機械にも擬せられるシステムである。そしてサービスを提供するシステム（行政）は，その方法を決める政治からは分離させられ，公共の利害だけを考えて，自らの役割を限定すべきである。システムを稼働させるためには，それを得意とする玄人の専門家，つまりプロフェッショナルがいる。しかし，彼らはビュロクラシーを構成する要素でしかないので，結果に対する立場の責任は問われても個人のそれが問われるようなことはない。

以上の対比によって，NPM とは次節のようにまとめることができるが，大筋でいえば，私企業のようにマネジメントに没頭すればよいというのである。オズボーンとガーベラー (Osborne & Gaebler, 1992) によれば，政府は櫓を漕ぐよりも，舵を取ることに専念すればよいのである。

NPMの特徴

　それが従来の行財政改革や財政危機への対応と異なるのは，政府活動のドメイン，行政核を確定することであり，それもできる限り，縮小させる方向での確定作業であることである。そのために，いくつかの論点があり，それへの方策としていくつかの仕組みを構想することになる。

　(1)成果の重視：何よりもまず公共のための組織，政府は何をするのかである。必要なことをしているのか，必要なことであることを確信的に明示できるのか。そして，必要なことであれば，それが達成できなければならない。そして成果が問われなければならない。パフォーマンスを評価することであると言い換えることができる。それは当面の成果だけではなく，中長期的な，そして質的な成果を含んでいる。第11章で詳述するが，アウトカムズ重視でもある。またアカウンタビリティに対応した成果でもある。

　(2)戦略の重視：成果を問うということは，達成のために最短の，そして最良の方途が見つけられたかどうかに連動している。戦略立案が不可欠の要件となる。いくつかの戦略が並立すれば，自ずと競争的にならざるを得ない。戦略を周知させるためには，ミッションの確立が不可欠である。戦略が実行されるためには，組織としての強みや弱みを熟知しておかなければならない（SWOT分析などは必須）。その上でファイナンス重視の，戦略的な予算編成（プログラム予算）と，そのためには大規模なコストカットも辞さないという厳しい姿勢が強調されることになる。戦略とは中長期的な視野を必要としている。単年度主義の予算ではそれに対応できない。発生主義会計の導入も，会計分析を戦略の一部としようという意思の表明である。

　(3)変化への対応：ということは，成果といい戦略といい外部の関係者を巻き込むことになる。彼らとの円滑な関係を維持できなければ当初の成果を得ることはできない。しかも，彼らを含めた環境はたえず変動する。彼らはそれに応えることができるかどうか。外部的な状況への配慮が欠かせない。競争的な事態に対して優位であるために，変化に対応できる柔軟なシステムを備えなければならない。それは柔軟で大胆な人事管理，労務管理であり，人的資源管理の適用である。これらの状況適合を果たすために，従来から，これらを重視することに長けていた民間企業のマネジメントをモデルとして取り入れることになる。

底流にあるもの

鳥瞰的にみれば，NPM に至る経緯は必然的ともいえる。まず国家としての機能が不全のほぼ直前にまで至ったこと，それは福祉国家に典型的にみられる国家の成り立ちへの懐疑と重なり合う（Holmes & Shand, 1995）。そして，それに向き合う従来のビュロクラシーに準拠したモデルの機能不全がさらに重なり合う。80年代から90年にかけて，さまざまな思惑がNPM という（理論ではない）運動に合流したのである。

ポリット（Pollitt, 1996）によれば，イギリスの改革は，サッチャーのカリスマ性や福祉国家の限界というだけではなく，相応の社会的な要請に促されて，国家をあげて取り組まざるを得なくなったのである。時代がNPM を強力に後押ししてきたともいえる。ケトル（Kettl, 2000a）の指摘であるが，その後に必要とされるようになったさまざまのサービス提供に見合うだけの能力を持てないことで，政府が担うべき役割が変化せざるを得なくなったのである。

フッド（Hood, 1991b）では，さまざまに重なり合う七つの考え方が交錯しながら，公共のための組織を作り変えようという動きになってきた。この七つの考え方とは，

(1)専門的な知識によって組織を裁量できること，
(2)明確な基準を設けたり，その成果を測定すること，
(3)アウトプットを出すこと，つまり過程よりも成果に重きを置くこと，
(4)マネジメントできるような機能的なアームレングスな（身の丈にあった）基準に合うような作業単位に改変すること，
(5)コスト節減のためには競争原理を取り入れること，
(6)そのためには民間企業の手法を取り入れること，
(7)そして，直接経費の削減を含めて少ない資源でより多くのことができるようにすることである。

以上は，80年代のイギリスやニュージーランドだけではない，わが国を含めた先進国の公共セクターが共通に，そして深刻に抱え込んだ問題群であり，真正面から取り組まざるを得なかった問題群である。

III NPM：その手法

私企業的な経営手法

　NPM は実施過程でさまざまな様相を示している。当然とはいいながらお国柄を反映している。制度という環境の深い制約を受けるとすれば，独特のNPM があり，そのための施策は一つの理論や手法にまとまりきらないのは自然の成り行きといってよい。

　理論についていえば，NPM を解説したテキストは多くあるが，そのほとんどが基本的には二つの潮流の合流であると論じている。一方は新制度派経済学で，他方はマネジリアリズムの流れにある。前者は，第4章で述べた制度派組織論と類縁関係にあり，仕組みの成り立ちそのものの制約を重視する立場である。後者は企業の成功に学ぶべきという立場である。新古典派経済学の，すでに述べたが，公共選択論などの強い影響下にあるといってよい。しかし，これらの考え方は互いに整合的であるとはいえず，制度学派と新古典派は従来から激しく対立を繰り返している。結局，NPM への応用は理論的というよりも実践的に，いわば現実に合わせて考えられたというべきである。つまり，NPM は手法の集積で，それを一貫させ方向づける理論はないというのである（Pollitt, 1996）。

　実際，理念，つまり公共とは何か，それに貢献するとはどういうことかを問うよりも，現前にある財政危機にどのように向き合うかという問題が大きく立ちふさがるほど，実践そのものが問題となる。その便宜のためには，経済的合理性を重視する企業モデルの取り入れを図ることになる。私企業のマネジメントを模倣することが何にも増して重要とされるようになる。さらに企業の柔軟なマネジメントに注目して，アドミニストレーションを支えてきたビュロクラシーへの懐疑となる。それを改編，できれば廃止したいという考えは，再度いえば，ポスト・モダンの発想と重なっている。

　以下では，具体的に私企業的な経営手法を紹介する。

　(1)民間委託や民営化：インプット（資源の投入）に関心を向けることである。無駄な資源活用を少なくするためには政府自身がそのコストを負わないことである。また発生主義会計を導入してコストの短期的な帳尻合わせを行うこともこれと関係している。インプットの節約のためには，行政として周辺的とされるサービスは，行政核として認識されなくなるとともに私的サービスに置換されてよいと考える。行政サービスの多くが民営化されエージェンシー化されるようになる。民間企業に委託されるようなことも多くある。

サバス（Savas, 1982, 1987, 2000）によれば，民営化とは政府の役割を少なくして，企業など他の経営体の役割を大きくすることである。

サービス提供の多様化ということで，第3章で述べたが多様化そのものがNPMの影響を受けている。PFI (Private Financial Initiative) や PPP (Private Public Partnership) なども加えるとそのメニューは大きく広がる。ただし，これらを積極的に運用するかどうかについては，状況適合的でさまざまである。たとえば，PFIはイギリスのサッチャーの保守党で熱心に推進され，労働党は政権奪還後，PPPを唱えた。PFIよりも公と私の相互関係が強化されるからである（Sillett, 2001; Geddes, 2005）。さらに強制入札制度はブレア政権になって廃止されている。また，ニューベリーとパロット（Newberry & Pallot, 2003）によれば，ニュージーランドでは，PPPについては他の行政改革を進めてきた国ほどには関心が向けられなかったということである。これらを批判的にみると，状況適合的な決定ではあるが，メニューからの選択はイデオロギー的であり，経済合理的な，または技術合理的な論拠を得た決定では，必ずしもないのではないかという推測もできる。

クリジンとテイスマン（Klijn & Teisman, 2003）は，オランダの事例を引きながら，掲げている理念に合致するほど理想的な事例は多くはなく，結局，共同決定や運営は行き詰まり，伝統的な手法に立ち戻ってしまった例を報告している。サリバンとスケルチャー（Sullivan & Skelcher, 2002）でも，パートナーシップやコラボレーションが互いの勝手で行き詰まる例を紹介している。ここで興味深いのは，地方自治体，つまり政府の積極的な関与が重視され，むしろ公共のための組織こそがコラボレーションを可能にしているという指摘である。民間委託や民営化は状況適合的な選択ではあるが，イデオロギーに依拠した政治的な選択であり，適切なコラボレーションがなければ，ポリティクスの中で行き詰まることもあり得ることを示唆している。

(2)サービスを提供者と購買者に区分すること：よいサービスであるかどうかを評価するためには，提供者と購入者が重なっていれば，いわばお手盛りになりやすい。それを行政の中で分け，監視してその質を向上させようとするのである。さらにそのサービスに直接関わるクライエントを重視することで，アカウンタビリティをより可視的とするのである。エージェンシー化などはその典型的な試みである。

ただし，制度学派のプリンシパル・エージェントの理論（Picot et al., 1997;

丹沢2000など）に従うと，監視のコストが大きくなり，そのこと自体が逆に効率的でなくなる危惧も残される。民間委託や民営化による事業の，その後に頻発した不祥事の多くは，いわゆる監視の目が行き届かなくなったことによる場合が多いとされている。

(3)契約関係によるサービス提供：だれが何をどこまでするかを明記しながら，その達成度を評価するためには，そのサービスを提供する組織との間では契約を締結せざるを得なくなる。その典型が強制入札制度であるが，民間委託も民営化も契約的関係によって公共サービスの一部を担っている。そして，行政の一部として位置づけられるのである。

そして，民間にいくつかのサービス提供者が林立すれば，その間には競争という事態が生じる。契約関係は競争関係と表裏にある。競争が生じれば，コストを節減しようとするであろう。また質の向上も図れると仮定している。ただし，これについてもプリンシパル・エージェントの問題は付随する。監視コストの過重も大いにあり得ることである。過当競争はサービスの質を低下させるかもしれないが，それを監視するために，逆にコストが大きくなるという逆説である。

(4)戦略重視の人事管理：経験や勘の蓄積よりも，政策立案やプロフェッショナルな技能の程度が問われ，それの多少に応じて採用や配置，そして昇進昇格における柔軟性を確保する。個人はその達成度に応じて待遇が決定されるのである。達成に向かうようにインセンティブ・システムを整備することもマネジメントの重要な一部である。企業における人的資源管理をそのまま適用することでもある。適材適所ができるようになる。さらにいわゆるアントレプルナー的な人材が求められる。

しかし，利害関係者の利害が均衡しているところで，ある分野への突出した資源配分などのアントレプルナー，端的には首長，さらにいえば，局部長の暴走は，中長期的に負の成果を残すこともないことではない。戦略は本来中長期的であるべきはずが，短兵急に目前の成果を求めることが多い。逆に，場当たり的ともいうべき戦術的な人事管理となり，人材育成に関心を向けなくなることもなくはない。

(5)柔軟な組織編制：制度に拘束されずに，事態即応的に組織を再編成できることである。改編の自由度が高いということは，必要に応じて設立したり廃止したりできるということである。そこでは企業で適用された動態化の技

法が導入される。とくに市民活動が盛んであれば、それに応じるためには柔軟なシステムへの変更は不可避である。レーガン政権の緊縮財政において、地方自治体よりも臨機応変のNPOのほうが柔軟に事態に対応できたという報告もある（Randall & Wilson, 1989）。財政難に対しては、地域保健について正規の組織に頼らずにボランタリー組織を活用することによって成果を得た事例もある（Gibelman, 1990）。

しかし、それが過ぎると、本来分権的な仕組みを有する編成が揺らぐことになる。第3章で述べたが、公共サービスの多様化はガバナンスという概念を必要とするが、柔軟であるほどそれをどのように一体的に機能させるかという、さらに難しいマネジメントを考えなければならなくなる。近年の、マネジメントからガバナンス、さらにマネジメントという論点の移動は、このことと関連している。

以上に述べた技法が、比較的短い間に広範囲に普及し、また積極的に取り入れられようとしたのは、公共セクターの行き詰まり、その間における私的セクターの成功、とくにオイルショック（1973年以降）をとりあえず企業は乗り越えたというという認知が、社会一般に共有されたからである。ニュージーランドはイギリスに見捨てられたという特異な事情も働くが、それでも70年代の政府の限界という事情が反映していることはいうまでもない。政府は、その後もしばらくは大きな政府という理念に制約され、七転八倒を続けざるを得なかったのである[1]。

その結果として、政治と行政（本来その分離のはずが）、具体的には政治家と行政官の関係が変化し始めた。その関係はより緊密に、そしてたえず変動する状況におかれ、以前に比べると、行政官は単なるテクノクラートではなく、むしろ政治的な問題への関与を深めている。前述したポリティカル・マネージャーと重なることになるが、パブリック・マネジメントとはポリティカル・マネジメントの一つではないかという見解も成り立たなくはない（Hughes, 2003）。

加えて、財政危機の深刻化は、政治家の関与を少なくし、政府自身がそれの決定に関わる度合いを大きくするという効果を倍加している。理念や価値よりもそれに至る手段や手続きに関心が傾き、政府は何をするのかを、技術的に政府自身が決定するようになるからである。さらに、政治家を通り越して、公共一般（ザ・パブリック）に訴えようとする。本来ポピュリズムとは

政治家の専売であったが，それを彼らから剥奪するような傾向さえなくはない。逆説的であるが，市庁（行政）と議会（政治）とは，近年さらにいっそう重複するようになった（Svara, 1999a）。しかも，行政優位による重複である。さらに加えて，技術的に，手法的に，そして手続き的に卓越するということは，成り行きとしてプロフェッショナルを必要とする。パブリック・マネジメントとはプロフェッショナル・マネジメント（Hughes, 2003）でもあるとは，このことに由来する。

NPM 改革の多様性

改革は財政危機を克服するというように，基本的な関心はほぼ共通しているので，理論的な整合性を欠いたところがあるとは指摘されながらも，共有された概念や方法論を有している（Kettl, 2000b）。行政サービスのコカ・コーラ化（Hood, 1991b）といわれるようなこともあった。しかし，施策を実施する過程に関心を向けるとすれば，さまざまの多様性が指摘できる。それぞれの国の事情が制約要因となって，むしろ多様性を当然の与件としなければならなくなる（Lundsgaard, 2002）。

ポリットとブッカート（Pollitt & Bouckaert, 2000）によれば，NPM は，それを採用した政府によって基本的なところは似るが，相違するところも多い。それぞれの政府がどのようなところに重点をおいているかによって区分ができる。たとえば財政緊縮などによっていわば軽量化を図る。ここで重要なことは現状を維持（maintaining）することである。これの典型はドイツにみられる NPM である。二つ目は現代化（modernizer）である。国家の役割は当面保持するが，システムの改革は急ぐべきであるとする。予算制度の改革，評価制度の重視，人事制度の変更などである。カナダ，フィンランド，オランダ，スウェーデンがこれに該当する。三つ目が市場化（marketizer）である。民間委託や市場化テストなど，いわば競争重視の変革である。オーストラリアやニュージーランド，およびイギリスがこれに当たる。そして最後のグループが縮小化（a minimal state）である。民間に委ねられるものは民間に委譲して，国家の役割をできる限り小さくしようとする方向に舵を取るということである。極端にいえば夜警国家である。ある時期のイギリス，サッチャー政権による改革やニュージーランドの国民党政権時代の改革などがこの例に含まれるが，現在ではないということである。ポリット（Pollitt, 1993）

はアメリカ合衆国とイギリスはよく似ていると論評しているが，結果として，相互に重点の差異はあるが，以上の改革を先鋭化させたということでは，アングロ・サクソンの NPM といってもよい。それを典型とすれば，それ以外は亜型という認識もできる。しかし，政治制度や文化が違えば，改革の手法が相違するのはむしろ当然というべきであろう。アングロ・サクソンの教科書的な適用が行き詰まるのは自然の成り行きといってもよい。ただし，各国の事例が出揃いはじめたところでは，過剰に相違を強調することも適切ではない（Pollitt et al., 2007）[2]。

それぞれ多様な改革があり，フッド（Hood, 1995a, 1995b）によれば，一時はグローバリゼーションによって改革が画一化されそうな気配があったが，そうはならなかったと指摘している。すでに第3章で紹介したがサラモン（Salamon, 2002）も，サービス方式をいくつかのツールに分けて，その組み合わせが各国によって相違することを論じているし，さまざまの技法をどのように組み合わせるかに相違が生じる。その組み合わせが，その社会に適合しなければ，結局，NPM 改革は画餅ということになる。新古典派経済学による一般化された理論の適用には，当然限界があるということである。その多様化の現状と，政治文化や制度の適切な組み合わせによって改革は成り立つというのである[3]。

イデオロギーとしての NPM

ただし，以上のように新しいと形容される論議は，相当程度経済的イデオロギーに関わる側面があり，論争のための論争に終始したのではないかといえなくもない。アドミニストレーションとマネジメントについて，相違するのか，類似するのか，それとも本来同じ概念であるかについては，この数十年間大いに議論されてきた（Lynn, 2001, 2003）。近年では二つに分けることが多く，行政管理ということでアドミニストレーションが使われている。しかし，古典とされるファヨール（Fayol, 1930）は，前者は後者の一部分としている。マネジメントのほうが主で，その一部をアドミニストレーションが担うという考え方でもある（Perry & Kraemer, 1983; Rainey, 1990）。新しいとすることでアドミニストレーションをさらに圧倒しようという願望が秘められている。

近年に至って，マネジメントにさらに，新しいという形容が外されただけ

ではなく，ただ企業を見習えという極論ではなく，その本義に帰るような論点が示されるようになった。公共の組織でマネジメントという概念を意図的に用いる場合は，前述のように，従来のいわば伝統的なアドミニストレーションの手法に，目標設定やポリティカルな関心を加えることになる。経営幹部の，つまり首長や局部長の，より直接的なより実践的な関与を重視している。しかし，その場合でも，単純に企業的なマネジメントではなく，さまざまの政治的な利害関係者を前提とした，ポリティカルな状況を与件とした状況適合的なそれである。第1章で論じた公と私の差異に配慮したマネジメントである（Lynn, 2001, 2003）。

その上で，マネジメントという概念が重視されるのは，そして企業に関心が向かわざるを得ないのは，ポリティクスの気まぐれさに対して，その場しのぎ（muddling through: Lindblom, 1959）の対策にならないように，必要とされる技能をもって状況に対処すべき重要性を説いていることが重要である。原義に返るが，マネジメントとは何かを得るために苦労することである。公共セクターでは，マネジメントと称する以上は，企業に比べると尋常ではない苦労を強いられることになる。イデオロギー的とされる所以である。

イギリスにおいては1979年，サッチャーが首相に就任して以来，とくにフォークランド紛争の解決に手腕を発揮して国民的支持を得て以来，新自由主義を理論的よりどころとしてさまざまの施策を実施してきた。そのことで従来，行政によって提供されていたサービスが企業などによって担われることで，公共サービスの多様化が大々的に現実のものとなった。その経緯については，そのすべてが順調であったとは必ずしも評価できないが，広く公共一般が公共サービスを担うべきであるとの考え方を，いわば公理とした業績は評価しなければならない。いずれにしても新保守主義という経済学イデオロギー，それを公理として捉えることを強要されると，ＮＰＭが新しい一群の価値の変革であったことは疑いない。

また，ブレア以後，ベスト・バリュー・フォー・マネー（Best Value for Money: VFM）の達成がいわれるが，顧客の立場，クライエントへの一方的な肩入れはイデオロギー的に位置づけざるを得ないという主張と不可分である。その中には「新しい公益」の多元的な提供のためには，行政，企業，NPOや個人が多元的に公益を企画・立案・実施することが欠かせないとして，民間企業，NPO，個人も，公益を提供する際には，顧客の立場に立つべきであ

るとしている。それらの提供主体を束ねるためには顧客主義に立つことを規範的に求めているのである。共通の理論で武装しようという呼びかけでもある。バリュー・フォー・マネーそのものがイデオロギーとして機能しているのである。

Ⅳ　NPM：その限界

理論的限界について

　前節までで手法の紹介とともに，それに伴う限界を合わせて紹介したが，それの根底にある理論的な限界を考えなければならない。それについては，ポスト・モダンの組織論にも共通することであるが，そして新古典派経済学にも当然共通することであるが，NPMには二つの前提，というよりも公理が働いている。

　その一つは，それに関わる人はすべて合理的に行動する（方法的個人主義と合理的な個人の想定という前提，Kelly, 1998 による）。加えて，集団となっても合理的に選択し行動するということである。また，他の一つとして，合理的なデザインができ，それに沿って施策を立案すれば，成果が直截に得られるという操作可能性への信仰を否定することである。端的にいえば，NPMとはビュロクラシーという作為的な仕組みを否定し，それに替わる市場を重視する考え方であり，それに合理的に判断できる個人への信頼を上乗せしたのである。

　しかし，ビュロクラシーは組織を支える仕組みとしては必要であり，改良や改善は必須としても，それの否定には懐疑的な論者もいないわけではないが，そのビュロクラシーが市場の円滑な活用を阻害したことは疑いなく，それを否定することと，市場を重視して企業モデル，さらに理論的に，それを自由主義の経済学モデルで補強することは裏腹の関係にある。それだけに一方の否定は他方をも否定することになる。しかし，それぞれが一長一短の特徴を備えているとすれば，NPMをどのように評価するかは非常に難しいことである。

　すでに30年以上が経ち，多くのことがいわれてきた。その経緯，そして結論はすでに一部得たといってもよい。したがって論じやすくなった。NPMを詳細に検討すれば，独創的とはいえないが，多くの示唆的な問題の提示と，

それの解決に至る手掛かりを含んでいたことは否定できない。しかし，企業のマネジメントは正しい，それを行政は見習うべきであるとの一方的な，または独善的ともいえる論調には批判的に対応しなければならない。私は効率的，公は非効率的という単純な二分法に走りやすいという指摘はやはり事実としてあったことは否定できないが，それが皮相であるのは本書で繰り返し論じた。実際的には，私も非効率であり，公の非効率はやむを得ないところが多くある。NPM はいわば通俗的な枠組みを提供することになった。その是非を具体的に指摘しなければならない時点に，今は到達したといってよい (Spicer, 2004)。その到達点とは極論を排して，結局，公と私の二つの仕組みが折り合うところである。

その指摘に至る経緯はいくつもあるが，たとえば，ニューベリとパロット (Newberry & Pallot, 2003) によれば，行財政改革が当初はニューライト的な方式で進められたが，選挙などで政権が交代する中でやがて極端な改革を提案できなくなった。その中で，それに替わる，というよりも世論を和らげる方策として PPP が提案された。しかし，それは本来の負債を軽減する，あるいは透明性を増すなどの改革の方向と必ずしも合致しない。いわばその場しのぎの方便として利用されている。また，クリジンとテイスマン (Klijn & Teisman, 2003) は，相互の思惑の相違からパートナーシップが破綻したオランダの事例を紹介している。パートナーシップの本来の意義である対等の関係の構築が非常に困難である，理想は達成できなかったと指摘している。また，強制入札制度も，導入時から問題のある制度とされていたが (Painter, 1991)，政権が変わると直ちに廃止された。理論的な整合性のみが極端に議論されて，そのフィージビリティ，実行可能性が等閑に付されたとの批判は当時にもあった。

上記の例はそれぞれ，当初の，尖鋭的ともいえる目論見が緩和に進む方向で変容してきたことを意味している。理論通りには実施されなかったこと，そして，教科書的にはあり得ても，本来実務としては無理があったことを，これまでの経緯は明らかにしたといってよいのではないか。

なお，NPM には相矛盾する二つの傾向が潜んでいるというもう一つの批判的な指摘がある。それは，一方では当然のことであるが，これまでに繰り返したような成果重視であり，そのためにはどのようにして合理的なシステムを構築するかが重要な課題となる。少ない資源を少ないコストで使い切る

ためには，企業に範を得たさまざまの手法が導入される。さらにいえばマネジメント・サイクルは，できるだけ限られたところで限られた時間に稼働することが望ましい。効率的な資源配分には中央統制がもっともよいというのは公理ともいうべきである。ということであればビュロクラシーがむしろ適切というべきである。

しかし他方，成果重視のためには現場の，成果に関わる人たちが熱心に働くことが必要となる。エンパワーメントがここでは最大限，効果的に実施されなければならない。これについてはビュロクラシーによる仕組みは否定される。現場に対する権限委譲は当然となる。マネージャーは，ポリティクスによる目標達成の道具として役割を制限させられながらも他方では，政策形成や実施における裁量を多くしている（Kaboolian, 1998）。実際，民間委託や民営化，エージェンシー化などは民間手法の援用であり，現場裁量を大きくすることで，モチベーションの高揚にも役立つとされる。しかし，その成果のためのエンパワーメントによる，いわば分権化はしばしば非効率的となり得るので，行政評価などの仕組みによって集中化を担保するように仕組まれている。マネージャーには役割葛藤が負荷される。

この集中化と分散化をどのように折り合わせるかは，組織論の中心的な課題ではある。NPM もまたその相反的な問題から逃れることはできない。現場裁量を大きくすれば，個々の職員が意欲的に働くようになるかもしれない。しかし，裁量の一部を使って勝手ともいえる行動に走るかもしれない。成果による統制とはいいながら，その成果の隠蔽や水増しはいくらでもできることである。プリンシパル・エージェントの理論がここでも適用できる。情報を握っているエージェントがパワーを保持できるのは当然である。それを漏れなく監視するためには，相当程度のコストを必要とする。そのコストへの投資は逆に，その組織を非効率的にする。その投資を怠ると，公共性に対する不信を招来して正当性を失うことになる。NPM は，これのコストをどのように負担するかである。

NPM が基礎づける公共選択論は，政治の行政に対する優越を説く理論であるが，成果を判断，そして評価するほど，むしろ成果を熟知する行政官が政治家よりも優位な立場に立つことになるという皮肉がある（Aucoin, 1990）。そうであれば，行政官は舵を取るよりも櫓を漕ぐほうが，むしろ重要ではないかという逆の視点もある（Denhardt & Denhardt, 2000, 2007）。カウンシル

の議員とシティマネージャーの関係を例示しながら，政治（政治家）と行政（行政官）は相補的な関係にあり，あえて切り離すことは相互不信を招くことになる（Svara, 1999a, 1999b, 2001）というのが妥当なところであろう。実際，アメリカ合衆国の基礎自治体で，行政が政治に左右されるところではシティマネージャーはその職に長くとどまらないという報告がある（Watson & Hassett, 2003）。

NPM批判の論点整理

理論的な限界に依拠して言えば，以下のようにより具体的にいくつかの批判的な論点に要約できる。

(1)公私比較の視点：NPMを支えている，あるいは，それに先行して議論されたマネジリアリズムの考え方は，私的も公的も組織として成り立てば，同じマネジメントの理論や手法が適用されるべきであると主張している。この場合，行政の，そして公共セクター全般を通じていえば，ポリティカルな，価値的な対立を要因として組み入れていないということである。

組織の中にさまざまの競合する要因を複合的に抱え，それからの成果を受け取る人たちは単なる消費者ではない。さまざまの利害関係者が，語弊はあるが虎視眈眈と獲物を狙っている。公共というのは利益の拡大を狙うアリーナである。そういうことでは，行政を含めた公共セクターは企業に対して特異（Pollitt, 1993）である。したがって，単純化された企業モデルを公共セクターに適用することの限界を承知すべきである（Stewart & Walsh, 1992）。公と私という組織が，本来，基本的に成り立ちが相違するという議論は，第1章でも紹介したように，すでに多くの知見が蓄えられている。最近に至るまでも，公と私では仕組みが基本的に相違するという議論が途切れることなく連綿と続いている（Rainey, 2003; Kelman, 2005）。

(2)合理性への懐疑：NPMがもっとも重視するのは，成果志向であり，それの程度を測定することである。それらの背景には，企業のように合理的なマネジメントを心がけるべきである，というメッセージが込められている。しかし，これに対しては，成果の測定が可能なことであるか，という反論がある。サービスという成果は本来測定が非常に困難である。ヒューマン・サービスなどは，測定のための指標さえできないことがある。代替尺度で補うようなことは多い，というよりも，ほとんど便宜的に構築された指標であり測

定尺度である。したがって，合理的なマネジメントが可能かというのは，公共セクターには本質的な疑念である。評価の問題については第11章で詳細に議論したい。

逆にいえば，非合理的な経営管理論は，その多くが公共セクターに由来している。ルース・カップリングや，次章で述べるゴミ箱モデル（大学教授会）や集団浅慮（国家安全保障会議）などは合理性に徹することは難しく，その差は相当大きいと考えるべきである。新制度学派の組織論も，非企業組織により妥当するという意見もあることはすでに紹介済みである。私企業における実践から合理的なモデルを借用しても，それが公共セクターの運営に役立つという保証はない。フェルドマン（Feldman, 2005）は，公共セクターではさまざまの利害関係者が並び立ち，それぞれが自身の利害を主張するポリティカルな状況の下では，企業で開発された手法の適用には限界があると断じている。ボイネ（Boyne, 2003a, 2003b）も，サービスの質の向上は，利害関係者がそれぞれの選好を主張すれば，その改善は技術的というよりもポリティカルになるとしている。

(3)経済学理論への傾斜：すでに述べたが，新古典派経済学に理論的に依拠している。合理的経済人を仮定した理論で，公共のための組織，あるいは公共の組織の内外でのポリティカルな過程への顧慮がない。整合的なシステムを維持するだけがマネジメントではない。公共セクターでは，マネジメントが価値中立的では済ませられない。次章の意思決定論でも議論するが，技術的に最適な選択肢を採ることは少ない。

しかし，経済学の理論を正面から適用し，公共セクターの成果としての効率性や生産性をリアリティのある，有意義な問題に仕立てたことにＮＰＭの貢献があると，皮肉にも考えることができる（Hughes, 2003, p. 67）。その皮肉を真正面から受けて議論をすると，経済理論に傾斜するということは，ある一つの理論の正当性のみを主張して改革の方向について硬直的な考えに至る危険がある。ハリス（Harris, 1996）によれば，新古典派経済学や公共選択論などニューライトの立場からの改革は一つのモデルへの集約しか考えていないが，結局，地方自治体がどのようなサービスを提供するかは，その国家の政治的，制度的，社会的な価値に影響を受けざるを得ない。それを無視すれば硬直した理論の適用，さらに硬直したシステムの構築，そして破綻を招来する。NPMが多様であるのはすでに述べた。

(4)ポスト・モダンの組織論の限界：NPM は，行政管理に伝統的なモデルとしてあったビュロクラシーの効率のよくないことへの嫌悪感から管理論を構築した。これはある時期におけるポスト・モダンの組織論の隆盛と軌を一にしている。ビュロクラシーは，硬直化や病理などの点で多くの批判に曝された。脱官僚制化や柔構造化などさまざまの改変，あるいは組み替えの努力を先駆としてポスト・モダンの組織論が出現し，大いにその効用が喧伝された。具体的にはフラット化や部課制の廃止，そして，ネットワーク組織やマトリックス組織，ハイブリッド組織などのモデルである。

一時は普及したが，それらの適用が状況依存的であることが明瞭になると，ビュロクラシーという基本的な枠組みについては再評価されるようになり，結局，ポスト・モダンの組織論によるさまざまの提案は補完的な位置づけに後退している。ビュロクラシーに柔軟さは欠けているが，それを全面的に否定するほどのラジカルな立場は不要である。ポスト・モダンの組織論は，今急速に萎びてきている。モー（Moe, 2001）は，NPM による組織とは政府と企業のハイブリッドであるとしているが，その場合，一方に傾くとアカウンタビリティに不足を来し，他方に傾くとデモクラシーに不足を来すということで非常に均衡の難しい組織になるとしている。

(5)環境や制度による制約：NPM は一般モデルとしては成立たない。仮説群というべきである。ポリットとブッカート（Pollitt & Bouckaert, 2000）によってすでに述べたが，それを積極的に導入し，しかも財政的には一定の成果を挙げたところ，導入を試みたが紆余曲折の多いところ，そして導入にためらったところ，あるいは，相当の変形を施したところなどさまざまである。積極的に導入したところ，イギリスとニュージーランドでさえも後退が随所に見られるのは，普遍的に適用できるというラジカリズムによった議論には限界があり，それぞれの社会との接合がマネジメントとして重要であることを示唆するものである。ダンリヴィ（Dunleavy, 1994）は，比較研究を通してNPM 改革が当初，期待された成果を得ていると評価できる証拠はほとんどないと断じている。

なぜこのように批判的論点が生じるのか。リン（Lynn, 2001）によれば，環境や制度などの与件の差異に配慮していないからである。NPM に一般的な適用可能性がないというのはこのことであり，しかもそれはさまざまの手法，ないしは技術の集約した塊として認識されるべきである。本来，適用と

はケースバイケースで (Blondal, 2005), 分野によって適用の手法も大きく異なる (Dent et al., 2004)。そして, それが使い物になるかどうかという, いわばヒューリスティック的な実行と判断に基づくべきである。たとえば, 民間委託を多少とも円滑に実施できるところもあれば, 非常に困難なところもある。コラムとバーンズ (Coram & Burnes, 2001) のイギリスに発した民営化の事例研究によれば, 独自のカルチャーを持つようなところでの導入は難しいということである。

NPM の難点, あるいは予期せざる負の効果

さまざまの試みがはじまってすでに約30年を経過した。財政危機には一応の回避, そしてコスト削減についても一定の成果はあったとされる。それ以外の領域ではどうか。詳細に検討すると, マネジメントという視点からは必ずしも当初期待したような成果を上げたとはいえない。また, 予期せざる負の効果を得たようなこともある。部分的にはすでに述べたが, NPM のパラドックスとして以下に要約する。

(1)中央集権化：NPM はエリートによる中央統制的な様相を呈している。負担の分担とはいいながら, それを実施するための企画立案などを通して, イギリスの事例でも明らかなように, 非常に集権的な仕組みをつくることになった。企画立案の作成を, 中央で行い, それを執行部門に実行させることにした。決定と実行の分断であり, 政治と行政の分離でもある。しかし, この場合, 決定に際して, 交渉や裁量, 契約などによるポリティクスがむしろ非効率を結果するというパラドックスが生じる。本来行政とは技術合理性に準拠して粛々と執行すればよいものを, 決定から執行に至る過程でいたずらにポリティクスに巻き込まれるとむしろ効率的ではなくなる (Lee & Woodward, 2002)。また, 権限の配分も大きな問題である。実際, 顧客志向などによって権限の委譲に向かうことが多くあるが, この方向は集中化と齟齬を来すことが多い。しかも, マネージャーの権限を大きくすると経営幹部のそれは縮小され, 逆のことをすれば, マネージャーの権限は少なくされるという二律背反的な配分関係が払拭されない (Maor, 1999)。

さらに監視コスト, あるいはモデリングのコストを加えると, いっそう非効率的となる。コープとグッドシップ (Cope & Goodship, 2002) もまた, 実際, 舵と櫓の分離という NPM の導入は規制機関の役割を大きくして, むしろ

監視コストが増大している。これを修正するためには，非政治化の政治（the politics of depoliticization: Burnham, 2001）が必要になる。ポリティクスによる決定の過剰を避けるためのポリティクスである。そのためには，いっそうの中央集権化に拠らなければ対処できなくなった。

(2)サービス提供の行き詰まり：サービス提供については本来，測定が困難なものもある。とくに対人的なサービスは，それの受け手の，いわば主観的な評価が混入するので，とくに難しいとされる。測定がより難しくはない成果に替えて，しかもその多くは数値的に評価しようとする。その代替的な指標の達成に向けて努力を傾注することになる。公的に提供されるサービスの中には，私的に提供されないものが多く残されることになり，残余的になるほど（residualization），実際的に指標の設定が難しく，測定にも困難がさらに増すようになる。このことは政府の中にいる人たちの意欲を，さらに乏しくする結果になる。それを私的サービスに転換しても，意欲を乏しくさせる分野の民間委託も民営化も，結局，そのモチベーションの低さを引き継ぐことになる。実際，スライク（van Slyke, 2003）によれば，社会的なサービス分野では，民間委託が上首尾には至らなかったと報告している。スティワート（Stewart, 1993）は，契約による外部化は，行政が投げ出したという印象を与えやすく，結果的にアカウンタビリティを放棄することにつながるのではないかと危惧している。またセラーズ（Sellers, 2003）は，民営化に公共性を強調し過ぎると逆に，民営化の利点を損なうというパラドクスを指摘している。レイン（Lane, 2000）によれば，契約自体がそれに関与する経営者の腕次第ということで，本来属人的な要因に委ねられることになり，制度の整備に多くを期待してもそれを運用するのは結局，個人である。企業でも失敗が多いのであれば，公共セクターに導入されれば，さらに失敗が多くなるのではないか。

また，成果を得るとそれがさらなる期待を喚起して，サービスの提供者にいっそうの努力を強いることにならないとは限らない。結果的に，中長期的にはそのサービスに満足できなくなる（Flynn, 2002）。サービスというのは本来，果てることがない欲望を前提にして成り立っている。財政支出を増大させる要因は，おもに移転支出（transfer payments）が増え続けることにある。社会給付や年金などは，現下の社会的な要因の制約を与件とすれば，減少に転じることは多くない。運営コストの削減や効率向上の向上は，それ自体欠

かせないことであるが,財政危機を根本的に解決できるとはいえない。緊縮財政などは,一つのシンボル的な働きをすることになり,NPM もそれを,シンボル的に支えるという経過をたどることになる。しかし,シンボルには中身も結果もない。小さな成功は焼け石に水となる。サービス提供システムの革新は,更なる革新を要請される。NPM は結局,パンドラの蓋を開けることになったという皮肉である。

(3)プロフェッショナルにおけるモチベーションの減退:測定への圧力は,プロフェッショナルの意欲をそぐことになる。現場裁量の余地を少なくするからである。彼らが制約を受けるとモチベーションが低下するのは周知のことである(第10章を参照)。実際,NPM の下で,プロフェッショナルとマネージャーが競合することが多くなり,多くの場合,プロフェッショナルがマネージャーの意向に従うように仕組みが制度化され,それに不満を抱くプロフェッショナルが多くなったという指摘がある(Flynn, 2002)。学校や病院などはその典型である。

ノーマン(Norman, 2002)によれば,成果重視をすすめると,内的な動機づけを失い,いわれたとおりにいわれたことだけしかしなくなる。とくに NPM が,効率化のために中央集権的に実施されたために,上意下達をシステムとして強化した。そのためにいっそうプロフェッショナルは意思決定の中心からはずされることも多くなったという事情も考えられる。とすれば,意欲の減退は避けられなくなる。

(4)社会的格差の増大:NPM は,社会的統合(social inclusion,あるいは社会的公正 social justice)に対して悪い影響を与えるのではないかと指摘されるようになった。自由裁量の余地が大きくなり,しかも,成果が求められるような過程では,当然のことながら,成果を得やすいような手法を使って,その手法に熟練した人が多くの成果を上げようになる。過程重視よりも,結果重視となる。得る人得られない人の差は大きくなる。

スプリンギング(Springings, 2002)は,公営住宅部局を例にして,パフォーマンスを向上させるように圧力をかけることが,家主,大家の責任よりも借家人のそれを重視させ,権威主義的な雰囲気を醸し出させた。担当者は技術的にしか問題を考えなくなり,弱い立場にいる人の立場をいっそう弱くした。担当者の行動様式がどうすれば上手くいくのか(what works)を重視することに傾きがちで,何が重要なのか(what matters)を見失うことになる。

目標の達成を急ぎすぎると，バランスシートに偏りを生じさせる。本来のパフォーマンス尺度を意味のないものにしてしまう(ill-suited)こともある。さらに社会的統合の機会を少なくして，反社会的な行動を誘発するなども懸念されることである。

(5)倫理的な問題，さらにデモクラシーとの両立可能性に関する問題：企業に学ぶということは深刻な倫理の欠如を招来する。いうまでもないが，イデオロギーとしての新自由主義，あるいはさらにリバタリアン的なイデオロギーが推奨されないまでも，その理念を取り込む人は多くなる。成果重視は過程を軽視することと裏腹の関係にある。デレオンとデンハート（deLeon & Denhardt, 2000）によれば，NPMの枠組みの中にはデモクラシーの価値を否定するような意図関心を内包している。その他にもNPMとデモクラシーがどのような関係にあるかという議論は多くある（Moe, 1994; Carroll, 1995; Frederickson, 1996; Riccucci, 2001 など）。傾向としては否定的な論調が多い。政府が経済状況をコントロールできなくなることが危惧される。たとえば，トレスとパイナ（Torres & Pina, 2002）は，外部化するほどモラル・ハザードが起こりやすく，監視コストが膨らみ，事後の評価が難しくなると指摘している。さらに中邨（2003）も，NPMとは行政のビジネス化や市場化を目的とした施策であるので，行政の透明性などに対する関心は薄くなり，とくに保健や福祉の行政サービスは民間委託や民営化にまわされることで，結果として行政に必要な倫理観や公平感の密度は下がらざるを得ない。倫理，この場合は，公平や公正，正義などをどのように実現するかがいっそう重要な問題とならざるを得ない。それ以上にデモクラシーとどのように折り合うかという本質的な問題が残される。

ニュージーランドの事例であるが，グレゴリー（Gregory, 1998）によれば，1995年に国立公園の中で転落事故があり，それの責任をとって本来ならば辞任するはずの大臣とチーフエグゼクティブの二人が，問題になった事態を解決することを理由にやめなかった。本来ならば現場の士気を落とさないためにトップが責任をとるのが普通であったが，トップが経営責任者であったために，改善の方途が見えないうちはやめることができないとして居座った。これには批判的な世論が興ったということである。改革以前は，政治とマネジメントを分離して，マネジメントの不出来を政治による代理責任で事態の収拾を図ったが，政治とマネジメントが一緒になってしまうと，マネジメン

トの下手さ加減を政治がかばうことになり，だれが責任を取るのかがむしろ曖昧になる。

またグレゴリー（Gregory, 2002）によれば，以前は，ニュージーランドは政府が堕落を免れている国家という評価を得てきた。ただし，近年多少下降気味である（Transparency International's Corruption Perception Index による評価）。汚職は報道されることが多くなった。しかし，依然として少ない国ではある。とはいいながら，ＮＰＭの導入によって，従来からの平等主義的な価値が弱まってきた。政府が民間企業と競うようなると公務員の報酬の低さが，否が応でも目立つようになり，意欲を失わせることになる。世論調査によれば民意も，この国は自己利益を追求する一部の利害関係者によって差配されていると見なすようになり，デモクラシーに対する強いシニシズムを示すようになった。

ニュージーランドの場合，イギリスに比べると現状ではそれほどの問題はないが，危惧は残される。エリートたちはやはり自分の利害に関心を向けるようになった。倫理的な高潔という価値が後退をはじめているとの報告もある。すでに NPM を実施した国は，イギリスのようにやはり汚職などが目立っている。極端な汚職（hard-core corruption）などはないという楽観的な見解もあるが，それに至らないための用心は欠かせない。汚職は表面化しないことが多いからである。

なお，権限委譲による分散化は不正を招きかねないという一般的な指摘もある（Segal, 1997）。NPM による改革は，以上に述べたようにサービス提供の多様化や現場化を伴っている。得た権限はできるだけ自由に行使したいものである。その先にある陥穽には気がつかないことが多い。権限の分散化があっても，繰り返し言えば，その陥穽を避けようとする監視コストとトレードオフになる危惧もなくはないのではないか。

結局，NPM はブループリント（青写真）以上のものではなかった。とはいいながら，ある時期には，それに後れをとった国々をのろま（"laggards"）と呼ぶことさえあったという（Barzeley, 2001）。それほどかつては肩で風を切る勢いのあった考え方も，今になってみれば，リン（Lynn, 2006）によれば，90年代の NPM は，70年代の日本的経営のようなもので，一時的に影響を与えたが，やがて消えてしまったということである。リン（Lynn, 1998）は NPM について，結局，問題提起ではあったが，回答を用意するものではなかったと

断じている。

V 限界を超えて

ポスト・モダンの限界

　NPMによる典型的ともいえる改革はイギリス，ニュージーランド，そしてオーストラリア，アメリカ合衆国でも試みられた。それは，繰り返しいえば，行政をビジネスとして考えようということである。しかし，それによる欠陥は前節のようにさまざまに指摘された。以下において，組織革新の方法と，その前提となるべき議論を行う。結論をいえば，NPMは公共セクターのマネジメントの技法としては，ある程度逸脱していたのではないかということである。しかし，導入当時においては，それによる経営的手法の採用は非常にインパクトの大きいものであった。今，反省的にいえば，教科書的な取り入れは公共セクターに余計な負担を課すことになった。マネジメントに関するメニューは数多くある。その中から，状況適合的な，妥当な手法の取捨選択という姿勢が欠かせない。

　通常のマネジメントでは，企画を練り，それを実行し，その成果を評価するという，いわゆるマネジメント・サイクルを，いかに上首尾に稼働させるかが重要である。企業と比較して難しいことは，この過程で，その成果をどのように評価するかである。これが適切でないと，活動そのものが停滞したり後退することがないとはいえない。組織の変革には，枠組，つまり，ハードウェアを変更するのか，それとも，運用法，ソフトウェアを変更するのか，また，それを構成する人を変更するのかという選択肢がある。その重点の置き方に経営革新の基本的な考え方がある。

　枠組を変更するということは，たとえば，部局の新設や統廃合，権限の明示や明確化あるいは，それに伴うプロフェッショナルズの新規採用などである。方向としては組織の発達に伴い，ビュロクラシーの考え方を採用する方向に進むことが多く，その逆は，活動の行き詰まりとして否定的な評価を受けることが多い。活動する員数が多くなるほど，サービスを提供するクライエントが多くなるほど，スケール・メリットを追求するほど，ビュロクラシー化は必然とされる。サイズに合わせて，その枠組がシステマティックになるのは組織の成長として自然の成り行きである。

しかし、それは硬直化に至ることも組織論では諸処で指摘されている。それはソフトウェア、運用の方式を変更することで緩和される。たとえば、規則や基準の改定、意思決定の方法の変更、またコミュニケーションのチャネルの開放などによって、ビュロクラシーの堅さ、もしかすると、病弊を和らげることができる。

NPM は、組織論、あるいは経営管理理論の系譜に位置づければ、ビュロクラシーの硬直を批判するポスト・モダンの組織論の枠の中に布置させる。しかし、ポスト・モダンもその理論の、現実との乖離によって行き詰まり、その極論の部分を修正せざるを得なくなった。NPM でも同様である。

NPM における二律背反

権限の集中化について、管理と経営の避けがたい二律背反はすでに述べたが、オーコイン（Aucoin, 1990）は、NPM には相容れない二つの考え方に準拠していると考える。一つは公共選択論で、他の一つはマネジリアリズムである。前者は、行政国家の代議制の危機を超えるために、政治家の立場を強化しようという議論に繋がる。政治的な判断、つまり公共に、そして選挙民によって価値づけられたものを行政が執行するという考え方である。そのために、公共選択論の立場からは、政治的なリーダーシップを強化するために、集中化や調整機能の重視、そして政策を円滑に執行させるように官僚統制に関心を向けることになる。後者はそれに対して、政治的というよりも、政府という組織が、それ自体経営体であり、民間企業と異なるところがあるのかという立場から、効率化にいっそうの関心を向けるようになる。むしろ行政官僚の立場、あるいはその経営能力を強化しようという立場に立っている。そのためには、分散化、そして、行政裁量を大きくして、権限委譲を重視する。このことは行政府の自立を意味し、政治家の立場は、むしろ弱まることになる。

一方は政治の優位を考え、他方は経営の優位を考える。この二つは、本来的に相容れない。たとえば、公共選択論では政治と行政は二分されない。政治家はそれ自体、行政過程に深く関与するようになり、その指揮によって行政官は働くことになる。これは繰り返すがプリンシパル・エージェント理論で議論される関係である。それに対して、マネジリアリズムはむしろ徹底した二分法を主張する。政治家は行政過程への介入を自粛し、経済的合理性を

追求するためのシステムを維持することだけを考えようとする。これらを同時に達成しようとするNPO改革はジレンマを経験する。前述のオーコインによれば，これはパラドックスとして表現される，もう一つの二律背反である。

ただし，その後の状況は，次第にNPMが技術重視の立場に軸足を傾けるようになり，マネジリアリズムを下地におくような傾向に至っている。たとえば，行政評価の実施，さらにその精緻化などは，政治家を排除し，合理的なシステム構築を一方的に狙っているようにみえるからである。政治の優位を一方で唱えながら，その足元が崩されて，新しい行政国家ができつつあるのではないかという皮肉がなくはない。しかし，それに反発する政治家，その背後にある利害関係者は，いっそうそれに反発することになるであろう。さらに近年に至ってはそれに対して技術重視，つまりビュロクラシーを活用して粛々と執行することの立場を再評価すべきとの立場もある（Meier & O'Toole, 2006）。

モラル・ハザードの防止

効率や結果重視のマネジメントは，その途中経過を問わないという姿勢に転化しがちであることは否定しがたい。公務員は倫理を問われる。公共に関わる人たちはすべて，公共の利害に関心を向けなければならないという倫理に関わるところが欠落しかねない。市場化を徹底させるとむしろモラル・ハザードを含めた組織自体の腐敗が起こることになる。それを防ぐために，NPMと対比的に論じると，その基本的な考え方は以下のように要約することができる。

(1)環境適合の重視：公共セクターの組織は，そのすべてがオープン組織として成り立っている。例外はないであろう。それを成り立たせる社会一般への，いわゆる気遣いからである。何が望まれているのかを的確に把握することで存在するからである。環境への適合，つまり少ないコストで資源を調達できること，そして，その成果を少ないコストで受け取ってもらえることが何にもまして優先される。組織を運営するためのコストが割高になると行き詰まる。そうはならないことが何よりも重視されるのである。

そのためには，環境の変化に応じて，臨機応変とは極端であるが，環境の要請に応じることができるシステムを有しなければならない。それは柔軟な

ビュロクラシーと言い換えてもよい。環境が何を欲しているか，それを敏感に察知して，それに対応できる組織でなければならない。

(2)合従連衡，あるいはネットワーク重視：しかし，環境とはいくつもの利害が重なり合っている。しかも互いに競い対立する関係もないことではない。環境とはいくつもの利害が競い合うところである。したがって，環境適合とは，果たすべきことではあっても相反的な利害があれば容易に達成できることではない。まして一つの組織だけでできることではない。

公共セクターの組織は競い合いながらも，互いが合従連衡を繰り返しながら，互いがネットワークで結ばれながら一つの大きな公共を構成している。一つの組織に注目するだけでは，その実態を捉えることはできない。その一つの組織でさえも，その中に環境の利害関係が持ち込まれ，対立や競合と，相互依存を繰り返している。

(3)ミッション重視：競い合う関係であれば，何かをしようとすれば，その過程は動揺するばかりである。それを安定させるための仕掛けは，その組織，あるいは組織群が何をするかである。公共にある組織は，できる限り公共のための組織でなければならない。そのためには，何をしようとしているか，何をすべきであるか，つまりミッションを明確に環境に提示しなければならない。そのことによって，環境からの支持を得る。正当性を得ることができる。それを果たすことが，組織にとって社会的合理性を確実にするということである。

しかし，ミッションの構築自体が，競合の産物であるが，一時的にも過程を安定させる。また，ミッションとは競い合うほど抽象的になる。そして，それをブレイクダウンした具体的な目標で互いに競うことになる。しかし，そのミッションが互いをそこに繋ぎとめる役割を果たすことにはなる。

(4)管理核の重視：環境からの要請には応えなければならない。しかし，四六時中応えるなどは，組織として破綻する。環境からの意向を一方では取り入れるが，他方では排除もする。環境アクターの影響は限定的にして，組織自身のビュロ・フィロソフィを維持することに腐心することもマネジメントである。とくに，環境の影響を直接受けなければならないほど，切実な問題となる。

そのためには，組織を環境の要請に敏感に反応するところ，つまり，ポリティクスに曝すところと，それからの影響を受けないところ（すでに述べた

管理核：Daft, 1978）を峻別する必要がある。環境からの影響はそれとして，それらの中から，独自の基準で選別し，将来のあるべき姿を構想できるところである。ビュロ・フィロソフィを確実にするためには，技術核に対して管理核の設定が望ましい。

(5)プロフェッション重視：それらの成り行きとして，環境からの影響を受け止めながら，それらを取捨選択する過程では，当然，その組織を構成する人たちの資質や能力が問われることになる。素人ではできないことが多くなる。環境に対して何かを行う場合でも，なぜ実施するのかを説明しなければならない。そして，その成果についても，なぜできたか，なぜできなかったかを説明しなければならない。遂行責任はこれまで以上に欠かせないし，アカウンタビリティ，つまり結果の説明責任も欠かせない。従来の概念を拡張しなければならないが，それができるプロフェッショナルでなければならない。

そのためには，人的資源としてマネジメントすることが必要である。また，公共のための組織には，公務員倫理のような，公共へ貢献している，しなければならないという倫理に対する配慮も欠かせない。それはプロフェッションの矜恃と裏腹の関係にある。

以上の与件からは，NPMとは違ったマネジメントを想定しなければならない。アドミニストレーションからマネジメントではなく，それらの相違を超えた何かを考えなければならない。公共に関わるということはサーバントでもありマネージャーでもある。一方だけに偏ることは，公共の理念，あるいは，ポリティクスに曝されている立場から考えてもあり得ることではない。マネージャーは，とくに公共セクターのマネージャーは，利害関係のネットワークの中にいる。ポリティカル・マネージャーなのである。場合によっては，経済的な利害得失で行動するよりも政治的な得失で行動して当然である。

リアリティ・チェック

その一貫性，または連続性についても批判がある。改革過程が論理的に，実際的に筋の通ったものにならないことが多い。ノーマンとグレゴリー（Norman & Gregory, 2003）は，NPMをサーモスタットのメタファを用いてサーモスタット・ドクトリンと表現している。ニュージーランドの行政改革には，理論と実験的な試みの間にギャップがあるということである。当初の

意図から離れた「振り子」のように振れてしまっている。意図せざるパラドクスといってもよい。たとえば，政府のチーフエグゼクティブに裁量を付与すると，反対党が彼らの裁量に付け込んで介入しようとする。道筋を合理的に決めようとするほど少ない選択肢の一つしか採れなくなり，逆に合理的な解決の方途を閉ざすことになる。融通の効かないあれかこれかではなく，あれとこれをつなぎながら，その他に何かないのかとは考えなくなる。あれとこれの違いを際立たせるだけになる。

NPMによるマネジメントのための統制の仕掛けと，現実の課題は相反的に機能することがある。前者は抽象的に，儀式的に，そしてルーティンとして働いているが，後者は，インフォーマルで人に合わせて働いている。現実には，決められたようには政府は機能していない。企業に範をとるニュージーランドのNPM改革はリアリティに欠けるとされる。概していえば，ニュージーランドの改革は試行錯誤的であり，サーモスタットのように行き過ぎれば切れ，また後退すればスイッチオンになるなど揺れ戻しながらの改革であるという。加熱すれば，やけどをする人も出てくるが，それを最小限にするためには，極端な理論に振り回されることがないように，適切な温度に保つための不断のリアリティ・チェックが欠かせないということである。急進的な議論が漸く地に着いた議論になって，この30年間を振り返れば改革の経緯，その得失はほぼ明らかにされた。それぞれの行政文化や施策展開の背景的事情などの制約（広義の制度と言い換えてもよい）に配慮しながら，それぞれ特異の改革が持続的であるべき（Christensen & Laegreid, 2007）とされる。行政改革が不断にあるのは当然である。不断にあるためには極論を排して漸進的でなければならない。

要約

公共サービスを円滑に提供するためには，それを続けるためには，とりあえずはビュロクラシーというシステムは効果的である。しかし，弊害も多くある。その弊害への対応としてNPMが登場した。経済的な破綻の回避のために，そして財政的な危機を乗り越えるためには，その手法は有効である。しかし，それにもまた限界がある。公共セクターの組織を企業経営の延長でマネジメントを行うというのは，さまざまの利害関係者のポリティクスを軽視したり，現実的ではない成果指標に依存したりして，それ自体が行き詰ま

ってしまうのである。公共のための組織，そして公共の組織は，企業的な仕組みを取り入れることが急でありすぎると，環境適合的な配慮に欠けることになる。場合によっては立ち行かなくなる。さまざまの利害関係者が跋扈する状況で，経済的，そして技術的合理性だけで対応できることは多くないはずである。

　利害関係の競合や対立をこの社会は制度として組み入れている。新しい手法の導入はこの社会を成立たせている制度そのものと齟齬を来し，組織そのものを非効率にしてしまうこともあり得る。伝統的なビュロクラシーによって対応できないことがあれば，新規さを誇る NPM でも対応できないこともある。単純にアドミニストレーションからマネジメントではなく，それらの相違を超えた何かを考えなければならない。公共に関わるということはサーバントでもありマネージャーでもある。一方だけに偏ることは，公共の理念，あるいは，公共そのものがパワー・ポリティクスに曝されている立場から考えても，あってはならない。

　マネージャーは，とくに公共のための組織に属するマネージャーは，利害関係の，極端にいえばカオスの中にいる。ポリティカル・マネージャーである。場合によっては経済的な利害得失で行動するよりも政治的な得失で行動して当然である。ただし，ポリティクスを当然の与件としても，それを規範的にある一定の枠の中に押し込むことが，マネジメントとして重要になる。結局，ビュロクラシーの運用はビュロ・フィロソフィに従うのであり，本来規範的であるという議論に尽きる。公共セクターにおいては環境適合的に，どのようなフィロソフィを構築するかが重要である。

（1）　サッチャーによるイギリスの NPM 改革はよく知られている。しかし，改革の徹底がそれ以上とまでいわれるニュージーランドの改革については，比較的情報が不足しているようである。本文は主にイギリスの NPM を追うことにしたが，注記によってニュージーランドの経過を以下で概説したい。
　　ニュージーランドで NPM は，本文中で述べているように公共選択論とマネジリアリズムをいわば教科書通りに実施した。それだけに改革の長所と短所が一気に明らかになったといえる。NPM 改革は，宗主国イギリスの EU 加盟によって，国内産業が深刻な打撃を受け，国家財政が破綻に至ったことが契機となっている，むしろ強いられた改革である。イギリスに比較すると，Gregory (2000) によれば，ニュージーランドの行政改革はレトリックに訴えたものであった。批判的に紹

介すれば，これまでに実施されたさまざまの改革は，政府という組織を効率的にするように意図されたが，(権限を分散するというよりも，それを集中して管理するという) better controlled というべきところを better managed といったようなことである。透明性を高めるために，さまざまの手続きが工夫されたが，逆に煩瑣となったというパラドクスを招来しただけである。また，公的なセクターのマネージャーが，利益追求という大義名分を与えられ，それが外からの信用低下を招くことにもなる。公的な組織をメカニックにはできたが，本来のオーガニックな価値を軽視することによって成り立つ改革ではなかったか，と Gregory (2000) は批判している。

　また，それを議論する場合，人口が少ない，しかも都市部に集住しているということもあって，国政の基準がそのまま地方政府に反映されるという中央集権国家であることに留意する必要がある。政策が中央政府の政権に高度に依存している。集権国家であるからこそ，イギリス以上に改革は強行できたという指摘もある。なお80年代前半までは，国家があらゆる分野に関与するという福祉国家のイメージが強い国であった。海外からの観光客には南国の楽園というイメージも強かった。

　しかし，このようなイメージは，1984年に始まる第一次ロンギ労働政権（84-87）での徹底した行財政改革，いわゆるロジャーノミックス（Rogernomics）で変貌を遂げる。ロジャーノミックスとは，当時の蔵相ロジャー・ダグラスによっている。貿易・金融の自由化，緊縮財政政策の導入などを次々と展開した。郵政省の民営化もこのときに行われている。労働党大敗の後を受けて，90年以後，国民党政権は規制緩和の対象を経済・行政分野から，社会保障・労働分野へと転換する。しかし，その後の経過をいえば，連立政権後は，やはり改革に向けて批判もあり，政権の交替が続いて改革の方向が揺らいでいる。連立政権が続くことによるリーダーシップの弱体化も，改革の停滞の理由とする意見もあるが，80年代半ば以降の急激な改革による変化，90年代前半の改革の徹底，クラーク政権以後，社会の動揺，貧富の格差の拡大などが指摘され，改革は反省期に入ったということでもある。

　概要をいえば，ニュージーランドの場合のNPMは，Boston (1998) によれば，改革は企業化（corporatization），民営化（privatization），契約化（contract-out）によって実施される。イギリスに比較して，資産の売却よりも市場化を先行させた。そのことで効率は増したという前向きの評価がある反面，ネガティブに捉える立場もある。中でも政治的に多くの問題を目立たせることになった。ガバナンスやエージェンシーコストなどいくつかの事例を紹介しているが，公共企業を経営する人材がやはり少ない。企業における経営者と同じくらいの報酬を払うとすれば，やはり高コストなどの問題が解決されないままである。

　その後，選挙制度の変革や連立政権などで状況は変化したが，改革の方向は大きく変化しなかった。ニュージランドファースト党は改革に批判的，それでも方

向については妥協した。行政改革への政治的な介入は避けた。しかし，影響は受けざるを得ない。したがって，直線的な改革はない，紆余曲折は当然であるが，商業主義（commercialization）の基本的な方向には変化がない。それでも，規制緩和論者（minimalist）の国家になるということについては誇張がある。

以下で，改革の経緯や手法，問題点を紹介する。

Boston (1996) によれば，80年代半ばから後半にかけて，政府部内におけるコントラクティング(契約)が特徴的な行政改革になった。経済効果は確実に期待できる。それによって大いに資源の節約はできるということで，政府は企業との契約を積極的に導入している。促進のために政府はガイドライン，五つの基準（relevance, best price, risk management, accuracy, timeliness）とそれに関する質規準（a clear statement of purpose, a correct designation of the parties to the contract など）を提示した。しかし，政府が監視できないことも問題で，契約によって成果を得たかどうかを総合的に評価するには至っていない。

ニュージーランドの場合，地方自治体は，中央政府の改革によって大きな影響を蒙ることになる。中央政府の危機を地方自治体に押し付けるということで，中央政府の改革は，イギリスとは逆で，自治体の権限を大きくする方向に進む。その影響を受けて自治体も長期的な視点で考えざるを得なくなったということである。サッチャー改革はむしろ自治体の権限を制約する方向で中央集権化を図ったが，逆に，地方に負担を押し付けて政府を改革しようとした。Harris (1996) によれば，これまで自治体は資産保全関係に多くの資源が使われてきたが，中央政府が社会サービスを縮小しようとしている現在，むしろ，この問題に自治体は積極的に応えるべきではないかと指摘している。この経過は，変革を考えるよい機会になったと評価できる（Pallot, 2001）。

従来の強力な中央政府による行政が，改革によって地方分権のきっかけをつくったというのである。一つの例であるが，Walsh (1998) によれば，労使の賃金などは中央の一括交渉ではなく，1988年以来，部門ごとに行われるようになった。依然として横並び的であるが，独自の待遇を求めて徐々に変更されていくだろうと予想されるということである。面積も人口も少ない国家で，本来中央集権の体制が，危機の重みに耐えかねて，むしろ分権化によって負担を低減しようという方向に進んでいるということでは，イギリスの改革による中央集権化とは大いに相違している。

また，Goldfinch (2000) によれば，小さな国土，少ない人口という与件のもとで，小数の人たち＝エリート（closed fora）だけが，意思決定の過程に関与したということである。エリート主義的な改革であると論じている。財務省，ビジネスラウンドテーブル（経済団体連合会）や，中央銀行などが影響力を行使，内閣はそれに追随，政策決定がごく少数の個人の恣意に委ねられたといえる。しかし，排外的な一部の集団が陰謀を企てる。というよりも，これらが関連しあって（autonomous policy leadership, advocacy coalition networks, policy quests）（Wallis &

Dolley, 2001）改革に関わってきた。前述の Goldfinch (1998) によれば，彼らは新古典派の学説という共通の考え方に立ちながら，互いに影響され合い，徐々に考えを深化していった。特定の集団による陰謀という考え方は事態を単純化してしまうということである。他に Jacobs & Barnett (2000) も，政策決定におけるエリートの役割について保健分野での意思決定過程について考察している。

　少数派の独走ということで，失敗に至った例もすでに数多く紹介されている。Coram & Burnes (2001) の事例では，当時の政権の意図に従って，ある部門の民営化を進めようとしたトップの先走りに対して，ミドル以下の人たちが警戒感を抱くようになって民営化が遅れたこと，そして民営化は実行されたが禍根を残した。ポリティカルな判断で民営化されたので，どのように民営化すればコストが少なくて済むかなど戦略的な判断に欠けたので，マネジメント的な問題には注意を向けられなかった。違法闘争やストライキも頻発し，職員は裏切られたという気分を残すことになったということである。

　それぞれの部署で成果をあげるためには，民間の経営手法の導入が必要であるとされる。そのためには積極的に状況に向き合える，トランスフォーメーショナルなリーダーが望ましいことがある。急激な変化に対応し，その中で成果を上げなければならないとすればその管理者はカリスマでなければならない。しかし，Wallis (2002) によれば，そのカリスマが暴走すればどのような問題が起きるのか。急激に変化を起こし，マネジメントについてモデルがないようなところでは，逆にマネージャーの夜郎自大が成果を損ねてしまうのである。NPM のマネジメントは，属人的であるほど，その人のマネージャーの出来不出来にすべてが帰せられるという怖さがある。

　公務労働への価値を有しないマネージャーは，それだけでは組織の腐敗の片棒を担ぐことになる。NPM は，経営センスに富んだマネージャーを期待する傾向にある。企業の経営者を経営幹部に据えようとする。しかし，公共への奉仕という観念を忘れた，あるいは思考の片隅に追いやるほど，汚職などの組織の腐敗とは紙一重の状態となる（ニュージーランドの腐敗の例は本文中にも挙げた）。Selsky & Bretherton (1998) によれば，オタゴ地域カウンシル（Otago Regional Council: ORC）が Port Otago Ltd (POL) の株式を100％有して民営化した。しかし，その後，経営を優先させるようになると，カウンシルが期待するような社会的責任を果たさなくなった。裁判に訴えたが，裁判所は社会的な，あるいは環境的な責任を果たすよりも，この場合はオタゴ地方の経済的なバイタリティ確保を優先すべきであるとの判断を示した。このことからも示唆されるが，企業化した，公営企業に社会的な責任を強制したり押し付けようとすれば，むしろそれは非効率の経営になる，という危惧が生じる。二者択一を迫られることがあり，その選択には，非常に微妙なポリティクスがつきまとう。

　ニュージーランドの事例で，今なお，公共セクターの部門で困難や緊張が続いているということは，この国の改革モデルが利点や強みがありながらも，まだ多

くの解決には至らない問題があることである。問題の多くは政治的な問題である。考え方が競合して，そのバランスが壊されることが常時あるのが問題である。小さな国家であるために，利害の競合が尖鋭化しやすいということもある。

なお，本文および脚注以外の，ニュージーランドの政治・行政，および NPM 改革についての紹介は Fairweather (1992), Geering (1993), Bush (1995), Boston (1996), Mulgan (1997), Harris (1996), Tanner (1998), Selskey & Bretherton (1998), Goldfinch (1998, 2000), Reid (1999), Boston et al. (2000), Wilson et al. (2003), Shaw & Eichbaum (2005), Miller (2006) があり，邦文では，岡田（1998）や小松（1996），和田（1998）などがある。以上を参考に田尾ほか（2006）がまとめたが，経緯については和田（2008）がもっとも詳しい。

なお，筆者の現地滞在による素朴な印象によるが，マオリという人口の14％を占める人たちは，たえず失業率も高く，政府高官もいるが，いわゆる下層の仕事に従事している人たちが圧倒的に多い。極論すれば，行財政改革がもし成功したというのであれば，彼らに犠牲をより多く強いることで，改革が成り立ったといえなくはない。貧しい人を新規に創り出さなくて済んだからである。移民の国であるイギリスも，彼らにより多くの負担を強いた。同じようである。

（2）　いくつかの例をあげると，民営化の考え方だけでもイギリスとアメリカ合衆国では違いがみられ（Kolderie, 1986），さらに例をあげると，Considine (2000) はイギリス，オランダ，ニュージーランド，オーストラリアについて，とくに民間委託の形態を比較している。Laegreid (2000) もノルウェーとニュージーランドのコントラクトについて比較し，さらに Holmes & Shand (1995) によるイギリスとオーストラリア，ニュージーランドのＮＰＭ導入過程とその後の比較，Rose & Lauton (1999) による公共サービスの提供の国家間の比較などがある。また James (2001) によれば，企業のマネジメントに学べということであれば，それぞれの国には特有の企業文化がある。とすれば当然，その手法についても相違があるはずで，イギリスとアメリカ合衆国に対して，ドイツと日本の NPM の相違を明らかにしている。NPM は，そのパラダイムについては共通するものがあるとしても，どのような改革が望ましいのかについては，相互の比較が欠かせない（Aucoin, 1990）。

これらの比較研究から明らかなことは，イギリスやニュージーランドはよりラジカルで，論理一貫性を重視した，いわば教科書準拠の改革を断行し，それだけに現実との乖離による問題点も明らかになった。とくにニュージーランドでは，公共選択論やエージェント理論の教科書的な適用を行い，包括的ともいうべき大胆で過剰な民営化を断行した。その根底には政府の役割への払拭しがたい不信があったようである。オーストラリアはアングロ・サクソン的であっても，穏健というべきで，コストを意識しながらも慎重な改革に終始した。Holmes & Shand (1995) は，この改革をもっとも好ましいと評価している。負の効果が少なかったからである。Mascarenhas (1993) も，三国を比較して同じような結論を得

ている。

なお，オーストラリアについても紹介は少ないが，NPM については，Armstrong (1998), Aulich et al. (2001) がある。筆者にも地方自治についてまとめたモノグラフがある（田尾，2004a，2004b）。これも筆者が滞在中に関係者から聞き，それからの素朴な印象であるが，基礎自治体から州，連邦政府に至るまで，イギリスやニュージーランドに比べると行政サービスに余裕が見られた。深刻さに至る度合いが相対的に少なかった，したがって，極端な NPO を断行する必要がなかったということであろう。

（3） サービス多様化の態様については Horton & Farnham (1999), Flynn (2002), Bovaird & Loffler (2003), Massey & Pyper (2005), Andrisani et al. (2002), Lane (2000), Ferlie et al. (1996) などに記述がある。とくに Flynn (2002) については，イギリスについてサービス領域ごとに詳しい多様化の説明がある。宮川・山本 (2009) はわが国の多様化について言及している。

第7章 マネジメントⅢ：意思決定

I 論点

　マネジメントは通常，企画，実行，評価，そしてまた企画のように円環をなしている。このことは前章までで述べた。マネジネント・サイクルともいわれる。これらは組織一般に欠かせない過程であるが，どのように企画立案するかは経営体の基本に関わる。その組織の全体的な働きようを決定する場合は，その是非がその浮沈を決めるといってもよい。成果の多少，そして質は意思決定によって決まるところが大きい。決定の仕組みとそれの影響するところは，トップのそれだけではなく，あらゆるところ，部局や課や係など下位の部局すべてに妥当する。組織を分析するということは，その過程を分析することである。

　本章では，その意思決定過程を論じる。そしてその過程は必ずしも円滑に進行するとはいえない。むしろ紆余曲折は日常的であり，歪みを伴うようなこともある。合理的に対して非合理的な意思決定があり得ることを当然とした上でのマネジメント・サイクルである。利害関係者の思惑の錯綜が，その合理性を妨げるからである。技術的に好ましいとされる判断も有力な関係者の介入で採用されないことは再三である。ポリティクスは決定過程の避けることのできない与件である。

　ただし，その前段としてのコミュニケーションの流通をいかに円滑に図るかというマネジメントがある。第5章の議論を本章は受けることになる。そして，コミュニケーションをトップに集中させるか，それとも現場に行き渡らせるか，いわゆる分散化のデザインの工夫次第で，その過程は大きく相違

する。しかし，コミュニケーションが円滑になったとしても意思決定が万全であるとはいえないところに，この議論の複雑さがある。

なおマネジメント・サイクルの評価の段階については第11章で論じる。

II 意思決定

意思決定とは何か

マネジメントは企画立案して，それを実行し，成果を得る，その成果を評価し，さらに企画に活かすというサイクルを想定している。プラン・ドゥ・シーということもある。このサイクルはあらゆる組織になければならないことである。その企画にあたる部分を以下で論じる。

企画立案するとは決定を行うことである。狭義における意思決定とは，この段階を指している。その決定とは，組織にとって情報を処理する過程に位置づけられる。近年，さまざまのテキストの中に意思決定が頻出するようになったのは，宮川（2005）によれば，その情報処理的な側面が注目されるようになったことと深い関係がある。意思決定とは本質的に，情報処理プロセスであるとされる。問題が起こる，あるいは発見する。その問題が何か新しい方法で対処しなければ解決できないのであれば，それに関連する情報を探す，あるいは入手しようとする。得た情報を処理して選択肢として，決定という別の情報に変換して，それを行動へと具体化する。さらにそれが問題の解決に至ったかどうかを評価するという一連の過程が，広義における意思決定過程である。

意思決定のサイクルを想定しなければ，組織のマネジメントは成り立たない。情報が伝達されると，その集積された情報に依拠して意思決定がなされる。決定のためには必要な情報ができるだけ多く集められなければならない。それぞれの部門ではそれぞれの立場に応じて，決定がなされる。ヒエラルキーの上方の幹部であるほど経営的な判断，いわば大所高所に立った，組織の行く末に関わる決定をしなければならない。企業でいえば取締役会のようなものであるが，地方自治体では庁議などがこれに相当する。他にも，少数の経営幹部だけが集まって最高意思するための協議をして決定する場合がある。それを受けて，部局長，課長，係長は，それぞれの担当部門で決定を行い，それをヒエラルキーの下方に伝える（第5章で述べたコミュニケーションの

下方伝達）。

個人の場合

　個人もまた組織の中で，それぞれ必要に応じて，というよりも常時，何をするかしないかを考えなければならないが，それは即意思決定であり，それを除外しては個人の行動を考えることはできない。この過程は，まず何が問題であるかを認識し，それを，なぜ，あるいは，どのように対処すべきであるかを考えるために情報を収集する，つまり，すでに述べたコミュニケーション活動に従事する。そして，その問題を解決するための選択肢を揃え，それらを並べ，その中からもっとも解決のために都合がよいと判断されたものを選択して，実行に移すのである。実行すれば，その成否，また可否が，自分によって，上司や同僚によって評価され，それをまた選択肢の配慮にフィードバックするという循環過程が想定されている。

　このような過程を経て，日々の行動は決定されていると考えられる。しかし，以上は単純化されたモデルであり，しかも，望ましい情報は必ず得ることができ，その中から望ましい選択肢が選ばれるという仮定がある。合理的意思決定として，理念的なモデルとしては受け容れることができても，日々の行動は必ずしもそのようではない。むしろ，コミュニケーションは制約され，必要な情報を得ることもなく，また，決定者の能力や資質によって，最適の選択肢を採らない，逆に，後述するが，愚かしいともいうべき選択を行うこともある。現実の意思決定は，非合理ともいうべき過程を想定しなければならない。成果を得るどころか，逆に被害を及ぼす結末に至るようなこともある。

　なぜ日々の決定は合理的ではないのか。それを意図する人からはじまるので，その人の意図関心によってその問題をどのように認識するか，知覚するかで，問題の捉え方が相違する。そこには，その人の価値観や過去の経験が反映される。準拠すべき判断の枠組が相違すれば，どのような情報が望ましいものであるかが相違するので収集される情報も相違する。ブランソン（Brunsson, 1982）は，以下の三つの理由を挙げている。

　⑴合理的に考えることができるほど人間は賢明ではない。
　⑵非合理なのは，人間の本来的な限界に由来する。
　⑶合理的な判断や行動を阻害する実際的な制約による。容易に判断でき

る事態はそれほど多くない。

サイモン (Simon, 1947) の限定された合理性 (bounded rationality) では，認識能力など人間そのものの限界がそこには反映されざるを得ない。限界を前提とした上での合理性であり，判断，そして決定である。またパースナリティによっても相違する。たとえば，外向的な人は情報収集により熱心で，多くの情報を集めるであろうし，慎重な人は，石橋を叩いて渡るような決定をするかもしれない。さらに状況の影響も当然配慮すべきである。判断のために必要な情報がすべて揃うようなことはあり得ない。限られた情報で決定しなければならないことは日常茶飯というべきである。

以上のような個人の意思決定は，対人的な関係に拡大し，集団間関係に置き換え，さらに組織そのものの意思決定過程として理解することができる。組織とは，ナット (Nutt, 1984) によれば，このような過程の繰り返しであり，その蓄積である。つまり，人と人が集まって，集団と集団が集まって，何をするか，しなければならないかを決めなければならない。個人と同じように情報を集め，互いに相談をして，その何かを決めることになる。集合的，あるいは集団的意思決定である。それが集合をなしてフォーマルな組織的な意思決定となる。個人も組織も概念的には，同じような意思決定過程として考えられる。

ルーティンと意思決定

なお，決定を必要とするようなことは多くない。日常の出来事の多くは昨日の仕事の続きであり，百年一日のごとく同じことの繰り返しである。同じことを繰り返さなければならない，ということも決定ではあるが，意思決定の議論からすれば大きな議論ではない。しかし，その繰り返しを潤滑に実施することが組織の成果に直結していることは疑いのないことである。多くの組織，公共セクターにある組織も例外ではないが，このルーティン作業の集積が組織のもっとも大きな成果物である。たとえば，窓口での待ち時間の短い書類の発行，疑問点などへの親切な説明，滞りのない税の徴収などである。この部分に支障が生じると，住民は大きく反発することになる。ハンコ行政などといわれたが，ハンコを押すだけで中身を確認しないようなこともルーティンである。書類を逐一検討していれば，むしろ他の仕事に支障を来すようなこともなくはない。であれば，部下を信用してルーティン化したほうが

よいこともある。

　ヒエラルキーの上方に位置するほどルーティンは少なくなり，意思決定の当事者にならざるを得なくなる。経営幹部，または首長に至っては，ルーティンはほとんどなくなる。その場合，現状の維持に努め，最小限の成果だけは保障するような行動と，成果の極大化を狙ってむしろ現状を変革しようとする行動の二つの局面がみられる。一方はできて当然，できなければマネージャーとしては適性を欠くとされる。他方はできることが望ましいが，できるためには人並以上の適性や資質が必要であり，できないマネージャーも少なくない。

　できて当然というのは，マネジメントにおける最小限必要な，いわばガイドラインである。できることが望ましいとは，無定量無際限ではあっても変化即応の行動であり，この役割行動は状況依存的である。現在の水準を維持することが肝心というところでは，むしろ前者の行動が適応的とされる。それに対して，内外の変化が著しく，それに適切に対応できることが何にもまして重要なところでは，後者の，意思決定重視の行動が欠かせなくなる。意思決定的な行動にならざるを得ない。金井（1991）が企業で挑戦ミドルと呼んだ人たち，田尾（1990）が地方自治体で，組織の枠組みを変革でき，それに適切な環境を創造できるマネージャーとしたものに近似する。

　これらの対比は図式的であり類型的であるが，彼らの仕事の中には監督者としての働きも含まれる。しかし，ヒエラルキーの下位に位置するほど，直接部下を従えてルーティンの仕事をこなす，第一線の監督者としての働きが重視されるようであり，上位に位置するほど，内外の懸案を広い視野，大所高所から見渡し，判断に努める，場合によっては経営者の視点さえも望まれるようになる。非ルーティンの意思決定である。

　具体的にいえば，部下の仕事を掌握し，仕事に必要な情報を入手・加工・伝達することはルーティンであり，マネージャーが行う最低限の行動である。それによって，新しい条件変数や予期せざる変動を経験しない限り，既存の基準や規範によってシステムを稼働させることができる。しかし，これを定常の状態として維持するためには，職場の人間関係が良好でそれぞれの行動がバラバラではなく機能的に統合されていなければならない。そのためには，部下との信頼関係を強化しつつ，職場規律への服務を徹底させることに努力しなければならない。これらは一つのセットであり，組織が閉鎖的で安定し

た状態の中では，一定の成果を得るべく機能性を発揮することができる。

しかし，変動の幅が大きく，外部的な要因への配慮が欠かせないようなオープンな組織で現状維持的であることは，むしろ阻害となる。オープンな状況ではシステムを部分的に，場合によっては全面的に修正，変更することも必要になる。ルーティンの放棄に至る。まず内部的には，部下の能力や資質を育成して，人的資源の質の向上を図り，対外的には，クライエントその他に働きかけて行動しやすいネットワークを創り出さなければならない。これら状況を変革するような，意思決定に比重をおくことによって，システム全体の潜在的な能力を高めることができる。最大の意思決定は組織のミッションや戦略の変更である。首長，とくに一期目の首長はこれに全面的に関わる。公共の組織のほとんどすべてが設立の当初，戦略立案に関わるが，それらはすべて非ルーティンの意思決定である。

さまざまの意思決定論

意思決定には，論点の相違，適用される状況に応じてさまざまの方式がある（宮川，1994，1995，2005）。望ましい政策を決定するに至るにはどのようなモデルが相応しいか，それによってどのような望ましい成果を得ることができるかということである。宮川（2005）によれば，意思決定論は大きく経済学的，経営科学的，決定理論的，デシジョン・トリーとベイジアン決定論とシステム分析的，行動科学的・組織科学的のアプローチに分けることができる。それらは学問的バックグラウンドが互いに相違し，意思決定に重要とみなされる論点が相違している。従来，その多くは企業の理論として位置づけられることが多かった。企業が業績を向上させるために，有意味な情報をできるだけ多く収集して，それらを取捨選択し，そして組み立て，つまり問題解決に向けて処理を施し，実行に移すことである。公共セクターにもこれが妥当することはいうまでもない。

しかし，有意味かどうかの判断や，多く収集できるかどうかの能力の限界は当然あることで，それらの整備も決定論には含まれる。限界を当然の与件とする立場は，後述するが非合理の立場に立つ決定論である。行動科学的や組織科学的なアプローチのほとんどが，その立場に立っている。意思決定論をいくつかの軸によって区別すると，一つは組織が環境に開かれているかどうか，第4章で議論した環境からの影響をどの程度想定するかという軸であ

る。他の一つは，問題を認識するに際して，目標，あるいは達成すべきことが数量的に，または可視的に表現できるか，それともできないかという軸である。さらに，問題を単一のものとして捉えることができるかどうか。その問題が，組織が抱える最重要の，そしてそれさえ解決できればそれでよいとされるようなものか，あるいは，問題がいくつも並行したり，一つの解決が次の問題を引き起こすような連続の時間軸で捉えなければならないようなものか。さらに，問題解決のための解，あるいは方法や手法が一つか，またはいくつかに絞り込むことができるかどうか，あるいは多数の解を並行させなければならないかである。また代替案をいくつか用意しておかなければ，根本的な解決につながらない場合もある。意思決定は，それを必要とする状況に合わせて多様な道筋を考えることができる。

満足基準

しかし，問題状況の複雑さと決定に至る過程のそれが重なれば，根本的な策，あるいは，最善の解決策を模索するよりも，ある程度納得できるところで妥協しなければならないこともある。サイモン（Simon, 1947）のいう満足基準である。情報の過剰や，逆の少なさ，そして集めることの困難さも配慮すべき要因であり，それらの制約を与件とすれば最適基準を充たすような結果に至ることは滅多にない。結局，最終的な目標の実現は諦めて，部分的な達成，あるいは代替的な工夫によって，ある程度納得しなければならないこともあり得ると承知しなければならない。決定は，それぞれが試行錯誤的に選択肢を探さなければならないが，多くの場合，限定された合理性の制約の下で，最良の選択ではなく，限られた，その程度で満足しなければならない，または，せざるを得ないという基準での決定である。

満足基準に従って，意思決定の具体的な方式を採用することになる。組織の外からの影響を受けずに済む場合，内部の問題として処理し，利害関係者を絞り込むことができるので，解決の方途を探るのは相対的に容易となる。意思決定に関わる人たちを制限するのである。逆にいえば，利害関係者が多くなるほど，方式の設定と解に至る過程に困難さが増すことになる。その場合でも，計量的に達成目標が明示できる指標が構築できるほど，合意の調達に際しても異論は少なくなる。いわゆるマニュフェストはその合意調達を狙っている。ただし，それは争点の少ない分野，あるいは数値化しやすい分野

に限定される傾向にある。また、その対策が必ず解決に貢献するという確信があればともかく、そうでないことのほうが多い。その場合を見越して、補助的対策や、次善の対策を考えておかなければならない。

意思決定のポリティクス

数量化でき、関係者という要因も絞り込むことができ、対処すべき方法も少なくできるほど、意思決定は事前対応が可能になる。これは合理的な意思決定で対処できる。その逆では非合理的な意思決定過程にならざるを得ない。利害関係者が決定過程に入り込むほど、公共のための組織の意思決定を単純な過程モデルで論じるのは難しくなる。来庁した市民に説明を繰り返すだけのようなルーティンの作業は多いが、利害関係が相違する関係者が来れば、意思決定的な対応が必要になる。そのことで何か新しい事業に着手しようとすると、必ず複雑な意思決定モデルを援用しなければならなくなる。というよりもその決定自体がヒューリスティック、つまり試行錯誤的で、解そのものが見当たらない。利害関係者の一方が賛成、促進派、他方が絶対反対、そして阻止を訴える。妥協は絶対あり得ないとすれば暗礁に乗り上げることは必至である。それをどのように打開するかとなれば、その局面を意思決定過程として考えると、企画立案から実施、評価に至る過程は、むしろポリティクスを与件とすべきである。

アリソン（Allison, 1971）は、キューバ危機におけるアメリカ連邦政府の意思決定について三つの類型を想定し、それぞれについてその可能性と意義を考えた。一つは、本章でもすでに述べた、政府はもっとも適切な案を選択できるという合理的意思決定モデルである。二つ目が組織の中で蓄積された標準作業手続きに従いながら、状況適合的に対応する組織過程モデルである。それらに対して三つ目のモデルは、官僚たちはそれぞれ相違なる立場にあって、それの制約を受けながら、互いの駆け引きによって政策は形成されるとした官僚政治モデルである。意思決定にポリティクスが絡み付いてくるということで、このモデルは、最善の解の選択、言い換えれば、技術的な合理性を貫徹できることはない。その意味では、以下の非合理の意思決定に通じるところがある[1]。

III 非合理的意思決定

合理的に決定できるか

　意思決定を合理的と非合理的の二つに分けて考える立場がある。その論点の含意は地方自治体のような公共のための組織を，合理的意思決定モデルで捉えることが可能かという問題設定によっている。この論点に交差するように，意思決定の過程，どのように決定されたのかを重視する立場と，その決定の結果を重視する立場の論点の相違がある。前者はその過程が合理的であるべきか，それとも，合理的ではあり得ないかという論点であり，後者は結果として好ましい，望ましい決定ができたかどうかという論点である。

　過程重視の論点で，合理的な立場を優先させるのは，前述の，問題の認識から選択肢の設定，実行，評価に至るモデルを重視する立場がそれに該当する。コミュニケーションには多少の不都合はあるかもしれないが，当面，情報が円滑に流通していることを前提としている。一連の経営科学的モデル（オペレーション・リサーチなど）はそれに当たる。合理性を歪める事態に至っても，それらは撹乱的な要因として位置づけられる。ゲーム論モデルも基本的には合理的経済人を仮定しているので，過程としての合理性を前提としていることはいうまでもない。利害関係者を拡大して捉えることはあっても地域のオピニオン・リーダーなどに限定的に捉えれば（いわゆるエリート論），その過程は合理的であることが期待される。圧力団体論（既に述べたがアイアン・トライアングルと密接に関係している）は，これに含まれる。決定の結果は必ずしも望ましいものではなかったとしても，その過程は一定の合理的なルールの下で運用されているからである。制度論も，政府による安定統治を背後に仮定していれば，合理的な意思決定過程論に属する。

　このように決定の当事者が限定され，つまり少人数に限られ，しかもある一定のルールの下で決定がなされることは，モデルとしては想定できても，現実の意思決定過程の分析には役立たないこともある。利害の衝突は必ずあることで，コミュニケーションが円滑でない，欠損が生じるなどが重なれば，合意の形成には至らないことも多々あると考えるべきである。現実的な過程モデルの一つは，インクレメンタル（増分主義）過程モデル（Lindblom & Woodhouse, 1993）として知られているものである。利害の違い，意見の相違

などを少しずつ調整しながら，決定を大きく変更することはなく，微調整の繰り返しで少しずつ変更を試みようとするのである。いわば前年度実績に少しの変更，増し分を多くすることなどである。

パワー・ポリティクスの現実

とはいいながら，複数の公共の利害が真正面から衝突するようなこともある。複数の合理性が競合する場合と言い換えてもよい(Hartwig, 1978)。例としていえば，すでに述べたアイアン・トライアングルである。それぞれの利害を抱えて一歩も引かないとすれば容易に決定には至らない。このような状況での意思決定は必ずしも合理的とはなり得ない。決定を回避しようとする。回避できない場合は妥協することもある。妥協によって，技術的に最適な選択肢を逸することもある。また下位部門の衝突は，経営幹部，たとえば首長に下駄を預けるようなこともある。この場合はエリート論が適用できる。しかし，この論議を合理的とする場合は，プラトン的哲人説への後退を余儀なくされる。首長が，合理的に最適の決定を下すことを仮定することの是非という論点が派生してくるからである。人品卑しからず，しかも能力的にも優れた首長など期待されるほどいるものではない。また経営幹部がどのような利害関係に軸足を乗せるかによって，いっそう事態を複雑にさせ，合理的な決定を難しくさせることになる。市民の激しい反対運動などが起これば，首長はポピュリズムに乗るような決定をするかもしれない。

過程重視の論点で，むしろ，関係者が多くなり，その間で利害が錯綜するほど，非合理的な論点が支持されるようになる。過程への参加者が増えポリティクスが錯綜するほど，合理的モデルが推奨するような現実はあり得なくなる。資源依存など予め影響関係をア・プリオリに想定すれば合理的なモデルに近似するが，その関係が複数並び立ち，互いが競い合うような状況では，そして，それが外部の利害関係者を巻き込んでしまえば，技術的な合理性を優先させる事態にはならない。関係者の間での調整，折り合い，そして，妥協が必ずしも好ましい解には至らないからである[2]。

ゴミ箱モデル

以上の意思決定過程の非合理性をむしろ積極的にモデルとして提示したのが，ゴミ箱モデル（garbege can model, March & Olsen, 1976）である。

意思決定に参加しようとする関係者が，予め選択の基準になる目標を明確に定義づけることはなく，むしろそれを曖昧にするほうが事後の行動の選択の幅を広げることが多い。明確にすれば，他の関係者との利害が表面化してしまう。とすれば，目標や選択の基準を曖昧にしておくことで選択肢の幅を広げ，合意を得やすい状況を設定しておくのである。そしてそのような状況では，多くの関係者は状況を断片的にしか理解できないので，何をすればどのような結果になるのかを見通すことができない。意思決定は試行錯誤が当然となる。いわば，そのときどきの，極端にいえば，いわば気まぐれな決定が，組織の枠組みを決めることさえある。しかも，その決定過程に与かる関係者は，状況次第で，参加したりしなかったりする。全力投球ともいうべき参加もあれば，ふとしたことで参加を見送ったりする。

　さまざまな問題やさまざまの解決策，そして，さまざまの関係者がゴミ箱の中で溢れかえっている。問題があって，それの解決策を考えるということではなく，逆に解決策が先行し，それに合わせて問題を探すようなことも，ゴミ箱の中ではある。箱の中で偶然出合った参加者が特定の問題と解の選択に熱心になってしまうということもある。もしかすると，ゴミ箱の中にさまざまな問題や解決策が投げ込まれ，関係者も参加するとそれが壊れてしまうほど膨らんでしまうようなこともなくはないが，それらが合流する中で，従来は考えてもみなかった新しい問題と解の結びつきを着想するに至ることも少なくはない。政策立案などは，このモデルで説明できることが多いが，偶然的な要因に依存すること，そして熱心な関係者が，一時的なファッド（熱狂）を受けて，詳細な吟味なしに施策を立案してしまうなどは，本来合理的ではないと考えるべきである。合理的であったとは，あくまでも事後の評価でしかない。

　この議論は，政策の窓モデル（Kingdon, 1995）に引き継がれる。この場合，問題の流れ，政策の流れ，そして政治の流れが，それぞれ別個にあり，それがある時点で「政策の窓」として開いた時点で，施策として，いわば陽の目を見ることになる。とくに政策起業家ともいうべき人たちが，自ら得意とする施策を推し進めたり，他の参加者に注目されたりする機会が多くなれば，窓がいっそう大きく開かれることになる。

　通常の意思決定過程でも，積極的に窓を開こうとする関係者（政策アクティビスト）が，さまざまの流れを見極めて満を持して窓を開けようとする。

しかし，流れの合流は，関係者の期待のように整備されることではないという意味では，非合理の領域に分類しなければならない。極論すれば，ある日，突然，だれもが考えてもみなかったことに窓が開かれるようなことさえなくはない。小島（2003）は，いわゆるNPO法制定過程をこのモデルによって説明している。

意思決定の病理

それに与かる関係者が多くなるほど，意思決定は迷走する傾向にある。個人では自信を持って決定できるが，それが公に議論されるほど，その過程がデモクラシーの実現にとって好ましいとされるほど，好ましい意思決定ではなくなるというパラドクスが成り立つ。いわゆる「会議は踊る」のである。一般的に，集団による決定は個人によるよりも極端になることが多いとされている。議論を尽くすほど，皮肉なことに極端化（polarization）に至ることがある。多くの場合，対人間の相互作用が個人の中にある先有的な，そして多数派の人たちがすでに保持していそうな考え方をさらに確信させ，それならばと，少しでも他の人よりも先行するように競いあい，それが徐々に，積み重ねられて極端化していくのである。メイヤーとラム（Myers & Lamm, 1976）によれば，人は情報量の多さに影響されやすい。多数の意見にはどうしても同調せざるを得ないところがある。多数派は自らの考えを確信して一層極端に走り，少数派は反対の意見を緩げ，全体としては，はじめの意見を極端にするだけが集団の意思決定であることも少なくないのが一般的傾向であるとしている。これらの集団の病理現象が原因となって，会議や委員会が賢明な意思決定に失敗することがある。失敗例としては，ジャニス（Janis, 1972）によって報告されたケネディ大統領の国家安全保障会議における決定においてみられた集団浅慮（groupthink）はよく知られている。

会議や委員会は異なる意見や考え方を集約するところであり，互いが説得しあうところであるとされる。しかし，実際には，個人が自らの影響力を行使するところでもある。個人的な利得だけを考え，自己顕示的な動機づけによって決定が左右されることもある。また，検討するといいながら，検討事項は根回しによって予め決められていて，未決事項は出さないこともある。話し合いは合意調達のためには欠かせないが，また，極端な意見を抑えることには役立つこともあるが，徹底するほど，むしろ逆効果もあり得ることで

ある。

　さらにいえば，集団の中では場合によっては過剰な同調行動を生じさせることが古典的な研究によって知られている（Asch, 1951; Sherif, 1935 など）。真剣な検討を経ずにある結論に至るようなことも少なくない。集団の決定とは個人がそれぞれに行う決定よりもリスクを含みやすくなる（Wallack et al., 1962）。集団の中で，平均以下の考え方をする人はあわてて平均より上に考え方を変えたり，リスキーな考え方をする人の主張に同調したりする。また，多数決による決定であるほど，結局それぞれの個人が責任を負うことがなくなるような気分になって，慎重さを欠くようになる（Kogan & Wallach, 1964）。リスキーシフト（risky shift: Stoner, 1968）である。しかし，リスクの小さい方に傾くこともあり（cautious shift），保守的な意思決定に傾くこともある（Latane et al., 1979）。集団による決定が必ずしもリスクを大きくするとはいえない。

　ごく少数が反対であれば押し切る，多少の極端な意見が出ても仕方がない，それがやがて決定の方向をきめてしまうなど，集団的な意思決定には非合理に至ることをむしろ許容するような過程がある。逆に，少数者の頑固な反対が決定を主導するようなこともなくはない（Moscovici et al., 1972; Moscovici & Faucheux, 1972; Moscovici & Lecuyer, 1972; Moscovici & Zavalloni, 1969 など）。

ビュロクラシーへの懐疑

　結果重視の合理的モデルの基本型はビュロクラシー・モデルである。上意下達を当然として，過程の詳細には配慮しない。システムを所与として，そのように考えそのように行動すれば所期の成果を得ることができる。これを下敷きとして成り立つリーダーシップ論や経営者論は，合理的な成果を得るための仕掛けとしてビュロクラシーに沿うことを当然としている。ビュロクラシーが円滑に稼働すれば，最良の選択ができる，最良の成果を得ることができるという前提を受け入れている。そして対費用効果を重視することになり，一連の行政評価論も，評価の可能性を前提としているので，この系譜に位置づけられる。公共選択論も合理人による合理的な選択が好ましい結果を得ることになるということではこの系譜上にある。

　それに対して，非合理的に結果を考える論点は，ビュロクラシーというモ

デルの機能不全を指摘することからはじまり，それを稼働させる人間の不甲斐なさを論じる立場である。前者のビュロクラシーの限界，あるいは病理については多くの論者が指摘してきた。それが整備されるほど，たとえば繁文縟礼のような結果を生んでしまうなどである。後者でいえば，すでに述べたサイモンの満足水準を重視する立場，つまり最適水準はあり得ない，そして，完全な合理性はあり得ないのであるから，それによる成果は当然限定的となると論じることになる。

　公共のための組織や公共の組織における意思決定過程の多くは，利害関係者が多く関わって，合理的モデルが仮定するような過程を経ることは少ない。またパワー・ポリティクスを経るなどして非合理的モデルに近似して決定されることが少なくない。場合によっては病理的な過程を経ることもあるが，結果的に好ましい成果を得ることもあるという前提に立って，議論せざるを得ない。意思決定過程とは利害関係者が跋扈するアリーナとして認識すべきところが少なくない。

　ただし，ポスト・モダンに至って，ビュロクラシーではないシステムに従って非合理モデルを受け入れても，その結果がより好ましくなるということはない。意思決定と評価は切り離して構想すべきで，それでもなおよい成果を得るためには，どのような意思決定のための仕掛けが必要かを考えなければならない。モデルの可否は成果に影響しないといってよい。

釈迦の手のひらで

　もう一つの論点，それはこの社会が与えた枠組みも，決定の合理性を削ぐことも少なくないということである。第4章で論じた新制度学派も，選択の余地の少なさを前提にしている。その社会に根付いた行動規範や価値意識，そして慣習など，さらに明文化された法などによって，決定過程にはすでにある程度制約が負荷されている。あらゆる可能性の中から選択できるというのは虚構というべきで，選択肢そのものがそれほど多くはない。選択肢を並べるように見えても，その実は，その社会の価値と適合する範囲の可能性でしかない。その価値に準拠しない決定はやがて行き詰る，あるいはその制度に見合うようにやがて変形される。その決定に従わない人が多くなって，赤信号でもみんなで渡れば怖くない，という状況になる。その社会に根づいた制度と適合しない決定は，中長期的には達成されないように空文化してしま

うのである。逆にいえば，その社会の制度に沿って決定すれば上首尾に終ることもないではない。しかし，革新的な施策は，そこからは生じない。悪弊に対しては，妥協を繰り返すことにもなりかねないからである。

さらに極端な論点から，すでに言及したが，ポピュレーション・エコロジーの立場（あるいは個体群生態学モデル，Hannan & Freeman, 1977; 1989）からいえば，環境による制約から，すでに結果は決まっているという論点もある。たとえば高齢化の急速な変化は小手先の介入で変更できるものではない。成熟した市民社会で政策が合意形成に至るにはさまざまの困難が予想されるが，たとえ合意に至ってもその効果が現れるのは10年以上経ってからのことになる。マクロ環境の変化を不可避の与件とすれば，選択できる施策は実現が可能ないくつかの施策に絞られざるを得ない。フィージビリティ（実行可能性）が問われるのはそのことと関係している。その非合理的な過程をさらに非合理的に仕向ける，この社会の非合理な枠組み，ビュロクラシーの有効活用をもってしても役に立たない，さらに大きな枠組みがあることにも関心を向けるべきであろう。極論すれば，意思決定者は釈迦の手のひらで踊っている孫悟空に似ている。

以上のように意思決定は，合理的よりも非合理的であることを前提に考えること，その中で少しでも技術合理的な決定に近似させることが重要である。そのためにもビュロクラシーという仕組みは，限界を承知しながらも再度，評価されるべきである。ブライマン（Bryman, 1984）によれば，あるところでの非合理は，別のところで合理性を考える契機にもなり，それらの積み重ねがマネジメントになる。それは合理性に近似させようという意欲と重なり合う。換言すれば，新しい考えを取り込みながら，ビュロクラシーという仕組みを与件として，それを普及させ，その結果を検討して，さらにまた新しい考えを得るに至るという漸進的な過程をどのように実施するかである。

コンフリクト解消の中での意思決定

個人と個人，あるいは集団と集団が利害を巡って対立することがある。それは生理的な過程であり，病理として捉えることは決定の内容を歪めることになる。上司と部下との間ではしばしば生じるといってよい（Burke, 1970）。コンフリクトである。利害関係の競合はポリティクスであるが，コンフリクトとして捉えることができる。不可避のコンフリクトであれば，それを抑え

るよりも前向きに関わることが,むしろ望ましい結果に至るという指摘がある (Schmidt, 1974; Thomas, 1976, 1977; Thomas & Schmidt, 1976)。この立場は,組織論ではすでに一般的な考え方である。コンフリクトはないよりもあったほうが組織は活性化する。

　さまざまの利害競合をコンフリクトと考えれば,それの解消過程がポリティクスということになる。それがなければむしろ組織は停滞に向かう。とすれば,ポリティクスはむしろあった方が組織は活性的である。そしてあることを当然として,それをどのように管理するか,コンフリクト・マネジメントを考えるべきか,ということになる。選択肢の比較(Schweiger et al., 1986),傍観者的な役割による介入(Moscovici et al., 1972)など,また,互いに妥協や和解,回避,棚上げなどいくつもの方途がある。意思決定の手法はそのなかでよりいっそう洗練される。

Ⅳ　職員参加

分散化の意思決定

　メンバーが,組織の意思決定に加わることを一般に参加という。ビュロクラシーとはトップ・ダウン,つまり,下方伝達で決定を行い,それを下方に周知徹底することによって成り立つ。しかし,通常,トップだけですべてのことを決めてしまい,残りのメンバーはただ従うだけの組織は稀である。さまざまのレベルにおいて,メンバーは参加しようとする。資源動員のもっとも効果的な手法は参加である。権限委譲は上方からであるが,参加は下方から意思決定に加わることである。当然,参加論は権限の集中化－分散化と重なり合う。分散化によって組織の下位のメンバーの関与を促して強制ではなく,自発的な動員を図るのである。現場を熟知している人たちの意見の汲み上げである。市民と日常的に接して彼らの考え方を熟知している,その熟知を活かすために,提案などで制度化することもあれば,上長が個人的に意向を聴取することもある。職員組合などとの良好な関係も,この中に含まれる。サービス現場や意思決定過程にどのように下位のメンバーを参加させるか,あるいは,その意欲やモラール（士気）を前向きに活かすことができるか,そのための積極的な方策が参加である。より下位のメンバーを実質的に取り込むのである。

参加の程度に工夫を施しながら，集中化と分散化の中間にそれぞれの組織の特徴にあわせて，折衷しながら意思決定の方式ができ上がる。多少は集中的で，多少は分散的である。極端に向かうことは滅多にない。たとえば，稟議制は，分散化の決定方式の典型であるが，実際には，上意下達を補完する役割を果たしている。上司の内諾がないままに起案するようなことは滅多にない。むしろ合意を関係者から得るための仕掛けである。結局，稟議制とは合意を調達する仕組みといってもよい。

　職員参加とはこの区分で位置づけを行うと，分散化の方式になる。職員を意思決定過程に参加させて，意見や考え方を聴取しながら，幹部による正式の意思決定に活かそうとする試みである。とくに現場から，市民の要望を熟知できる立場から，それに支えられて職員参加は可能となる（松下，1980）。細部を承知しているのは「だれでもない，この私である」という自負である。また，決定以後の異論や不満をできる限り少なくするために，事前の合意を得るための仕掛けでもある。内実のある合意のためにはよりいっそう良質の人材を必要とする。人的資源管理の一部を担うといってもよい。

　参加には心理的な効果が大きいという説もある。たとえば，自らの意図関心によって目標を定め，プランやスケジュールを調整できることは，大きな動機づけ要因になる（Latham & Yukl, 1973）。また参加によってストレスの軽減にも役立つ（Jackson, 1983）。とくに地方自治体のように，目標が多岐にわたり，集約されそうにない，さらに達成が可視的ではない，あるいは，結果がかなり先のことであるような，時間的スパンが非常に大きいようなところでは，職員が「私はいったい何をしているのだろう」という疑問を抱きかねない。そこでは，日々の行動そのもの，ルーティンそのものへの関わりが，モチベーション低下の要因として働くのは避け難いことである。今現在の成果の達成感を味わって次の仕事に備えるというよりは，それぞれのその時々の，いわば日々の仕事への関わりの手応えという実感が，それぞれの職員のモチベーションを支えているといってもよい。であれば，参加によって確かなものを感じさせる職場風土に変更させたいと考える。

　ただし，参加によって職員の意向をすべて反映させるようなことはない。公式的に職員参加が必要となれば，職場会議など何らかの仕掛けを設けることになる。参加論が独り歩きをはじめると，逆に，職員の不満を募らせることもないことではない。

現場の優位

　意思決定と参加の方式が重なり合うのは現場の優位があるからである。何をするかを決定するためには，何が問題か，それのために情報をできる限り多く集め，その中で何と何が必要な情報かなどの判断が必要になる。なぜ職員参加が欠かせないのか，それは現場に熟知した職員を意思決定に参加させなければならないからである。現場からの職員参加の長所は，すでに述べたことも含めて要約すれば，以下のように三つある。

　(1)現場の意見の取り入れ

　日々クライエントと接触しているのは，現場の職員である。何が必要か，何が欠けているかを熟知している。それはマニュアルに書き込めない，首長や幹部の知りえないところにある知識である。日々の知恵と言い換えてもよい。あるいは暗黙知（野中・竹内，1996）である。管理職にある人たちと比較してパフォーマンス・ギャップを肌で感じるのも多くは現場である。それらの知見を活かすことが決定の内容をよくする。

　(2)自己効力感の増大

　私の意見が活かされるということは，私の自己効力感（Deci, 1975）が増すことになる。現場を熟知しない上司の指示では，余分の，あるいは見当違いの，してもしなくてもよいと思うようなことをしなければならないことがある。裁量の気分を満喫できれば，さらに働きたいという気分になってモチベーションの高揚に繋がる。いわばストリート・レベルのサービスの送り手たちの快感である。

　(3)アイデンティティの確信

　意思決定に参画することで，組織への帰属の気持ちが大きくなれば，貢献の意欲がいっそう増すことになる。単なる所属の感情が，ここの一員でありたいという準拠の気持ちに転化する。そのような気持ちになるほど，困難な問題に直面しても，それを越えようという意欲が強くなり，上司の指示を受けなくても自発的にそれに対処しようという気持ちが起こるようになる。

　しかし，問題点もある。現場の発言権が強くなることは，全体としてのまとまりを欠くことが同時並行することである。職員にはそれぞれ身近に担当するクライエントがいる。彼らのアドボカシー（代弁的な役割）がもっとも重要な課題である。彼らの立場に立つということを，それぞれが独自に行え

ば，全体的な意見集約ができなくなることもある．極端な場合，利害関係者の立場に過剰に関与すれば，地方公務員は自治体の都合よりも，相手の都合を優先させるようになる．その挙句がアイアン・トライアングルの林立である．組織としてはまとまりを欠く方向に歩みがちになる．

　要は，彼らの存在を無視しては，円滑に管理運営することはできない，とはいいながら，現場が彼らの意向を取り入れると，そして互いに，それを代弁するようになると，組織としてのまとまりを欠くようになることは必至である．集中化と分散化を，どのように折り合わせるかである．職員参加によって，現場の意見を大いに取り入れるべきである，しかし，それも度を過ぎると，システムは求心力を失うことになる．

参加の対価，そして報奨

　再度いえば，地方自治体は典型的なオープン・システムである．外部環境に依存している組織である．端的にいえば，窓口ですぐ目の前にいる人を相手にサービスを提供する組織である．規範的に市民の意向を重視すべきであるといわれるが，実情はそれと乖離しているとの指摘もある．しかし，関係団体や地域の有力者も含めた関係者が身近であるほど，成果のフィードバックは非常に大きい，仕事の見通しがきわめてよいタスクを遂行する組織である．とすれば，サービスの提供行動に駆り立てるもの，いわば報奨は，クライエントの評価に依存するといっても過言ではない．住民や関係団体の満足が彼らの働きがいになる．意欲の根元を成すといってもよい．

　地方公務員において，クライエントである住民が目前にいるから，ただちにその反応を知ることもできる．しかも，自らも，地域の住民である人が多く，その見方や考え方も共通するところが多い．また，地域に愛着のある人が地方公務員を志願し，公務員になるということもある．職員として採用する過程でも，実際，地道に地域のために奉仕したいと考える人に，就業希望が強いということもある．したがって，地場の人たちの意見を反映させたいという気持ちは本来強いはずであり，企業などと比較した場合，平均すれば地域にコミットメントしたい気持ちは相当高いと考えるべきで，積極的に関与する可能性は非常に強い．当然，職員参加への意欲は強くなる．

　しかし，職員参加については管理システム上の構造的な問題がある．その意欲は自然と醸成されるもので，強制によってではない．しかし，その意欲

を活かすためには組織全体の管理施策（人的資源管理，第10章で詳述）を考えるべきである。どのような人材が必要であるか，その人材をどのように育成するかなどを勘案しながら，意欲的に関わる人材を発掘したい。参加も強制ではなく，それを促す周囲の状況によって，その程度が自ずと決まってくる。それらへの顧慮がなければ，参加とは分散化の弊害に至る。

より大きな文脈で

　適切な職員参加は，意欲的を引き出すために実施されることから，さらに質的な向上につながるように工夫される。エンパワーメントといわれる権限委譲は，判断を現場の職員に委ねるものである。その場の事情に沿って即決しなければならないことはその場で決めればよい。逐一ヒエラルキーを通して上司に報告し判断を仰ぐようなことでは，遅きに失する事態に立ち至ることがしばしばである。その危惧を少なくするためにも，現場重視を内実化して，有為の人材の登用が欠かせない。そのための職員を育成することで，配置の適材適所を行い，エンパワーメントを実施するのである。それに責任が合わされば，職員は一人一人自分の行動によって得る成果に関心をもたざるを得ない。質の向上に，否が応でも意欲的になると考えられる。結果的に，環境適合の柔軟な地方自治体という組織が成り立つ。

　職員参加を，さらに大きな文脈で認識するとすれば，経営参加という概念に至る。企業では経営民主主義といわれているものである。政治的民主主義と対をなして，企業が経営者の恣意によってではなく従業員の意向を取り入れて経営をすべきであるという理念に支えられている。監査役に労働組合の代表を加えるなどで，その理念を実現しようとした。いわゆる日本的経営も，労働組合との融和を重視したので，広義では経営参加であるといえる。その後，コーポレート・ガバナンスによる株主重視の議論もあって従業員重視からの変換はあったが，経営者の独走や暴走による不祥事もあって，また経営参加が見直されている。その重視が経営におけるデモクラシーの実現と重なるというのである。

　場合によっては，内部告発者（whistle-blower: Elliston, 1982; Elliston et al., 1985; Near & Miceli, 1987, 行政の場合は Bowman, 1983）も参加の枠組みで論じることもできる。参加とは逆に，確信的に，組織に否定的な行動を採用する人たちである。ネガティブな位置づけではあるが，彼らの行動は，正面

からの参加ではないが，組織を健全に，そして社会的な正当性を復元することに貢献することもあるからである[3]。

目標管理による自治体運営

目標管理（Management by Objectives，略称して MBO）は，参加を促すための技法の一つである。目標を自ら設定して，その達成に取り組むことはモチベーションを向上させる（Drucker, 1973）。いうまでもないが目標は具体的に明示されなければならない。目標が曖昧では用をなさない。曖昧さが少なくなるほど，それに向けて何をすればよいかが分かりやすくなる。目標が達成されるためには，その前提として，当事者に分かりやすく提示され，理解されなければならない。明示というのは，目標を達成するための手段との関係における適切さのことである。曖昧であると，何をすればよいのか，何を使えばよいのか判断に迷うことになる。不要な迷いそのものが大きなコストとなる。しかし，具体的にすぎて，小さな日常的な些事から一歩も出ないような目標は，職員の達成意欲を削ぐことになる。目標はむしろ大きいほど，人のやる気を引き出す。しかし，大きい目標は曖昧でもある。曖昧であると何をどのようにしてよいか分からなくなる。これは目標のパラドクスである。地方自治体も例外ではない。地域社会の福利の向上と日々の些事にはギャップがあり過ぎる。

これは目標の階層性によって解消される。目標の特性として，それの多くが階層的な成り立ちをもっている。つまり，本来目標とは，全体目標があって，それが個々の具体的なサブ目標に細かくブレイクダウンされるような構造をもっている。全体目標が大雑把で分からない，極端な場合，見えなくても，それのサブ目標の中で，自分がどのような目標のどの部分を達成しようとしているかが明らかになれば，関わり方も大きくなり，参加によって否応もなくモチベーションも高まるのである。

さらに，目標とはそれ自体モチベーション要因である。極論すれば，動機づけのない目標は目標ではない。他から与えられた目標と，自らがつくった目標では，それを達成しようという意欲に差が生じる。当然のことながら，目標は達成されるためにある。自分の能力や意欲を勘案してつくった目標には，達成の見通しがある。また，多少無理をするとしても，無理そのものが，動機づけの要因となることもある。達成動機づけの強い人は，多少無理な目

標を掲げるという知見もある。困難とされる目標でも，動機づけいかんによって，それへの対応が変化する。対応しだいで達成の度合いも変化する。したがって，目標設定，または目標づくりに参加することが，本来の参加の意義であるといってよい。

　目標管理とは，以上のような目標を定め，それを達成する過程の円滑化である。目標について，できるだけ多くの合意を調達し，達成しやすくすることである。それには，目標の具体化つまり，その達成の過程を可視的にすること，およびモチベーションを高揚するための関係者の積極的な参加が欠かせないとされる。しかし，関係者が多く参加するほど，それで得る決定が愚かしい結果に至ることもあり得ないことではない。これも意思決定のパラドクスとして捉えてもよい。

V　意思決定の工学

　以上の議論で，意思決定過程をできるだけ最良の決定に至るように仕組むことがマネジメントであると述べた。しかし，それはそれほど多くあることではない。決定とは，愚かな決定に向かう可能性が絶えずあることに注意しなければならない。参加や分散化の決定が衆愚といえばよいか，愚かしい決定に向かうこともないではない。であれば，これを阻止するための工学的な工夫も同時に考えなければならない。

　意思決定の仕組みを整備しても，あるいは関係者の意見を完璧なまでに聴取し終えてもなお，決定の質を落とす，あるいは結果的に間違えた決定になってしまう。では，どのような状況が愚かな意思決定に至らしめるのか。

　(1)進行のためのルールとそれを支える雰囲気のないこと：議事の進行に関するルールがあるか，あるいはないか。ルールはあっても困る，なくても困るところがある。なければ，混乱するが，それを遵守し過ぎると，自由なアイディアを抑え込むことにもなって不都合が生じる。会議や委員会が権威主義的な雰囲気に支配されるような場合，または，形ばかりの参加だけの場合，集団による意思決定は用をなさない。逆に，声の大きい人，繰り返し発言する人の意見が通りやすい状況では愚かな決定に至る。

　(2)圧力の存在：とくに時間圧力が重要である。急がされることは，試行の機会がなく，十分な議論の機会を制限することになり，間違った決定に至ることになる。逆に圧力がなければ決定がないこともある。圧力に対して，そ

れに対抗できるだけの資源があるか，余裕があるかなどが問題である。

(3)多数決原理への無批判的信奉：多数決で決定することまでは問題は生じないが，多数は正しいとして少数意見に圧力を加え，考え方を変えようとすると，愚かな決定に至ることがないとはいえない。満場一致を目指して意見を集約するときには間違った決定に陥ることがある。逆に，利害関係者が多く互いに考え方を譲らないようなところでは，集約に時間がかかるが，決定に至れば，それなりに十分練れた結果になるので，大筋として好ましい決定に近似することになるのではないか。

(4)特殊専門的な知識：決定のために必要な知識や技術が特殊であると，理解できるメンバーが限られ，全員に周知されないまま決定に至る。また，技術的な問題が優先的に扱われると，倫理的な問題点が欠落してしまう危険がある。反倫理的な決定は専門家以外の反発を招くことになりかねない。

(5)関係者の不在：関係者や当事者がその決定の外にいる場合，問題の深刻さが理解されない，あるいは無視される。実行に関与しない人たちだけが決定に参加すると，それが影響を及ぼす範囲や深さについて事前に十分熟知しないままのことがある。現実に，決定の内容とそれの実行可能性は別の問題であることが多くある。

逆に，愚かな決定をしないためには，どのような方策があるのか。基本的には少数意見や反対意見に対する寛容であり，それらを絶えず勘案しながらチェックを欠かさないことである。たとえば，多数意見に反対する人を立てて意見を再検討させること（devil's advocate approach），集団をいくつかに分けて別々の考え方を立てさせ相互に検討させること（dialectical inquiry approach）などである。異なる意見は予断を入れずに比較検討する方がよい，あるいは，意思決定に我を忘れて没入せずに傍観者の役割をとったり，流れに逆らう介入がリスキーシフトを少なくし，極端化を避けるために効果的である。

サイズへの配慮

意思決定において決定的に重要なのは，サイズ要因である。関連する人員の数である。サイズは意思決定だけではなくあらゆる組織過程を制約する要因である。意思決定だけに限っていえば，少人数であれば，熱心な討論によって微細な検討もできる（すでに述べた集団浅慮に陥る危険性は払拭できな

いが)。人数が多くなるほど,それを一つの意思にまとめようとする。いわゆる組織化であり,ビュロクラシー化といわれるものである (Blau & Schoenherr, 1971)。ビュロクラシーによる意思決定が欠かせなくなり,それに付随して,決定内容への不信や,それの内面化や応諾の意欲が乏しくなる (Kimberly, 1976)。とくに行政の場合では,上司は部下を増やそうとするというパーキンソンの法則 (Parkinson, 1957) が顕著に見られ,それによって肥大化の傾向が必然とされ,このことが絶えざる行財政改革が欠かせないという理由の一つになっている。

このためにどのような対処の方法があるか。その一つは,浅慮を避けながらも,意思決定の仕組みをできるだけ現場中心に仕立て,しかも,小さな規模にすることである。権限委譲や分散化,さらには動態化などの手法と重なっている。次節で述べる小集団の活用でもある。

小集団の積極的活用

多数で議論すると,冷静に議論できなくなることがある。議論が沸騰して混乱に至ることも少なくない。一時的に小集団,たとえばプロジェクト・チームやタスク・フォースなどは短期集中的に,特定の仕事のためだけにつくられる集団である。そこでは冷静に議論できる。審議の自由を保障されるのでフォーマルではあるが,職場集団のように長期的なヒューマン・リレーションズの形成を前提にしていない,その場限りの集団活動である。なお小集団には特有のダイナミクスが働く (Cartwright & Zander, 1968) が,その場限りの不安定さを,逆に活かそうというのである。

このような集団では,メンバーの異動が激しく成員性を確定しがたい。その場限りであるから,割り切りよく意見を陳述できる。一時的であるために,メンバーの入れ替わりは当然のことであり,義理や人情のような情緒的な連帯感は集団成立の必要条件にはならない。集団はそのまま長く続くほど,基準や規範が強力に形成され,また,それに対して同調を強要したり,それから逸脱することへの制裁も厳しいものになる。しかし,一時的であることを前提にメンバーになるとすれば,凝集性も斉一性への圧力も彼らの行動を拘束する要因になることは少ない。したがって,新しいアイディアに至ることも少なくない。また,何か特定の課業の達成を中心に展開されるので,仕事の目的,それに至る手順手続きが明らかにされているか,されていなければ,

それを明確にすることから作業が始まる。逆にいえば，いつまでも集団の目的が曖昧であったり，どのようにすればよいかなどが明らかにならないような集団では，メンバーが成員性を重要に考えないで，崩壊に至ることもある。なお，中長期的な企画などでは，外部の関係者，あるいは専門家も加えることもある。

では，このような一時的な作業集団が成り立つためには，どのような条件が欠かせないのか。

(1)相互依存的関係：メンバーの相互依存的な関係を必要にする場合，一時的であっても有効に機能するためには，協力することの必要性をメンバーが共通の認識としてもつことである。

(2)成果の先行：成果を挙げることで互いの信頼感も増し，雰囲気がよくもなる。この逆で，いわば負けが込んでくると，雰囲気が悪くなり信頼感も損なわれる。まず成果を上げなければならない。

(3)基準や規範の単純さ：対人関係を支えるための手順手続きが煩瑣にならないことである。一時的であるから，維持そのものを目的にしない。したがって，基準や規範は簡素である。

さまざまの個人が一時的に一つ屋根の下にに集まったということで，心理的な結びつきよりも，彼らをともに覆う屋根の部分を強調することによって成立することがある。小さな成果を大きくみせたり，成功が目前に迫っているかのような暗示が一時的な集団を支えることもある。しかし，永続を前提とする集団に比べると，その場を切り抜け凌ぐことを何よりも優先させる傾向に陥り，合理的な判断や行動に欠けることもある。

会議と委員会

小集団を活用する手法は，会議や委員会にも適用できる。組織では，会議によって正式に意志が決定される。その会議は，最末端の係や班の中での会議から課内会議や主管者会議，さらに，地方自治体でいえば庁議など最高意思を決定する会議に至るまでのさまざまの会議がある。それぞれは機能も異なるので，一般化できないことも多い。しかし，組織の中の大方のことは会議によって決定され方向づけられる。必ずしも多数決ということはないが，多数の合意を正式に得なければ，組織の意志とはならない。公的であるとして権威づけられれば，メンバーに対して強制もできる。強制を正当化するた

めには，会議による決定が欠かせない。

加えて，会議には，以下のいくつかの機能が付加的に考えられる。

(1)アイディアの創出である。衆知を集めるために会議はある。

(2)情報の意図とその解読を合致させる場である。理解が食い違うと周知徹底できない。

(3)さらに，成員性を改めて確認する機会でもある。仲間であること，互いの役割と責任分掌を確認するために会議は必要である。

意思決定の病理を免れることはないが，それでも，会議では処理し切れないような，専門的な，つまり，意図関心を絞り込んでスペシャリストなど特定のメンバーによる分科会が必要になる。これが委員会である。

会議に対して，委員会は，資料を集め，詳細に検討を加え，評価する。諮問だけの委員会から部分的ではあるが，決定を下す委員会までさまざまである。根回しのために委員会ができることもある。ただし委員会ができれば，すべてのことが片付くということではない。

委員会を成り立たせるのは，以下のような要件である。

(1)小規模：員数が多くなるほど十分な検討や議論ができなくなる。詳細な検討，吟味のためにメンバーを少なくして精鋭化しなければならない。

(2)専門分化：特異な専門領域を扱うために，その領域を得意とする人たちを招集しなければならない。

(3)インフォーマル化：会議よりも会合や懇談会に近似することがある。正式に議論するよりも，その前段でトピックやテーマを煮つめたい場合には，和気あいあいの気分が欠かせない。

(4)緩衝的な性格：正式の議題とするには依然として反対が強く，説得や合意の調達に時間をかけるためには，余裕を見込まなければならない。

(5)成員性の柔軟化：正式のメンバー以外，たとえば，クライエントなど外部情報を加えて検討したいときなどには，オープンな会合にしなければならない。

しかし，他方で，小さな集団であるほど，集団浅慮を招来しそうな過剰同調もみられなくはない。また，委員会を多くつくると，互いに利害が競合して事態が混乱することにもなる。決めたことは単なる諮問への回答に過ぎず，直ちに実行に結びつかないので，切迫感や緊張に欠けると，時間や経費を浪費することになる危惧が委員会にはある。限界はあり得る（Coffey et al.,

1968)。組織を機能的にするためには，円滑なコミュニケーションとそれに依拠したリスクの少ない，できるだけコストをかけずに目標の達成に至るような意思決定が欠かせない。そのための工夫が会議や委員会であり，マネジメントの重要な一部をなしている。

　これらの論点は田尾（1991）によって詳細に論じられているが，行政関連の会議への参加を通して，具体的な問題を森田（2006）は論じている[3]。

エンパワーメント

　組織が活性化するためには，メンバーにパワー（個人が自立した個性によって他者に影響を及ぼすことができるという意味である）を与え，それぞれが責任をもって働けるような仕組みにつくりかえなければならないとされる（Conger & Kanungo, 1988）。エンパワーメント（empowerment）は権限委譲と訳されることも多い。すでに述べたビュロクラシーにおける委譲の議論と重なるが，職員参加がすでにエンパワーメントである（Yedich & Levine, 1992）。これを有効に機能させるには，経営幹部の役割は大きい。権限委譲や職員参加のためには，まず管理構造を変更することになる。このような変更に耐える人材の育成のためにエンパワーメントが用いられる。無気力を感じモチベーションの低下している人たちがいれば，個人が相応の資質や能力を発揮できる職場になるように組織の変革，あるいは再構築は当然のこととされる。

　したがって単なる権限委譲ではなく，それをスラック（余裕）確保に使えるようなエンパワーメントの意味を込めて使うべきである。本来，この語義には，公的な権限委譲を超えた裁量の拡大を意図している。委譲された権限を，さらに深く考える時間に，そしてそのために頭を休める，体も休める時間にも使え，さらなる創造的な発展に供することができることが，本来のエンパワーメントである。目標管理はエンパワーメントとともにあるとされる。そのエンパワーメントを手法として活用できるかどうかは，結局，マネジャーの腕次第である。会議や委員会の運営は，権限を委譲された人たちが，そのエンパワーメントを最大限発揮できるかどうか，ということである。発揮できる能力や資質も含めたエンパワーメントである。当然，結果が問われる。

　ビュロクラティックなシステムの組織は，次第に硬直化し，そこにいるメ

ンバーに積極的に仕事に向かう意欲を減退させる。いわゆる官僚制システムの病理として喧伝されているものである。それを払拭することがエンパワーメントである。その無意味感や無気力感を産むような管理システムの欠陥を是正することがマネジメント・コントロールの要諦でもある。通常の組織は，時間を経るごとに作業がルーティン化して，意欲的でなくなる。それは，再度の意欲を喚起する仕掛けでもある。

したがって，だれでも，できることであれば，意欲的に働けるようにバリアを除去し，その機会を得ると積極的に対応しようとする。その機会をつくることがエンパワーメントである。したがって，そのような機会の多くある組織もあれば，ほとんどないような組織もある。トーマスとベルソース（Thomas & Velthouse, 1990）によれば，エンパワーメントは組織文化の一つ，それももっとも重要な構成要素である。このような文化を醸成するために，マネージャーの役割は大きい。権限委譲や職員参加のためには，まず構造変革が欠かせないからである。

とくに，近年，この問題が喧伝されるのは，本来個人が発揮すべき領域が制限されつつあるのではないかという危惧がある。たとえば，コンピュータ化によって，無気力を感じモチベーションの低下している人たちがいるようであれば，個人が相応の資質や能力を発揮できる職場になるように組織の変革，あるいは再構築は当然のこととされる。とくに公共サービスでは，サービスの送り手は，その内容に自信をもたなければならない。自らの知識や技術に誇りが欠かせない。過剰な自信は望ましくないが，卑下や卑屈はもっとも厭うべきことである。そのためにもエンパワーメントを制度的に膨らませ，それを活かす，あるいは，支える組織文化を醸成しなければならない。しかし，逆にいえば，それの機会は遍在していて，活かすかどうかはマネージャー個人に帰することもできる（Gutierrez et al. 1995）。

シェラとページ（Shera & Page, 1995）は，ヒューマン・サービス組織において，エンパワーメントを可能にするために，構造，人間，テクノロジーの三つの変革が必要で，その工夫を並べている。たとえば，構造については，権限の分散化，参加，コミュニケーション回路の開放などであり，とくにリーダーシップの役割を重視している。また，この章で議論されたマネジメント・コントロールの変更の多くは，同時にエンパワーメントに寄与する。このことが公共サービス一般に拡張できることはいうまでもない。

人間については，研修などを通じてモラルの向上を図ることや，自己啓発や自己管理を重視している。関連していえば，教育の重要性についてはコンドラット（Kondrat, 1995）も同じような指摘をしている。有能な人材を育てるということは，ただちにエンパワーメントになる。また，クライエントにパワーを分与することもエンパワーメントであり（Pinderhughes, 1983），送り手と受け手が互いに近接することで情報の共有がエンパワーメントになって，組織を活性化させるのに貢献している（Kopp, 1989）。送り手が一方的に資源を独占して，パワーを発揮できる立場に立てば，受け手の意欲はそれに反比例して減退するのは避けがたい。

また，テクノロジーを通して，文書化など情報管理を徹底すること，成果指標を整備することなどによるとしている。コンピュータも活用次第でエンパワーメントに貢献する。たとえば，事務的な作業，つまり，ペーパーワークを少なくして本来の活動に没入できるからである。一般的な仮説としては，これらの工夫を合わせれば，サービスの質が向上するというのである。

要約

マネジメントは，どのように，どのような意思決定を行うかが成果の過半を決めるといってもよいほどである。しかし，その決定過程は必ずしも当初意図したようには進行しない。むしろ企画や立案が当初の意図から外れてしまうのは，いつものことであるといってもよい。そのことを読み込んでの成果への期待であるといってもよい。地方自治体という組織が，さまざまの利害関係者のアリーナとすれば当然というべきではある。ポリティクスという与件はここでも避けがたい。さまざまな利害の主張がありそれを調整，あるいは調停する中で，技術的に最善とみなされる選択はむしろ少ない。

したがって，多くの意思決定のあり得る状況は，合理的なモデルによって理解するよりも，むしろ非合理の過程として認識するほうが適切であろうと考えられる。さらにいえば，その過程は歪み，当初の意図から逸脱することも少なくない。意思決定は病理を伴うことさえもしばしばである。しかしそれでも，その過程は，それが実行可能性や目的適合的であるほど，その後に得られる成果は大きくなる。合理的に近似すべきは当然とされる。したがって，どのように意思決定過程をデザインするか，もしそのデザインが不都合を来すようであれば，どのような修正が可能であるかなどを，マネジメント

の立場から事前に対応することが望まれる。

そのためにはいわゆる風通しのよい，コミュニケーションが円滑に流通する仕組みの構築が課題となる。その仕組みのためには職員が決定過程に参加できること，目標管理，会議や委員会の活用，そして個々のメンバーへのエンパワーメントなどがある。以上の工夫を重ねることで，少しでも好ましい状況や，望ましい成果を得られるような意思決定に近づけたい，その過程の設計が意思決定の工学である。

以上の論点は公共セクター全般に妥当することではあるが，とくにポリティクスが錯綜する地方自治体では，その設計に齟齬を来すようなこともあり得る。もし首長などが施策立案，そして実行の過程で，全体的な仕組みの決定に判断を誤ると，その地域の近未来の姿を歪めるようなこともないではない。非合理モデルの立論に従えば，誤ることがむしろ通常のことで，それからどのようにどの程度回避できるかという議論になる。意思決定は重要であるが，解決困難な問題をその過程に含んでいる。

(1) 年代的には，後段で述べる集団浅慮の事例分析となったピッグス湾事件は，アリソンのキューバ危機の分析に先行する。同じケネディ政権でも集団浅慮での失敗を繰り返さないためにより慎重に意思決定を行った結果，大事には至らなかったといえる。同じ集団では失敗によって意思決定を学習できることを示唆している。

(2) たとえば京都市の場合，環境保全の施策と経済発展のそれは厳しい対立を続けてきた。妥協はあっても合意に至る道筋は非常に困難を極めた（村上，2003，村上他，2007）。妥協は必ず次の対立や競合に持ち越された。市役所がシステムとして成り立っても，あるいは成り立つほど，外部環境の影響を重視せざるを得ず，内部ポリティクスに持ち込まれることになる。たとえば，駅ビル建て替えなどはその典型的な例である。京都市役所だけが例外ではない。民生行政と開発行政は相容れないところが多いし，高齢者に向けた施策を重視するか少子化対策を重視するかも，少ない資源を巡って競合しがちである。意思決定はパワー・ポリティクスの過程である。なお，京都市については学際的に分析した著作として，比較的以前のものとしては三宅・村松（1981）がある。

(3) 内部告発を支援する法律が制定されたが，当初，その効用については疑問視されていた。しかし，その後，企業では明らかにホイッスルブロワーによるとみられる不祥事が多く告発されるようになった。これが行政に及ばないはずはない。

第8章　市民と行政Ⅰ：市民参加

Ⅰ　論点

　市民と行政の関係は本来確定しがたいところがある。互いが期待するところが重なり合わない，場合によっては相反するようなことも少なくないからである。さらに近年公共サービスの一部を市民が担うようになって，いっそうその境目が曖昧になった。その曖昧なところでは市民と行政は協働もするが，競合もあり対立もある，しかもそれが尖鋭化することも少なくない。サービスを提供する行政としては，受け手を差配したいと考える，しかし，支援もほしい。受け手である市民は，良質のサービスをより多く望むが，ただ受け手であるだけではなく，サービス資源の配分に関与したいとも考えるようになった。互いが負担を少なく利益を大きくしたいと考えれば，ゲーム的な関係に転じることも少なくない。

　今，市民参加が重要であるといわれている。今後の行政サービスの資源不足を補うためにも，またいっそうのその質の向上のためにも，市民自身のマネジメント・サイクル全般への参加が欠かせないとされる。参加によって，望ましい水準，それに至るための方式の選択，あるいは，基準の設定などの決定に積極的に参加するのである。決定への参加だけではなく，実施やその成果の評価への参加もあり得る。NPOやボランティア活動への参加も市民参加の一部である。結果として，従来の，いわゆるお役所仕事的なものの改善，そしてさらなる向上を図ることができる。

　市民，あるいは市民セクターが行政に対置されて（市民セクターと行政セクターを合わせて公共セクターと称するのも，一つの有力な定義である。本

書は，行政以外にサービス提供者が広がることで，行政サービスの担い手である公共のための組織と，それ以外の公共サービスを担う公共の組織を区分し，それらを包括して公共セクターとした。その議論と重なることである），それに対する批判的なパワーとして，あるいは，それとのパートナーシップによって，行政サービスのいっそうの質向上が期待されるということである。そのセクターの中心はNPOやボランティア集団が担うことになるが，すでに市民であることが市民セクターの一員である。その自覚が普及するようになるほど，市民セクターは大きな存在となる。

なお，その語の定義については慎重な検討を要するが，市民セクターとはボランティア・セクター（そして広義の第三セクターに包含される）と言い換えてもよい。公共サービスを提供するNPOなどは，公共の組織となるだけではなく，ボランティア・セクターを構成する有力メンバーとなる。そして，公共に貢献するボランタリーなサービスが市民によって代行されることも多くなる（Brudney, 1990）。

ただし他方では，次章で述べるがストリート・レベルのビュロクラシーというもう一つの端にある市民と行政の関係を考えなければならない。市民参加が市民と行政の関係を円滑にし，市民の意向が行政に反映されるようになっても，行政サービスの一部には，というよりも行政一般にはお上と下々という関係が残滓として存在を続ける。市民の意のままにならない世界は厳としてある。これらの裏と表が出揃ってはじめて市民と行政の関係のダイナミクスを捉えることができる。

II 市民参加

合意形成

市民との関係で，デューイッシュー（手続き過程）として合意形成が欠かせないことはいうまでもない。目標の設定とともに，それに対する合意形成が並行するが，その過程で必ず反対があり抵抗がある。利害の錯綜は，必ずといってよいほど同意者と非同意者の対立や競合を生じさせる。市民のニーズについても当然のことながら利害の競合がある。競合が重なれば，合意形成も複合的にならざるを得ない，また，その形成の過程では排除される人たちも少なくない。結局，合意とは部分的である。そして，一部の関係者にな

るのはやむを得ないこともある。

　目標の円滑な達成のためには，地方自治体など公共のための組織は，調停者としての対応も欠かせないが，それだけではない。積極的に打開の方途，対案の提示などが必要になる。目標を達成するために，対立や競合を減らしながら，少しでも多くの市民をうちに取り込む相当程度の専門的な知識や技術が欠かせなくなる。地方自治体に高度の専門性に準拠した権威が必要といわれるのは，そのような事情が背景としてある。つまり，個別的な利害の対立や競合の枠組みの外に立って専門的な権威によって，市民を資源に変換する役割を，地方自治体が背負っているのである。以前の敵対的ともいえる住民運動，それに続く注文の多い市民運動，そして昨今の内部の意思決定への市民参加という経過は，市民という資源の内部化の過程として捉えることができる。

市民参加

　合意形成のために市民参加は欠かせない。市民参加とは，たとえば地方自治体の施策立案やその実施，場合によっては評価についても市民が加わることである。マネジメント・サイクルの稼働に市民が参加して，それを支えることである。しかし，なぜ参加するのか，支えようとするのか。加えてそのための条件とは何か。ピーターソン（Peterson, 1986）は，二つのモデルを提示している。一つはパラボリック・モデル（parabolic model, Jones et al., 1977）といい，生活条件が改善されて，余裕が生じて施策への関心が高まることで積極的に参加意欲が向上するというものである。他の一つは，行政にして欲しいことがあり，その実現のためには，むしろ否応なく参加せざるを得ないというクライエント参加モデル（clientele participation model; Thomas, 1982）である。

　その後の研究によれば，社会的経済的な地位の高さと参加とは相関がある（Sharp, 1984）。また，市民のニーズがもっとも大きな要因であるともされた（Perterson, 1988）。要は，期待によって市民参加は活発になるということである（MacNair et al., 1983）。その延長線上には後述のパートナーシップが成り立たなければならない。この社会は参加を必要として，また必然としている（Cook, 1984; Haeberle, 1987; Plumlee et al., 1985; Stivers, 1990 など）。しかし他方，無条件で市民参加が成り立つものではない。だれでも参加できる

ということではない。それから隔てられた人たちも少なくはない。意欲や機会に出合うことがなければその概念が成り立たない。それが可能であると知覚できることで参加は成り立ち，意欲的にもなれる（Lowndes et al., 2001a, 2001b）。疎外された人たち，たとえば，アンダークラスやアウトローにとって雲の彼方ということもあり得ないことではない。圏外にいる人たちを引き戻す施策や，熱心に彼らのアドボカシーに努める人たちがいることで，参加は内実化できる。皮肉をいえば，今，参加している人たちは何らかの参加，意思表明をすでにしていたのである。近年の参加論議は，それを制度化し，できればその範囲をさらに拡張しようとしている。

　しかし，市民参加もパートナーシップもその範囲を拡張しようとすればするほど，行政の負担を軽減はしない。むしろ，その役割は大きくなると考えなければならない。利害関係者が増えるとそれへの対応や調整の負担が大きくなるのは当然というべきである。利害関係者たちのさまざまの価値関心に向き合うが，その中には競合したり対立したり，もしかするとごり押しをして他に迷惑をかけたり，行政の邪魔になったりすることも大いにあるのではないか。語弊はあろうが，市民という利害関係者はさまざまで，勝手な人たちも少なくはない。

　市民が成熟して，前向きのパートナーシップが構築できるほど，さらに個別利害は表面化しやすくなる。利害に敏感であるのは，市民が利害関係者である以上やむを得ないことである。行政から利害関係団体（さらに圧力団体）が立ち退くなどはあり得ないことで，それらを調整して，あるいは採用，場合に応じて切捨てて，地域全体の合意形成を得ながらできるのは，公共のための組織である地方自治体，そして行政以外ない。その合意形成は行政に課せられた役割期待である。

　地方自治体とは，市民参加やパートナーシップがなければ合意が成り立たない。しかし，市民が多く参加するほど，対立や競合が表立ってしまい，合意を得ようとすれば，むしろ火に油を注ぐようなこともあり得る。市民参加は諸刃の剣である。参加はデモクラシーの実現であるが，サービス効率を損ねることもあり，ここでもディレンマを抱えることになる。にもかかわらず，それは一つの必然でそれを制度化させなければ地方自治体というシステムが機能不全に陥ることも明らかである。漕ぎ手に市民の参加を求めれば，舵を取る人の充実が地方自治体に求められる。いわば手足ではなく頭を働かせる

人が必要とされる。それが第12章で論じる「政策官庁化」である。それを構築するためには，市民参加やパートナーシップを前向きに受け止め，さらに，対立し競合する個別利害に惑わされることなく，公共の利害のために奉仕できる人材が，行政を内から支えなければならない。内からの優秀な頭脳による支えと，外からの市民参加は重なりあって，地方自治体のシステムを変更させようとしている。

「政策官庁化」とは，行政というシステムのインテリジェント化であり，それを促進することは，市民参加を内実あるものとして取り込み，パートナーシップに真正面から対応できるような資源動員のシステムを構築することである。昨今，それに応える人材をできるだけ多く，行政が擁することができるかは最重要の課題である。

さまざまの参加様式

したがって，広範な市民の参加を促すための施策立案が必至となる。

もっとも初歩的ともいうべき市民参加は情報公開を制度化することである。また，広報紙の活用やさまざまのニュース媒体を活用することによって，地域の基本情報の共有を図ることである。マスメディアの活用もあるし，近年では，インターネットの活用である。住民説明会なども該当する。次いで，住民の意見や考え方をさまざまな機会を通じて得ることである。たとえばヒアリングの実施であり，アンケート調査を実施することもある。アイディアや論文を募集すること，さらにはモニター調査などもある。パブリック・コメントを求める。また，従来からの公聴会の開催も有力な手法である。さらに審議会に市民委員を加えて，市民と行政が互いに対面的に意見を述べ合って，企画立案することもある。ほかにシンポジウムやフォーラム，最近ではワークショップなどがある。

しかし，これらの参加は，ただ意見を申すだけで，言うだけ言った聞くだけ聞いたの行政への不満解消のはけ口として便宜的に使われるだけとも限らない。市民参加の取り組みについては，方針やメニュー，スケジュールを定めて，実行計画を予め用意していたということでは，限界があるとの指摘もあり得る。実質的な市民参加とは，決定に，その実行に，そしてその評価に，市民が参加することである。企画や実施・運営のためには，市民に実質的な協力を仰ぐことになる。実際，事業を円滑に実行するためには頭となり手足

となって働いてもらうことになる。日々の市民参加である。大胆に，事業の一部をNPOやボランティア活動に任せるようなこともある。とすれば，民間委託や指定管理者制度も市民参加の一部に含めることもできる。

しかし，繰り返すが，市民とは一枚岩であるはずはなく，さまざまの利害が厳しく競合することになる。どのような意向が，どのように反映されるかは，それに対応する地方自治体において，ポリティカルな問題を含んでいることを前提としなければならない。そのようなポリティカルな過程を背景として，市民参加，あるいはその成熟としてのパートナーシップが成り立つのである。昨今の市民参加とは，市民を広く行政過程に参加させるということでは総論賛成，しかし，互いの利害を競い合う，地域エリートの競合を考えれば，各論反対に向かわざるを得ない。さまざまな市民がさまざまに参加するほど，行政とはパワー・ポリティクスの，いわば環境アクターが競い合うところになるのである。政策立案のために調整に手間取る機会が多くなったということは，あり得ないことではない。以上のさまざまな参加が，以下の協働というモデルに集約される。

協働生産（コプロダクション）

どのように市民による参加が可能であるのか。これまで，その参加の形態について，いくつかの議論が試みられてきた。そのもっとも包括的で，双方の意図関心が凝集されたのがパートナーシップであるが，それについては後段で詳述する。以下では参加の考え方の一つとして協働生産（coproduction）を考える。

協働生産とは，サンデーン（Sundeen, 1985）によれば，通常は，公的な機関と結合して，その地域の住民による品物やサービスのボランタリーな産出のことであり，一般的にいえば，サービスの生産者が消費者になることである。また，ブラッドニィ（Brudney, 1985）も，通常，公的な機関と協調しながら（政策形成や制定に関わるよりも，むしろ），現実のサービスの発給に関わる消費者としての（住民）の関与であると定義している。サービスの送り手と受け手が重なり合うのである。行政と市民は協働生産者（coproducer: Parks et al., 1981）である。

ブラッドニィとイングランド（Brudney & England, 1983）は，従来のサービス関係と，協働生産による関係を対照させているが，肝要なことが二つあ

る。一つは，重複部分が大きいほど，協働生産が広がることであり，二つ目には，サービスの評価と，それのフィードバック過程が，内在的，つまり，サービスの受け手は送り手となって，自らを評価するという関係が成り立つということである。この概念は，荒木（1985，1990）によって詳しく紹介されているが，公共サービスは行政が提供するものがすべてではないとの議論をさらに強化する論点でもある。

　その意義は，以下の三つに要約される。

　(1)資源としての市民を活用することによるサービスの質の向上：繰り返すが，市民を行政サービスの資源として活用することである。行政というサービスの生産者と，市民という消費者を直接合体させて，そこで達成されるアウトカムズ（成果）の質を向上させることを狙いとしている。とくに，ヒューマン・サービスの領域では，クライエントの参加が明らかにサービスの質を向上させる。

　(2)行政そのものの機能の向上：これも市民参加の議論を繰り返すことになるが，市民意識の高揚は，ほどよい刺激となってコストの節減，対費用効果の向上，クライエントへの感受性の増大などが図られる。いわばフットワークのよい行政組織を構築できる。

　(3)規範的な価値の賦与：市民参加を規範的に支える価値意識の創出に貢献して，行政と市民の新しい役割関係を考える手掛かりを提供する。なぜ，どこで何を，ともに生産するのかについて議論すれば，行政と市民がどのように責任を分担すべきであるか，また，市民もその責任から逃れられないことを明示できる。逆にいえば，市民は受け身でサービスを受けるのではなく，彼ら自身もサービスを提供する人になるのである。

　協働生産とは本来，ヒューマン・サービス領域で工夫された概念である（Brudney, 1985）が，その後，拡大されて，行政サービス一般で，市民との接触が多く互いに協力可能なところではどこでも成り立つのではないかとしている。たとえば，サンデーン（Sundeen, 1985）は自警団の例を挙げている。地域社会の防犯には，警察と自警団という団体の協働生産が効果的であるとしている。それ以外にも，市民と行政がサービスにおいて協働しあう関係を有するところは多くある。

　しかし，市民と行政が出会えば，そこには何が何でも協働生産が生じるということはない。前述のブラッドニィとイングランド（Brudney & England,

1983）によれば，以下のような限定された範囲の中の関係である。

(1)市民の参加がもっとも基本的な前提である。

(2)それはあくまでも前向きの，建設的な参加である。

(3)協働（cooperation）であるのは当然で，応諾（compliance）や習慣（habit）による参加ではない。

(4)受け身ではなく積極的な（active）参加である。したがって，ボランタリーな行為を前提としている。

(5)もっとも重要なことであるが，この関係は個人や特定の団体との間で成り立つのではない。集合的な（collective）関係があり，それが制度的に成り立たなければならない。個人的な協働生産であれば，それは市民的な義務（civic duty）と何ら変わるところがない。しかし，特定の団体との協働生産であれば，癒着が形成されることも少なくはない。

ブラッドニィとウォレン（Brudney & Warren, 1990）は，協働生産の細分化，さらに厳密な定義を試み，市民と行政によるサービスの創造（joint creation）を協働生産，コプロダクションとし，政策の決定過程への参加をコプロビジョン（coprovision, なお Ferris, 1984 にはその詳細について記載），さらに，サービス資源の集積に市民が参加することをコファイナンシング（cofinancing）として，これらの組み合わせが市民の行政への実質的な参加となるとしている。また，リッチ（Rich, 1981）によれば，馴れ合いのような，あるいは特定の利害を引き出すためだけの負の協働関係もある。重要であるのは，正の方向づけをもった積極的でかつ集合的な協働生産，コプロダクションの確立である。

ただし，協働生産はサービス提供システムの変革を伴う。変革である以上，そこにはいくつかの制約条件が課せられる。

(1)成熟した市民の前提：市民がサービス提供活動の一翼を担う以上，そのサービスの質や量に関する責任をも負わなければならない。連結責任（joint responsibility）である。その提供が公共サービスの一部をなすのであれば，義務として認識しなければならない。それだけの成熟した市民を確保できるかどうかという問題は残される。協働が可能な市民を厳しく限定すれば，ユートピア的な考えに陥ることもないことではない。

(2)コスト低減への問題の矮小化：協働生産はコストを市民に転化しただけではないかという批判がある。現実に，ボランティアの参加は，陰の賃金

(shadow wage) であるといえなくもない。コスト削減という理由が表面化すると，市民は協力を積極的にしない可能性がある。マクネアほか（MacNair et al., 1983）は，行政は，市民の参加は行政に利益をもたらさない限りあり得ないという前提で，協働生産を考えるからである。市民の意欲を引き出せなければ失敗に至る。

　市民を巻き込む中で，もっとも大きな問題とされるのは，行政が過剰にこれに依存することは，行政の役割を曖昧にしたり，その上位にある施策の枠組みを希薄にして，単なるサービス提供活動に矮小化 (cooptation) することもあるということである。

　したがって，もしかすると市民の自発性に行政が過度に関与することがなくはない。後述のように，その形成はさまざまの要因の制約を受ける。制約を無視すれば失敗に至る。ボランティア活動への過剰な依存も，本来の意義に反するところがないとはいえない（田尾，1999，2004c など）。

　(3)阻害要因：協働生産は，明らかにサービス提供システムの変更を意図している。多くのシステムの変革がそうであるように，推進する立場，反対する立場が拮抗関係になるのは当然である。パワーゲーム，そしてパワー・ポリティクスの中にある。では，どのような人たちが反対するのか。

　(ⅰ)既存のシステムに慣れている人たちには脅威となる。地域の中の利害関係に取り込まれる，あるいは，すでにルーティンとなってマニュアル化がすすんでいれば，その基本的な手続きの変更は避けたいことである。

　(ⅱ)また，職員組合の立場，あるいは，現場でサービスを提供している人たちは，疑いの目でみやすい。なぜならば，自らの職域を侵して，雇用が不安定になるという危惧を感じるからである。

　(ⅲ)コスト負担が大きくなると，サービスの受け手であるクライエント，つまり，住民がそれに賛成しない可能性がある。とくに短期的な利害には敏感に反応することも多く，コスト応分の便益がないと積極的には参加しないということもあり得る。

　要は，協働生産が前向きに成り立つのは，無条件にではなく限定されるということである。

価値の多元性とルールによる協働

　公共の場とはさまざまな利害が相競うところであるとは，第1章以降繰り

返し論じてきた。公共の成り立ちとは価値の多元性を前提にしている。それどころか，互いに折り合うはずのない価値が競合しあうところでもある。それでも，そこで競い合わなければならないとすれば，逆説的ではあるが，やがてルールができる。多元的であることを認めあわないと，競い合うコストが大きく膨らんで自身の価値を全うできないことを，否が応でも悟らざるを得なくなる。

ルールというのは，フッド（Hood, 1986）に従えば，いわば互いの棲家に土足で入らないような取り決めである。あるいはゼロサムの関係にしない取り決めも含まれる。どこかで共存共栄を図るのである。互いに利害の異なる人たちの寄り合い所帯であるほど，ルールは精緻になる。そして，それを遵守するための社会的な仕掛けも整備される。利害がたとえ相違しても，利益を大きくしたいと考えても，資源の不足が加われば，その不足を補うために互いが依存せざるを得なくなる。競い合っていても，利益を確保したいとすれば，自前で調達できる資源は限られる。相互依存を必至とする。競合と相互依存が並行するのである。ルールが相互依存を促すこともある。

このルールとそれを遵守するための仕掛けの整備は，即その社会の成熟に対応する。だれもが自分の立場を心得て，できることできないこと，すべきことすべきでないことの範囲を承知するのである。それは，命令と応諾の関係ではない。したがってヒエラルキーにはならない。この議論は，公共の組織全般の成り立ちについても考えることができるし，公共そのものについてもいえることである。前者は，ネットワーク組織論として展開でき，また，ヒエラルキーの発達がそれほどではないフラット組織の効用について考えを発展できるようである。後者については，市民運動の議論，そして，社会的な連帯や紐帯について議論する場合に援用できる。

公共の組織は，後者の社会の成熟を受けて，それに支えられて存続するのである。パットナム（Putnam, 1993）によるイタリア研究では，その南北の著しい地域差を指摘して，それが何に由来するかを分析して北部では「社会的連帯の重複的ネットワークがまれにみる形で集中し，またたぐいまれなほど成熟した公共心に富む人々が集う場所…（中略）…では，政府を含むあらゆる種類の集合的活動が，市民的な積極参加の規範とネットワークでやりやすくなっている」（邦訳137頁）。ということは，第2章で述べたネットワークという考えが，公共の組織を理解するための手掛かりを用意している。一つ

の基礎自治体を成り立たせている地域社会も，その中に散在する，次節で論じる地域社会もネットワークとして成り立っている。市民と行政の関係はネットワークとして捉えることで，理解がいっそう深まるはずである。逆にいえば，ネットワークがなければ社会は成熟に至らない。

しかし，留意すべきこととして，そのネットワークを支える制度や習慣など，変更しがたい与件が市民と行政の間にあることも無視すべきではない。イタリア南部では難しいことであった。さらにアメリカ社会の変容では，成熟を超えて，個人主義的価値観がいっそう徹底することで，協働を支える条件が足元から崩れるような事情も考えざるを得ない事態に立ち至っている（Bellah et al., 1985; Bellah et al., 1991; Putnam, 2000; Skocpol, 2003 など）。多元的な価値を競い合っても，互いは他の価値には関心をもたない。したがって，ルールづくりの必要もないということである。協働生産が成り立つ基盤が，もしかすると脆くなっているのではないかという危惧もある。

III 地域社会と地域組織

地域社会における公的関与

前節での，悲観的な議論を受けて，その悲劇を回避するためには，地域社会を有意義に仕立てることである。地域社会がコミュニティのようで，共助がシステムとして確固として成り立ち，しかも，公助の必要，つまり，公的な支援がなくても維持できるのであれば，協働生産の基盤は強固である。互いが必要に応じて協力し合えばよいからである。しかし，地域社会が成り立てばという議論は，結論を急ぐ，かなり強引な仮定である。地域社会とは，それ自体で成り立つことはない。大きな仕組み，社会の動向，あるいは制度といいかえてもよいが，地域社会は，その傘の下にいる臆病なカエルにたとえてもよい。

極端ないい方をすれば，本来地域社会が健全に成り立てば，旧来のコミュニティがあれば，公的な介護などなくても近所が支え合えば，少なくともミニマムの生活は保障できたのではないか。ホームヘルパーという公的な介護人を投入しなくても，家族の負担が過大になれば，地域が分け合えばよかった。近所のおつきあいがそのままボランティア活動になったのである。コミュニティが，そのまま互助，あるいはセルフヘルプ集団（田尾，2007b）に転

じれば，行政サービスの介入によるコストは相当程度節減できることになる。しかし，そのコミュニティが無条件で成り立たないところに，この社会の難しさがある。

地域社会とはそれ自身だれの助けも借りず，それだけで成り立つことはない。自助，共助，そして公助の相互補完的な関係の中で，ようやく地域社会が成り立つのである。ホームヘルパーを例にとれば，単なる労働力の確保という視点だけでコミュニティ，あるいは地域社会を論じることは適切ではない。ノスタルジーに浸ると，サービス負担を家族労働に押し込めてしまう危険性がなくもない。現実に，在宅介護は家族への過重な負担を前提にして成り立っている。寝たきりになった場合，配偶者への身体的，心理的な負担は非常なものとなる。それを軽減できなくなった家族機能の衰えがある。さらにお隣さんに助けてもらえなくなった。これらはさまざまな社会経済的な要因の影響のもとにある。

以上の議論の背後には，地域社会が成立たなくなった，あるいはその機能が，今，後退の一途であるという危機感がある。その危機に向き合い，地域社会を再生するために，市民と行政は協働するようになった。自助，共助，そして，公助が連携しあう，後段で述べるNPOやボランティア集団，そして市民と行政のパートナーシップによる新しい公共の提示につながるものである。それでもなお，それらを支援するための公的な関与によって，この社会の大きな仕組みにどこまで配慮して，ルールを構築できるようになるのか，できるのか，という問題は残される。

なお，公的な関与が避けられないのは，地域社会が衰退しているとの認識に加えて，サービス技術の向上があり，それをシステマティックに活用しなければならないという事情がある。近年，介護サービスも家族のサービスに比べて格段の進歩が見られた。ホームヘルプだけでも専門的な技能を備えたさまざまの人たちがさまざまに関与している。公助によるより上質のサービスが自助を補填することになる。共助のシステム化を公的に支援してもらうなど自助，共助，公助を互いに連関させてはじめて質のよいサービスを提供でき受け取ることができるようになる。

また，地域社会がどのようなものであるかによって公的な関与の実行可能性，システム化の過程，およびパートナーシップのスタイルも相違する。それ以前の，その社会の文化や風土に拠るところも大きい。まさしく制度論的

な視点であるが，アメリカ合衆国の研究（Bielefeld & Corbin, 1996）で，伝統的・個人主義的な政治風土に支配されたテキサス州ダラスは，モラリスティックな文化の下にあるミネソタ州ミネアポリスよりもヒューマン・サービスに対する政府支出が少なく，その分，ユナイティッド・ウェイ（著名なNPO支援団体）などから資金援助を受けたボランティア活動が盛んである。地域社会とは，連綿と続く広義の制度的な制約から逃れることは難しい。地域社会は，そこにあるというのではなく，そこにあったものに配慮しながら積極的に構築しなければならないシステムという人工物になったのである。

地域組織

地域社会には有象無象の住民組織がある。それは概括的に二つの組織群に区分される。一つは，すでにある地域の住民組織，典型的には町内会である。もう一つは，新しくできた，新興のというべき市民の組織である。NPO，あるいはボランティア集団ということもある。一括すればボランタリー・セクター，市民セクターと言い換えることもできる。なお町内会は典型的なわが国の第三セクター（Thranhardt, 1990）ということである。

わが国の町内会については，社会学的な立場からの研究が継続的になされ，多くの知見が蓄積されている。たとえば，山崎（1999, 2006），岩崎他（1989），倉沢・秋元（1990），菊池・江上（1998）などがある。その特異性についても，また，行政との関係についても多くの知見の蓄積がある。

それらを概括的に要約していえば，以下のような機能を備えている。

(1)補完機能：回覧板を回したり，町内の公園掃除をしたり，ときには自警団をつくって町内を見回るなどである。行政サービスの不足を補完している。

(2)参加機能：補完しながらも，もっとも身近で行政を感じることができる。総会や役員会に出席することで，地域社会への参画を実感できる。

(3)変革機能：必要があれば，役員が出向いたり，地域選出の議員などに依頼して，政策提言などの役割も果たせる。町内会が一致して要求すれば，行政は無視できない。町内会連合会などはすでに大きな利害団体，利害関係者として成長を遂げている。

他に婦人会や老人クラブ，青年団のような集団がいくつも地域社会を覆っている。しかし，これらは地域集団としては問題点も多い。旧来の地域エリートの差配によって，運営が一部の利害の偏りによって日常の身辺で発生す

る深刻な問題に対応できなくなる，新規の参加者が減るなどもある。

　地域社会の再興がいわれるが，上記の機能を活性化するためには，つまり限られた資源を適切に再配分するためには，地域住民の参加を効果的に仕切るための仕組みが必要になる。一つは従来からの地域組織を充実させることである。もう一つは，新しいシステムを別個に構築することである。前者は旧来の団体の刷新である。役員の入れ替えや新しいサービス領域の開拓などがある。旧来の団体をスピンアウトして新しい会を設けるなどということもある。後者は，NPOやボランティア集団などを立ち上げることである。前者がすでに地域エリートを介して行政との関係を密に構築して，ある程度既得の利害関係の網の目の中に組み込まれているのに対して，後者はそれに対抗するようなスタンスを採ることが多い。狭い地域の中では，互いが拮抗するようなことも少なくない。ただし，NPOやボランティア集団は，社会福祉協議会などがインキュベーター（孵化器）の役割を果たすことが多い，あるいは，町内会のような既存の地域集団が別働隊としてボランティア集団を設立することもある。活動の領域が重なっていることも多い。しかし，利害が厳しく相対するところでは厳しく向き合うこともある。とくに既存の地域集団が草の根保守主義といわれるように，既存の利害に固執すればするほど，その利害の壁を超えようとしてNPOやボランティア集団が尖鋭化する傾向もみられる。

新しい市民組織

　ともに自発性を活かすという視点から，以上の二つの類型を包含するような地域集団の組織化の問題が議論されなければならない。前者については，町内会や自治会，婦人会，老人クラブなど多々あるが，これもまた地域経営のための資源として捉えるべきであり，地域社会に果たす役割は大きいといってよい。法人化など制度的な位置づけが確定すれば，さらに今後，その役割は大きくなる。また，後者の新興の市民の組織については，これまで行政の意思決定過程から疎外されていた人たちが，自らを組織してそれに加わることになった意義は大きい。NPOやボランティア集団のメンバーである人たちの多くは，素人であるが，ポリティクスについても従来素人であった。その分野は，特定非営利活動促進法で定められているようにさまざまの分野に及んでいる。前者の住民の団体が，地域を横断する組織であるのに対して，

これらの団体は地域を縦断して，いわば得意な分野ごとに集まっている。素人の集合ではあるが，行政に対しては専門家の集団になってしまうのである。とくに環境問題やまちづくりについては，専門的な知見を行政の意思決定過程に反映させようとしている。パワー・ポリティクスに対して積極的に参入することになる。したがって，市民参加の一形態，というよりもむしろ利害関係者として積極的な市政への参加を試みていることである。従来の利害関係者，たとえば，前者の町内会や自治会，婦人会や老人クラブなどの地域の利害を代表する地域エリートによって汲み上げられていた地域限定的な利害が，声なき声とでも形容できそうな市民であった人たちが一つの団体を結成することで，大きな利害の塊に膨らんだということである。いわゆるボイス（異議申し立て）の大きな唱え手となった。しかも，地方自治体もこれを無視できなくなった。これは従来の住民運動とは一線を画することができる。その多くは反対運動ではなく企画立案，そして実施過程への市民参加を求めているからである。

　しかし，逆に，前節でも指摘したが，自分たちの利害を主張する人たちが多くなった，したがって，行政過程の錯綜の度合いが増すことになった。ボイスが乱立することは，それだけに行政として調整，あるいは調停しなければならない業務が増えることである。NPOやボランティア集団の興隆は，それ自体自発的な活動，さらに言えば，市民社会の成熟の証であるが，ボイスの乱立を通して市民社会を混乱させかねない要因にならないとはいえない。利害関係団体が数的に増え，パワー・ポリティクスが以前にも増して錯綜するようになるのではないか。

Ⅳ　NPOとボランティア活動

NPOとは何か

　あらためてNPOとは何か。NPOは非営利団体と訳されるが，さまざまの文書で明記されているように，福祉や医療の団体から環境やまちづくり，国際関係の団体まで多種多様といってよい。それを一括して市民セクターといえばよいが，すでに述べた広義の第三セクターの有力な一部として位置づけられる。それらの団体の中には，全国的に，そして国際的に活発に活動を続けているものもある。地域の中で，影響力を発揮する利害関係団体にもなり

つつあるし，すでに自治体行政に影響力を行使しつつある[1]。

なお，以下述べる NPO とは，法律によって認証された団体だけに限るのではない。ボランティアの集まったグラースルーツの集団から，大きな経営体に発展した企業のような組織もある（運営資金が 1 億円を超すような団体も少ないがある）。非営利とはいいながら営利事業に関わる団体も少なからずある。市民が主体的に自主的に何らかの公共的な活動を行っている集団を，概括的に NPO といっているに過ぎない。本来茫洋とした概念で，NPO とは明確に定義されたカテゴリーではない。非営利という言葉だけでいえば，営利を追求しないことであるから，企業を除くすべてといってよい組織がそれに該当する。さらに政府を除けば，第三セクターとされる領域のほとんどを覆うことになる。広義に考えるほど正体が定かでもなくなる。本来境目のない概念がいっそう曖昧になる。

しかし，逆に狭く考えるほど，NPO はボランティアの組織になり，ごく一部分の組織でしかない。狭義も極端に走ると，そのほとんどが組織とはいえず，組織近似の集団，もしかすると，数人の仲間の活動であったりする。便宜的に，NPO 法人として認証されたものを，それとする定義もある。しかし，その中でさえ，組織といえるほどの枠組みがしっかりしたものばかりではない，成り立ちがご都合主義的ともいえるようなものも多くある（田尾，1999；2001a；2004c；田尾・吉田，2009）。

NPO のドメイン

組織であるとすれば，まず，その組織が何をするかを決定することからはじまる。どのようなドメイン（組織としての守備範囲）を選択するかによって，どのような組織になるかの枠組みが決められる。ドメインが変更されれば，その組織のシステムは変更されることになる。ドメインの決定は，組織が何をするかを決めることであるから，目標を設定することと同義である。本来，目標そのものは，さまざまの利害が絡んで，明確な，しかも具体的な目標に絞り込むことは不可能に近い。しかし，あるドメインを選択することは，その組織の行動範囲を大枠で確定させることであるから，曖昧さを多く含みながらも，目標を選択すべき領域だけは定まることになる。

それぞれの NPO やボランティア集団は，ドメインを決め目標を決めることになる。しかし，ほとんどが行政サービスの領域と重なり合い，広義にお

いて公共サービスを担っている。いわゆる「大きな政府」論で，従来の行政サービスが限界をみせつつある中で，中央や地方の政府だけでは尽くせない領域の質や量を補い，それを補完し，さらに発展させる組織としてNPOを位置づけるという視点である。NPOというカテゴリーは，その働きを，公益法人を含めサービス提供組織として捉え，しかも，行政がデパートやスーパーマーケットにたとえられるとすれば（田尾，1981），多くの，ほとんどのNPOは専門店的であり，特定の目標を達成する組織である。したがって，ドメインは絞り込まれることが多く単純明快，それを達成するためにボランティアが集まるとすれば，目標設定を巡る葛藤はその中では少ない。

昨今，公共サービスの領域でのそれらのプレゼンスは大きくなりつつあるが，とくに地方自治体の中に，その分野の専門家がいないような場合，施策の相談役のような仕事をNPOが果たすこともある。審議会などにNPOの幹部が加わることも少なくはない。環境やまちづくりなどには，そのような傾向がいっそう大きくなる。NPOは行政サービスのそれぞれの領域を，行政と連携しながら，その一部を担い，公共サービスとして提供することになるという議論に至る。NPOは公共の組織である。したがって，行政過程に参入するということは，新しい利害団体が一つ増えるということとほぼ同義である。NPOが，いわゆる圧力団体化することもあり得ないことではない。利害関係者の錯綜がさらに大きくなるということである[2]。

組織としての成長

なお，以上の多くは事業型NPOとして一括できるが，それ以外にも活動を支援する，いわば支援型NPOについても留意するべきである。社会福祉協議会やNPO支援センター，あるいは市民活動支援センターのような名称で呼ばれているものがそれに相当し，企業もまたそれに相当する支援，とくに資金的に支援する団体を設けることがある。さらに，セルフヘルプを重視する団体もある。互いに理解し合い，また，励まし合い，助言し合い，助け合うようなことを限られた人たちで行うことになる（田尾，2007b）。また，社会運動的に，アドボカシーを前面に押し出して，政府に働きかけたり，キャンペーン運動を始めたりする団体もある。これは，政治的に圧力団体として行動する。事業体というよりも運動体であり，信念の組織でもある。

以上の議論の中から，とりあえずNPOとして成長を果たすのは事業型

NPO，つまりサービス提供組織である。公共の組織として公共サービスの一部を担う NPO にはそれを担う責任が負荷される。アカウンタビリティも当然である。当初はグラース・ルーツの集団でも，責任を自覚してマネジメントへの関心を大きくするほど，やがて組織となり認証団体になろうとする傾向は避けがたい。何らかの法人になろうとする。いくつかの要件を満たせば，税制優遇の認定団体にもなれる。いうまでもないが，マネジメントのためにはスケール・メリットを重視するようになる。立ち上げに成功すれば，それを維持するためには，たとえ自転車操業といわれようとサイズを大きくしなければならない。それは自然の成り行きというべきで，ビュロクラシーの採用は早晩のことである。成果を得るほど組織化への転回は時間の問題でしかない。しかし，セルフヘルプやキャンペーンなどのための集合体は，その多くは組織として発展することは例外的である。しかし，そうであればあるほど，そのままボランティア集団から組織に発達した，サービス提供の，事業型 NPO は，その組織としての分類は，公益法人一般，そして広義の第三セクターの組織群と大きく相違しない。マネジメントの論点からは，同じように取り扱うべきである。

そして再度 NPO とは何か，を問うとすれば，それは，公共サービスのための，ビュロクラシーをシステムとして採用した組織，あるいは準組織である。どの程度組織的であるかによって，ビュロクラシー，あるいはヒエラルキーに依拠しているかどうかによってマネジメントの方式は相違する。それを見極めるのがマネージャーである。本格的な NPO になればなるほど，相応の専門的なマネージャーがいなければならない。その人たちはすでにボランティアではない。雇用される人たちである。YMCA や赤十字社を想定すればよい。それらは当初はボランティアの集まりであったが，今はもうその面影を留めないほど巨大な経営体になった。それらの責任を一身で負い，組織を組織として経営しなければならなくなる。ということは，提供しているサービスの受け手の利害を代表しながら，公共での有力な利害関係者としてパワー・ポリティクスに参加するということでもある。それには至らないまでも，多くの NPO は公共に関わる以上，何らかの利害を競う立場におかれ，公共の組織となる。

なお，組織として整備されるほど，それのマネジメントが重要になる。とくにボード（理事会）が実質的に機能するようになれば，そこで経営者を任

ずる人たちは，内部のマネジメントだけではなく，地域社会でのポリティクスにも積極的に参加するようになる（Price, 1963; Provan et al., 1980; Heimovics & Herman, 1990 など）。後述のパートナーシップの当事者になるのは必至である。

ボランティアとは

 NPO は，ボランティアといういわば特異な人たちを多く抱える。特異とはいうが，市民の多くにその活動の可能性が開かれている。だれでも明日からとはいえないが，機会があれば，あなたも私もボランティア活動を通して公共サービスの担い手になる。NPO に参加するだけで，公共サービスの一部を背負うことになる。

 ボランティアとはどのような人たちか。無償とか自発的とか，奉仕のようなメンタリティをもった人たちであるとされる。最近では，自己実現の意欲の強い人たちでもあるというイメージも加えられるようになって，正確な定義が揺らぎはじめてはいるが（田尾，1999, 2001a, 2004c；田尾・吉田，2009），当然，上記の NPO に加わる人たちはボランティアがほとんどである。

 しかし，それに加わらない人もいる。極端をいえば，公共サービスの提供は一人でもできる。組織に所属するかどうかは重要ではない。その活動をする人たちの，公共サービスへの関与のメンタリティが重要である。その基本的な意図関心，あるいは価値意識については，以下のような特徴が指摘できる。この特徴はいうまでもないが，公共サービスを積極的に担おうという意欲と重なり合い，そのような意図関心の高揚は市民社会の成熟と軌を一にしている。後述のパートナーシップも，以下のようなメンタリティに支えられなければ中身のない，単なる強制的な動員になってしまうのではないか。

 それはたとえば，

 (1)この社会に対する関心，あるいは向社会性：この社会に対する前向きの関心，さらにそれに自分を意欲的に関与させようとする態度がなければならない。広い意味を込めて，社会への感受性といい替えることもできる。この社会の出来事を他人事にはできないと考える心情である。

 (2)利他主義的な態度性向：逆にいえば，利己的ではない心情，要は，自分のためだけではなく，だれか，自分以外の人のために何かをしたいとする心情である。公務員とも共通するが，利益を度外視して活動そのものに，内発

的に動機づけられるのである (Pynes, 1997)。詳しくは後述するが,奉仕や自己犠牲について前向きな態度である。

(3)市民的義務への積極的な態度：公共の領域では,だれでも私人としてだけではなく公共のために果たすべき役割がある。道にゴミがあれば,拾ってごみ箱に捨てるなどは,最低限の市民的義務である。それの役割を果たすことに積極的であることは,欠かせない要件であろう。

しかし,これらの基本的な価値意識は,日常生活の中で個人差はあるが,だれでも備えていることで,この社会を成り立たせるためには備えるべき価値であり意識である。それを強調するところにNPOとしての組織のミッションがあるといえるのである。

価値意識

上記のようなメンタリティは程度の差は相当あろうが,とりあえずだれでも持っていることとされる。しかし,NPOに積極的に関わり,しかも公共サービスを積極的に分担して引き受けようというボランティアにとっては,その活動を前向きにさせる価値意識がある。たとえばNPOで働いている人たちは,一般に,金銭的な報酬を得ることへの関心が乏しい人たちであるとされている。営利に対する関心の希薄な組織で働くことを選択した人たちは,営利組織を選択した人よりも,その独自の,金銭など欲しくないという意図関心に本来染まりやすい人である。また,NPO自体もイデオロギー,つまり価値意識を優先させる組織であり,加わってくる人たちへの価値注入の機会を絶えず窺っている。

独自の意図関心,社会システムの革新や弱者救済,地域振興などが重なり合い,強くなるほど,彼らの意欲の強さ,いわば,熱心さになって現れる。それぞれの意図関心は,重なりあって,むしろ互いが互いを強化するという関係にある。それらは互いに絡まって複雑で多次元的である。たとえば,利他主義と利益への動機づけのなさは相反的でなく,一人のボランティアのメンタリティを形づくっている。行動に駆り立てる熱意というのはいくつもの要因が複雑に絡み合った果てにできあがったものであるといってよい。この価値観に支えられたボランティアはしばしば,熱心な市民活動家として,行政に真正面から向き合い,公共セクターの中でパワー・ポリティクスの有力な担い手になることも多い。さらにNPOを構築して,リーダーシップ（より

正確に言えば，この場合，ソーシャル・アントレプルナーシップ）を発揮できれば，さらに，その中心的な担い手になることも少なくない。

ボランティア・セクターの形成

ボランティアが活動をする，そしてNPOがその活動を集約するところにボランタリー・セクター，あるいは市民セクターが成り立つ。そこには無数のボランティア集団，多数のNPOがある。厳密には区分すべきであろうが，このセクターに市民がすでに多く入り込んでいる。その市民とボランティアは厳密に区分されるべきではあるが，その境目はあいまいである。市民（シチズン）としての行動と，ボランティアとしての活動への参加は重なりながら相違している。

厳密にいえば，市民という場合は，この社会に対して義務を伴う。この社会の一員として考え行動すべきであって，すべきことを行い，すべきでないことを行うべきではないという規範が負荷される。他方，ボランティアは，この社会の価値を背景にはするが，参加するかしないかは，その人の自由である。極端にいえば勝手である。古典的な定義では，自発性，無償性，利他性などの特徴に支えられている。強制されずに自発的に，そしてそのことに見返りを求めずに，利己的な気持ちを抑えて，むしろ奉仕の気持ちで参加するということである。しかし今，この古典的な定義自体は大きく変容しようとしている。自発的という，自らの判断が重視される市民は，この社会の一員であれば，この社会に参加することは当然のことで，むしろ否応なく参加しなければならないのである。したがって，市民重視のセクターとボランティア・セクターは，その意図するところが，当然相違する。重ねようとすることは，市民であれば，だれでもボランティア活動に参加すべきであるし，できないはずがないという意図がなくはない。

したがって，NPOを含めたボランティア・セクターは，公共サービスを担い，行政サービスと重なるところが多い。しかし，政府との相互関係は一義的ではない。政府に依存的になるという指摘もあれば（Smith & Lipsky, 1993; Wolch, 1990），質を低下させてはいないという指摘もある（Salamon, 1987）。依存するほど，ロビー活動に費やす労力が嵩んで，本来の活動がおろそかになるという指摘もある（Socin, 1990）。

NPO やボランティアの地域社会における意義

　地域社会を組織化するという視点から考えると，従来の NPO やボランティア集団についての議論だけでは見えない論点が浮上する。それはすでにある町内会などの地域団体をどのように活用するか，あるいはもし停滞しているとすれば，再活性化を図るかということである。NPO などで議論される組織は厳密にはアソシエーションである。有志の集合体である。意図的な人たちが熱心さを競って集まっている。それに対して，旧来の，熱心さの程度は千差万別であるとしても，とりあえずだれもが自治会の会員である。会費を納めている。断固納入を拒否している人でも，そこの住民である以上は，周辺のメンバーにはならざるを得ない。一応全員が集まるべきである。これをコミュニティという。これは本来まったく別個に考えるべきものである。

　これら二つを合わせて，ビュロクラシーに対峙させることは混乱に至らしめることもあるが，有志であるかどうかは重要なことである。コミュニティに適応できずに村八分にされれば行き場がなくなる。その外へ出奔せざるを得ないが，アソシエーションでは，メンバーでなくなればよいのである。メンバーシップを自主的に取り消せばよいし剥奪されてもよい。他のアソシエーションに移ればよいだけである。

　ということは，地域社会が，コミュニティがあげて NPO やボランティア集団になることは意味があることではない。理論的には不可能である。ただし，コミュニティは特定の分野に限った活動のための NPO のインキュベーターにはなれる。しかし，一つの自治会があげて NPO の活動をしようなどと考えると，熱心さを競い，果ては村八分などという破綻を来すことになる。NPO では本来村八分はない。嫌なら出て行けばよいし，出て行ってもだれも文句は言えないはずである。にもかかわらず，その NPO がその地域に密着しているほど，そこに存立することの正当性は地域社会から得られる。地域社会に受け入れられること，地域に必要な組織としてあるということが何にも増して重要である。

　なお，加えていえば，NPO やボランティア集団については，それ自体が客観的に評価されようのないものを達成しようとしているので（DiMaggio, 1988a; Rothschild-Whitt, 1979），意義そのものが議論されにくいという事情がある。

V　市民と行政のパートナーシップ

パートナーシップとは何か

　前述した協働生産（コプロダクション）は，市民社会の成熟や行政資源の枯渇に対応した有効な理念であることは疑いない。しかし，協働関係をさらに包括的，一般的な概念で捉えるとすれば，近年ではパートナーシップがそれに該当する。市民という概念が行政と対峙して捉えられ，しかも，それを市民自身が意識し，利害関係の連携が必須であることに気づくことで，その過程への参入は避けられないことになった。しかし，そのことが行政サービスの質を向上させるのであれば，むしろ市民参加を前向きに捉えるべきで，その発展型がパートナーシップである。

　公共サービスにおけるパートナーショップとは，行政と市民（企業を含むことがある）の協働によるサービスの創出，提供，さらに，その評価を含む一切の連携関係のことである（田尾，2000）。ただし，サービスの創出は，必ずといってよいほど送り手と受け手の互いのパワーが交錯して（Callaghan & Wistow, 2006），連携がそれらの均衡を図るようなシステムを構築しなければパートナーシップは成り立たない（Smith & Beazley, 2000）。行政にとって，今後，市民との協働，パートナーシップは欠くことのできないものになる。しかし，受け手を納得させる，あるいは説得するためには，行政におけるパートナーシップの必然性を明確にしておくことである。従来の論点は，大筋で，その必然性を二つの視点に集約することができる。

　一つは，行政サービスのコスト軽減に関してである。サービス提供のために，「大きな政府」モデルによっては，すでに資源は先細りか枯渇寸前の状態にある。すべての公共サービスを行政が担うことの限界と無理は随所で指摘されている。大きな政府を反省することで，効率的な行政サービスのためには，相応のダウンサイジングが当然とされる。第6章で紹介したいわゆるNPMのように，民間企業の経営方式を採用する試みもみられる。

　その一環として，効率化のために，市民を行政サービスの過程に巻き込んで，その一部に参加させ，あるいは，供給者の一部として活用するということである。行政が市民参加を制度的に定着させようとするのは，この流れの中にあり，不足する一方のサービス資源を補填するための当然の対応である

とされる。有償ボランティアなどの言葉で意図されるのは，しばしばコスト節減のためのボランティア活用である。しかし，ボランティアがコスト節減に必ずしも役立つということはない。ブラッドニィとダンカム（Brudney & Duncombe, 1992）による消防団の，ボランティア活用と賃雇用の活動と，その混用を比較したとき，必ずしもボランティアによる活動が，コスト節減には貢献していないことを明らかにしている。プリンシパル－エージェント理論によれば，いわゆる監視コストも少なくない。コストが大きくなれば，むしろ本格的に行政サービスのうちに取り込んで組織化したほうが経費節減になるというのである。

それにもかかわらず，トーマス（Thomas, 1980）によれば，合衆国では政府の過剰な負担を，どのように改善するかは大きな政策課題であるし，そのためにもボランティアを含めた市民活動に依存する部分が大きくなる。NPOやボランティアが，その中で大きな役割を担うのは自然の成り行きといってもよい。その事情はわが国でも同様であり，少子高齢化で，さらに深刻であるともいえるであろう。実際，行政サービスの中でルーティン化された部分はパートナーシップによって補完できるところが多い。

二つ目として，行政の内部システムの革新への期待である。行政官僚制は必ず硬直に向かい，それをたえず刷新する必要がある。ビュロクラシーの病理である。市民参加が望ましいのは，公共の領域は，すでに既得権益を得た社会集団が多く積み重なって，今後の社会の変化への対処に支障を来していることに対して，それを打破する役割を担うことが期待されるからである。具体的にいえば，議員や，それの背後にある職員組合も含めた圧力団体が既得権益のネットワークとして，これはアイアン・トライアングルとしても述べたが，これを堅く構築しているので，その強固さが新しい行政施策の効率化を阻害している。これを変化させるのは，組織の外にある市民のボイス（異議申し立て）であり，市民セクターに大いに期待されることである。しばしば，NPOやボランティア集団に先駆性や先見性が期待されるのはこのことである。

以上の要件が関係者に周知されれば，パートナーシップが無為のパワーゲームになることを，多少とも回避できるのではないだろうか。

相互依存関係の刷新

しかし，市民の参加はコスト負担やシステム革新で指摘される以上の積極的な意味が込められている。そのことが行政と市民のパートナーシップの意義になるのである。行政による市民の活用を，ただ経費節減，コストの低減，また，システムの革新だけに押し込めるとすれば，問題の矮小化になる。

パートナーシップの必然とは，サイデル（Saidel, 1989）によれば，以下のことである。

(1)行政本体がサービスを提供するよりも時間的にスムーズ (short start-up times) に対応できる。何よりもサービスの送り手と受け手が近接している。配送コストだけではなく，問題が生じればその場で即決できるのでサービスの遅滞や延滞が少なくなる。行政への信頼を醸成することにも貢献する。

(2)革新的なことを大胆に実行できる（program innovativeness）。信頼関係を前提にした関係であるから，些細な問題などは即応解決できるので，施策を実験的に試みることも可能になる。自らのことは自らの手でということは自己責任が前提であるから，行政サービスの革新に貢献することになる。

(3)地域の事情にあわせて手直しが容易(ease of tailoring programs)。行政の施策は，公平や公正，正義を原則としているので普遍性や一般性を重視する。当然，個々の実情を考慮しなくなる。それをそれぞれの地域に合わせて柔軟に細部を手直ししたり，一部をより強調するような変更も可能になる。さらにいえば，個別ニーズに対応することができる。行政の普遍主義と，市民の個別事例をすり合わせることで，行政サービスの質の向上が期待される。

(4)行政では見つからないクライエント（hard-to-serve clients）に到達しやすい。行政は前述のボイスには敏感に反応し，その対応に追われるが，その陰に隠れた社会的な弱者などのクライエントには気づかないことが多い。それを見つけだすことに役立つこともある。

このような利点を活かせるように，NPOやボランティア集団を，より一般的には，市民セクターを積極的に活用して，新しい相互依存関係を構築するのである。この関係は，依存する依存させるのではなく，要は，支配と応諾の関係ではなく，対等の依存関係を前提としている。クーパー（Cooper, 1980）は，旧来の概念，つまり，一方的に応諾を強いるという考えを修正しなければ，ともに働くという関係は構築できないと指摘している。構築に至る思考のパラダイム変換が欠かせないというのである。たとえば，市民がボランティア活動をはじめるとき，しばしば自己利益的になる（Stebbins, 1996）

が，これを許容する対応がないと，コミュニティに対する感情移入が損なわれるという見方も成り立つ。端的にいえば，市民と行政の望ましい関係とは，困難であることを承知でいえば，相互に依存しながら自立を得るという関係である。

サイデル（Saidel, 1991）は，合衆国ニューヨーク州の政府機関とNPOについて，その活動資源の前者から後者への依存は61％，後者から前者への依存は62％という結果を得ており，相互依存的に，しかも資源自律の関係でもある。互いを必要とするという関係の必要性を行政と市民が共有することである。このような関係を，思考のパラダイムを根底から変更するように相互に構築できないと，パートナーシップは成り立たない。ワドック（Waddock, 1989）は，それは自然にできるものではなく，それを促す作為がいる。それを構築するために六つの要因を提示している。

(1)法システム：法律的な制約があれば，過重な阻害要因となる。少なくとも，それがないこと，できれば促進するような立法的な措置が望まれる。

(2)既存のネットワーク，互いの意思を日頃から伝えあうこと：利害が相違すれば誤解することも多くなる。互いの意図関心を伝達できるような機会が多くあること，それが可能なような時間的空間的なコミュニケーションを多くすることである。ネットワークの構築である。

(3)第三者機関，あるいはブローカー的な人物：利害が互いに相違すれば，互いの思いを疎通させることに熱意をもてないことは当然である。それを近づける役割を誰かが担うべきである。地域のオピニオン・リーダーや議員，あるいは，経営コンサルタントやシンクタンクなどを想定すればよいこともある。

(4)ビジョンの共有，または共有された理解：価値観を共有しなければならない。しかし，それは抽象的なものではなく具体的に，錯綜していれば，いわば絵解きのできるものがなければならない。

(5)危機：危機を共有することは一致団結の機会となる。財政危機などは，パートナーシップを構築する好機でもある。

(6)ビジョン重視のリーダーシップ：変革には，それを強力に推進しようとするリーダーシップが欠かせない。とくに方向を明示できる首長など行政の指導的な立場にある人のリーダーシップは，パートナーシップの構築に役立っている。

これらすべてが必要とされるわけではないが，少なくとも一つはないとパートナーシップは成り立たないということである。リッチ（Rich, 1981）は，ボランティアの行政への参加は，計算による（calculated response)，つまり，自らの貢献が他の活動よりも地域社会をよくすることに役立ったかどうか，その活動コストが，それで得た便益を上回ることで参加意欲を強くする。したがって，行政は，その活動が，地域社会の便益の向上に必ず貢献するという見通しを提供しなければ，参加意欲を引き出せないし，行政と市民の連携はない。ということはボランティアの参加は，経済的合理性で説明できるということである。行政がそれに見合う見返りを用意できるかどうかである。いわば報酬と貢献の均衡が維持できるようなシステムが，そこに存在していることを市民に提示できなければ，行政からの促進にはならない。さらにいえば，成功体験，活動に参加して望ましい成果を得たという体験の蓄積がさらに，その後の行動を引き出す，持続させることになる。行政が，そのような成功体験を重ねるような支援を行うかどうかである。

なお，パートナーシップについては悲観的な所説もある。それが排他的な長期協定になって公平さへの疑問を抱かせたり，信頼を確保するために雑務に追われたりで，長期的にはむしろ弊害さえなくはないという指摘もある（Domberger et al. (1997)。また，それが構築できても，独自にできることは多くはなく，地方自治体の支援や関与がなければ機能的にはならない（Sullivan & Skelcher, 2002; Johnson & Osborne, 2003）という意見も無視できない。公共の組織が林立しても，地方自治体のような公共のための組織がネットワーク上の核心部分で機能することで，はじめて有意義になるのである。

なお，広範な利害関係者によってなる多重なパートナーシップを，コラボレーションとすることがある（Sullivan & Skelcher, 2002)。その場合はいっそうポリティカルな要因を考えなければならなくなる（Rosenbaum, 2006)。大きな公共のための組織ができたと考えればよい。パワー・ポリティクスは日常化するはずである。地方自治体の役割がいっそう大きくなる。

パートナーシップの限界

パートナーシップが無条件で可能ではあり得ない。それを構築するための前提として六つの要件を紹介したが，それが施策として実施されるための整備すべき条件とは何であるのかである。言い換えれば，市民的な成熟を達成

しながら，コスト低減だけに矮小化せず，しかも，阻害要因を効率的に取り除くためにはどのような施策が可能であるかということである。

　文献によって指摘されている問題点を整理すると，以下のように要約できる。

　(1)コミュニティ：それが望まれる状況とは何であるか，つまり，それが効果的に実行されるところとそうではないところがある。サンデーン（Sundeen, 1985）によれば，市民と行政が協働できるのに適した地域社会とは，限定されるということである。たとえば，その社会が中程度の凝集（cohesiveness），つまり連帯が強すぎることもなく，ないということもない，その中間に位置する地域社会か，また，たとえば教育の問題に限るなど部分的な連携関係にあるような関係において，パートナーとして互いが認知し，協働生産に至る可能性が大きくなる。連携がなければ，そして連帯がなければ，協働に至るまでに大きなコストがかかり，また強すぎると，内部でサブ社会が並立したりして協働することにコストが負荷される。ほどよい，あるいは，生活の一部について，強い関心領域を共有できれば，連携的な関係を構築することが可能になるということである。この議論は，ほどよさを強調しているが，社会関係資本の議論と繋がることであるし，前述のパットナム（Putnam, 1993）とも重なり合う。

　サンディーン（Sundeen, 1990）は，それは，人口10万以下，その地方で中心的な機能を備えた行政体，さらに，財政事情のよくないところであるとしている。人口の少ないところであれば，互いが可視的で，行政とパーソナルな関係をもちやすい。中心性をもったところでは，行政との相互依存によって連携を具体化しやすい。また，財政がよくなければコストを少なくしたりサービスを維持するためにも，住民は行政に参加せざるを得なくなるのである。いわゆるコミュティの形成が可能なところであり，逆に阻害条件が重なるところではパートナーシップの構築は難しい。

　(2)価値の共有：行政と市民が価値を共有すること（Brudney, 1985），そのためには，むしろ行政の，従来からのサービス提供者に対して，市民を同等のパートナー（equal partner）として受け入れるように教育しなければならないとしている。ホワイテーカー（Whitaker, 1980）は，相互学習と互いの期待を修正することが重要であるとしている。また，レヴィン（Levine, 1984）によれば，市民も行政のサービス担当者も，従来の概念を拡大して自らの役

割行動を捉えることが，パートナーシップの成否を制することになる。クリジンとテイスマン（Klijn & Teisman, 2003）は，当事者それぞれが自身の手法に固執することで失敗に至ったオランダの事例を報告している。

しかし，それでもなお，当然，最終的な提供の責任は行政が担うべきで，サービス提供の施策の位置づけを保持できるような，それを明確にする行政の立場は消えることがない。行政の支援や支持がどこまで，どのようなものであるかという問題はケースバイケースで解決する以外はないということである。

(3)媒介組織の構築：情報共有は不可欠の前提である。しかし，本来，公平や公正，正義を本旨とする普遍主義が行政サービスの特徴であるとすれば，特殊的な利害に関わることの多いNPOやボランティアとは，理念が本質的に折り合わない（Lipsky & Smith, 1989-90）。それでも協働という関係を構築しようというのであれば，いわば付かず離れずという関係におかれることも少なくはない。

市民による組織は，行政に依存することも，それから自立的であることもともに妥当な方策であるとはいえない。相互依存的であるという問題認識（Saidel, 1989）は，理念ではなく現状分析の視点からは妥当するのであれば，相互依存的な関係を内実化するためにも，両者の利害関係を調停できる媒介組織を設立することも，一つの提案である。たとえば各地にある市民活動支援センターやボランティア支援センターなどである。

市民参加に支えられたパートナーシップは，社会関係資本の充実と重なり合いながら議論を深めるべきであるが，その関係自体が多くの問題を内部に抱えながらも，この社会に不可欠なものになろうとしていることは明らかである。

要約

市民と行政の関係はさまざまの局面から成り立っている。今，市民参加が重要であるといわれ，サービス資源の不足を補うためにも，その向上のためにも，市民参加が欠かせないとされる。市民の集まりが成り立ち，または市民セクターと称されるほど大きく成長して公共のための組織と対置され，さらには公共の組織の一部になることでさまざまの関係ができることになる。パートナーシップやコラボレーションという協働の関係が成り立ったり，逆

に，行政サービスに対する批判的なパワーとして働くこともある。

　その関係の構築次第によっては，行政サービスの質のいっそうの向上が期待されることもある。どのような関係になるかは，なお慎重な議論を必要とするが，市民と行政の関係は従来以上に議論を欠かせない分野である。そのためには，自立した市民の創成が不可欠ということである。協働だけではなく，さらに協働の中身について政策提言できる市民が欠かせない。しかし，これは，市民が行政の責任の大きな部分を引き受けることでもある。行政からただサービスを待っているのでもなく，また注文をつけるだけというのでもなく，必要なところはすでに自分たちがしてしまっている。さらに求めがあれば提供さえできるという自助的な市民集団の叢生があってのパートナーシップの内実化である。広義のセルフヘルプ集団であり，それの集団が支えるセルフヘルプ社会である。超高齢社会を眼前にして，とくに福祉や医療サービスの分野では，市民と行政の境目がなくなりかけている。とすれば，市民が相応の役割負担を引き受けるのも，自然の成り行きであるし，引き受けてこそ，自立した市民となり得る。

　今後，パートナーシップは行政過程の一部として位置づけられるのは疑いないことである。そのための基盤整備とは，行政と市民とが画然とした境界を挟んで相対峙しないような仕組みを構築することである。社会関係資本の蓄積と言い換えてもよい。市民参加のためには，一方で，行政サービスの公平や公正，あるいは正義という基本的な理念の実現が欠かせない。他方では，画然とした境界を取り払うような施策が必要ということである。コーディネーターの育成，市民がボランタリーに活動できるような土壌の生成なども考えたい。

　ただし，協働という関係は規範的に捉えるべきではなく，多くの集団間関係や対人関係がそうであるように価値の競合やポリティクスを内包している。単純に協働すれば万能の対策になるとは考え難い。協働に至る過程や，それを運用する方式などについて細部に関して論点を煮詰めるべきであるのはいうまでもない。

（1）　NPOやボランティアの詳細は田尾（1999, 2001a, 2004c），田尾・吉田（2009）を参照されたい。
（2）　市民参加が，行政過程に相当程度影響を及ぼしていることも多くある。たと

えば，Bernstein (1991), Bigelow & Stone (1995), DeHoog (1985, 1990) などである。市民が加わった審議会などでは，市民による積極的な発言があり，その意見を地方自治体の職員が相当程度取り入れているなどは経験的にも理解できるところである。しかし，結果として，それが自治体の均衡のある施策を歪めることがないとはいえない。Lipsky & Smith (1989-90) によれば，行政サービスは普遍主義が期待され，一部の利害を代弁する市民参加は，それを偏ったものにするかもしれないからである。

第9章　市民と行政Ⅱ：
クライエントとしての市民

Ⅰ　論点

　近年における看過できない課題は，さまざまの技術の驚異的ともいえる発展，あるいは進歩に，組織が対応できるかどうかであり，組織のインテリジェンス（蓄積された知識）を活かせるかどうかということである。以前，これについてはテクノクラシー，つまりテクノクラット＝高度の知識を有した専門家による支配というモデルが提示された。知識管理の専門家が，マネジメント全般を牛耳るようになる。牛耳ることがなければ，組織が維持されないという極端な議論も散見された。

　極論を排するとして，急速な技術革新は，その中の知識の入れ替えを迫り，それの変化に対応できるインテリジェンスを向上させるためには，不断のスクラップアンドビルドが欠かせない。欠いてしまえばマネジメントそのものが行き詰まるというのである。日々ではないとしても年単位では遅れをとるようなことがある。高度の知識や技術を有したインテリジェンスを維持するためには，専門家をどの程度，どのように動員できるか，その質のよさと量の大きさが，それぞれの組織を支えることになる。

　公共セクターについても同様である。市民としての質の向上，一般的にいえば，市民社会の成熟は，必ずサービスの質の高度化に至る。市民はそれを要求する。そのためには公共セクターのインテリジェンスを高度化させなければならない。できなければ組織の正当性が失われる。また周知のように，災害などによる危機はいつかあると覚悟しなければならない。その際にどのように対応できるか。できなければ，インテリジェンスだけではなくスラッ

ク（資源の余裕）が問われる。緊急の場合は想像もできないほど，深刻な事態に至るが，それほどではない場合でも，市民はよりいっそうのサービスの質の向上を求めている。そしてプロフェッショナルの出番である。

　公共の組織一般はプロフェッショナルを必要とし，それによるサービスの質を競おうとしている。そのこと自体は問題ではない。しかし，それによる送り手と受け手の格差は，前章の市民参加では解消できない，深刻な問題を生じさせている。この論点は，市民と行政が協働だけではないこと，その関係の下地にはストリート・レベルのビュロクラシーが歴然とあることを承知しなければならない。それはサービスの現場で生じる市民と行政の，いわば不本意な支配と応諾の関係である。

　サービスを受け取る人たちは差配を受け，それに応諾するかどうか，多くの場合，応諾せざるを得ない関係に至る。またサービス資源を多く有した公共セクターの送り手が，それの少ない受け手に対して応諾を迫るのはあり得ることである。受け手に手持ちの資源が少ないほど，むしろ応諾は避けようがない。しかし，またそれへの対抗もないことではない。サービスがインテリジェント化するほど，プロフェッショナルの立場が強化されるほど，その可能性は大きくなる。また，このことは地方自治体の問題だけではなく，公共サービスを提供する組織一般に通底する問題である。

Ⅱ　クライエントとは何か

送り手と受け手

　公共セクターは，そのほとんどが受け手と送り手から成り立つ。だれかがサービスを送り，だれかがそれを受け取るという関係である。その関係は第3章で述べたサービスという成果を，受け手が手にすることができるか，受け取って満足するか，満足できなければ，どのように対処すればよいのかなど，多くの場合，受け手の側の問題とされることが多い。受け手はクライエントである。

　クライエントという呼称には，受け手の意向，さらにいえば関与が制限される含みがある。送り手に対する受け手の遠慮，少なくともサービス資源を多く保有した送り手と，それの配分を手にする受け手であるクライエントという関係が潜在している。消費者満足（consumer satisfaction）が強調される

こともあるが，自由に好きなようにサービスの送り手を選ぶことができないことも多い。コンシューマーではないところが残される。またカスタマーでもない。カスタマーの依頼によってカスタマイゼーションできることもなくはないが一般的ではない。その消費者的ではない部分に注目して，アルフォード（Alford, 2002）は，クライエントとは受益者だけではなく，見返り(応諾)の義務を負う人たちでもあることを強調している。以後，公共サービスの受け手はクライエントであるとする。しかし，サービスの受け手である以上，コンシューマーでありカスタマーでもある。不満があれば大いに異議申し立てをすべきではある。しかし，それができないことも少なくない。

クライエントとはだれか

　公共セクターにおいてクライエントがだれであり，だれに何を提供するのかは，マネジメントのドメイン設定において，もっとも重要な問題である。とはいいながら，そのほとんどが対人的なサービスであるために，クライエントは身近にいることになる。サービスの送り手である人たちは，その受け手であるクライエントを身近に見る，あるいは聞くことになり，したがって，身近の人たちにサービスを提供することになる。それが住民であり，多少抽象的に言えば市民ということである。

　しかし，身近にいながらも，クライエントである住民は多種多様に類別される。特定少数のクライエントから，不特定多数のクライエントの場合までさまざまである。必要に迫られてということもあれば，サービスを受けることが日常のルーティンの一部になっているようなこともある。前者は，被害にあったとき，事故処理などで緊急のサービスを受けなければならない場合，後者は，住民票の管理や生活保護，健康診断などが含まれる。加えて，私的なサービスを得ることができず，公共サービスに依存せざるを得ない人がいる。それは，多くは社会的な資源の乏しい人たちであり，社会的弱者も含まれる。福祉や医療サービスには，とくにこれに該当する人たちが多くいる。彼らはコンシューマーとしては位置づけられない。措置によって，彼らを受動的なクライエントとして位置づけられることもある。サービスの受け手としての裁量は著しく制限されている。

　対極に，道路や橋梁などによるサービスがある。不特定多数をクライエントとしているが，それを利用しないと彼の地に行けないということでは，サ

ービスの選択は制限を受けざるを得ない。また，それらが一旦設けられて，交通渋滞や騒音などの被害が甚大になっても，他のサービスに替えることはできない。資源に恵まれると「足による投票」(Tiebout, 1956) を大いに活用すればよいが，ほとんどの人たちにとって，その地を去って，他の地に移動できるような選択肢はない。この場合，住民は消費者とはいえない。

　さらに近年，環境への対応も公共的なサービスと交差する。たとえば街を汚さない，きれいにする，そして住みやすくする。これらのためには余分なものを買わない，丁寧に使う，決められたところに捨てるなど，むしろ選択を制約するサービスに対応させることがある。コンシューマーとしてのむき出しの欲望を抑えることが，サービス自体に付加されているのである。少なくともコンシューマーに含意された自由に選択できる人は，公共セクターのサービスの受け手としての立場とは，大いに齟齬を来すことになる。

　概していえば，公共サービスの現場では，部分的には受け手として住民はコンシューマーになることはある。しかし，多くの場合，コンシューマーとして満足を得たいというのは，選択肢があり，どれを選ぶかは自身の裁量によることが前提である。そして選択の結果には自己責任が当然とされる。しかし，実際，受け手には少なくはない制約が課せられる。だれでもアプローチできるものではない。それを得るために厳しい資格要件が問われるのが通常である。ミーンズテストなどはその典型である。それらを突破して自信満々コンシューマーになろうとする人が，公共サービスを受給している人の中に多いとは考えられない。この場合，やはりクライエントという表現が相応しい。

クライエントの成熟

　社会が成熟するほど，サービスの受け手の目が肥えてくる。安かろう悪かろうでは受け取ってもらえない。不平や不満も高まってくる。モノに比べて，第3章で述べたように，サービスはたとえ評価が困難でも，受け手の主観的な判断によって決まってしまうことが多いので，どのようにそれを受け取るかが重要になる。受け手が満足してくれなければ，買ってもくれないのである。しかもまた，それをたえず更新させないとやがて飽きられる。今後の社会は，いっそうこの傾向を強めることになる。

　消費者満足は公共セクターでも使用されるが，公共の組織への近づきやす

さを促すためには好ましい使われ方である。受け手が満足すれば，いっそうそれをほしいと願うようになり，好ましい組織として評価を受けるようになる。しかし，これだけでは，送り手にも受け手にも誤解を招くことになる。受け手は，前述のように選択の自由が完全に保障されたコンシューマーではない。送り手は権限によってサービスを提供し，受け手は否応なく，文句もいわず受け取らざるを得ない。公共ということで賦与された権限を行使して，クライエントを従わせる一面もあることに留意したい。それが，法に拠るなどして公然と従わせるようなこともあれば，後述するようなストリート・レベルの官僚のように，暗黙の強制を強いることもある。

しかし，送り手も，権限行使といいながら，勝手だけでは円滑にサービスが提供できない。サービスは積極的に受け入れられなければコストが嵩むだけである。クライエントとの協働が重要であり，そのためには信頼関係の構築を考えるべきである。前章で述べたパートナーシップが成り立つ。受け手も勝手ばかりを言わないで，サービス過程を円滑に稼働させるために何ができるかを考えなければならない。

クライエントの領域

クライエントが直面する問題を社会的に，つまり，公共の問題として解決するために公共セクターはある。議論を逆転させると，クライエントがサービスを引き出すのである。その意味では，クライエントは単なる受け手ではない。何か問題が起こり，それの解決に向かうかどうかについてのイニシャチブがあると考えられる。公共の組織はクライエントによって活性化されるのである。

ということは関係のない他人ではない。彼らは準メンバー，あるいは部分従業員（partial employee）である（Mills et al., 1983; Mills & Morris, 1986）。まったく化外の人ではない。しかし，その人たちを準メンバーにするほど組織の境界が曖昧になるのは必至である。前章で述べた市民参加などは，施策としていっそう，意図的にその境界を曖昧にすることである。そのことによる問題点については，クライエントの影響が大きくなり，そのことで意思決定過程が撹乱される危惧もなくはない。いくつもの過程が並び立てば，パワー・ポリティクスに転化する可能性も少なくない。さらにクライエントに対するプロフェッショナルとしての権威が制度の改編などによって後退するこ

ともあり得る。前章の参加は不可避としても，クライエントに対する権威を担保できる仕組みがなければ，マネジメントは一貫できない。それだけではない，管理核が動揺すれば　環境適合のできない組織になる。

　公共の空間では，市民参加を当然として，行政と市民は，規範的に，そして倫理的な制約を課して，対等の関係にあるとされる。コンシューマーが対価を払って欲しいものを手に入れるという関係は，しかし，依然例外的である。第3章で論じたように，公共サービスの発給経路が多様になったために，金銭的に代価を払うことで得られるようになったものも少なくない。その意味では実質的な意味においても対等であることは疑いない。それにもかかわらず，受け手としてのクライエントは，公共という枠組みからの逸脱は許されることではない。その枠組みを構築し，受け手に遵守を強いるのは送り手であり，公共セクターに区分される組織である。法的にも制度的にも，受け手の行動は制約される。その中でのクライエント関係である。市場の中での自由意志を前提としたコンシューマーではない。

　なお，受け手と送り手を明確に分けられないこともあり，その場合，クライエントという概念が不明となる。自助，あるいは互助の関係（self-help groups: 田尾，2007b，正確にいえば互助 mutual help というべきである）であれば，当然のことである。関係者が，互いに助け合うようなことも，だれもが一度ならず経験することである。だれもが送り手，そして受け手になる。市民セクターでは通常見られることである。公的に近似のサービスがその中で私的に交換される。医療や福祉の領域でしばしばみられるが，消防団や水難救済会，さらに地域通貨のような活動も含まれる。NPOやボランティア活動も一部はこれと重なる。

Ⅲ　ストリート・レベルのビュロクラシー

ストリート・レベルのビュロクラシー

　公共のための組織は市民の生活に制約を課すことがある。いうまでもなく地方自治体は，条例や要綱を定めて権力を行使できる。それに公然と従わせることができる。しかし，公然とではなくむしろ人目につかないところで，権力行政が展開されている。当事者であるクライエントも気づかないことがある。インフォーマルであるので，サービスの送り手も受け手も，支配して

いる支配されているという意識はない。公共サービスの現場でクライエントという用語を使うこと自体が，支配ー応諾という関係を暗示している。すでに述べたように，サービスを受け取らざるを得ないという文脈でその用語は使われているからである。

　送り手が受け手を支配するという視点から，送り手の考え，その行動を理論化したのが，リプスキー（Lipsky, 1980; 1984）によるストリート・レベルのビュロクラシー（Street-level Bureaucracy, 田尾，1994；畠山，1989による紹介もある）である。当初は警察官の研究からはじまっている。たとえばスピード違反を検挙するか，あるいはしないかは，それを見かけたその一瞬の警察官の判断である。その権限行使に警察署長は介入できない。捕まった私はたかだか10キロ超のスピード違反で身の不幸を嘆くだけである。逆に相当のスピードの出しすぎでも，その警察官が見逃してお咎めがなければ，その運のよさを喜ぶことになる。上意下達のビュロクラシーはこの際一切機能していない。私たち市民が，ストリート・レベルの現場で被る現場裁量の怖さである。

　ストリート・レベルのサービスの送り手とは，市民と直接的に相互作用を行い，職務の遂行に，そしてその判断などに実質的に裁量が許されている人たちである。逐一上司の判断，または上意下達の決定を待ってはいられない，もし待っているとすれば好機を逸することになる。現行犯逮捕などそのもっともよい例である。スコールニック（Skolnick, 1966）の，権限のない裁量によって，警察官は厳しく取り締ったり，逆に緩く法を適用することもある。公共サービス一般に適用できるかどうかについては異論もあろうが，それでも現場裁量については，医療や福祉のヒューマン・サービスから公共，またはそれに準じたサービス一般にまで適用できる。

　ストリート・レベルの送り手は，彼らが現場での施策の決定者であり実行者でもあることで，多くの実質的な，制裁も含めて権限がインフォーマルに付与されることは共通している。さらに第6章で述べたNPMの展開とともに，公共サービスを担う人たちが民営化や民間委託によって増えるほど，ストリート・レベルの送り手の員数は多くなる。極端な場合，NPOに委託された事業そのものを引き継ぐボランティアでさえも，そのような最末端のビュロクラットになる可能性を秘めている。そのような組織によって発給されるサービスの送り手として，行政官僚制の末端に位置づけられ，そこには，私

たちにとって決して小さくはない権力関係が生成され，私たちの市民生活に相当程度の影響を及ぼすこともある。

　なぜそのような自由裁量ができるのか，あるいはしなければならないのか。そのサービスを必要とする事態は，ある日突然予告もなしに生じる。だれにも相談さえできないようなこともある。その場で臨機応変に対処しなければならない。とはいいながら，だれに対してもその人の手持ちの資源を即時に動員できることは通常ありえない。まず時間という資源に限界がある。緊急患者が次から次に運び込まれると，医療サービスを提供しようにも，経験の浅い医者ではパニックに陥ってしまう。ベテラン医師であっても同時に何人もの患者を診ることはできない。自ずと順番を考えはじめる。その順番は，現場のサービス提供者の判断に委ねられる。見分けのマニュアルがあったとしても最終的には，その医師による判断で決まり，外部から，とくにヒエラルキーを介しての介入が効果的でないことがほとんどである。

　時間だけではない。サービスに使われる資源のほとんどが慢性的に不足状態である。生活保護世帯に対する需給額の決定は，ケース・ワーカーの職務であるが，全員を救済するには程遠いとすれば，その少ない資源の配分を決定するのはケース・ワーカーその人である。福祉事務所長がそれの逐一に指示を出すことは，多くはないことである。

　それとの関係でいえば，サービスのための予算が少なくなり，財政支出を大きくすることへの批判が厳しくなれば，彼らの行動は萎縮してしまう。それを自己防衛的にさせるのが，クライエント支配につながる一連の行動である。組織のヒエラルキーの上部，つまり管理者や監督者，さらにいえば，経営者の意向とは関係なく，サービス提供の最先端の人たちが働いているところ，いわば公共サービスの送り手と受け手が，直接顔を会わせ出合う（encounter）ところに，小さな支配と応諾の小宇宙ができる。それは，オフィスの中ではなく，比喩的にいえば"街頭において"具体的に姿をみせる公共サービスのための空間である（Prottas, 1979）。そこでは，送り手も受け手も，いわば顔をもった，名前をもった個人である。しかし，顔を見せ合っても，互いは生身の人間であるだけに，そこには生々しい，たとえば変な奴とか嫌な奴のような判断が働く。その気分を払拭することは，倫理的なインドクトリネーション（教化）がたとえ働いても難しい。同僚からその不機嫌を見咎められなければ，その気分を持ち込んだまま，サービス発給を続けるような

こともないことではない。その量も質も低いままである。

　そこではサービスの送り手は組織の目標，もしかするとミッションの達成とは関係なく，クライエントとの関係で，もしかすると好き嫌いの気分も含めた，自らの都合に合わせた目標の達成に勤しむこともあり得ないことではない (Isett et al., 2006)。自律性の拡張を望むのがプロフェッショナルであれば，彼ら現場のサービスの送り手もまた，さまざまの制度の抜け穴を見つけて，自律的な行動に走るかもしれない。サービスの現場ではストリート・レベルの送り手とプロフェッショナルは重なるところが大きい。

行動様式

　彼らストリート・レベルの送り手たちはどのように考え，行動するのか。公共のためとはいいながら，あるいはそれが強調されるほど，それを支える資源の不足に悩むことになる。時間的にも情報的にも制約され，突発的な事態に遭遇しなければならないことも再三である。追い立てられ気忙しい，しかも受け手からの，社会からの要請は膨らむ一方である。彼らの行動には以下のような特徴がある。

　(1)日常的接触：彼らは日常的にクライエントに接している。公共サービスの担い手，とくに地方公務員はサービスの担い手として，たえず住民と接触して，彼らの意向を聴取し，施策立案のために擦り合わせを行わなければならない。彼らは組織の中にありながら，外と内を区切る境界に位置し（境界人），組織を代表することさえもある。また，外からの要望の取り込みが欠かせない場合，その責任が過度に強調されるようなことも少なくない。

　(2)サービス資源の独占：彼らは受給者であるクライエントに対して，必要な資源を独占することで一方的な依存関係を形成する。つまり，このようなサービスを提供している組織は，クライエントにとって他の選択肢が少ないかないまま，彼らからの一方的な依存関係を強要されている。というのは，概して彼らは社会的に弱い立場にあることが多く，少なくとも送り手の立場を優越するようなサービス資源を有することは原則としてあり得ない。

　(3)非公式的な裁量：したがって，彼らは，クライエントの日常生活に，潜在的に非常に大きな影響を及ぼす立場にある。極端な場合，彼らの一挙手一投足によって，生活の質が大きく変動することになる。大枠は決められていても微妙な部分は，ケース・ワーカーの判断次第で，生活保護の需給額が左

右されるようなこともある。送り手の匙加減によって，大袈裟にいえば，受け手の福利が彼らの手中に握られるようなこともある。

(4)応諾の強要：通常，受け手はこの関係から逃れることはできない。逃れるためには過大のコストを要する。不本意ともいうべきサービス関係が形成されることもあり得る。つまり，自発的な応諾関係が成り立たないことも，あるいは，あってもその関係は副次的である。教育のようなサービス領域でさえも，受け手は登校拒否児童のように，できれば来たくなかったという思いをもつこともあるだろう。それでも，登校しないことは通常ではないと処理される。生活保護所帯の場合，受給資格を認定されることはそのままスティグマの烙印を捺されること（Goffman, 1963）であり，不本意な気持ちをいっそう募らせるであろう。

(5)応諾の公式化，あるいは組織としての制度化：クライエントを応諾に向かわせるために，公共に関わる組織は多くの努力を傾け，独自の支配機制を発達させる。ストリート・レベルのビュロクラシーとは，この応諾の機制を組み込んだシステムであり，それによって，公共の組織に負荷されるコスト，とくにサービス現場でのコスト，とくに追い立てられ気忙しいという心理コストを減少させることができる。以下で述べる応諾調達，端的にいえば，クライエント支配のための技術を制度化する。そのことで組織が円滑に稼働することになる。

クライエント支配の構造

ストリート・レベルの送り手は，現場でサービスを提供しながら，そのことによって受け手の利害を熟知している。個々の受け手にサービスを提供するが，他方で受け手の利害を代弁できるのも彼らの立場である。代弁すれば，彼らを雇用している組織のマネジメントとは相容れないこともある。とはいいながら，受け手の利害に合致するように行動することも少ない。

送り手は，円滑なサービスのためには，受け手であるクライエントを応諾させ自らの権威を承認させることである。クライエントのために，自分のために，この矛盾がパラドクスとなる。クライエントを応諾させることは自らの仕事をしやすくする。また，その応諾を調達することが彼らの仕事でもある。しかし，これ自体は難しいことではない。彼らはすでにそれを可能とする条件に恵まれている。クライエントの保有する資源は相対的に乏しいこと，

クライエントとの閉鎖的な関係の中でサービスの受給があること，つまり，第三者の管理的な介入が困難であることなどで，一定程度の裁量，そして自律性がインフォーマルではあるが合法的に認められているからである。そこではマネジメント的な介入が制限された閉鎖的なビュロクラシーの形成が図られ，クライエント支配がその関係の中に組み込まれている。

　クライエント，あるいは市民一般はどのような人たちであるかに対応して，以下に述べる調達の技術が適用される。また，それらの技術が適用される過程で，コスト低減が図られるのである。つまり，それに適合的なクライエントが選ばれ，また適合的ではないクライエントも，単純に対応できるように作り変えられるのである。

応諾調達のための技術

　では，どのようにして，クライエントとの応諾関係を維持しようとしたり，さらにいっそうの強化を図ろうとするのか。

　(1)依存関係の強化，または再強化：一方的な依存関係をさらにいっそう強化する。組織の中に囲い込んで外部との関係を少なく，あるいは絶つようにするのは，もっとも極端なやり方である。クライエントを外部との交渉を絶つように隔離することで，その依存関係を強化することができる。矯正や更生などのサービスにはこれが該当する。他に行くところがなければ従わざるを得ず，一方的依存は否が応でも強化される。

　(2)権威の動員と内面化：クライエントに対する権威を高めるのである。権威は受け入れを促進する。内面的に受容されるためには，正当化された権威が必要になる。正しいこと，間違ってはいないことを繰り返し強調しながら，極端にいえば，いう通りにすれば，必ずよりよい成果を入手できることを，正当化された権威を伴いながら伝達するのである。プロフェッションとしての国家資格を得ることなどは権威付けに格好ともいえることである。法律などの権威に依拠することも該当する。

　(3)制裁，あるいは，制裁のほのめかし：資源の独占が彼らによるクライエント支配を支えているので，常時，不服従に対して制裁を行使できる状況にあるといえる。しかし，それを公然と実施することは少ない。制裁を匂わせることによって，応諾を得るのが通常の方法である。従わなければ，よくないことがありそうであるといえば，受け手は従わざるを得なくなる。従わな

ければ制裁がある，少なくとも，あり得るという雰囲気を醸し出すのはしばしば見られることである。

　サービスを入手するまでに長く待つことがある。待たせるだけでも制裁になる。クライエントには時間がない。金銭的余裕もないかもしれない。資源の乏しい人にとって待つことは負担である。またぞんざいな言葉使いも制裁になる。優しい言葉や気遣いは，逆に報酬である。その使い分けによって，クライエントに対する権威を否が応でも高めることになる。さらに送り手一人当たりに多くのクライエントが殺到するほど，これらの制裁は実質的に効果的となる。

　(4)クライエントの選別：サービスの効用が顕著なクライエントを選別することである。えこひいきといってもよいであろう。上質なところだけに限ってサービスを提供したり，秘かに自らの好みにあった受け手だけを選り好みすることもしばしばである。選別的な格付けである。たとえば，不平や文句をいわず素直に従ったり，業績の向上に役立つクライエントは，他の人よりも受給の順番が繰上がったり，余分のサービスを受けることがある。ブラウ(Blau, 1955)によれば，職業安定所の事例で，斡旋を担当する職員は自らの業績を向上させるために，就職先が容易に見つかるような求人を優先的にすくい取って（クリーミング），自らの業績を高めたりする。クリーミングを都合よく行えば，自ずと達成度は増すことになる。結果として，再就職の必要に迫られた高齢者よりも，就職させやすい若い人の面倒をみる傾向にあった。この選別は行政サービスの普遍主義的な理念や規範と相容れない，とはいいながら，問い直すことはできない。問い詰めても言い訳はいくらでもできるからである。

　(5)たらいまわし：彼らは自らの仕事の定義を暗黙のうちに自らが行っている。広く捉えることもあれば狭く絞り込むこともある。その場の都合に合わせて臨機応変に変更することもある。多忙とか複雑な問題への対応は，狭く絞り込む格好の理由になる。それに合致しないクライエントは断るのである。あちらの窓口に行け，いわゆるたらいまわしである。

　クライエントがサービスを受けて，もし不満があった場合，直接送り手に言うのではなく，そのための専門の窓口が用意されているような場合である。「圧力の専門家」と称されている。たとえば警察官による暴行は直接本人にではなく，警察審査会に訴えなければならない。送り手はクライエントとの深

刻な葛藤を避けられるのである。この場合も，文句があるなら，あちらに行って言えということである。そして，多くの場合うやむやにされてしまう。送り手の責任が直接問われないので，クライエントに対する支配は確かなものになる。

(6)クライエントの取り込みと再教育：クライエントの取り込みを図るのは通常の方法である。彼らの意見や要望をサービス供給過程に反映させるのである。しかし，実際には，それは表層だけのことで，重要な意思決定からは疎外され，彼らの利害は必ずしも保護されないことの方が多い。逆にいえば，取り込まれないということは疎外されることで，制裁として機能することになる。

さらに，クライエントを積極的に教育することもある。つまり，馴化，つまり，受け手がいわば従順な人たちになるように再教育するのである。彼らに，受け手として何をすべきか何をすべきでないかを教え，できれば，その組織の特有の文化を教え込むこともある。その教育手法も，窓口に貼紙をして協力要請することから，従わなければサービスの提供を拒否するという脅しに近いようなことまでさまざまである。極端にいえば，クライエント教育とは，素直な受け手と，そうではない受け手を選別する過程でもある。

(7)クライエントのカテゴリー化：彼らはクライエントそれぞれの意図関心を尊重しなければならないとされるが，実際には，過重な負担や多忙によって個々のクライエントの処遇を決めるようなことは少ない。個別に判断すると非常な負担になる。多様な広がりを単純に一つにまとめないと，時間内に，あるいは定められた予算の中で対処できない。そこで，適当にクライエントを類型化することになる。単純化して定型的に処置するのである。

(8)責任転嫁：クライエントに，仕事の一部を手伝わせたり分担させたりして，過重な負担を少しでも減らすなどは日常的に行われていることである。自己申告させたり，書類への記入を自分でさせることなどはもっとも初歩的な分担であるが，病院に入院して家族に付き添いをさせて，完全看護しないというのは明らかに回避的行動である。回避とは，この場合，責任の転嫁でもある。

責任転嫁を彼ら職員の内面で密かに行うことがある。自らの都合にあわせて，仕事とはこのようなもの，クライエントはこのようであるべきとの考え方を，使い勝手のよいように修正するのである。端的にいえば，よりよい生

活ができないのは，彼らが不精で働く気持ちがないからであると考えるようになる。送り手の努力には限界があり，受け手自身が自らの福利について責任をもつべきであると考えるに至るのである。

(9)クライエントの単純化，あるいは，つくり替え：誠実さを優先させれば，一人の人物は，あまりにも複雑なので，サービス効率を考えるほど，コストが嵩むことになる。それを低減しようとして，このシステムは，新しい人物がクライエントとして加わっても，標準化された慣例的な手順手続きによって対応しようとする。ここでは，どのような仕事でも遂行するためには，すでにある標準的な操作手順と十分に合致するように，受け手を単純化した内容につくり変えなければならない。ストリート・レベルのビュロクラシーは，人々を処理することにあるので，それらは人々を処遇する以前に，人々を単純化し，標準化しなければならないのである。

ストリート・レベルのビュロクラシーは人々を，一般化してしまったクライエントにつくり変えるのである。一人一人は，心理的に異なる体験，職歴，病歴，友人や敵，偏見，好みなど有している。送り手として多様な広がりのある受け手のクライエントに，あらゆる角度から対することは難しく不可能に近い。一人一人をそれぞれについてその独自性に配慮していては，サービス資源が拡散して，何もできなくなることさえあるからである。

要は，何に関心を向けるか，その関心に応じてクライエントは送り手の内心で自在に変化する。生活保護の受給者は，金銭的に困窮している人たち，だから，金銭的に支援する。特別養護老人ホームに入所するのは，自立できない人たちだから支援するなどである。サービスの幅と奥行きを考えない。あるいは，一つの個性を有した事例とは考えない。考えるほど，組織にもサービスの送り手にも過重なコストが負荷される。

リプスキー（Lipsky, 1980）の著書の副題は「公共サービスのディレンマ」である。ディレンマとされるのは，彼らの行動が，乏しい資源，厳しい制約，そして，達成感を味わうことが少ないからである。その結果として，以上のような手抜きともいうべき行動に走って，クライエントの不満を喚起させ，反発を買うことになる。さらにいっそう自己防衛的になる，という一連の悪循環ともいえるサイクルになっている。

クライエントとの関係だけではなく，ビュロクラシーそのものともディレンマが生じる。彼らには上司がいる。彼らは，ストリート・レベルのサービ

スの送り手を，組織の仕組みのうちに収めたいという期待や願望をもっている。もっているだけではなく，そのように指示を与え，命令もする。しかし，クライエントのことをもっとも熟知しているのは自身であるという自負によって，それをしばしば無視する。無視に対してはいっそう指示を厳格に下そうとし，極端な場合，それに対してはサボタージュまでして応えようとするかもしれない。送り手が専門的な知識に優越しているほど，上司が引き下がるようなこともなくはない。これが以下で論じるマネジメントの限界に通じる論拠となる。

　結局，サービス現場では，ストリート・レベルの現場でのサービス発給を行う送り手と，彼らのマネージャー，そして受け手であるクライエントが三竦みの状態にある。具体的にいえば，たとえば，現場の警察官と警察署長，交通違反者，あるいはケース・ワーカーと福祉事務所長，そして生活保護世帯である。

マネジメントの限界

　以上のように列挙された，隠されたサービスの提供過程は，明らかに，目立たぬように細工されるが，本来の彼らの職業倫理に反することになる。しかも，広くみられるものでもある。場合によっては，必ずしも非難されることではなく仕方のないこととされる場合もある。現場で見聞することの多くは，送り手の正義に準じて考えるほど，多忙や過重な負担が併さり，深刻なストレスを経験することになる。それを回避するための自衛策として上記の手法を捉えることもできる。

　長期的にサービスが円滑に提供されるためには，彼らストリート・レベルのサービスの送り手には，これらの部分的サボタージュも仕方がないと諦めざるを得ないような場合もあり得る。どのような提供がもっとも望ましいかについての議論はいわばブラックボックスの中におかれ，全体として共有できるノウハウは少ない。必要以上の規範の強制は，逆にモチベーションを低下させる。必要がどの程度かということも現場の裁量で決められることが普通である。現場における自律性を，ある程度保障することによって，彼らの動機づけを促すのは一つの便宜的な手法である。

Ⅳ　サービス関係のダイナミクス

反発する市民

　ストリート・レベルのビュロクラシーへの反発は，サービスの受け手の状況や彼らの要求について配慮することが不足していること，サービスを提供するときに公平さに欠けるようなことがあること，そして，市民に対して，いわば敬意のある対応をしないことの三点に要約できる。これらへの反発，または批判に対して自らの行動を改善することによって，市民の期待に応えるべきであるが，資源の慢性的不足という与件は，現場の送り手たちにとってむしろ言い訳の機会を提供しているようなものである。

　これに対しては二つの考え方が対応する。一つは楽観的に，サービスの送り手としての彼らに，公共サービスの担い手として価値や倫理のインドクトリネーションをさらにいっそう強化すること，それを実効あるようにするために組織の変革，たとえば風通しをよくしたり，職員参加のような柔軟な意思決定に変更したりなどの方策がある。サービスそのものに集中できるように手続きなどの簡素化が含まれる。工夫次第では，市民からの不平不満に対して，それを解消するために手は打てるという立場である。

　もう一つは悲観的な立場からの議論である。彼らは人間を相手にしている。次章で論じるが，ヒトを相手の仕事は疲れやすい，ストレスを過重に経験しやすい。とてもそれどころではない，という気持ちを楽にさせるようなマネジメントの施策はあるようでない，という立場である。彼らが専門的な知識や技術を備えて受け手である市民に向き合っているために，マネージャーである上司からは彼らの行動の逐一が見通すことができない，したがって，送り手がどのような困難に立ち向かっているか，真剣に相談でもされない限り，どこの何を改善してよいかは分からないという立場である。

　以下では，悲観的な立場から，極端にいえばヒトという原材料を処理するという論点を述べ，それが送り手に跳ね返って，彼らもまた不幸を経験せざるを得ないこと，そして，受け手も自身の不幸に立ち向かうべく抵抗を試み，そこにはゲームのような関係が成り立つこともあるということを順次，論証したい。

ヒューマン・プロセッシング

　その活動が人間一般を対象として,「あなたも私も」人間であるために, クライエントにならざるを得ず, 生きるための難しい問題に直面するということがある。人間とは, 日常生活が首尾一貫しているようで, 何を考えているのか分からないところがある。人間一般は気まぐれである。とりあえず機械の部品のようではない。であるから取り扱いが難しいのである。

　しかも, クライエントになる, つまり, サービス対象になりやすい人たちというのは, もし平均があるとすれば, 語弊はあろうが, 一般にそれから逸脱した異常値を有した人である。実際に, 社会的にも経済的にも心理的にも身体的にも, サービスの対象者は平均値からは異常値を有した人たちである。たとえば,「あなたも私も」病気という逸脱現象のために医師の診断を仰ぎ, 入院するのである。教育サービスでさえ, 知識や技能に不足しているから学生になるのである。行政でいえば, 福祉事務所がまさしくそれに該当する。それだけではなく, 陳情するということは, 資源の逸脱的な不足を前提としている。

　したがって, サービスの送り手はさまざまな異常現象に対応しなければならないことになる。マニュアルのない, あってもその通りにはならないことが通常であると考えなければならない。特異性を重視する組織でなければならない。ルーティンとして処理できる仕事が少ないようなことも多々あることを覚悟しなければならない。組織として整備されれば, 規則もでき, 規範や基準も正規に成り立つことになるが, それでも, 日々の行動には, 経験やカン, あるいは, 科学的な知識に準拠するよりも誠意だけで事に当たるような場合も少なくない。問題ごとに無数の対応がある。未知の知見も多くある, その方が多いといってよいであろう。マネジメント・コントロールの考え方を援用すれば, これはアドホクラシー（個々の問題に即応的に関与できるように構築される）組織とならざるを得ない。

　この組織は, 人間を対象にしているから, プロッタス（Prottas, 1979）の用語を使えば, ヒューマン・プロセッシング（human processing）によって成り立つ組織である。しかし, ヒトを扱うがヒトを機械のように単純に扱うだけでは, 当初の目的を達成することにはならない。感情があり, 好き嫌いがあり, 理解の程度に微妙な差異が生じる。必ずしもマニュアルの手順通りに, 技術的に解決できることではない。むしろ, サービスの送り手と受け手

の個人的な，特異な関係の中で処理される。もしかすると，送り手の意のままにならないこともある。そうであればこそ，扱いに疲れ果て，脱人格化が示唆するように，ヒトをモノのように扱うという逆説を生じることもある。バーンアウト（burnout，次章で紹介）は医療や福祉の関係者に多発するストレスである。事例的にも看護師やケース・ワーカーに多い。

トータル・インスティテュート

しかし，成熟を期待しない場合，あるいは期待できない場合がある。送り手と受け手は通常，情報の不均衡を当然としている。一方はあり余るほどの情報をもち，他方は決定的に不足している。繰り返していえば，公共セクターはクライエント支配を当然としがちなところである。しかし，一方的な支配では，抵抗が生じたりして大きなコストが負荷される。それではマネジメントに支障を来す。そのために，その不均衡を是正しようとする。情報公開などはその典型的な方策である。

情報の不均衡は残る。その最たる場合は，クライエントを囲い込み，彼らを外部から遮断することである。外部からの情報が流入するのを制限することである。これによって，クライエントへのサービスは効率的になる，少なくとも反対したり逆らわないようになれば，送り手の勝手放題になりがちである。公共セクターではとくに法的な権限が賦与されることで，いっそうこの傾向が著しくなることもある。

これはゴフマン（Goffman, 1961）による，トータル・インスティテュート（total institute）である。刑務所などはその典型であり，しかも話題になることも多々あるが，このような傾向は程度の多少はあるがどこにでも散見されるものである。クライエントを収容するところは，どこでもこの可能性を潜在させているといってもよい。また，クライエントが日常生活に支障を来す弱者であるほど，このリスクを背負うことになる。外に向かって閉じられるほど，そして，サービスの送り手と受け手の関係において，情報の不均衡が大きく広がるほど，これに近似する。公共サービスでは生活すべてを囲い込むようなサービスはそれほど多くはないが，社会的弱者へのサービスは一方的な依存関係にあることが多く，実質的な情報遮断に至ることになりかねない。情報公開が必要とされ，オンブズパースン（ombudsperson）の役割が重視されるのは，このことによっている。

自縛の心理構造

　なお，送り手の好意によるサービス関係への没入は，いくつかの歪みを伴う結果をもたらすこともある。過剰に同情したり共感することは，送り手の受け手に対する，客観的な立場を崩すことになる。受け手の内面に入り込みすぎると，冷静な判断ができなくなるからである。自縛である。なぜ，このような事態に陥るのか。

　サービスは共感性に支えられる。多少とも，それがなければ，冷たい，いわば血の通わないサービスとして非難される。受け手への感情移入が前提であるともされる。できる限り同じ目線で相手を捉え，相手の立場に立って考え，サービスの程度を図るように期待される。公務に対する倫理の強調がそれである。上司も含めて周りが公共性を強調することもそれに通じることである。しかし，この感情移入が昂じて，送り手の考えや行動を縛るということが少なからずみられる。これを自縛の現象として捉える。過度の思い入れが転じて，キャパシティ以上の負荷を自らに課してしまうのである。過度の思い入れを正当化する社会の期待や規範が重くのし掛かる場合もある。これがバーンアウトの原因になったりもする。公務員でも板ばさみに悩むなどは，この心理による。強度の板ばさみはうつ病などのストレスを招来する。

　対人関係は共感し合うことによって成り立つ。互いが同じことを考え，同じように行動して，共有された世界を構築できることで，なおいっそう理解が深まるということがある。ただの出合いを繰り返すだけでは，おそらく友人にさえなることはないであろう。友人知人以上の人間関係を，共有された世界で得ようとする。また，過剰な同一視を不可欠として，共感する人たちが疑似的なコミュニティを構築しようとすることもある。その場合，自閉化は当然の帰結であるし，医療や福祉などに限っていえばその方がよりよい成果を得るようなことになる。セルフヘルプ集団（あるいは互助集団：田尾，2007b）などはそれに該当するし，同じ悩みを抱えた患者が，悩みを語り合うというのはカタルシスである以上の，一つの，もっとも有意義とさえいえる問題解決法である。

　しかし，共感に拘泥すると，サービス関係では，クライエント関係に取り込まれて身動きできなくなるようなこともある。このような自縛は，送り手と受け手がコミュニティを構成するようなところで顕著であるが，もっとも

頻繁にみられるのは，相手に強く同情して，親身になりすぎることである。受け手の立場をいつの間にか内面化し，さらに一体化して，客観的な，冷静な見方ができなくなるということもある。極端な場合，ソーシャル・ワーカーの例であるが，受け手と恋に陥るようなこともないことではない (Jayaratne et al., 1997)。

なぜ，そのようなことが起きるのか。カウンセリングでは転移現象といわれるが，受け手の感情が送り手に転移されて，つまり，受け手の感情を送り手であるカウンセラーが真正面から受けとめ，その結果として，一時的に治癒の状態になるが，それはどこまでも一時的のことで，さまざまの症状などが根治されたのではない。問題は，送り手がその感情の転移によって，より深刻な心理的な困難を抱えることがあることである。慣れない，しかも真面目で未熟な治療者は，親身になりすぎることで転移によって行き詰まるようなことが少なくない。相談相手になっても，それを突き放して操作する技法を修得していなければ，その深刻さを共有するほど，それが深刻であるほど，疑似コミュニティのような気分が醸成され，送り手，受け手ともに行き詰まるようなこともある。たとえば「いのちの電話」では，もし対人的な関係処理の訓練を受けていない，真面目な素人を当たらせると転移によって問題を抱え込んでしまい，相談を受けるサービスの送り手が，逆に深刻な危機的心理に陥ることもある。

クライエントによる対抗

クライエントは受け身だけではない。市民社会の成熟という与件のもとで，ストリート・レベルの送り手に対して抵抗し，対抗する。それが効果的なこともある。とくに近年，市民参加が推奨される雰囲気のもとでは，もし送り手が理不尽な対応をしたり，受け手に大きな被害が及ぶようであると，公然と非難を受けるようになった。クライエントによる対抗がどのようなものであり，どの程度効果的であるかに熟知しておく必要がある。その対応関係を以下で述べる。

(1)制度的制約：上述のようなストリート・レベルのビュロクラシーによる一方的な支配関係は，表だって顕著に見られることは多くない。一つは，社会的な規範が暗黙の，しかも厳しい判断や行動の枠組みを，サービスの送り手に強いている。それを極端に逸脱すれば，良心の呵責などに悩まされるこ

ともある。また，法律による制約があり，それからの逸脱は処罰を受ける。とくに医療や福祉の領域では，サービスの受け手を保護する法律も含めて制度を設けている。さらに，ストリート・レベルのサービスの送り手を評価するための二重，三重の監視システムを設けている。スーパーバイザーやカンファレンス，症例検討会，あるいは，学会や職業団体も，このような監視の機能を果たすことがある。このような機制を有効に働かせれば，受け手は，支配的な関係に一方的に従属するだけではなくなる。

さらに，受け手は一方的に応諾に甘んじるのではなく，依存から少しでも逃れる手だてを考えようとする。より多くの，よりよいサービスを得ようとする。そこでは送り手と受け手の双方向的な関係を制度化しようとする。受け手の不利を軽減しようとするのである。たとえば，ストリート・レベルのビュロクラシーの厳しさを緩衝するためには，クライエント自身の自己決定（client self-determination）（Petr, 1988）の裁量の度合いを大きくして，一方的な介入にならないようにするなども一つの工夫としてある。

(2)退出・告発モデル：ハーシュマン（Hirschman, 1970）によれば，サービスの質が低下したとき，受け手はその関係を解消して，他の送り手に乗り換えるなどして不愉快や不満の意思表示をすることがある。退出（exit）オプションである。送り手がそれによって被害に遭うのであれば，質の向上に努めるようになる。しかし，通常，サービス資源への一方的な依存関係を前提に成り立つことが多いので，効果的であるかどうかは疑問とされる。受け手が，退出しないで，不愉快や不満を行政，有識者やマスコミなどに訴える告発（voice）オプションがある。当然，その効果には限界がある。無視されたり，いっそうサービスの質も低下したり仲間外れにあうようなリスクを覚悟しなければならないからである。しかし，これらのオプションを重ねて，受け手は一方的な支配関係から逃れようとする。

(3)ゲーム・モデル：ハーセンフェルド（Hasenfeld, 1983）によれば，限られた状況の下でではあるが，クライエントもまたサービスを忌避したり，よりいっそう多くを要求したりということがある。黙って泣き寝入りするだけではない，送り手と受け手の間には交換パラダイムによる関係が形成される。受け手は何らかの方策を工夫して優位な，少なくともそれほど劣位ではない立場を得ようとする。送り手も完全にクライエントを支配下に置くことはできない。したがって，ゲーム様の関係ができあがるというのである。

その場合，受け手は以下のような四つの方略を工夫する。

(i) 自助努力：たとえば，サービスの必要性を少なくしたり自助努力に切り替えるなどである。健康に注意して病気に罹らないようにするなどは，その例である。

(ii) 代替資源の追求：積極的に代替資源を探すこともある。その地域に病院や医院が林立していれば，患者にとって代替資源が多くなり，選択肢が多くなる。高齢者にとって，さまざまのサービス団体がメニューを競うようになれば，選択肢も増えるのは間違いない。選択肢が多くなるのは一方的に従属しなくても済むようにさせる。すでに述べたが「足による投票」は，これに含まれる。

(iii) 第三者への働きかけ：組織が彼らクライエントを必要とするような刺激を与える。行政に積極的に働きかけるなどして，当事者だけではなく公共の問題に拡大することは，本来立場的には強いとはいえない受け手にとって，効果的なゲーム展開になる。また，逆に，組織が必要とするようなクライエント，たとえば，病院の名声を高めてくれそうな患者などもいる。

(iv) 組織化：クライエントは，団体をなして組織と交渉するのである。前述の告発をオプションとして活用することである。その結果として，その組織からサービスを受けることができる他のクライエントの参入を制限することもでき，質や量の維持を図ることもできるのである。

しかし，ゲームのような関係とは，送り手はさらに支配的関係の強化を狙うこともあるからである。たとえば，サービスの範囲を拡大して潜在的なクライエントを増やし，今，サービスを受けているクライエントが文句をいい難くするとか，さらに高度のサービスを提供することでクライエントの依存度を大きくするなどである。

以上のような関係を経て，対抗的に，送り手に対してサービスの選別までしようというのである。ここに至れば，受け手は単なるクライエントではなく積極的なニュアンスを含んだコンシュマーやカスタマーという用語が適当となる。そして，前章で述べた市民参加を内実化できる。とはいいながら，公共のための組織が権力の発動を内在させている限りは，ストリート・レベルのビュロクラシーの仕掛けが消えることはない。

以上のように，クライエントとの間には，彼らの成熟を前提にして協働と強制の相反する二つの側面がある。公共の中心部分に近づくほど，法的に強

制されるようになる。単純に消費者満足だけではないといえる。

V　ゲートキーパーとしてのストリート・レベル・ビュロクラシー

機会主義的行動の限界

　ストリート・レベルでサービスを提供している人たちは，以上のように機会主義的に行動することもある。それを阻止することは困難である。その行動様式を抑え込むことはモチベーションを低減させることも少なくない。エルモア（Elmore, 1979-80）に従えば，順行の位置取り（forward-mapping），つまり送り手に対する上意下達の方式は失敗に終わることが多く，その逆，彼らの意向を活かせるような，彼らとクライエントの相互作用の中で生じたアイディアを政策立案に活かせるような，さらにそれを実行する過程に活かせるような，逆行の位置取り（backward-mapping）のほうがよいと指摘している。その捉え方が似ているが，リプスキー（Lipsky, 1980）も，トップダウンの仕組みは好ましいことではなく，ボトムアップであるべきとしている。彼らがクライエントと向き合って得た情報は生々しいだけではなく，実践のための情報を含んでいる。それを企画に活かせば，質的に優れることになり，彼らもそれを率先して受け入れ，実行段階での抵抗は格段に少なくなる。ただし，現場からの発信は，その範囲を広げるほど意見や考え方をまとめることが難しく，極端にいえば収拾がつかなくなる。

　以上は，すでに述べたシステムの集中化－分散化の程度に関わることである。一般的にいえば，ビュロクラシーの柔軟な活用以外に望ましい手法はなく，サービスに関わる人たちを規則に厳格に縛り付けるようなマネジメントには限界がある。ソーシン（Sosin, 1990）は，ホームレスへのサービスに従事している人たちについての事例を紹介しているが，この場合，ボトムアップとは権限委譲，分散化を意味している。しかし，極端な分散化は，現場で勝手な選別をさせることになる。都合がよくなければサボタージュも起こりかねない。いわばほどよい分散化への，いわば手綱さばきが問われる。

　サービスを提供している人たちがモチベーションを向上させ，意欲的に仕事に向き合うためには，彼らがクライエントと一体になって，政策提言をする状況がなければならない。クライエントとどのような関係を構築するかで，彼ら独自のストレスの解消にもつながる（Nielsen, 2006）。後述するが，スト

リート・レベルの送り手は，市民のためのアドボカシー（advocacy：代弁）ができる人たちである。前章と関連させていえば，市民参加とともに，彼らもまた市民に対してサービスの質を上げようと考えるようになる。少ない資源を市民と共有できるという状況は，彼らの機会主義的行動を抑制することになる。ムーア（Moore, 1987）によれば，彼らを過剰な負担というネガティブな側面ではなく，現場を熟知できるからこそ，積極的に政策立案に関与できる側面をむしろ強調すべきであるという。しかし逆に，ストリート・レベルでサービスの送り手と受け手が連合すれば，または野合するようなことがあれば，その分，当初意図された効果を失うこともあるという指摘もある（McKevitt et al., 2000）。互いが対立して緊張しあうこともあるから，サービスの質がよくなるのである。

　組織人として規則や基準に素直に従うように強制するよりも，前述のようなインフォーマルのクライエント支配を，いくらか許容することもあり得るということである。それを許容する程度に応じて，サービス理念の強化や内在化を通して，間接的なコントロールが必要になるのである。また市民参加の議論に戻れば，市民によるサービスの監視，評価の過程が内実化されれば，ストリート・レベルの送り手たちの暴走や横暴を少なくできる。

　なお，付加的に指摘することがある。今後の可能性として，情報システムの普及によって，彼ら独自の裁量が，コンピュータ・システムに置き換えられるほど，小さくなるという指摘がある（Bovens & Zouridis, 2002）。すべての判断が数値化されるようなことにでもなれば，あり得ることではある。しかし，逆に，彼らの裁量は情動的な，いわば人間臭いことを前提としている。即興の采配が市民を感動させることがある。市民への支配ではなく，市民を熟知できているからこそのメリットである。

再評価の試み

　前節までで，ストリート・レベルのビュロクラシーの，市民に対する支配的，あるいはそれに対するいわば抵抗的な関係について述べた。しかし，彼らは市民にはもっとも近い関係にある。ということは，前章で述べた市民参加を促すための，もしかするとキーパースンになる可能性もある。スミス（Smith, 2002）によれば，彼らは市民との間で，公共サービスに近接しやすいようにゲートキーパーの役割を積極的に担うという前向きに位置づけるこ

ともできるという。前節とは対照的に，むしろ前向きにストリート・レベルのビュロクラシーを再評価する試みでもある。第6章で議論したNPMで表明された公共経営の新しい考え方（とくに市場重視）の基本的な考え方とは相容れないところがあるというのである。

　たとえば，NPMのパフォーマンス重視の立場は，トップダウンでの意思決定によることが多くなる。しかし，達成すべき成果やそれの方向などについて現場の送り手は，決定から疎外されるほどモチベーションを低下させることになる。また，公共サービスが市場の競争に曝されるほど，市民としては，自分たちの実情は蚊帳の外に置かれることも多くなりがちになる。彼らへの同情がNPMへの批判の気持ちを醸成する。さらに，彼らはサービスの第一線で働いている。いわば行政の顔である。民間委託や民営化によって，彼らの顔が分散したり薄まることは，場合によっては耐え難いことである。企業やNPOなどに業務が委託されて，ストリート・レベルの仮の，または希釈された送り手が増えても，地方自治体とクライエントである市民との関係は間接的になる。ということは，本来規範としてあったクライエントとの関係は，送り手の裁量によって支配と応諾という関係が成り立つ状況があり，であるからこそ厳しい規範的な制約が課されたが，それが働かなくなる。このような事情を重ねるとNPMの仕組み一般は，従来からの送り手のプライドによくない影響を与えるだけではなく，ストリート・レベルの仕組みそのものと折り合いがよくないことになる。

　NPMによって業績の向上に努める，いわば冷徹な経済合理的な工場になりかねないシステムに，一定の歯止めをかけるための彼らへの役割期待がある。市民の考え方を現場でもっとも熟知できるのは，彼らである。市民が疎外された状況にあることを肌身で感じることができるのは，ビュロクラシーのマネージャーではない。第一線で彼らと接しているストリート・レベルでのサービスの送り手である。

　彼らこそが，公共のための組織と市民を結びつける役割を果たしている。サービスへのアクセスを取り持ち，しかも，その程度を決定する役割をも果たしている。これはアクセスさせない，あるいは程度を決める際に裁量できるということで，すでに述べたようにクライエント支配の足がかりにもなっているが，アクセスできない人をできるように便宜を図ったり，少ない配分をその困窮に見合う以上に多くすることもできる。両面があるということで

ある。組織の内に目を向けたり，外に転じたり，融通無碍の役割を果たすことができる。公共のための組織のゲートキーパーであるといってもよい。

プロフェッションとしての対応

また，視点を換えると，厳密な意味ではプロフェッショナルとはいえない部分（たとえば，自立自営の可能性は乏しい，専門教育機関の未整備，認定資格制度の不備など）もあるが，それに近似していることは明らかである。プロフェッショナルについては，キャリア管理とともに次章で詳細に論じるが，市民が熟知しているとはいえない知識や技術を駆使することになる。クライエント支配が可能であるのは，再度いえば，情報の格差があるからであり，その差が縮小しないからである。専門的な判断を要するほど，組織はインテリジェントを必要として，それに長けた人材の雇用に努める。

インテリジェンスをどのように組織の中に位置づけ，マネジメントのために活用するかは，組織一般にとって大きな課題である。とくに従来から医療や保健，福祉のサービス領域は欠かせないとされてきた。この領域はストリート・レベルの送り手のいわば独壇場である。この領域の施策の立案から実施にいたる過程では，何よりも高度の専門的知識が不可欠といわれている。その議論を拡張して，公共セクターの組織一般であっても，公共のためには，大多数を納得させる技術がいる。そして少数を説得する技術がいる。ポリティクスの修羅場を越えるためには，相応の専門的な知識や技術がいるのである。政治に対する行政という立場を確実にするためにも，統治技術の洗練が欠かせないということである。行政官は政治家に劣らない知識を備えなければならない。説得の技術は舌先三寸ではない，また三百代言でもない。専門的な高度の知識に裏付けられた技術である。このような専門的な知識や技術を備えた人たち，プロフェッショナルが公共の組織の最前線で働くようになることは疑いのないことで，実際，公共政策大学院が設立されているのは，そのような背景によっている。

以上のような方向での考え方をプロフェッショナリズムという。これを不可欠とする組織，専門家重視の組織は，公共のための組織には欠かせない。そしてそこで役立つ専門家をどのように育成，あるいは採用，そして管理するか，要は，組織と知識の関係をどのようにマネジメントできるかが，今後のもっとも重要な問題になる。政策官庁化がすすむほど，医療や保健，福祉

など，公共セクターのいわば周辺的であるとされた領域だけではなく，公共のための組織，地方自治体などでは，企画立案の専門家を要所に配することは必須というべきである。

知識のマネジメント

では，なぜ知識マネジメントを，つまりインテリジェンスしなければならないのか。そしてなぜそのマネジメントは難しいのか。理由としては，それがサービスであり，曖昧模糊とした，掴みどころがないといえばよいような公共の福利向上に貢献しなければならないからであり，以下のような論点に沿えば，なおいっそう知識のマネジメントに向けた論議が欠かせなくなる。不足があれば組織存立の是非が問われる事態に発展しないとも限らない。

(1)多義性：一つの知識システムにまとめ切ることができないことである。公共におけるサービスとはさまざまの関係者の利害が反映されることになる。それらは互いに反目するだけではなく，単なる事故が事件になってしまうことさえないとはいえない。それらを調整し調停する，それができない場合でも，限度を超えて表沙汰になることを回避させる，そのためには，知識が本来的に多義的で，いわば融通無碍であるような仕掛けを有していることを承知しなければならない。語弊はあるが，三百代言とは，このような知識を使うためにあるといってもよい。

(2)非マニュアル性：多くの場合，法律の条文に従って判断し行動すればよい。しかし，それだけでは済まないことのほうがはるかに多い。その場で裁量すべきことが多くある。マニュアル，あるいは，それに準じたものもあるが，それだけで表現できないところが多く残される。具体的な手順を明示できないのである。したがって，自身の工夫によるところが大きくなる。経験を積み重ねることによって得た判断やカンに頼らざるを得ない。ベテランが重用されるのはこのような事情による。

(3)信頼関係の重視：さらに，サービス現場の誠意がすべてに優先することが多々ある。高度に発達した知識や技術でも相手が受け入れてくれなければ宙に浮いてしまう。相手に積極的に受け入れてもらうためには，誠意を示し信頼関係を構築しなければならない。信頼がなければ，さらに不信感を抱かせれば，いかなるサービスも相手の拒否にあう。それではすべて水泡である。最先端の知識と原始的ともいえる信頼関係が隣り合わせになっているのが，

このインテリジェンスの特徴である。
　このインテリジェンスに真正面から応えるのは、ストリート・レベルの送り手、市民と日々真正面から向き合っている人たちである。

三者関係の円滑化

　ストリート・レベルの送り手は、サービス提供の最前線で、その組織の正当性を担っているといってよい。彼らへの不信は、公共の組織、そして公共のための組織への不信と直結する。そしてその不信の蔓延は、この社会の仕組み全体への不信につながる。信用の蓄積はこの社会の安定につながっているのである。
　結局は、すでに述べたがストリート・レベルの送り手、彼らを管理する上司、マネージャー、または彼らを雇用している組織そのもの、そして受け手である市民という三者関係ができる限り協働できることであり、そのための仕組みづくりを怠らないことである。互いが信頼しあうという関係はよほどの場合以外はあり得ないことを前提に、協働し合える環境を構築することをマネジメントの課題とすることである。多少とも具体的に表現をすれば、市民の了解を得るためには、送り手は、受け手たちが抱えた問題に感受的になれるということ、それを活かせるような仕組みをマネージャーたち、そして彼らを雇用している組織が構築できるかどうかということである。
　しかし、受け手である市民の納得などは尽きることがない。それを納得させるなど百年河清を待つようなもの、そして、それを正確に果たす組織などありえないという、また振り出しの議論に戻ることになる。受け手の満足で評価する限り、三途の河原の石積みのようで限度はない。いくつかの施策の組合せで、最善ではなく次善を達成するということであろう。一つの策として、受け手は、ストリート・レベルの送り手を煩わせることなく、自分たちで幸せをつかみたいという、セルフヘルプ社会の構想であり、それ自身に限界はあるが受け手同士の互助を重視することである。公共サービスの質も量も自助、共助、そして公助の組合せで決まる。

NPMとの関係

　繰り返しいえば、NPMを徹底させれば、公共セクターは冷徹な経済合理的な工場になりかねない。NPMは、市民や住民を消費者と位置づけてサービ

スの質の改善，向上を意図している。その意味ではストリート・レベルのビュロクラシーとは対極にある。NPM の下では市民は行動的，積極的でなければならない。ボイスの塊というべきである。NPM によって政府が変革されるのであれば，市民もそれに対応して変革しなければならない，むしろ市民が政府に積極的に介入して変革すべきという議論である。この変容をシャクター（Schachter, 1995）はカスタマーからオーナーへと表現している。そのことは大筋で首肯できるが，市民がそれぞれボイスの当事者になることでいっそうサービス過程はポリティカルになる。そのことによる成果の低下は，結局，NPM に対する疑義につながる。それは経済的合理性を優先させて，ポリティクスによる混乱を必ずしも想定していないからである。オーナー・モデルは，パワー・ポリティクスと裏腹の関係にある。オーナーであることに目覚めれば，だれもが何かを言いたくなる。極端に至れば，混乱は必至である。質量ともに向上させれば，消費者としての市民は評価してくれるが，それでも執拗に問題を指摘する人はいくらでもいる。市民すべてを納得させるほどの資源の備えはない。受け手である市民の了解などは尽きることがないということである。妥協的にいえば，その二つのモデルをつなげて折衷的に，市民は部分的にカスタマーでもあり，部分的にはオーナーでもあるとすることである（Smith & Huntsman, 1997）。

　ストリート・レベルのサービスの送り手は，市民と真正面から向き合う。そして，彼らと公共のための組織を繋ぐ役割を果たしている。しかし，環境のポリティクスを，そのまま組織に入れ込む役割も果たしているのである。要は，ストリート・レベルのビュロクラシーとは二重の意味でNPMとは折り合わない。一つは，送り手は組織の成果を向上させようとして合理的には行動しない。機会主義であることが少なくない。そしてそれを阻止できるかどうかについては悲観的にならざるを得ない。もう一つは，市民一人一人が，いわゆる成果主義に捕らわれると，送り手はいっそう後ろ向きになる可能性があるということである。

要約

　地方自治体では，市民参加だけでは済まない何かがある。公共のための組織は，市民を応諾させるパワーを保持している。なぜ保持できるか。条例を制定して要綱を定め，施策を実施することで，応諾を制度として強要できる

のである。しかし，それだけではない。サービスの送り手として従来よりも専門的な知識によって，素人である市民を応諾させることができるようになった。また公共セクターのサービスの送り手は専門家集団となりつつある。彼らはプロフェッショナルである。医師などの古典的なモデルに対照させると，その程度はまだ大きくはないが，サービスの質の向上への市民の期待や，公共サービスがさらにいっそう高度化するとともにプロフェッショナルとしての役割が大きく膨らむことになる。すでに自治体が設立した研修所は多くあり，公共政策大学院のようなプロフェッショナルを養成するための高等教育機関まで設立されるようになった。

専門的になることで，公共セクターの組織は市民の生活に制約を課すことができる。公然とではなくむしろ人目につかないところで，権力行政が展開されていることに注目しなければならない。インフォーマルな支配と応諾である。サービスの送り手も受け手も，支配している，応諾しているという意識はないかもしれない。公共サービスの現場でクライエントという用語を使うことが，支配―応諾という関係を示唆している。サービスを受け取らざるを得ないという文脈でその用語は使われるからである。

送り手が受け手を支配するという視点から，その行動を理論化したのがストリート・レベルのビュロクラシーである。当初は警察官の研究からはじまっているが，その適応範囲は，医療や福祉のヒューマン・サービスから公共，またはそれに準じたサービス一般にまで適用できる。ストリート・レベルの送り手は，彼らが現場での意思決定者，さらにいえば個々の施策の決定者でもあり実行者であるということで，多くの実質的な，制裁も含めて権限がインフォーマルに付与される。そのような組織によって発給されるサービスの送り手とは，行政官僚制の末端に位置づけられ，そこには決して小さくはない権力関係が生成され，市民の生活に看過できない影響を及ぼしていることもある。

さらにいえば，サービス提供の現場で個々の市民をクライエントにつくり変え，応諾させることができる。クライエントである市民は，現場の送り手たちに従わざるを得ない関係にある。しかし，それに対する反抗もある。それが効を奏するようであれば，その関係はゲーム的と捉えることもできなくはない。

これらの関係は前章の市民参加とは対極に位置するが，応諾と支配，それ

に対する抵抗というパラドックスを内包した関係を理解しなければ，市民と行政の関係の正確な見取り図を描くことはできない。地方自治体における市民との関係は双頭の鷲である。サービス行政でありながら，可視的ではないところで権力行政を担っている。

第10章　人的資源管理

I　論点

　ヒトの組織である地方自治体では，地方行政の変革を支えている人たち，支えようとしている人たちに対するマネジメントがいっそう重要になる。支え，支えようとしている人たちを支えるシステムの構築である。本章では，地方自治体の職員を対象として人的資源（human resources）を論じる。公共の組織に関わっている人たちもそれに準じて論じることになる。何よりも地方自治体の職員については，地方公務員法を含めてさまざまな制度的制約が課されることが前提である。そして，野球にたとえれば，公共の世界にも内野と外野がある。内野の，とくに投手と捕手のバッテリーが勝敗の鍵を握るようなことが少なくない。そのバッテリーに当たるのが地方自治体である。そこで働く人たちが課された制約に押しつぶされるか，それとも逆にそれを活かせるかで，その地域の可能性は萎んだり広がったりする。

　地方自治体という公共のための組織で働いている人たちが，何を考えているのか，何を考えようとしているのかについて理解しなければならない。行政サービスの受け手である私たちに対して，熱意をもって，真摯に考え，行動する地方公務員がいなければならない，それもできるだけ多くの人であってほしい。その人たちが少なくなるほど私たちは不幸になる。しかし，それは一人一人の個人の問題ではない。個人の努力に帰すことではない。個人の努力や意欲を越えて，その熱意を醸成し支えるシステムが重要になる。それは，モチベーションやストレス，キャリアのマネジメントでもある。概括的にいえば，人的資源のマネジメントである。どのような仕組みが彼らの熱意

を醸し出し，支え，そして，持続させることができるのか。

　今，地方自治体が変わろうとしているのであれば，資源としてのヒトをマネジメントするシステムも変更しなければならない。そのようなマネジメントの考えがこれまでは不在であったとすれば，今後，状況変化に前向きに向き合う熱意を引き出し，活用する仕掛けを構築しなければならない。地方自治体が経営体であれば，そのような仕掛けを備えなければならない。地方自治体のなすべきこととは，地域の将来についてどのような施策を行うべきか，その枠組みを利害関係者の合意を調達しながら構築することである。そのためには，それに応えることのできる人材の育成が欠かせない。

II　公人ということ

「お役所仕事」の解消

　地方自治体は，労働集約的であるからヒトという資源を重視せざるを得ない。さらに，その仕事の多くには，私企業とは相違する特異なメンタリティを要請されることがある。それに相応しい有能な人たちを多く抱え込むべきである。人的資源管理は地方自治体にあっても，もっとも基本的ともいうべき考え方になる（Pichault, 2007; 稲継，2006，2009；田尾，2007a）。

　ヒトに関するマネジメントは，端的にいえば，どのようにして望ましい人材を得るかであり，その人材をどのように活かすかである。そのためには，そのような機会を提供できるようなシステムを考えなければならない。それらは互いに絡み合って，それだけで成果を得ることはない。有能な人材の確保，適材適所の人事管理，給与や昇進昇格などの適正な処遇，キャリア・パス（能力や資質を伸ばすために必要な部署を経験させること），あるいは，権限委譲（または，エンパワーメント）などは互いに関連しあって，人的資源管理の基本的な枠組みをなしている。それは，また，研修や再教育によってさらなる知識や技術，行政環境を見極める鋭敏な感覚を養う機会を多くすることにも関連している。

　地方自治体でいわゆる「お役所仕事」の非効率を改善するために，また既存の人材を最大限活用するためにも，人的資源管理の立場から，統合的なシステム構築，および再構築は欠かせないことである。ヒトに依存する地方自治体は，ヒトに関する議論を避けてしまうなどは，本来あり得ない。地域社

会で自治体の果たす役割が，今以上に大きくなるとすれば，それに対応して，地方公務員の役割も大きくなる。公務員自らが公正，公平，さらに正義という価値の実現に向けて奔走している姿を，住民や関係団体など利害関係者に見せつけ，理解を得ることが必要になる。それがなければ，経営体としての地方自治体の正当性，そして職員自身の正当性が疑われる。その立場について正当性を得るためにも，人的資源管理という考え方をどのように適用するかが問われることになる。

ヒトという資源

繰り返すが，地方自治体による行政サービスは，その多くが労働集約的である。多くの地方公務員が熱心に，そして積極的にサービス提供に関わることで，よりよいサービスがより多く提供できることになる。ヒトは，モノやカネ，情報と並ぶ資源であるが，地方自治体の場合，その重みはいっそう増すことになる。人的資源という言葉は地方自治体にこそ当てはまるといってよい。したがって，それぞれの地方公務員の，地方自治体への貢献がそのまま組織の成果となる。真剣に，熱心に地域のために働くほど，よりよい，より多くのサービスが提供される。ということはそれぞれの地方公務員の，資質や能力，意欲が問われるのである。よい人材を多く得るほど，サービスに対する評価は向上する。ヒト次第といってもよい。マネジメントの立場からは，その育成と動員の方法が問われている。

公人としての心理

公務員は公人である。しかし，それを正確に定義するのは難しいが，地方自治体を公共のための組織として，そのほかの公共の組織と区分するのは，そこで働く人たち，公務員を公人として，公共への奉仕者として，つまり本義におけるサーバントであるとして区分するためである。私益のために働かないということが，何にもまして優先される。しかしこれだけで公人の定義は尽きるものではない。何よりも公にあって公のために殉じるという信念がその基本にあること，本人もその人に関わる周辺にいる人も，ともにその信念を強化しあう関係にあることがその前提である。強いていえば，確信とともにある。

また，公人はたんに奉仕者ではなく，委託を受けた規制者，また権力行政

を担う，権限の行使者である。公的であることで，場合によっては私的な世界を規制することができる。その権限によって私的な，勝手な世界を公的な世界に従属させるのも，公人の務めである。そして，サービスを受ける人，つまり，受給者は客体である。サービスを与える人，受ける人という関係の成立を公人という概念は促している。すでに述べたストリート・レベルのビュロクラシーなどはその典型である。

さらに，公人はその権限によって，公然と多様な利害が錯綜する社会の利害調停者としての立場を引き受ける。彼らに課せられた倫理は公平や公正，正義を実現し，利害関係のポリティクスを与件として，極端な場合，その泥沼に入ることなく価値的中立，さらに技術的合理性を保持することである。恣意は許されない。恣意とみられるようなことがあれば，相応の根拠を明示してその立場の正当性を明らかにしなければならないが，公人という概念はそれを保証することができる。公人である限り許される。しかし多用すると公共への信頼が揺らぐこともあり得る。

要は，公人とは公共の場にある人であり，制約が強く負荷される。地域社会と前向きに関わろうとする意識には，これによる制約を受けて立つという信念による動因が重要となる。地方公務員にボランティア活動の経験者が多い（田尾，1999a）のは，このような信念がモチベーションの一部をなしているからでもある。この場合，私に向き合って，私に何かを強いる公ではなく，私を超えて，私には囚われない公を実現するために，公はあるという本義に帰るべきである（溝口，1996）。公人とは，そういうヒトである。

倫理

公共のためにとは，公務員に対して制約が課せられることである。その制約を内面化することが好ましいとされる。ゴレンビュースキー（Golembiewski, 1996）によれば，少なくとも自己利益を追求しないようにということである。それをマネジメントとしていえば，市民の信頼を得るためには個人的な利害を超えなければならないという倫理が，もっとも重要であることと関連している（Buchanan, 1975; Romzck, 1990; Terry, 1998; Behn, 1995 など）。倫理への関心が，次節で論じるモチベーションの要因となるのである（Perry & Porter, 1982; Perry & Wise, 1990; Rainey, 1982 など）。

しかし，公務員もさまざまである。ブレワーら（Brewer et al., 2000）は，

連邦職員を含む公務員について以下のような四つの行動様式を見出した。
(1)サマリタン，つまり他人を助けようとする心理に支えられている人たちである。
(2)コミュニタリアン，地域社会への奉仕に熱心な人たちである。
(3)パトリオット，保護や代弁に熱心な人たち，要は，恵まれない人たちに何かすることに熱心な人たちである。
(4)ヒューマニタリアン，人道的な価値に殉じようとする人たちである。

　以上は，重なるところもあるが，倫理的な価値観による区分である。しかし，これらから外れる公務員がいないとはいえない。ダウンズ（Downs, 1968）もまた，公務員の価値観に準拠するか，あるいはしないかの行動様式について五つの区分を試みているが，中には立身出世願望の強烈に強い人もいる。現実的にいえば，倫理を優先させがちなことを重荷とする公務員も多いのではないか。サービス提供の現場で権力行政に絡まるところが多くなれば，汚職に手を染めても平気な人がいるかもしれない。ブキャナン（Buchanan, 1974）によるコミットメントを促す要因の公私比較によれば，その間には相違するところも多くあるが，公人であるからという特異性だけで説明できる部分は少ないということである。地方公務員もいわゆる人の子ということである。俗事への関心も募るであろう。ボウリングら（Bowling et al., 2004）によれば，案外というべきか，多くの公務員は社会状況への適合を心得ていて，その中でビュロクラット（いわゆる官僚）として行動する人も，そうではない人もいる。

そのメンタリティ

　地方公務員を，私企業の社員と比較して捉えると，その地方公務員のメンタリティ（心理構造）には共通するものの見方や捉え方がある。しかし，典型例を比較すればその差異は顕著である。公人としての公務員の具体的なイメージ構築に役立つと考える。そしてその相違は，公務員の意欲の具体的な中身を決めることになる。そのそれぞれは何を誘因とするか，何によってモチベーションが喚起されるのかを規定している。それ自体は彼らが公務員として行政サービスを提供するために，たとえ部分的に批判されるようなことがあっても，行動を引き出すための心理的に堅固な構造を成り立たせている。公人として公務員としてのメンタリティを考えるのであれば，以下のような

特徴が挙げられる（田尾，2007b）。

(1)ローカル志向：地方自治体の場合，地域社会への愛着の強い人が多い。これは余程の例外を除いて遠隔地への赴任がないことによる。府県レベルでは比較的遠くに支所や出張所があって居住地から離れることがある以外は，ほぼ近くの市役所か町村役場に勤務することになる。また彼らを地元から採用することが多く，彼らは本来地域社会に心理的に強くコミットした人たちである。生まれついて以来その地に住み続けている人も少なくない。これらの要因が重なって，彼らのローカル重視の態度をつくり上げている。まず地域社会の福祉の向上や改善に熱意を示すことになる。

(2)安定を重視：地方公務員では，しばしば「遅刻せず，喧嘩せず，仕事せず」[1]のようにマイナス・イメージで揶揄されたこともある。リスクをとらない，冒険をしないなどという特徴は散見できる。リスクをとるような行動は地域社会に不必要な緊張を呼び込むこともある。地方公務員という職業が比較的雇用の安定した職業であり，安全や安定を職業的なアイデンティティの中心に据える人が多い。逆に，彼らが意図的に何かしようという場合，地域社会の既存のバランスを壊すこともなくはないからである。受け身の安定重視志向が状況適合的と考えられることも多くある。

(3)社会的な技術の不得手：彼らは社会的な技術が得意ではない。対人的なサービスが公務労働の中心に据えられ，どちらかといえば社会的な技術をむしろ多く必要とするはずではあるが，一方的なサービスの供与という特性を反映して，住民や関係団体がクライエントであり，彼らの方から必要があるから役所にやってくる。それを待っていればよいのである。新規の顧客をこちらから開拓するなどの営業活動の必要がない。さらにルーティン化された行動は法規によって下敷きができているので，ことさら対人的な技術に磨きをかけないと困るということが少ない。最低限，決められたことを決められたようにすればよい。いわゆるお役所仕事である。

(4)経済的な報酬への無関心：地方公務員は自らの仕事の成果に対する対価が経済的な報酬，つまり金銭によって評価されることに大きな期待を抱いていない。金銭など経済的な報酬によって動機づけられないことはないが，その相対的な意義は私企業に比べれば小さい。金銭以外の何かによって支えられ動機づけられているようである。それが住民へのサービスに自らを捧げるという信念であるかもしれない。非営利的な組織への参入を希望するビジネ

ススクールの学生は，企業に就職したいと考える学生よりも経済的な報酬に強い関心をもつことはなかったという報告（Rawl et al., 1975）がある。

(5)結果よりも過程重視：客観的に評価できる尺度があるところでは達成度を明確に知ることができ，それに応じて評価できる。営業などは個人の達成さえも明確に結果として把握できる。しかし，可視的な尺度のないところでは，達成そのものよりも達成にいたる過程が重要になる。いくら努力したかということである。努力したからといって成果が上がるものではないが，とりあえず努力の程度で評価せざるを得ない。たとえば清掃工場建設に住民を説得するのは難しいことであるが，熱意をもって難事にあたるという姿勢が評価されるのである。熱意が彼らの職業を価値づける要であると考えられる。「汗，涙，誠」がもっとも重要とは，すでに言及し，さらに次章で詳述するが，しばしば語られることである。

なお，これも次章で論じるが，地方自治体ではアカウンタビリティが欠かせないとされるようになった。これは，逆にいえば，このことの成り立ちが本来難しいからでもある。結果を示すのが難しいことは多々あるが，それでもそれに至る過程は説明しなければならない。

(6)リアリズムの不在：これについても詳しくは次章で述べるが，評価のための適切な判断基準がないことが多い。施策を確たる指標によって認識する機会が乏しく，しかも適切なフィードバックによって評価を受けない。客観的な妥当性に欠けることも少なくないので，成果の出来不出来をその事後に詳細に論評される機会が少ない。リアリズムが成り立たない事態であるといってもよい。極論すれば，彼らには何をどのようにしても，合法的であればかまわないという理不尽さがつきまとう。

多くの施策が中長期的な事業の中に位置づけられ，今の時点では評価が難しい，したがって適否や可否を論じること自体避けたいという雰囲気がある。経済発展期に延伸し路線を増やした道路が，以後の人口減少を受けて，走行している車がほとんどないようなこともある。

以上に加えていえば，公共のための組織一般はさまざまな仕事から成り立つので，さまざまな公務員があり得る。上記のメンタリティのいくつかを備えることになる。しかし，現時点でさえも，その相貌を大きく変化させつつある。その是非はともかく公務員らしくない公務員が推奨されることも多くなった。

たとえば，社会的技術の不得手ということであるが，サービス提供の多様化ということで，契約によることも多くなった。不得手では済まない。さまざまの関係者がネゴシエーションの過程に加わり，自らの利害のためにはその技能に長けることも必要になった（DeHoog, 1990; Gooden, 1998）。当然，結果を重視し経済的な報酬にも無関心ではいられなくなる。すでに述べたNPMの動向は，公務員のメンタリティの質を根底から変えることになるかもしれない。しかし，本来の，以上に挙げた負の特異さをも含めた公務員らしさを捨てたヒトという資源が，複雑な利害が絡み合った地域の行政，さらに公共の世界を担えるかどうかは，今後の検討課題であり，これまでの議論を敷衍していえば，疑問がないとはいえない。

メンタリティへの制約要因

以上のメンタリティは，地方自治体の中で，そして職場の中では，以下のような制約要因（田尾，2007a）によって伸縮する，あるいは歪められることもある。強いて地方公務員らしくさせられるのである。しかし，NPMが期待する結果重視の公務員になってしまわないところに公務員らしさがあるといってよい。ただし，このような公務員が多くなると，いわゆる金太郎飴のようになると揶揄されることもある。

(1)公共性：地方公務員は公共に奉仕する立場にある。これは規範的な制約条件ではあるが，それだけではなく，むしろ彼らのモチベーション要因として働くこともある。これは必ずしも利他的なそれではなく，彼らが公共の人，公人であり，他人に規範を示すことも仕事の一部としてある。公務員というイメージに動機づけられているのである。

地方自治研究資料センター（1982）による分析では[2]，外からみえないところでの綱紀については，仲間内でかばいあい，寛容であるが，だれが見ているか不安なところでは厳しく対処するような規範の発達が指摘される。鉢の中の金魚（Murrey, 1975; Cupaivolo & Dowling, 1983）というたとえが相応しいようである。公務員では他人の視線を気にして他人と歩調を合わせ，他人から非難を浴びないように行動を律するという傾向が，顕著な規範として働いている。公務員としての行動の公式性といってよいようなものである。

(2)クライエント対応：地方自治体は広義の対人的なサービスをおもに提供する組織でもある。前章で述べたストリート・レベルのビュロクラシーでも

あるが，規範的には，地方公務員はサービスの対象者，利害関係者，要はクライエントの思惑に誠実に対応しなければならない。自分の都合よりも相手の都合を優先させなければならないことが多い。しかも，クライエントは組織の準メンバーである[3]。彼らの存在を無視しては円滑に組織をマネジメントすることはできない。市民参加の傾向が強まればさらにいっそう，クライエントの意向は行政に強く反映されざるを得ない。

このような場合，地方公務員にとってクライエントが重要なモチベーション要因になる。彼らが自分たちの思いどおりに働いてくれたり，自分たちに感謝の意思を表わしてくれたりすれば，それはいうまでもなくもっとも有力なモチベーション要因である。しかしその逆もあり得る。クライエントが思ったように対応しない，気持ちが通じない，逆らうなどは消極的な行動に至らしめる。

(3)法的な行動準拠と行政裁量：地方自治体が，他の経営体と決定的に，あるいは本質的に相違するのは，それが権力を独自に発して，他を一方的に直接的に，場合によっては制裁もあり得るとして制約できることである。典型的には条例制定であるが，それらは意図的に悪用されることもないとはいえない。デモクラシーの価値が普及している社会では，これの乱用を事前に防止しなければならないことはいうまでもない。当然，公務員の行動やそれにいたる判断は，詳細にわたって文書や慣例によって規定され，勝手や独断は厳しく禁じられている。法律準拠は彼らの行動には避けがたい与件である。公務員がしばしば融通の効かない職業とされるのはこのことによる。

しかし，逆にいえば，彼らによる法律解釈がサービスの実質を決めるのである。行政裁量である。受け手ではなく，彼ら送り手の側に優先権が認められている。行政サービスの場合，組織の末端にまで権限が委譲されて，思わぬほど大きな権力が行使されることがある。ストリート・レベルのビュロクラシーのように，相当程度の自律的な判断が許容され，その場での裁量の余地が多く残されている。法律による制約が厳しく課せられているので好き勝手はできず，何をどのようにしてもよいということではないが，細部については独自の判断や決定がかなりの程度許されている。

クライエントへのサービスに際して，彼らとの接触点における裁量は，サービスの質の向上に結びつくからである。個々のサービス過程では，住民や関係団体との立ち入った信頼関係が不可欠である。したがって，その場合，

信頼に支えられて自律的に判断でき行動できることがぜひ不可欠であり、それが制限されるとモチベーションが低下することがないとはいえない。信頼感が醸成できれば、極端にいえば「私自身」が法律という立場を確信できる。それがその行動に自信を与える。

(4)曖昧さと不確実さ：しかし、他方、彼らをとりまく状況が合理的に把握できず、彼らが果たす役割が曖昧であることは地方自治体にとって与件として受容せざるを得ない。本来曖昧なことや不確実なことが、とくに中長期的に考えなければならない場合、多くある。評価の難しさは次章で詳論するが、地方公務員はやむを得ずこれらの与件を読み込みながら行動しなければならない。さまざまの角度からの検討を加え、それを尽くしてもなお十分ではないことも多い。それがやる気を削ぐようなこともある。

このような状況は受け入れざるを得ない。むしろ地方公務員によるクライエントへのサービスを持続的に行うためには、むしろ与件として受け入れざるを得ない。というのは、行政サービスとは当面の成果だけでなく、持続的であることが重要と考えられるからである。そのためには、公務員が飽きることがない疲れることがないなどがもっとも大切になるからである。手抜きなど適当にサボることは、もし成果に深刻な影響を及ぼすことになれば、対策を講じなければならないが、対人サービスのような本来ストレスを多く抱えた人たちの職場では許容されることもあり得るのである。

曖昧さや不確実さが増しても、それに適切に対処できるのであれば、むしろモチベーション要因になることがある。彼らの行動を基本的に支えるのは、一方では厳しく制約することも欠かせないが、他方では、曖昧さや不確実性に向き合えるような裁量や自律を確かにすることである。自由と規律が背中合わせということである。

(5)ポリティクスへの対応：地方公務員はポリティクスを経験せざるを得ない。このことは繰り返し述べた。政治的に判断したり行動したり、また政治的な介入によって歪みを受けることは大いにある。地方自治体では、首長も議員も選挙で選ばれた人たちである。彼らは選挙民を意識し、彼らを支えている住民や関係団体の利害を優先させることが多い。価値的な意図関心によって関与することになる。純粋に管理技術に依拠するよりも当面のポリティクスを優先させがちである。必ずしも全体の福利の向上を狙うものではない。最適の可能性を追うよりも、都合のよさだけで済ませようとする。公務員は

それからの影響を免れることはできない。

加えて，地方公務員も地域社会の錯綜した利害を背負い込んでいるので，むしろ積極的に，非合理的ともいうべき，一方に偏した価値的な決定に自らを巻き込むようなこともある。彼らの行動は政治的に歪められ，さらにすすんで政治的であることによって事態の打開を図るのである。すでに述べた技術的合理性を優先させることは，夢のまた夢であることも少なくはない。

全庁的視野とプロフェッショナルとしての視点

地方自治体でキャリア管理を論じるとき，全庁的視野と専門家としての視点の矛盾が必ず指摘される。ゼネラリストとスペシャリストの立場の相克である。地方自治体では，どちらかといえば，これまでは全庁的視野が重視され，特定の分野に詳しいことは，庁内キャリアの蓄積にはプラスには働かないようであるとの認識が漠然とある。全庁的に考えることを重視することによって，組織の一体性が保持されてきたともいえなくはない。

実際，特定の利害を擁護する，あるいは，その利害を代弁するようなことはしない，公平な，公正な立場に立って判断，行動できるためには，いくつもの職場を経験する方がよいとの議論が根強くある。それはそれで問題はない。しかし，現場における適切な判断，意思決定のためには，それができる深い知識が必要になってくる。そのためには，いわばスペシャリストとしての業務への関与が不可欠になる。さらに，専門家に対する適正な処遇を考えなければならない。しかし，他方では，全庁的な判断に関与し得る人材の養成も必要になる。というよりも，組織の構成原理に深く関与し，いわば，それを内面化し，できれば一体化できるような人たちがいて，組織は構造的に安定する。この人たちは，専門家に比べると，組織そのものを一つのものとして内面化しようとする人たちである。それだけに組織の中心性，あるいは求心性に貢献する人たちである。なお，前者については，後段でプロフェッションに関連して詳論する。

この二つのカテゴリーにどのようにヒトを育てるか。本来，この二つの人事カテゴリーは矛盾する関係にある。人材育成の考え方は，私企業以上に，公的なセクター，とくに地方自治体では重要になるであろう。というのは，この二つの，それも互いに相反する人材をシステマティックに育成しなければならないからである。この育成は，全庁的視野と専門主義との並立人事を

行うことであるといってもよい。しかし，それは容易ではない。不可能とはいわないまでも相当程度のコストを見込むべきである。相容れない思考方式をもったキャリアを同時に，等価値に育成することであるから容易ではない。この相反する人材育成のためには，いわば複線のキャリア・パスの考え方を採用することになる。いくつものキャリアを並列的に行う，キャリア管理の体系的な整備である。

地方公務員の資質

以上のような問題点を克服するためには公務員個々を人的資源として捉え，それを活用する人的資源管理の考え方が必要である。資源として活かすための地方公務員に望まれる適性，あるいは期待される能力や資質とは何であるか，その適性を有したヒトはよりいっそうモチベーションについても強いヒトであると考えてよいであろう。

以下では，行政サービスとの関係で公務員として，基本的に望ましい適性について考える。望ましいということは，この場合，地方自治体による行政サービスの質的な向上に貢献することができるという意味である。一部はこれまでの議論と重なり合う。

(1)クライエント関係における感受性：第一に地方公務員一人一人の感受性である。公務員は公人であり公僕であると考えるのは大筋において間違いではない。しかし，倫理的な制約をいたずらに課すよりも，彼らはサービス従事者であり，サービスの提供者であるとして社会学的な用語で表現する方が，その状況を的確に把握できる。

彼らにとっては，住民や関係団体などのクライエントとの相互作用によって，彼らのニーズを的確に捉え理解でき，さらにそれに沿ったサービスを提供できることが，その業務の本質的な部分を構成している。彼らの問題が何であるかを捉えることができない，理解できないということは公務員としての行動のいわば肝心なところに障害があるということで，適性の欠如とされてもやむを得ない。

(2)理想主義的な信念：理想主義的な信念も必要な資質である。現実の混濁した状況の下で安易に妥協しない姿勢といってもよい。職業にはそれを支える倫理が必ず伴うとすれば，地方公務員の場合は，この理想主義に殉じることができるか否かである。とくに公務とは，奉仕の理念を多分に含み，私的

な利害を越えたところに達成すべき目標を設けるべきとされる。つまり個別的な利害を超越して全体のためという崇高な目標に奉仕するものでなければならない。ミッションである。理想主義的な信念は，たとえそのまま実現にいたることは稀であるとしても，理想に自らを捧げることは疑いなく公務員という職業を支え，地域社会から正当性が与えられるためのもっとも重要な条件である。

(3)広角的，および複眼的視点：利害関係者であるクライエントはいかなる場合も自らの利害を優先させている。地方自治体の外部環境そのものが深刻に相互の利害が対立競合したポリティクスの世界である。協働しあう関係が事前に存在することはあり得ない。公務員はこれに対して調停的な機能を果たさなければならないことがある。そのためには当事者を説得し納得させ得るデータを用意しなければならない。一方に与し，他方を斥けることは簡単にできることではない。一方に加担するならば，他方に対しては相応の理由を提示して納得させなければならない。いわゆる狭い了見で済むことはなく，複眼的な視角から広く捉える技能に優れていなければならない。これはゼネラリストにおいては当然であるが，スペシャリストも頑迷な専門バカであってはならない。

(4)ロング・スパンの価値意識：地方公務員の仕事は昨日の仕事の成果が，今日中に明らかになるとか，明日にはもう結果が出ているようなことはむしろ稀である。中長期的な経過を辿っての成果を見通すような場合，成果を手にする人は企画を立て実施した当人ではなく，その部署の何代か後の関係者であることもある。仕事の流れそのものがロング・スパンの中にあり，評価を受けるのが五年，もしかすると十年後ということであれば，長期的な視点から取り組まなければならない。したがって，自分の功だけを焦って後先のことを考えないようなことはあってはならない。逆に節度のある，あるいは見通しを立てた判断が望まれるということになる。これは禁欲的な行動でもある。つまりリスクやコストは自分が引き受け，成果は他者に譲ることにもなるかもしれない。それを受け入れる姿勢が組織風土として広汎になければ，地方自治体の中長期的な展望の下で一貫した行政サービスのための資源を蓄積することはできない。ロング・スパンの視点はそれだけで組織の機能的な統合を示すものである。

(5)責任の観念：さらに，責任の観念を受け入れることは地方公務員にとっ

て望ましい職業特性である。たとえば彼らには多くの裁量が与えられ、それに伴ってかなりの程度のことを自らの判断で決定できるとされている。決定の前のこと、後のことについて十分な配慮ができなければ主体的な判断者にはなれない。これは営利を目的とした私企業であれば、具体的な目標を提示でき、それの達成に関わるコストについて詳細なバランス・シートが算定できるということである。私企業におけるコスト意識が、地方自治体の場合、責任感ということになる。アカウンタビリティである。責任が伴う以上好ましくない、または望ましいとは評価されない結果を得た場合、その責任を引き受け、その原因をすすんで究明しなければならない。少なくとも言い逃れや言い訳に終始するような態度だけは避けたいというのが、公務員の職業倫理である。

　責任とは職業倫理と表裏一体の関係にある。倫理的な特徴についていえば、公務労働の原点は公正と公平である。社会的正義への積極的な関与の部分も企業の社員に比べれば大きいものがある。地域社会の利益、公益をどのように捉えるか、「住民のために」とは虚構の部分もあるが、それが公務労働の基本軸である。その本質を見失っていないか、公正や公平を遵守しているかなどをたえず監視されている、いわば金魚鉢の金魚のようなものが地方公務員である。汚職などはあってはならないとされる。

　さらに近年になって追加された議論がある。リスクや危機に適切に対応できるかどうかである。受け身の責任ではなく、積極的に引き受ける責任である。リスクや危機は、それをそれとして事前に認知できれば、マネジメント的に対応できるようになる (Salas et al., 2001; Drennan & McConnell, 2007)。とくに公務員の場合、責任は事後の問題だけでは捉えられない状況にある。

追加すべき要因

　ただし、地方公務員について特異というべき問題がいくつかある。一つは、いわゆる天下りといわれ、定年、あるいはそれを待たずに関連団体、あるいは地域の利害関係団体に再就職することでネットワーク構築に関与できることである。在職中から、地域の資源の在り処やその活用法にもっとも長けた人たちであるという期待もある。ネットワーカーとしての役割は余人をもって替えがたいということである。二つ目には、その裏返しであるが、住民や関係団体との折衝などで、身に危険を感じることも少なくないことである。

ニグロとワウ（Nigro & Waugh, 1996; Nigro & Nigro, 2000）によれば，公務員が受けた暴力行為は，他に比べても比較的多いということであった。対岸の火事ではない。わが国でも似たようなことがしばしば起こっている。不満を抱く関係者との接触が多く，暴言だけではなく，実際に物を投げられるようなことも少なくない。身体への危害も稀ではない。三つ目は，第7章でも述べたが内部告発である。これは企業でも同じであるが，公務員として厳守すべき秘密事項がさらに多い。不満をもった人たちが外部に向けて本来秘匿すべきことを暴露するようなことがないとはいえない（Bowman, 1983）。しかし，内部告発者についてはその位置づけを，むしろ前向きに評価する考えもある（Elliston et al., 1985; Near & Miceli, 1987; Parmerlee, et al., 1982; Walters, 1975 など）。実際そのことで，情報独占が崩れ，市民参加が内実を得るという考え方もあり得る。これらはすべて公務員特有の資質に由来しながら，以下で述べるモチベーションと関連している。

III　モチベーション管理

心理的契約

　意欲的に働くヒトがいなければ組織そのものが成り立たない。地方自治体を含むすべての組織についていえることである。意欲，つまり，モチベーションはマネジメントにとって必須の概念である（田尾，1981，1993）。ではなぜ，意欲的に働くのか。モチベーションとは内なる動因と外にある誘因が相乗的に働けば，否が応でも向上するのである。自分の内なる意図や関心，それを支える価値観，それを育んできた環境などからなる動因が何かに向けて強力であるほど，それに対する外からの誘因，たとえば，賃金や労働条件，人間関係などの報酬もあれば，さらに自分の才能を伸ばす機会に出合えばいっそうやる気になれるのは当然のことである。改革にやる気になれない人が多いというのは，改革の向かうところに何かが不足しているのではないか。意欲的になれない何かという動因，意欲的にさせない何かという誘因のどちらか，もしかすると両方に欠如した何かがある，ということである。
　一般的に，心理的契約（psychological contract, Schein, 1980, 組織論の概念に従えば組織均衡，Barnard, 1938）が組織と個人の間にあると考え，互いが信頼しあう関係を雰囲気として醸し出すような組織でないと，積極的に動機

づけられないと考えられている。だれでも組織人として参入すれば，そして考え行動して組織に貢献すれば，それに見合う報酬があるものと考える。なければ貢献を止めてしまうのは当然の心理である。組織は貢献に対して当然の報酬を提供しなければならないという，組織と個人の間には暗黙の契約が成立っているのである。この報酬と貢献の均衡が組織を支えている。モチベーションにおける動因や誘因とは相俟って報酬を成り立たせているのである。動因と誘因がマッチすれば，貢献に向かうように動機づけられる。さらにコミットメントを促すような機会に出合うことも地方公務員にはあり得る（Berman & West, 1995）。

　もし行財政改革が，このような人たちの利害を損なうようなことがあれば，彼らは手のひらを返したように強力に抵抗することになる。表立った抵抗は控えるかもしれないが，やがてやるべきことをしなくなる。最小限のことしかしない。そして必要な情報を内に伝えなくなる。外にも伝えなくなる。必要な情報を捉えようとしなくなる。意欲が低下すれば，前向きに努力しようとしないのは必至である。手抜きが日常化する。逆に，低下させないためには，心理的契約を少しでも多く維持し，かつ新規の契約を工夫するのである。その工夫とは，前節で論じたメンタリティや資質を活かす手法の開発，そして具体化することである。それらはすべてを合わせて人的資源管理という概念で一括できる。

　ただし，ビュロクラシーという組織の中では，その組織を動かすこと自体に内発的に動機づけられ，それが動因となる人たちがいる。誘因とは，そのことによって得られるパワーの獲得である。いわゆる官僚といわれる人たちはそれである。ダウンズ（Downs, 1968）による官僚の行動分析は立身出世や既得権益を保持しよう，あるいはあることの実現に向けて猛進する人たちなど，パワーを大きくすることに取り憑かれてしまった人たちを描いている。近未来の社会のグランドデザインを描くために，すすんでポリティクスに参入する人たちには，パワーを入手することを動因とすることもある。

ストレス管理

　ストレスとは，何らかの外力によって心身に歪みを生じた状態のことである。また，何らかの外圧が加わったときに生じる防御的で特異な反応がストレスである（Lazarus, 1966）。病気の中には鬱や不眠，消化器障害のようにス

トレスに起因するものが多くあると考えられている。しかし，外的な刺激に対する防御的な生体反応は日常的で，だれもが日常生活の中で，多少のストレスには絶え間なく曝されている。緊張や不安，フラストレーションなどを経験しない人はいない。マネジメントの仕組みの中でも，それを組織ストレスとして取り込むべきであるとは，以前から指摘されてきたことである（Kets de Vries, 1979）。とくに対人関係に由来するストレスには大いに関心を向けなければならない（Ivancevich & Matterson, 1980）。

　その中でも，地方自治体でとくに配慮すべきストレスは，役割ストレス（Kahn et al., 1964）である。組織の中で，それぞれのメンバーはそれぞれ果たすべき役割が期待され，また，期待に応えるように役割を遂行している。しかし，この役割は場合によっては簡単に果たせないこともある。役割期待はストレスの原因に転じることもある。この役割ストレスをいくつかに分類できる。一つが役割葛藤，他の一つが役割の曖昧さである（Rizzo et al., 1970; Widmer, 1993）。役割過重も，その一つであるが役割葛藤の一部とされることもある。

　役割葛藤は同時に二人以上の人から異なる役割を期待されるときに生じるものである。二つ以上ある期待に優先順位がつけられないときは深刻な葛藤になる。あちらを立てればこちらが立たない場合であり，一方を重視すれば，他方との関係を壊すことになるからである。とくに公共のためにさまざまの利害調整を行う立場にあれば，こちらの顔を立てるとあちらがそっぽを向くようなことが不断にある。市民との板挟みになった公務員はこの役割葛藤を深刻に経験する。また，過度の負担または圧力が加わったとき，たとえば，能力以上に仕事を消化しなければならなくなったときなど，また時間に厳しい制限が加えられることや急がされること，細部まで質の良さを求められること，予算など経費などで制約を受けるなどの圧力が加わると，自らの能力や資質の許容限度を超えてしまうことになる。過重な負担は，自らの能力や資質との役割葛藤でもある。極端にいえば，NPMが管理者にいくつもの役割を強いることで，たとえば，政治家的な判断，プロフェッショナルな行動などが追加されることで，ストレスがむしろ倍加されるとの指摘がある（Gooden, 1998）。次章で詳述するが，アカウンタビリティの強調は，新たな負担を強いて緊張を増すことにもなる（Hernes, 2005）。

　次に，役割の曖昧さは，果たすべき役割や，仕事の内容や手順手続きが明

らかでないような、または、責任の所在や範囲がわからないようなときに生じる。職場の内外とのコミュニケーションが十分に働いていない、あるいは、達成すべき目標が不明なときなどは、曖昧さは倍加されることになる。仕事に不明なところが残されるのは日常的で、とくに困ることではない。曖昧さがストレスを引き起こすのは、役割の重大さが過剰である場合、その状態が長く続いて耐え切れなくなる場合などである。曖昧さの経験は役割葛藤に比べるといっそうストレスになりやすい。

　地方自治体では、以上のようなストレスは日常茶飯といってよい。俗にいえば粗探しだけをしそうな、素直には理解してくれない市民が相手（cynical citizens: Berman, 1997）では、疲れが溜まり苛立ちも募るのはよくあることである。クレマーという言葉も日常語になりつつある。難しい人とどのようにつき合うか、そして折り合うか（coping with difficult people, Bramson, 1981）が重要になる。しかし、逆に、同僚や上司、そして市民から支えられる（社会的支持：social support, Cohen & Wills, 1985）ことで、ストレスは解消に向かう。ストレス管理は人間関係管理であり、人的資源管理の重要な一部となるといってよい。

耐える人、耐えられない人

　しかし、このようなストレスを大きく経験する人とそれほどではない人もいる。ストレスの経験には、しばしば第三の要因が介入する。それによって、ストレスが和らげられることもあれば、逆に悪化することもある。この原因と結果の間に介在するのがモデレータである。これは大きく二つの要因群に分けられる。一つは個人的な要因である。いうまでもないが、体力のある人はない人よりも過重な負担に耐えられる。若い人ほどストレスは少ない。しかし、慣れるほど疲れを感じなくて済ませられる。年長者ほどストレスの少ない仕事もある。

　個人差として、たとえばAタイプ的な行動様式（Friedman & Rosenman, 1974）を見せる人たちも、企業に劣らぬくらい多くいるということも事実としてある。逆に燃え尽きる人も多くいる（バーンアウト；田尾・久保, 1996；久保, 2004）。いわゆるキャリアといわれる人たちはそれを強いられるし、深夜まで、あるいは夜通し市役所の窓に明かりが灯っていることもよく見られる風景である。地方自治体でしばしば精神衛生管理的な問題が生じるのは、

公人としての厳しさに加え，日常的なストレスが絶えないことである。耐性の不足する人は深刻なストレスを体験する。

二つ目は状況である。作業が過重であっても，紛らわせるものがあればそれなりにストレスとして経験する度合は少ないかもしれない。日ごろから相談できる人がいれば，困ったことが起きてもうまく対処できることになり，心身の疲弊は少なくて済むかもしれない。対人的なネットワークに広がりのある人はより多く情報を得たり，援助する人を多く得ることができる。

Ⅳ　キャリアとキャリア管理

キャリア発達

組織のなかで自身の立場や役割を修得し，知識や技術を蓄えていく。さらにそれは組織の外でも活かされるような普遍的な知識や技術になる。キャリア（career）である。キャリアの定義に関しては，いくつかの錯綜した見解が示され(Hall, 1976)，組織との関係が明らかではないとの指摘もある。この概念は，どちらかといえば，組織人としてよりも職業人としての成熟に重きがおかれる。しかし，公共の組織がプロフェッショナルなサービスを提供することになれば，そのためのキャリアは欠くことができなくなる。とくに地方公務員の場合，公務に従事しているという自覚を促し，よりよいサービスの提供者としてのノウハウの向上を目指してのキャリア発達を支援するようなプログラムが，人的資源管理の中に組み込まれることになる。

キャリアとは，スーパー（Super, 1957）のモデルによれば，一般的に，自分の適性や能力について確信をもつにはいたらず，まだ自分がどのような仕事に向いているかがよくわからない，試行錯誤を繰り返す時期である試行（trial）期，自分の適性や能力がどのようなものであるかを理解できるようになり，職場で自らの立場がわかるようになる確立（establishment）または発展（advancement）期を経て，これまでに得た地位や立場を維持することに関心を向けるようになる維持（maintenance）期，やがて退職などによって徐々に，あるいは，急速なこともあるが，キャリアを終えることになる衰退（decline）に至る発達過程がある。

公務員の場合も，入庁から退職まで以上のような過程を経ることになる。とくに就業の初期の試行や確立の時期の円滑な発達がその人をして有能なプ

ロフェッショナルに育てることになる。入庁時の新人研修が重要であるのはそのためである。そこでつまずくと以後の発達に支障を来すことがある。

プラトー（キャリアの高原状態）

一般的には，キャリアの発達は個人によって大きく異なっている。早く試行期を通過する人，いつまでも発展を続ける人，人よりも早く維持の時期に至り，それ以上の発展のないいわゆる高原状態（プラトー）にある人，発達の遅い人，途中で放棄する人などである。いずれにしても，大半のメンバーは遅かれ早かれプラトーに達する。それに達する時期は，以下のような要因によって異なることになる。

(1)知識や技術を保有している程度，例えば，他人に真似ができないような技能を身につけていれば，プラトーを遅らせることができる。

(2)実績や，どのようなキャリア・パスを経てきたかなどの技能の差，たとえば，入庁の時点で将来の幹部候補生として期待された若手は，周辺や下辺のメンバーに比べて発展を続け，プラトーに達する時期が遅くなる。

(3)野心や意欲なども重要な要因である。いつまでも向上心を失わない人は，新しい技能の修得に努めるので，プラトーへの到達を後方に遅らせることができる。

逆に，病気や事故などによって，さらに，何らかの障碍によってむしろプラトーを前倒しに経験せざるを得ないこともある。その場合は，組織の外に出るなどやり直しの機会を窺わざるを得ない。積極的にはスピンアウトも選択肢としてあり得る。再度キャリア発達をやり直すのである。

キャリアの限界

プラトーを超える人もいるが，それが続くことはキャリアが限界に至ったことでもある。到達点でもあり，キャリアの成熟でもある。だれもがその適性に相応のキャリアを得ることになる。個人差があり，成熟とは必ずしもいえないが，だれにも相応の限界が存在する。だれもが組織人として望むままのキャリアを完成させられるのではない。また，組織がピラミッド型を成し上方に至るほどポストに限りがあるとすれば，多くのメンバーにとっては限界に達することは避けられないことである。クラインとリッチ（Klein & Ritti, 1984）のいう機会の障害（blocked opportunity）がだれにでも必ず存在す

る。この障害による限界は大きく分けて三つある。

　(1)能力的限界：壁につき当った場合である。組織が必要とする地位や役割には限りがある。そのために，有能とみなされた人たちが，その地位や役割にありつけることになる。トーナメントの勝利者（Rosenbaum, 1979）のみが，この限界を越えることになる。残余の人たちは能力的に限界に至ったとされるのである。

　しかし，その勝利者もその時点で限界に至ったことになることもある。それぞれ無能のレベルに達するために昇進を重ねるというのは，ピーターの無能の法則（Peter & Hull, 1969）である。ある水準に達しても，次の水準に適性を得ているか否かは確かではない。係長で業績を挙げても，課長になると適性を欠くことがある。望ましいとされる役割行動が相違するので，適切とされる能力も資質も備えていないからである。

　仕事と能力のミスマッチもある。生来，そのような能力には恵まれていないのにもかかわらず，その組織のメンバーになり，そのような仕事をしなければならない立場におかれたことがすでに，キャリアの限界を予知させることになる。すでに述べたような公務労働に不向きな人が公務員になると，適性とのミスマッチが起こるようなこともある。

　(2)ハンディキャップによる限界：メンバーになったときの条件，つまり，初期値がその後のキャリアを制約することがある。学歴や中途採用であるか否か，あるいは，資格なども関係することがある。採用の種別によってハンディキャップが課せられることもある。国家公務員のⅠ種とそれ以外は差別化される。特急にたとえられるエリート待遇を受ける採用者と課長までを天井とする鈍行に乗らざるを得ない区分がある。しかも，その種別の中で激烈な競争がある。地方公務員でも似たような採用がある。

　また得点主義の考課をすすめる柔軟な組織では，出遅れても追いつけることもあるが，減点主義を基調とした，いわゆる敗者復活の可能性が乏しい硬い組織では，一度出遅れてしまうと，昇進や昇格が決定的に不利になることさえある。地方自治体ではとくに，公務倫理に反するようなことをすると決定的に出遅れるか，あるいは職場を出て行かざるを得なくなる。

　(3)属性的限界：個人の生来の属性が限界をもたらすこともある。キャリアの限界は差別とも関連している。たとえば，女性であることによって，管理職になれる機会も限られ，適性を発揮できないこともある。女性が多くを占

める職業は社会的な評価も低いとされてきた（Touhey, 1974）。しかし，女性の就労が増え，その社会的な地位向上もあって，組織の中での立場やキャリアの達成についても配慮されるようになった。なおいわゆるスティグマもキャリアに限界をもたらし，就労の機会が狭められるだけではなく，技能の発揮などで著しく制約を受けることがある。

以上のような限界に対するには，必要に応じてメンタリングのような個別の働きかけが必要になる（Orpen, 1995）。

地方自治体では，女性に対する待遇の差別もスティグマに対するキャリア限界についても他に比べると大きくはない。というのは，その仕組みが本来公共のためという規範的な成り立ちを有するからである。その意味ではキャリア限界に対してモデルを提供する組織でもある。しかし，規範的であるほど，表立たない限りで陰湿な差別などがあることも指摘されている。たとえばセクハラ（Jackson & Newman, 2004, Lee & Greenlaw, 1995）である。

なお，モチベーションとの関連でいえば，適切なキャリアを選択できれば，必ずモチベーションは向上すると考えられている。逆に，能力や資質に適合しないキャリア発達は，その人のモチベーションを減殺することになるであろう。不適応に陥った場合，ストレス性の症状（たとえば，鬱や神経症など）を発して，多くの職員の能力を無駄に消耗してしまうことがないとはいえない。それを回避するためにも，人材育成をキャリア管理に直結させるような確たる方針がなければならない。

V　プロフェッショナリズム

プロフェッションとは

その知識を担うのがプロフェッションである。そして，それを方向付ける考え方や動向全体を指してプロフェッショナリズムという。あらかじめいえば，公共サービスの提供者は正確な意味においてプロフェッションではないが，その方向に進み，とくに公務員は，以下に述べるが，近年プロフェッショナリズムの影響を受けつつある。

プロフェッションとは何か，その要件についてはすでに詳細な定義がある（Greenwood, 1957; Etzioni, 1969; 石村，1969など）。高度の専門的知識と技術を修得していることである。だれでもがすぐには真似できないほどの高度と

いう意味である。多くの場合，高等職業教育を受けている。大学や，できれば大学院の修了資格を当然としている（近年のロースクールの設置や，看護師養成の4年制大学化などであり，公共セクターについては，公共政策大学院も設立されるようになった。これらは，この影響を真正面から受けとめてという見方ができる）。さらにその高度の技能を前提に，高度の自律性を確保している。彼らを玄人とすれば，何も知らない素人の介入は受け付けないという自立性である。

　これらの要件は，他の職業に比較してもキャリアの成熟を遂げたとみなされ，社会的な威信も大きい。自営が可能であるが，組織に勤務する場合でも給与が高いのが普通である。その成熟の極は実質的に資源を独占することである。名称独占や業務独占といわれるものである，その職業名称をもった者しかサービスが提供できない，そのサービスはこの名称を得た者によってのみなされる。典型的には医師や弁護士がこれに当たる。しかし，それに加えて，そのモデルを広く適用させようとする運動が，プロフェッショナリゼーション（専門職化）である。より下位のプロフェッションによる社会運動である。いわば威信の再配分に関わる社会運動である。古典的には自立自営であったが，被雇用プロフェッションを視野に入れざるを得なくなった（Kornhauser, 1962）。看護師やケースワーカー，そして教師などである。当然，地方自治体でも政策官庁化がいわれるように，高度の知識や技術が必要になるほど，被雇用者としてのプロフェッショナルの重要性がいっそう増してきている。

プロフェッションの要件

　プロフェッションとは，大枠でいえば専門性と自律性を備えた職業である。

　(1)専門的な知識や技術：プロフェッションとして，高度の知識や技術を修得していなければならない，また，それを実際的に活用できなければならない。専門性である。その専門性は体系的でなければならない。医師に医学，弁護士に法律学はその典型である。体系的であればこそ素人が容易に近づくことができず，素人の無知に対して専門的な権威（professional authority）を行使できる。素人にはその可否の判断ができず，判断のための資料を入手できることもなく，判定する機会もない。

　(2)自律性：専門的な権威によって，組織の中のフォーマルに定義された権

限関係から離れて，自らの職業上の要請に従って仕事をすすめることができる。自律性である。プロフェッションは組織の権威に対して干渉されない立場を堅持できる。あるいは，堅持しなければならない。その自律性は発達して独自の文化を生み出すことになる。彼らは，独自の行動規範によって，他の社会集団からは閉鎖的に，何が意味のあることか何が価値的であるかについて，暗黙の行動細目を定めている。したがって秘儀的でもある。

以上のような高度の専門性，そして自律性は不可欠の条件であるが，それらを備えたプロフェッショナルは，同業者同士で互いにかばいあう危険性もなくはない。同僚による統制（colleague control）がなければ，評価ができないという難しさもある。さらに，プロフェッションとは，その高度の専門的な知識と技術によって，素人にサービスを提供している。素人は素人であるがためにプロフェッションとの関係は対等ではありえない。この情報の非対称性については，素人の無知に対する，特権的ともいえる一方的な支配関係にある。その一部が前章で述べたストリート・レベルのビュロクラシーにつながる。

しかし，公共の福利と密接に関連しているので，勝手なことは許されないという規範も根強く彼らの行動を拘束している。職業的な特権に見合うように，公共の福祉の向上に貢献しなければならない。そのために，独自の倫理綱領を備えている。プロフェッショナルとして成熟に向かうほど，倫理との関係は重視されるようになる。これは公人の理念と絡まり，次章で述べるアカウンタビリティとも重なることでもある。

ただし，プロフェッションという概念は広がりがあって，その外延は広い範囲に及んでいる。しかし，以上のような特徴を具備しない専門家，あるいは知識を担当する人たちもいる。エキスパートやスペシャリストまでも含めてしまうと，プロフェッションの組織の内部での役割を正確に捉えることができない。少なくともこれらの職種とは区分すべきであるし，プロフェッションの中でも，典型的，そして古典的とも言うべきプロフェッションと，それほどでもない準，あるいは中間的なプロフェッションとは区別したほうがよい。

実際，ジョンソン大統領政権の時期，「偉大な社会」を実現するための一環として，即戦力として，または便宜的なケースワーカーが促成された。これらはパラプロフェッショナル（Austin, 1978）として概念化されたが，労働提

供を主とするプロフェッショナルである。地方自治体が政策官庁化するとともに，このような，意思決定への参加の機会の乏しい自治体職員をヒエラルキーの下辺に補助的，したがって擬似的なプロフェッショナルとして配置するようなことにもなる。

地方公務員の場合

プロフェッションの布置からいえば，公共セクターの中にあっては，専門的な知識が必要とされる分野ほどプロフェッションが配置され，とくに名称独占や業務独占を果たしたプロフェッションがサービスの主要部分を担うようになる。たとえば，施設などでは医師の判断が優先される。しかし，概括的にいえば，公共に関わるために，高度化された知識や技術を必要としているほど，プロフェッションとしての立場が強化されるが，必要としていなければ，彼らの出番はない。地方自治体でも，現状ではその必要に乏しいところも少なくはない。

しかし今，分権化などの改革で，自治体が独自に何か企画立案しなければならない機会が多くなった。今後さらにいっそう行政需要が高度化すれば，彼ら自身がプロフェッションとして対応せざるを得なくなる。審議会の裏方などでは，すでに相当程度の専門的な知識や，さらに見識を発揮しなければならないところが増えている。審議委員の，それぞれの出自にこだわった意見を調整するためには，職員としての見識，この場合，専門性が試されるからである。議会の議員との関係もこれと同様である。政治に対する行政の独自性とはプロフェッショナルとしての矜恃である[4]。

また，コミュニティの構築に地方公務員のプロフェッショナルな役割が期待されている（Nalbandian, 1999）。地域社会について必要な知識を有しているのも彼らである。さらに市民と行政のパートナーシップの構築も彼らの積極的な関与が望まれる。実際，ボランティア活動に参加する地方公務員も多い（田尾，1999a）。参加すれば専門的な知識を添えるなど主導的な役割を果たすことになる[5]。

ビュロクラシーとの対立・競合

すでに述べたが，多くの組織では知識の活用が優先され，組織人よりも職業人という理念の変更がみられた。組織への帰属，あるいはロイヤルティの

調達よりも,特定の分野で技能を発揮してくれれば,それに対価を払うのであるから組織に対するロイヤルティなどは当面の問題ではない,という割り切りも必要になる。プロフェッションに顕著な特徴が,所属と帰属が相違すること,そして,それらが互いに矛盾しあうことが多い。組織をビュロクラシーとして整備する方向と,プロフェッショナルとして働こうとする方向はむしろ齟齬を来すことになる(Hall, 1968)。その齟齬を深刻に経験すると,たとえば技術を持った理系の人たちの中には大学などへ帰りたがる人も多くなる。また,日々の雑事よりも学会に関心を向ける人が多い。雇用されるほうも,好きな仕事をさせてくれれば,それはそれでよいと割り切るような生き方を選択することになる。極端にいえば,板前が包丁一本を晒しに巻いて放浪の旅をするようなものである。

　忠実な帰属を前提にしないマネジメントは,プロフェショナルに関わるさまざまの問題に対処しなければならない。嫌になれば出て行く板前を前にしては叱ることもできない。それぞれの公共の組織は得手とする分野をそれぞれ抱えている。有能なプロフェッションを雇用している。彼らを中心に活動すれば,彼らの言いなりになることも多く,組織のミッションを優先させようとすると,彼らは不満に思うかもしれない。しかし,当然,目標達成のためには,プロフェッションを組織の目標達成の枠組みに押し込めなければならない。ビュロクラシーがなければ勝手放題で秩序が失われる,それではプロフェッションを活用できない。であるからといって,ビュロクラシーの一方的な押し付けはモチベーションを削ぐことになる。

　その間には,エンゲル(Engel, 1970)によれば,ビュロクラシーが適度の自律性を保証するようなマネジメントが望まれる。極度のビュロクラシー化を強引にすすめると,プロフェッションの強力な抵抗にあって挫折するようなことがしばしばある。それは組織内部の仕組みを維持しようとする,ビュロクラシーの考え方と鋭く対立するからである。プロフェッショナルは職業的なキャリアの成熟のために,組織に長く居つかないというパラドクスがある。多くがコスモポリタン(Gouldner, 1957; 1958)として行動するようになる。極端な場合,いわば渡り鳥になりたいと考え,あるいは,渡り鳥になれるかどうかを自らの評価の主軸と考えるようになる。組織人になることを潔しとしないのである。外部労働市場で高値をつけられることを本望とするのである。引き抜きは,プロフェッショナルとしての自負心をくすぐることに

なる。その結果，プロフェッションとしての矜持が強いほどマネジメントに熱意を示さなくなる。アメリカ合衆国のシティ・マネージャーなどはこれに近い。

　彼らは自らの専門性に依拠し，しかも第三者の介入を快く思わないので，当然のことながら，上司という第三者の介入を当然とするヒエラルキーとの折り合いはよくない。積極的にビュロクラシーの枠組みに反抗しようとすることもあり得る。とくに彼らの専門性を理解しようとしない上司については，忌避的な態度，嫌悪感を露わにすることさえもある。しかし，逆に，彼らが管理的な立場に立っても，マネジメントの考え方を修得しようとしないで，ビュロクラシーを活用できないこともある。地方自治体が政策官庁化をすすめて専門的な職能集団になるほど，組織対知識の対立という事態に至らないとはいえない。

二つのプロフェッション

　公共セクターでのプロフェッションは，大きく二つの部分に分けて考えることができる。一つは，企画立案，いわばスタッフに当たるところである。企画とは戦略とほぼ同義であり，組織の総合的な力量が問われるところである。今後，どのように発展させるかは，この部分の質のよさによって決まるところがある。できるだけ多くの情報を集め，その中から有用なものを取捨選択して，将来の不確定要因を勘案しながら，実現可能性の高い選択肢を設定する作業である。有為の人材が配置されるが，それだけではなく専門的な深い知識を有したプロフェッショナルの出番である。

　他の一つは，ストリート・レベルのサービスの送り手，つまり現場でサービス提供をしている人たちである。現場においてサービスを提供する人たちは，そのサービスが受け手を納得させない限り，公共のサービスとはならない。プロフェッションとしての権威が具備されると，受け手を納得させる機会も大きくなる。プロフェッションとして，サービスの受け手を説得し納得させるためにも，受け手に優越する高度の知識がなければならない。

　しかし，主観的に評価されることも多いので，無定量無際限もやむを得ないとされ，また，彼らの自立への要求はそれをそのまま受け止めるとカオスとなって，組織自身が立ち行かなくなる。そこにはいわゆる交通整理が必要であり，できることできないことの仕分けは欠かせない。現場では具体的な

情報が重要であり、マネジメント的な介入ができないことが多い。さらに詳しい知識や技術は経営幹部には伝わらない。権限の分散化は当然であり、ボトムアップの組織とならざるを得ない。であればこそヒエラルキーによる権威の復元も必要になる。ここでのプロフェッションはマネジメントの対象である。

ネットワークとプロフェッション

　プロフェッション管理の要諦は、その知識や技術をどのように活かすかということである。そのためには組織のマネジメントに配慮したタテ関係の枠組みを捨てることはできないこととして、その中で、どのように、どのようなヨコ関係を構築するかである。一つには、職種間で、相互依存的なネットワークの構築を図ることである、二つ目には、相互依存を当然、あるいは、周知のこととして、関連するプロフェッションの中で、何か問題が起ればそれに向けて合意形成できるように考え行動できなければならない。ネットワークをただちに、あるいは日常的に稼働させることを当然とする価値意識が醸成されていなければならない。三つ目として、その中では最大限、職業的な自己実現の可能性を図ることである。プロフェションの心理は、貢献と報酬のいわゆる組織均衡だけでは生き甲斐、働き甲斐を得ることはない。横関係の構築は、その機会を大きくするのに役立つことになる。

　一つの職業集団だけで良質のサービスを提供するのは難しく、できないこともある。多くの相互に関係しあった資源を必要とし、また活用しなければならない。その意味で相互依存的である。その関係をネットワークとして成り立たせて、制度としてマネジメントへ組み込み、チーム的な、協働作業をデザインする必要がある。技術的な視点からいえば、概してプロフェッションというのは、高度の知識・技術を有しながら、それでも自信がもてないところがある。目の前に問題がある。しかし、それは複雑に絡み合った利害関係者が互いの利害を主張して譲らない。それが長く続くと相手に対する感情が憎しみや憎悪に転じないともいえない。その関係に立ち入って、絡まりあった糸をほぐすのは公共セクターにおいては欠かせない作業であるし、とくに公共のための組織で働いている人にとっては、それのための、説得の技術を必要とするようになる。

　誠意や、無定量無際限の努力も必要とされるようなことはあるが、それ以

上に，説得のための知識や技術が要る。それらを動員して，調停や調整に，いわゆる腕の見せどころがあるというべきである。だれにとっても，むしろ三方一両損の場合が多い。公共にとって活用できる資源が少なくなるほど，だれにとっても結果が思うようにならないことも多い。しかし，目の前に，仕切りの腕前を期待されている人がいる。とすれば，その期待に応えるためにも有能なプロフェッションでなければならない。

実践的な対応，あるいは即時即決的な対応

ここで，何はともあれ，期待に応える，結果はそれからという考え方がある。ハーセンフェルド（Hasenfeld, 1983）によれば，これは実践イデオロギーということになる。何が何でも当面，何かをしなければならないのである。非合理性の極致であるといってもよい。実際，サービスは概して，目標と手段の関係を明示できないことが多い。それだけではなく，達成，あるいは成果が曖昧になることも多いので，その場の成り行きにまかせてしまう。成果の評価さえできないことがある。結局，評価は主観であるので，クライエントが満足できれば，成果は得たことになる。語弊はあるが，プロフェッションで，とくに成果が曖昧なところに入り込むほど，口八丁手八丁の論理が優先されることもないではない。

要約

公共の組織は，公共のためにある。それに関わる人は公共のために熱意をもって考え行動する人であってほしい。とくに地方自治体のような公共のための組織であれば，いっそうの真剣さが求められる。真摯に働く地方公務員がいなければならない，それもできるだけ多くの人であってほしい。しかし，それは一人一人の個人的な問題ではない。むしろシステムの問題である。個人の努力を越えて，資質や能力を個人に帰するのではなく，それを支えるシステムが重要になる。それは，モチベーションやストレス，キャリアのマネジメントでもある。どのような仕組みが熱意を醸し出し，支え，そして，持続させることができるのか。

公共セクターがこの社会を支えるためには，そのシステムを支える，ヒトをマネジメントするシステムを変更しなければならない。それが人的資源管理である。従来からそれを議論する機会は意外と少なかったようではある。

今この激しい状況変化に相対することができる人材を育成するためには，ヒトを資源として捉え，いっそう活用できるような仕組みを構築することは一刻の猶予も許されない。熱意を継続的に引き出し，維持させ，さらにいっそう活用する仕掛けである。地方自治体も含めた公共の組織，公共のための組織が経営体であれば，当然，そのような仕掛けを備えていなければならないはずである。

とくに地方自治体であれば，今後，その経営体として目指すところは，政策官庁化である。地方自治体のなすべきこととは，地域の将来について，どのようなことを施策として行うべきであるか，その枠組みを関係者の合意を調達しながら構築することである。そのためには人的資源管理の適用を真剣に考えなければならない。モチベーション，ストレス，キャリア，そしてとくにプロフェッションとしての可能性，その実現にマネジメントのすべてを賭けることである。陳腐な表現を繰り返していえば，ヒトは堀，ヒトは石垣，ヒトは城である。堅固な城を構築するためには，人的資源を豊かにしなければならない。公共セクターの組織はすべて労働集約的である。

なお，本章の議論は，公共のための組織，つまり地方自治体で働く地方公務員に限定して述べた。しかし，公共の組織一般は，公共というアリーナで互いの利益を競うだけでなく，公共全般への貢献を顧慮する程度に応じて，そのメンタリティや行動様式は本章の議論に近似すると考える。NPOやボランティア集団も含めた市民団体に対しても人的資源管理の適用は欠かせないことである。適用だけではなくさらにすすんで公共空間を，個別利害が競合するだけの殺伐とした砂漠にしないためには，公共への貢献をイデオロギーとして関係者が内面化することが何よりも重要となる。

本章の論点の，さらに実務的な展開は田尾（2007a）で試みたので参照されたい。

（1） この言葉は，当時，地方自治研究センター所長であった加藤富子氏から聞いた。
（2） 地方自治研究資料センター編（1982第2章）による。データそのものは古いが，基本的なメンタリティは同じであると考える。

　もし部下が職場の行動規範を乱すように振るまった場合，管理監督者はどのように評価するかについて，公－私組織を比較すると，「風邪で熱を出し，一日間無断欠勤した」や「二日間の公用出張に赴き，一日で用件をすませて，残り一日を

ゴルフで楽しんだ」については自治体と企業に差はないが,「執務時間中に黙って中座し, 散髪をして戻ってきた」については地方自治体では非常に問題があるとされている。他人にみられて困るようなことはするなということである。また,「関係業者から背広生地をもらった」についても, 自治体では汚職がらみになりかねないので非常に問題であると考えられている。とくに「背広」については収賄にもなるので厳しい拒絶反応がみられるが, これは別の意味で公務員に特異な倫理観というべきであろう。

(3) この用語は説明を要する。準メンバーということは, 単なるサービスの受け手ではない。内部の意思決定に多少とも関与することがあり得る人たちである。市民参加によって地方自治体の意思決定過程に影響を及ぼすこともあるということでは, すでに外部の人ではない。それだけではない。市役所に来て, 彼らは市の職員と親しくなる。便宜を図ることもあれば, 逆に意見を聴取して, 以後のサービスを変更することもある。

(4) 各地に公共政策大学院が設置されているが, 地方自治体など公共セクターで働く人たちのためのプロフェッショナルとしての素養, 能力や資質の向上のための教育機関であると位置づけることができる。ただし, 法律家の養成と比較して, 厳密な意味においてプロフェッションであるかについては, 本文中で紹介したように議論の余地がないとはいえない。

(5) 筆者が見聞したことであるが, ある市のNPOの活動家は, 隣接した市の職員であり, 内部の仕組みを熟知しているので大いに困った。しかし, 互いが手の内を心得ているので, 結果的にはより緻密な, そして実行可能な市民参加のプランができたということである。

第11章　評価

I　論点

　組織は例外なく，今どのような状況にあるのか，その現状をできるだけ正確に認知しなければならない。ミッションを達成したか，それを達成できるポジションにあるのか，それともないのか，現在ないのか，それとも将来的にもないのか，ないとすれば，そのポジションを得るために，何が不足しているのか，それらを正確に認識することは，公私を問わずマネジメントそのものである。不足は常態である。投入できる資源が希少であることはマネジメントにとって不可避の前提である。正確に，その不足を認識できるほど，自ずと達成できたこと，できなかったことが明らかになる。現時点における到達の現状が明らかになる。そして今後の目標達成についての障害も少なくなる。

　それは，成果が明らかにされることと同じである。さらにいえば，組織は，その成果によって評価される。成果が評価されてはじめて，企画立案，実行，そして，再び成果の評価というマネジメント・サイクルが稼働する。そのサイクルはあらゆる組織になければならないものである。成果を得たのであれば，得ないことも含めて評価され，次の企画立案に活かされるのである。しかし，行政サービスも含めて公共サービスを提供する組織では一般的に評価が難しいとは，しばしば指摘されることである。

　理由としては，すでに論じたが（本書以外でも，田尾，1995；2001b），サービス一般にみられる評価の難しさがある。医療や福祉，教育などのヒューマン・サービスのそれは公共サービスのそれに通じる。いくらかの相違に配

慮しながら，公共サービス一般の評価について，それの独自の評価について考え方や論点を以下で検討する。

II　評価とは何か

よく経営されている組織とは

公共セクター全般に評価は欠かせない（Berman, 1998, 2006 など）。制度的に外部環境からの制約が大きいとはいいながら，それをとりあえずの与件としてマネジメントの工夫は行われなければならない。望ましいマネジメントと，そうではないそれの差はあって当然である。

シュガーマン（Sugarman, 1988）は，首尾よく経営されている（well-managed）組織という概念を提示して，それは，以下の六つの構成要素からなるとした。

(1)明確に定義されたミッション，ないしは目的がメンバーに周知されていること，さらに，それに準拠して，計画などが練られていること。

(2)以上を達成するために，適切な，組織としてのシステムや施策を備えていること。

(3)また，以上のために，相応しい人員が採用され，配置され，監督され，教育されていること。

(4)組織として掲げた目標に向けて，メンバーの努力を動員できる，効果的なリーダーシップを確立できていること。

(5)目標に至るさまざまの努力の適否を評価し，問題を明らかにし，さらに，それに至るために相応しい行動とは何かを明示できていること，要は，評価システムが整備できていることであり，成果，あるいは，それに至る過程の可否や是非を適正に評価できていること。

(6)他の組織との連携関係を構築し，環境からのさまざまの圧力を処理して，前向きに対応できること。それらにただ対処する（react）のではなく，積極的に対応する（proact）のである。

以上は，ヒューマン・サービス組織に限定されたものである。しかし，サービス組織全般に通じることであるし，さらに公共のための組織にも，広く公共の組織一般にも適用できることである。これらがマネジメントの中に組み込まれていれば，首尾よく成果を得るであろうとされる。しかし，以上の

論点は首尾よく実行されたかどうか，所期の成果を得たかどうかについて，どのように評価することができるか，具体的な視点を欠いている。

たとえ首尾よく実行されたとしても，それが成果を得るのに至る過程を明確に把握できない，とくに経営者の視点から捉えることが難しいことも再三である。マネージャーが，上記のようなデザインを練り上げても，現場のスタッフが，とくにストリート・レベルの送り手が，可視的でも可触的でもないサービスであることを隠れ蓑にして，マネージャーの意図とは逆のことを考えたり行動していたりする。もしかすると，それで，むしろ当初の期待よりも大きな成果を得ていたりすることもある。

しかし，結果論である。とりあえず成果があればよい。成果とは評価の結果である。評価されるための成果という考え方がなければならない。ドラッカー（Drucker, 1980）によれば，企業との対比であるが，成果を考えようとしない公共セクターにおいて，マネジメントを非効率的にする六つの大罪があるとした。それは，

(1)具体性を欠いた，高尚な目的を有すること
(2)複数のことを一度にしようとすること
(3)管理者が「規模の経済」を信じること
(4)経験によらず，教義的であること
(5)経験から学ばないこと
(6)撤退しようとしないことである。

しかし，パワー・ポリティクスを与件とすれば，むしろやむを得ざることである。たとえば利害関係者の競合を一時的に回避するためには，目標の抽象化は当然であるし，関係者の価値観，あるいはイデオロギーに振り回される事業も少なくない。首長自身が政治的に考え行動せざるを得ない，またいくつかの事業を同時的に進行させないと，不満を述べ立てる人が出てくる，それで混乱に陥ることも少なくない。利害関係者はいつも複数いる。さらにいえば，撤退しないというよりも，利害関係者の都合でできないことも少なくない。首長のいわば首の挿げ替えも含めて，よほどの決断が要る。しかし，それでも評価されるように，大言壮語の，夢物語のような目標を設定するようなこともなくはない。カリスマ的な首長が大法螺を吹いて市民を動員することもないことではない。結果的に大規模施設を誘致できた，鉄道の線路や駅ができたなどがある。

評価と戦略

　成果の評価は，次の企画立案のためになされるので，何ができたかできなかったかを明確に捉えることができれば，次に何をすればよいのかが明確になって，さらにいっそう，よりよい企画が立案できるようになる。つまり，戦略となる。戦略を立てるということは，自らが経営体であることを自覚すれば，成果の向上のためには欠かせない（Siciliano, 1997）。中長期的に何かをしようというのであれば，行き当たりばったりの試行錯誤ではなく，実現可能な目標を定め，それをどのような手順で行うかを，その組織のその時点での力量に合わせて立案することが，成果を質量ともに向上させるのである。バーマンとウォング（Berman & Wang, 2000）は，パフォーマンス（業績）測定のためには，その組織のキャパシティの程度も測ることが重要としている。将来的な展望が欠かせないとすれば，その展望の中身を具体化しようとすれば，自ずとそれは身の丈に合った戦略の構築に至るはずである。基本構想や基本計画で大枠を定め，年次計画で具体化して，資源投入を体系化しようとするのは戦略そのものである。

　まして利害関係を絞り込むことができる個々の公共の組織は，クライエントを間近に控えているためにマネジメントが安定しないことが多いので，中長期的な展望を立てて，彼らの関与を少なくするためにも戦略は欠かせない。とはいいながらできたばかりの集団では，戦略など導入できない，考えるだけの余裕もないこともある。そのような組織では企画とその成果は，ヒューリスティックな関係にあるので，本質的に戦略などは関係がないという指摘（Kudla, 1980）もあり得る。しかし，単純に見通しという意味での戦略は欠かせない。さらに，その見通しを洗練することが戦略そのものであり，すでにマネジメント・サイクルの入り口に立っているのである。

　なおサイクルであるから，戦略とは成果に関する情報のフィードバックによっていっそう洗練される。目標を達成できたかどうか，その程度，それに至る障碍の有無などは，さらにサービスを提供するためには欠かせない情報である。評価がマネジメントの見直しに向かうのは必然ともいうべきであり（山谷，2005），いかに情報の欠損を少なくフィードバックできるかは，戦略の質に関わる問題である。その成果に関するフィードバック情報を得て，反省すべきことがなかったかどうか，要はサービス資源が有効に活用されたか

どうかの評価を行うことによって戦略の中身が決まることになる。古川（2004, 2005）や古川・北大路（2001）は評価の必要性を強調し，さらに，マネジメント・サイクルは評価からはじまるとも指摘している。チャンドラーの命題「戦略が組織を決める」（Chandler, 1962）というのであれば，公共セクターでの戦略の重要性は，再度確認すべきである。

合理性実現のための戦略

繰り返し指摘したように，公共セクターではマネジメントの仕組みが合理的ではないとされることがある。通常の意味で合理的に運営される度合いが，私企業に比べると低いということである。ミンツバーグ（Minzberg, 1983）の区分に従えば，公共セクターは個々の要素が競合を繰り返すような，組織としての要件さえ充たさないとされる。組織として存在するということは，合理性を必要条件としている。その合理性とは，評価の視点から考えて何であるのか。

それは，すでに繰り返し論じたが，目標の達成ないしは実現に，少なくとも不要なコストをかけないことであると定義される。目標達成に最短の経路を発見することでもある。それを発見し達成するほど，高い評価を受けることになる。高い評価を得るようにマネジメントを実行することがマネージャーの仕事であるとされる。その意味では，公共セクターの組織は，他の組織に比べると圧倒的に不利である。これまでに議論されてきたように，また，さらに重ねて以下で考察するように，高コストを与件として，紆余曲折を当然とするサービス提供の過程は，むしろ合理性を否定しているようでもある。経済的合理性に準拠しようとすれば，手抜きといわれ安上がりなどと非難されることもしばしばである。とくにヒューマン・サービスで一対一のサービスでは，誠意を尽くすほどコストが嵩張るのは自然のことである。

ただし，合理性については，それをさらに多義的に捉え，かつ，その成り立ち自体を合理的であるかと論じる立場はさまざまで（Das, 1989），評価を経済的に，コストの観点からのみ捉えるのは論点を狭く絞りすぎ，組織の存立を偏って捉えることになる。広義の枠組を取り入れて戦略は成り立つ。合理的でないからこそ，それに欠けるからこそ，小手先の戦術ではなく大所高所からの戦略が必要になる。たとえであるが，まず森として見ることである。一本一本の木を見ることではない。総体としての繁みである。うっそうとし

た繁みになるほど鳥も小動物も棲みつくようになる。その森を見るためには，評価者と計画者の二つの役割として分けるべきである（Havens, 1981）。その間には密接な連携があるべきではある。その上で，一方ではどのような鳥や小動物が棲みついたかを評価することも欠かせないが，他方では鬱蒼とした森をつくなければならない。棲みつくような仕掛けが戦術であり，それは個々に評価される施策であるが，鬱蒼とした森を計画するのはだれか，それはどのようにして実現されるのか。それが戦略である。

目先の合理性に拘泥しないことが戦略の立案に際しては，立場としてはあり得る。ただし，それが非常にリスクテイクな行動であることに相違ない。何年もかけて森をつくるというのは，もしかすると必要以上のコストを投入するかもしれない。その場合，いつどこでだれによるだれへの評価なのだろうか，疑問は残される。

評価の限界

一般的な議論として，何をどの程度達成したかという成果についての評価は，とくに公共セクターでは難しいといわれる。前記の例でいえば，鳥が多く棲みついて，昆虫など虫類が減って生態系が破壊されるようであると，そのほうがさらに重大である。カンターとサマーズ（Kanter & Summers, 1987）によれば，組織とは，内部で専門分化がすすみ，外部の利害関係者がそれぞれの利害を主張するほど，目標やミッションが多様に分岐することになる。分岐すれば戦術は立案しやすいが戦略は難しくなる。

また，分岐すればするほど，評価の論点も相違せざるを得ない。クイン（Quinn, 1978）は，公共セクターの生産性（productivity）についての三つの見方があるとしている。それは，(1)エコノミスト（インプットに対するアウトプットの増大に関心，後述），次いで，(2)エンジニア（円滑な作業，あるいは効率化に関心），(3)アドミニストレーター（マネージャー）である。(1)や(2)の立場からは経済的合理性が優先的な課題とされるが，(3)における現場のマネージャーの立場に立てば，生産性とは，曖昧な概念となって，だれがどこをどのように見るかだけでも，どのように改善するかの論点が相違する。一人一人の生産性という概念の捉え方が相違する。

クイン（1978）は加えて，それを量として捉えることは困難であるとも指摘している。少なくとも金銭などの可視的な，そして数量的な指標だけで，

その達成度を評価することは難しい。第3章で述べたが、サービス提供の組織をモノを産出するそれと比較した場合、このことは納得できるであろう。前述のカンターとサマーズ（1987）は、これらの組織では、成果やミッションさえも多様に分岐することになり、どこをどのように改善すればこのような結果になったといえないところが多くある。結果も一つではない。目に見えるだけの結果に固執すれば、ミッションを捨てるようにならないとはいえない。

さらに評価のための尺度を工夫するとき、信頼性（安定的に、そのものが計測できているのか）と妥当性（そのものを正しく計測できているのか）が欠かせないが、それがサービスについては相当程度難しいことにもよる。公共サービスの評価には限界があることを承知すべきである。それでも評価しなければならないのであれば、以下のような論点をあらかじめ組み込むべきである。

(1)主観性：サービスの受け手からの評価、主観的な評価を手掛かりにせざるを得ないことが多くある。満足を得ることができれば、とりあえず成果を得たとするのである。いわゆる消費者満足の論点はこれと符合している。客観的な成果の評価を得るような機会が乏しいからである。

(2)間接性：主観的では通常、根拠のない評価に傾きやすい。サービスが信用され、期待する人の数が増えても、サービスの中身がよいとは必ずしもいえない。名声といい風聞といい、その中身の質を直接的に、的確に捉えているとはいえない。後述するが、代理尺度として批判されることもある。

(3)長期性：サービスの成果は必ずしも、その場で得られないようなことが多くある。むしろ、ある年月の経過の中で成果を得、サービスの質が向上したとされるのである。サービス提供の質そのものに肉薄できるような指標は、本来、長期的な時間スパンを配慮しなければ測定できるものではない。それができれば、成果の評価としては申し分のないものになる。

評価の不可避性

以上のように、成果が明らかではなく、評価自体も難しく不可能なところが多くある。しかし、それでも、その必要を否定することはできない。それでも評価しなければならないのである。少しでもその組織をよくしようとすれば、アンソニーとヤング（Anthony & Young, 1988）の議論に従えば、成果

は評価されるべきであり，それを測るための尺度化は避けられないことである。なお，この議論そのものはNPOマネジメントで議論されたが，公共の組織一般に通用すると考える。

その必要性に関わる論点は，以下のように整理できる。

(1)一つは，消極的ではあるが，ないよりはあった方がよい。ないよりはましであろうということである。ただし，その尺度を絶対的とみなすのではなく，絶えず疑問をもちながら（asking question）使用すべきである。

(2)次に，もし可能であれば，その尺度は，外部のデータと比較できることが望ましい。自分たちがどこにいるか，その位置を知らないようではマネジメントの意味がない。単純に比較できないことも多いが，何がムダであるかを知ることが評価であり測定である。近年のベンチマーキングに通じる考え方である。

(3)さらに，その尺度はタイムリーな方法で測定されるべきである。現時点における行動を変更すべきかそれとも続けるべきかの判断に役立つような，フィードバック情報になればなるほど，好ましい評価となる。

(4)さまざまの視点から評価されること，つまり，いくつもの尺度が並行していたり，あるいは，一つの尺度について，さまざまな見解が示されることがあってもよい。いくつもの見解に分かれるからこそ，客観的に捉えることができる。それが評価の意図するところでもある。

(5)しかし，必要以上の大量の情報を収集するのはよくない。不要な評価情報をいかに上首尾に切り捨てるかが重要となる。

(6)また，次節で述べるが，代替尺度を必要以上に信用しないこと。この点については，リプスキー（Lipsky, 1980）も，行政サービスについて代替尺度が使われる傾向が強く，それを本来評価されるべき何かとは一応区分することが重要であると述べているのと一致する。

以上のような事情があれば，しかもそれでも評価しなければならないとすれば，否が応でも何らかの尺度を工夫しなければならない。それが代替尺度である。ないよりもましであり，外形をほかと比較して，今置かれた状況を知るためにも，代替尺度を使うようなことは多い。避けられないことではあるが，しかしやむを得ないという謙虚な姿勢が必要である。この点については，後節で述べるアウトプッツとアウトカムズの区別に関する議論とも関わっている。

代替尺度

　公共サービスでは，正確に評価の指標を設定しようとするほど，その正確さに対して疑義が生じ，その曖昧さをむしろ浮き彫りにするようなパラドクスがあり得る。ヒューマン・サービスでいえば治療や介護，看護の効果などは，短時日で明確に認識できることではないし，可視的に表現できるような成果はむしろ少ない。重度障害者やホスピス患者の介護などは，改善，快復などの成果指標で捉えること自体，本来不可能である。さらに，今日の効果を明日にでも知りたいということであれば，それの認識のために，それに合わせた代替尺度が工夫されるのは当然であり，それがサービスの向上に寄与する限りは推奨すべきでもある。

　代替尺度は，たとえば，学校教育という捉えどころのないサービスの成果を進学率に替えて評価するなど，その否定的な側面が強調されがちではあるが，間接的な効果を便宜的に確認できる，また当面の意欲の向上などへの積極的な効用を考えれば，直ちに否定的に考えることはない。間接的な指標であっても達成の喜びは相応にモチベーションを高揚させる。手っ取り早い成果が積極的に代替されるようなことも，組織において日常的であるといってもよい。

　バーマン（Berman, 1998）によれば，組織を管理するためには，この場合，測定可能な成果だけを選んで達成目標としたり，サービスの受け手や送り手の主観的な評価を成果としたりして，その場を切り抜けようとするのが一般的である。しかし，ないよりはあるほうがよいというだけではなく，とにもかくにも成果がなければ利害関係者を納得させることができない。送り手自身も自らの活動に積極的に関与できる内面の理由づけを失うことになる。

　また，いわばサプライサイドに立って，資源が有効に活用されること，たとえば市民ホールの入場者が増えた，窓口に相談に訪れてくる市民が増えた，条例が効を奏して中心市街地が活気を取り戻したなどが，代替的ではあるが尺度となる。このような視点からの論議は制度派の論者を中心に少なからず見られる。さまざまの人たちが熱心に働いて得た成果が，その環境に，とくに外部の，クライエントも含めた関係者たちに影響を及ぼすことがなければ，組織を成り立たせた意味は何もない。文句を言いたいだけの来庁者が増えただけでも，行政に関心を向ける人が増えたという成果となる。それは，従来

の意味における,コストに絡めた合理性ではなく,次に述べる存続という成果であり,それを支えるのが,環境から獲得する正当性や名声のような論点に関連させて論じられるものである。

存続という評価

組織は,また別の視点からも評価を受ける。その組織が持続的であるかどうかである。例外はあろうが,とりあえず長く続いているほど,組織としての成果を得てきたことの証拠である。地方自治体で首長が再選される,さらに再選を繰り返すなどは,ポリティクスの巧みさはあるとしても,マネジメント・サイクルを円滑に機能させたと評価され,存続を認めるという環境からの支持を得たと考えてよい。そのサイクルに欠陥があれば,長く存続できるはずはない。したがって,長く存続できているというのは,組織を評価する,もう一つの有力な評価軸である。公共の組織一般は,環境からの支援を得ることが正当性を根拠づけるので,支援を得る限り存続することができる。ただし,名目だけの存続とか形骸化するということもあるので,どのような存続をそれとして評価するかは,別途考えなければならない。

長く存続するためには,スラックが必要になることも少なくない。余裕といえばよいであろう。事件や事故が発生すると,その応対に追われる。いわば貧して窮するような組織は少なくない。それがきっかけで潰れるのはよくあることで,余裕の資源を手元に用意できているかどうかである。これはホナデル(Honadle, 1981)の,公共セクターにおけるキャパシティ(capacity)と重なる概念でもある。変化を予知でき,それに備えてある程度の蓄えがあり,必要になれば,それを上手に運用できることである。それを敷衍すれば,「学習する組織」(Senge, 1990)として,環境からの刺激に応じることができるように自らの組織を作り変えることができるかどうかとも関連している。学習できる組織であるためには,スラックが欠かせない。しかし今,財政危機などで,それが急速に失われつつある。新規事業を起こせないなどは,環境変化を読み取る,つまり学習する能力を,その組織から奪うことになりかねない。

III 評価の基本的枠組

評価の前提

評価は、すでに述べたように組織を支える合理性が多面的であれば、それを測る評価も多面的であるべきである。立場によって見方が相違するのは当然である。地方自治体であれば、内部の職員の見方と、市民や議会議員のそれは大いに相違する。その相違に由来するパワー・ポリティクスは、むしろやむを得ない（Grizzle, 1982）。であればこそ、評価と、そのための方法論について、少しでも合意を多く調達するためにも、何を、どのような基準で、どのような尺度を用いて測るのか、何の目的のために測るのかなどについて説明がなければならない（Hatry, 1999a, 1999b）。評価によってアカウンタビリティがなされるが、評価そのものがアカウンタビリティを必要としているのである。

経済的指標

以上のような、主観的、間接的、長期的の制約条件を前提に、成果を測定するための指標について、さらに詳論を試みる。アンソニーとヤング（Anthony & Young, 1988）によれば、それをどのように捉えるかについて、一般的に、具体化のためには、以下のような三つ（3 E、もっとも周知されている）、さらに次節の社会的指標を加えて四つ（4 E）を考えた。また事前評価の二つの指標を加えて、六つの指標を以下で順次紹介する。

(1)効果性（effectiveness）

この尺度は、有効性と訳されることもある。達成の程度であり、どの程度、目標が達成されたかである。後述する過程よりも結果を重視している。効果性は、公共活動の成功度を測定するためのもっとも基本的な評価基準である。それは、基本的に、ある活動が、その意図された目的を達成する範囲を測定するからである。パフォーマンス（業績）測定はこれとほぼ重なる[1]。組織の成果は、効果性、有効性、あるいはパフォーマンスを中心にして測定される。また、質的な成果の場合、ベンチマーキングによるものの多くはこれと重なる（Coe, 1999）。付加的にいえば、ベンチマーキングという指標は、比較的可視的で、市民参加による評価が容易でもあるので、サービス向上をい

っそう促すという指摘がある（Ammons et al., 2001）。

　コストへの配慮がこの判断に入り込むものの，効果的であるかどうかの判断は，通常コストから独立してなされる。企業のような営利組織であれば，この評価は比較的に容易であるが，公共セクターでは困難であることが多い。この評価基準を使用するならば，どのような施策を選択するかの決定は，公共の問題に対する活動が，その意図された目的をもっとも確実に達成するように確保するものということになる。しかし，達成の度合いを測定するための正確な指標を設けることが技術的に難しい，あるいは，真の目的は何であるかについての対立が存在するという理由で，指標設定そのものに曖昧さが残ることになる。実際，そのような曖昧さは，利害関係者が多く絡んで断片化されるほど慢性的になる。

　そこでは，さまざまの意見が施策の評価基準に介入しようとする。その機会は十分すぎるほどあるといってよい。ということは，利害関係者が複雑に絡まって目標が一元化できず，さらに，達成の成果も多くは可視的可触的とはいえないので，社会に対する貢献を目標とするほどその因果関係は明示的ではなく，パフォーマンス評価は困難とならざるを得ないからである。しかし，何か結果を出さないと，利害関係者から，さらには社会一般から，信頼や信用を得られないので，この尺度の設定については調整を図りながらたえず更新の努力が試みられる。

　公共サービスの効果性を測定することは必ずしも容易ではない。それぞれの施策の効果性も状況によって相違する。どのような施策を選択するかについては，状況の特性をも考慮に入れなければならない。その場合，どの施策がもっとも効果を発揮しそうであるかを明らかにすることである。たとえば，政府が購買することを望んでいる商品やサービスのための，競争的な市場が存在しているところでは，アウトソーシングなどはかなりの利点を有し，効果性が測定しやすい場合もあり，評価されやすい。逆の場合，大きな期待はずれにつながる可能性がある。しかし，他にも考慮すべき問題が関係しているので，たとえば，その施策の採用に反対する人たち（典型的には，内部で雇用されている人たち，直雇の職員）もいるので，ディレンマを伴うことは避けようがない。しかし，施策の採用，そして効果性をどのような指標で評価するかについては，途中経過を含めて少なくともその時点での問題点と，どのようなトレードオフが，利害関係者の間で可能かを明らかにしておく必

要がある。

　また，効果性はどのように評価されるのか。企業であれば，財務諸表のような数値でなされる。しかし，公共セクター一般では，数値で捉えられるところも多いが，それだけではない。質的，そして時間的な軸で認識される場合が比較的多い。当面においては，目標達成の適切さということである。エルケンとモリター（Elken & Molitor, 1985-86）を援用すれば，以下のような六つの適切さでの評価を受ける。後述の効率性や経済性とも重なるところはあるが，その意図するところはあくまでも，成果との関係で問われる適切さということである。

　（i）資源の適切さ：いうまでもなく，良質のスタッフ，提供者，活動に必要な機材や道具，それに資金などである。手間をかけずにそれらを入手確保できることが，適切さの指標となる。

　（ii）要求の適切さ：サービスを提供する相手が，提供しようとしているサービスに相応しいかどうかである。また，相手が，そのサービスを評価し積極的に受け入れてくれるかどうかが適切さの指標となる。

　（iii）過程の適切さ：クライエントに対する送り手の員数の多寡や，活動に費やされる時間やコストなど対費用効果で，広義において，その適切さは過程尺度，あるいは効率性として評価される。

　（iv）目標の達成：実際に提供できたサービス総量，あるいは，クライエントの人数などで評価される，当面の達成量である。

　（v）直接的，短期的な影響：主観的ではあろうが，クライエントの福利向上に貢献したかなど，数量的に表現されることの多い可視的な目標の達成が，本来的で本質的な成果を得ることに繋がったかどうかである。

　（vi）間接的，長期的な影響：さらに，長期的に影響を及ぼすことができたかどうかである。たとえば，寝たきり老人が少なくなった，救急車の出動件数が減った，犯罪率が低下したなどで評価されるようなことである。

　長期的であるほど，質的な変化に言及されることも多くなる。たとえば，文化ホールを建設した。それだけであるとただ建物が一つ増えたというだけであるが，地域の文化が向上したということであれば大いに成果はあったということであるが，それは長期的な変化を追う以外なく，しかもさまざまの要因の複合によるので，評価自体は非常に困難とならざるを得ない。

　なお，効果性については，その問題点を受けてバーマン（Berman, 1998）

によれば，アウトプッツ（outputs）とアウトカムズ（outcomes）に二つに区分されなければならない。アウトプッツは，直接的に得た成果であるが，アウトカムズは，本来達成されるべき目標と連結された成果である。たとえば，アウトプッツとは，たとえば，サービスを提供できた対象者の員数である。利用者や通行者の数，あるいは，金銭的な指標を限定的に使うこともできる。可視的でもあるが，前述の代替的尺度であることも多い。アウトカムズは，それに対して，対象者の受けた満足や地域社会に与えた影響などである。中長期的な成果を含むことが多い。組織はアウトプッツを統制しつつも，アウトカムズの成果を狙うべきであるとされる。

　以上について，(iv)がアウトプッツに相当し，(v)と(vi)がアウトカムズに相当している。それに対して，(i)は利用できる資源が適切に入手できたかどうか，(ii)は組織が対処すべき要求が適切なものであったかどうかであり，(iii)は，それらをアウトプッツに至らしめるために，その過程が成果を得るための仕掛けとして，その過程が機能的であったかどうかである。したがって，(iii)は，後者の有効性と重なっている。それは，アウトカムズ，あるいはアウトプッツを得るために要した人員や費用などのインプッツの大きさのことであり，少ないインプッツで多くのアウトプッツを得るほど，その効果性は高いとされる。前述のエルケンとモリター（1985-86）によれば，資源を有効活用できたかどうか。要は対費用効果である。アウトプッツに比してコストを少なくできたか，アウトカムズに比してコストを少なくできたかどうかという評価である。

　しかし，アウトプッツとアウトカムズを明確に区別するのは難しい。実際には，アウトカムズ自体を厳密に定義できないことがある。とくに，これらの組織が活動する領域では成果がすぐにはみえない，つまり長期的に考えなければならないようなことも多く，重症の障害者などへの介護などでは，成果自身が短期日には得られないのは，むしろ当然であろう。ハコモノ行政で素晴らしいホールを建て，マスメディアの話題にもなったが，今では客足が遠のき閑古鳥が鳴く始末，ということではアウトカムズとしての評価は低下する。

(2)効率性（efficiency）

　前述の効果性，または有効性の尺度が，目標との関係を重視するのに対して，これは，それを達成するための手段，あるいは過程に重きをおいている。

目標があり，それに至るために何をするのかということである。現場の活動において，しかも，今，何をすべきか，その結果何を得るかについては，尺度として妥当性を得るが，しかし，それだけを強調すると，結果に歪みが生じ，本来の目標の達成に至らなくなる。コストに対する結果のバランスである。もっとも効率的なツールはもっとも効果的なツールではないかもしれない。補助金が出るという理由で施設を新設するなどはこれであろう。ランニング・コストを膨らませる。むしろ，それは利益とコストの間の最適なバランスを達成するものでなければならない。

しかし，どのような施策を採用するかによって，効率性の基準は相当程度相違する。採用に関する判断は，もしかするとコストが過重であることも当然として施策を強行しなければならないことがある。アウトカムズとの関連でいえば，存続や中長期的なバランスを考えて，逆に当面何もしない。しかし，それは問題の先送りということで非難されることもある。実際，公共セクターにおける厳しい財政圧力の下では，短期的な収支決算が重視されるので，中長期的なマネジメント・サイクルを稼働させようという意欲に欠けることがある。

(3)経済性（economy）

しかし，過程と結果に先行する指標として，どの程度インプッツ，つまり入力を少なくしたかという指標が加えられることがある。どの程度資源が節約できたかである。財政危機が深刻になればなるほど，資源の無駄遣いを，出るところで制することが緊急の課題となる。

これらを合わせて，組織の成果，あるいは広義の生産性（productivity）と捉え，そして頭文字を並べて3Eとする。そして，次に述べる社会的な成果に対して，以上は経済的な成果指標であり，アウトカムズをどのように指標化するかなどの問題は残されるが，概して数値化がよりしやすいという特徴がある。しかしまた，これらの成果は必ずしも，市民の満足と重ならないという不都合もある（Kelly & Swindell, 2002）。

またポリット（Pollitt, 1986）によれば，行政のパフォーマンスを評価する際，3Eとされる経済的な指標の中でも，それ自体同時に並び立たない部分を含んでいる。たとえば経済性を重視すれば，少ない予算では効果が出ないことはよくあることで，またバランスを重視すれば，新規事業への投資的予算を減らす方向になるのも当然である。結局，成果を評価するために，効率

性と経済性をどのように組み合わせるかなど，3E相互の組み合わせで考えなければならない[2]。

社会的指標

犯罪率の低下や雇用の安定，さらに最近でいえば，環境の改善など，広い文脈で捉えられた成果指標である。一つの組織の貢献によるものではなく，組織外のさまざまの要因が絡み合って得られる，いわば間接的な成果である。したがって，因果関係はさまざまに絡み合っているので，一組織だけの業績評価の指標としては妥当性を欠くことになる。しかしながら，組織の当事者はこれを戦略的に活用すべきことになる。あるいは，これをさまざまの下位決定に活かすことになる。社会的に貢献していることが存続のための不可欠の要件である。その意味では，漠然とではあるが，パフォーマンス評価におけるもっとも基本的な，あるいは最低限度のガイドラインを構成している。この指標は公平（equity），または公正（fairness）などと表現されることもある。

すでに繰り返し述べたが，公共のための組織は，公平，公正，そして社会的正義を実現するためにある。もっとも重視されなければならない成果指標といってもよい。ただし，これらの概念は錯綜し，互いに相反的であることも少なくない。公平性とは，すべての適格者の間で，多かれ少なかれ均一な利益とコストの配分に関係する。したがって，均一な利益配分を促す施策は，この公平さの意味において適切である。しかし，公平性には，再配分に関する含意もある。再配分することも，実際，公共セクターの主要な活動の一つである。

この見地からすると，過去の不平等を解消，あるいはそれを少なくするために，すべての人に均等な機会とアクセスを保障しようとする。配分的なプログラム（基本的に受給者の階層間で利益を均一に分配する）と再配分のプログラム（困窮している人に対して利益を傾斜する）を区別している。しかし，その場合でも，機会の平等か，それとも結果の平等かに意見が分かれることは，すでに周知のことである。最大多数の利害で論じられるのか，それとも最低水準の引き上げで論じられるのかによっても，意味は大きく相違する。それらが公正であるか正義にもとるかどうかについても，それぞれの立場からも論じられ，主張されるのでいわゆる着地点はないも同然という批判

はある。

しかし，それでも，ポリティクスの中で，何に対する公平，公正，そして何を正義としているかを明らかにすることで公共セクターは成り立っている。地方自治体のような公共のための組織では，フィクションであるかもしれないが，それでも地域の福利向上に努めるという目標を掲げなければならない。何が正義の実現につながるのか，そのための合意形成はそれ自体，落とし所がないようにもみえる[3]。それはやむを得ないことであるとすると，社会一般からの信認を失うという大きな落とし穴がある。少しの不祥事が大きな事件に発展するのも，このような正義を実現する組織としての期待があるからである。

前節の経済的な指標の3Eに，この社会的な成果指標，公平の頭文字を加えて4Eということがある。以上は，基本的な評価の枠組みについての解説であるが，これらを踏まえた，評価のための実務的な議論についてはすでに膨大ともいうべき知見の集積がある[4]。

事前評価

前節は基本的には事後の評価である。それに対してマネジメント・サイクルを稼働させるのに先立って，それの可能性を問う事前評価がある。要は，施策を企画立案して，その成果を評価することだけが評価ではない。企画立案も当然，よい企画かそうではないかという評価がなければならない。3Eにしても4Eにしても所期の成果が得られるかどうかの見通しは，すでに企画立案の段階で始まっているからである。以上の事後の結果，ないしは成果の評価に対して，以下は事前評価である。これには，サラモン（Salamon, 2002）に従えば，以下の二つである。

(1)管理可能性（manageability）

以上の，いわば古典的な基準に加えて，施策の評価に関するさらなる基準として，管理可能性の重要性，あるいは実行可能性（implementability）が提唱されている。実行可能性とは，施策を運営するにあたっての，容易さもしくは困難さのことである。施策それぞれが複雑で入り組んでいればいるほど，利害関係者がより多く関与し，マネジメントは困難になる。いくつかの施策は他のそれよりも操作するのが困難，そして厄介である。理論的には，効率性や有効性を向上させるかもしれないが，マネジメントの困難さのために成

果を得ることができない。プレスマンとウィルダフスキー（Pressman & Wildavsky, 1973）が，この実行可能性を施策立案の「第一ルール」としている。極端に走るとより単純で直接的な施策を選択しがちにならないとはいえない。成果を強調し過ぎると，防御的になってしまう（picket fence mentality: Mascarrenhas, 1993）こともある。

　実現可能性とは，実行するための資源があるかどうかでもある。経済的に節約することは当然であるとしても，節約する資源さえない状況での企画立案は夢物語である。ホナデル（Honadle, 1981）によれば　組織のキャパシティをまず評価しなければならない。しかしその場合，さまざまの捉え方があって，どのような考えに立つのかによってキャパシティの意味が相違するだけではなく，マネジメントの手法も相違する。

　(2)正当性と政治的実現可能性（legitimacy and political feasibility）

　施策の選択は，政治的な実現可能性やそれによる正当性に多大な影響を及ぼすことがある。まず，どの利害関係者に，どのような利益をもたらすような施策なのか，そしてそれをだれがどのように支援しそうか，それとも妨害しそうか，ということを見きわめながらの立案であり選択肢の設定である。有効性の見通しがあっても，政治的な支援を獲得することのできない施策は実現しないことが多い。

　しかし，それ以上に，施策は公共に対する正当性について，より広範な公共の支持によって立案され実行に向かうことになる。いくつかの施策は，国家的なアジェンダ設定によって，技術的な利点がない場合でも，他の選択肢よりも正当性があるとみなされることがある。また国家的な施策とは別途に，施策の選択が，正当性を基本的な基準として選択されることがある。ある施策は，他のそれよりも，公権力の行使，あるいは公共の資源を費やすのに妥当，あるいは後述のアカウンタビリティを明確に提示できるためには都合がよいとの判断で選択されるからである。

　また，デモクラシーの価値を実現することが他の何よりも価値的であるとされれば，それが他のすべての規準に優越することにもなる。施策の選択は，公衆が支払う資源，あるいはコストに供しなければならない。その多くは税金と，彼らが受け取る公共サービスの間に関連があると認識され，これがもし希薄化されるか，あるいは断絶されるようなことになると，施策としての正当性を失い，サービスの受け手は疎外感を大きくする。極論すれば，デモ

クラシーの根拠を失えば、公共セクターの組織はすべて成り立たなくなる。そのような認知が広がるようであれば、これに対する評価はそれ以外のすべてを抑えて最優先の基準になる。

評価の不可視性

なお可視的でないので、場合によっては、漠然として風聞のようなもので評価されることも少なくない。受付窓口の応対の素気なさ、または無愛想、内部での派閥抗争が見え隠れ、汚職のうわさが尽きないなどが積もると、評価がよくない方向に傾くのはやむを得ない。スタンレイ（Stanley, 1964）によれば、公共サービスの質はエクセレンス（excellence：卓越さ）で評価できる。それは以下のような三つの指標からなる。

(1)表面的な印象（impressionistic）

(2)推定されたエクセレンス（presumptive）、要は、枠組みの整備（たとえば、メリットシステムがあるなど）整備されていればエクセレンスを産出するであろうという推定

(3)証拠として提示されたエクセレンス（proven）

なお(3)については、エクセレンスを生み出すためにある可視的な計画や仕掛けの評価（program evaluation）と、それを実行できる人がいるかどうか（evaluation of people）という二つの論点から評価される。後者については、エクセレンスのためには人的資源による対応が不可欠であり、どの程度優秀な公務員がいるかどうかが評価の決め手である。しかし、これも推定されるものである。

証拠として示されることはあっても、エクセレンスそのものは漠然としている。それが関係者の間で噂が広がるなどすれば、ソーシャル・リアリティ（social reality, Festinger, 1950; Festinger et al., 1950）として影響を発揮しはじめる。それが選挙などに影響するのは周知のことである。

加えて、すでに紹介したが名声（reputation）という評価がある。うわさ、あるいは風聞とは同根ともいえるが、それがネガティブであるのに対して、名声はポジティブである。明確ではないが、むしろ漠然とした正当性を得る最短の、王道ともいえる方法は名声を得ることである。サービスの質がよい、信頼できる、誠意があるなどである。漠然としているからこそ名声の確立が重要であるともいえる。具体的な証拠を提示しなくて済むからでもあるが、

それに至るまでには，相当程度のマネジメントの積み重ねがなければならない。存続と伝統，それに加えて風聞の広がりによる名声の確立は，何にも替え難い評価となる。

スミスとシェン（Smith & Shen, 1996）によれば，有効性とは名声を得ているかどうかがすべてである。そのサービスがクライエントやその関係者の信頼を得，信用を得ているかどうかである。信用や信頼を得ることで，その需要と供給の中で正当性を得て存続できるからである。しかし，必ずしも正確に，論旨を一貫させて説明できるものではない。曖昧な，もしかすると風聞の類に属するものもある。しかも，風聞の類であるほど否定するのは難しい。逆に，説明され過ぎるとその論旨を批判することも否定することもやさしくなる。したがって，あまり語らないのがコツとなる。語らない程度に語って，風聞を流すままにしておき，やがて，それを名声と入れ替わるようにする。経営基盤が脆いほど，諸方から信頼や信用を広く集めることが，その基盤を強化することになる。逆にいえば，信用できないという風聞の広がりは，再起を難しくするほど経営基盤を危うくする。風聞にどのように向き合うかも，マネジメントの重要な対応施策となる。これらはリスク・コミュニケーション（吉川，1999）として重要である。

名声の獲得は欠かせないことではあるが，他方では，名声に依存しない，ということは風聞にいたずらに左右されない体質を確立しなければならない。そのためには，外部に依存しない，正当性を外部にだけ求めるのではなく，内部の関係者からの強い信頼感を得ること，さらに，他のライバル組織に対する内部の関係者のアイデンティティを確かにするような独自性の追求が不可欠のことになる。ビジョン，さらにはミッションの構築，また再構築を促し担うことであろう。この一連の過程が，利害関係者，要は環境アクターへの信頼感を醸成して，名声をいっそう高めることになる。質のよいサービスの安定供給が何よりも評価の基準である。コア・コンピタンス（Hamel & Prahalad, 1994）の設定も名声の確立を得るためにある。

IV 自己評価

マネジメントへの強い意志

経営体としての評価のもう一つの基軸は，それ自体が確固たる経営意志を

備えているかどうかである。経営体である以上，マネジメントへの強い意志を明らかにして，さまざまの利害関係者の意図関心に前向きに応えようという姿勢，つまり，マネジメントへの意志を明確に示すことである。たとえば，ミッションを明確に提示すること，それを日々の活動に活かせるように具体化することである。そのためには何が成果であるか，また，成果であるべきかを明確にマネジメントの意志として内外に表明しなければならない。それを得たかどうかで，内外から評価されるのである。

評価とは，この確固たる意志との関わりを問われることである。この問いに応えるのが自己評価といわれるものである。自己欺瞞のない，自らが置かれた位置を正確に認識できることである。ウイルダフスキー（Wildavsky, 1972）によれば，理想的な組織とは自己評価的である。本来，組織（行政）と評価(政治)は相反的である。組織は安定，そして，コミットメントを重視して，施策とクライエントの関係を優先させるが，しかし評価は，変化の手掛かりを重視して，組織に疑いを生むこともある。何よりも行動と目的の関係を重視する。なお NPM では，行政・政治二元論，つまり，その行政と政治の分離を主張するが，分離は難しく，むしろ連続的であるので，二元論の見直しが必要である。連続的であれば行政と政治を繋ぐ人たち，当事者の自己評価が欠かせなくなる。

連続的であるためには，自己評価を組織の中に組み込まなければならない。しかし，その評価は効率的でないことがある。自己評価する組織は，その評価によって自己撞着に陥り，その挙句，政策を変更または廃止することもある。また，評価のコスト負荷，変化への抵抗などで挫折することもある。当然，変化のコストを最小化するような内輪の努力も欠かせないが，内部に緊張，もしかすると，反評価的な傾向に陥ること（特定の利害関係者への傾斜など）もなくはない。これらの解消に向けては，評価と管理を分離（たとえば会計検査院の創設）することもある。

評価者には，知識とパワーが必要であるが，そのために内部留保した資源を積極的に出し惜しみせずに使うことが，やがて外部からの評価につながることもある。自己評価は開放的で，しかも誠実であること，そして，自ら懐疑的，自身の仮定を連続的に変更可能であるほど社会的な信用を高めることになる。この組織の考え方は，再度いえばいわゆる「学習する組織」（Senge, 1990）と通じるところがある。しかし，ここで留意しなければならないこと

は，本来的には評価である以上，自己評価組織であるほど，前述の評価と管理の分離と重なるが，評価者と実行者を内部で役割を分化させ，分担させるべきである(Wildavsky, 1972)。とはいいながら，現状では，行政評価とは，実行者が自らの行為とその結果を反省するだけの自己評価に傾きがちで，必ずしも正確に評価できないようなところもある。外に向かってはオーソライズできないこともある。

自己評価から第三者評価へ

自己評価を始点として，外部の利害関係者の評価が続くことになる。第三者評価を含めて外部評価のほうが重要であることはいうまでもない。評価への強い意志があって，それを前節で述べた評価指標に向けて発展，展開することである。その場合，以下のような前提が欠かせない。

(1)一つは評価の立場である。利害関係者は多い。好意的，あるいは前向きに評価をしてくれる関係者と，それとは逆に批判的な関係者もいる。ポリティクスを与件とすれば，利害に一致はありえない。どのような関係者に，どのように評価を委ねるかで評価軸と指標は大きく相違する。

(2)評価とはポリティカルであると承知しなければならないとしても，評価には，技術的な能力も問われる。アンケート調査のような世論調査で済ませることもあり得るが，中長期的に，しかもその施策が高度の専門性を要した場合，それを評価できる第三者がいなければならない。いるかどうかが問われる。

(3)施策が単一であることは少ない。多くの場合，いくつもの施策が複合的に絡み合いながら成果を得ることになる。他の施策の効果と切り離すことができなければ，それ自体の効果を測ることは難しい。多面的に評価するとすれば，他部門やいくつもの利害関係者とのネットワークの中での評価にならざるを得ない。

(4)評価には，施策それぞれの構想，着手，定着，大いに成果を得る時期，そしてマンネリ化，すでに意義の失われた段階などのように，今がどの段階にあるかが重要である。その発達段階に合わせて重要とされる評価軸が相違する。構想や着手では資源の安定確保が重要であるが，活動が軌道に乗れば，その質の向上に真正面から向き合わなければならない。第三者にその局面に応じた評価ができるかどうかである。よほどの専門性を期待しなければなら

ないようなこともある。

(5)さらに時間軸については，今の時点だけではなく，過去の実績から近未来の可能性まで評価の視野に入れなければならない。すでに何ができたかは，資源を得ようとする場合，市民や利害関係者から信頼を得る必須の評価アイテムである。しかし，現状やこれからの活動を戦略的に組み立てていなければ，サービスの受け手は不安を覚えることになる。このことについても専門家がほしい。

評価の活用

自己評価と第三者による評価を組み合わせて，欠陥を認識し，それを何かで補い，利点があれば，それを最大限活かすことが，すでに紹介した戦略である。評価の活用とは戦略を組み立てることである。前述のようにサービスの受け手の信用を得ることが戦略の焦点である。名声を得る戦略は，これらの組織にとって必須とされる。たとえば，地方自治体では首長が次の選挙で落選しないためである。一期目の首長が再選を狙って，市民との直接対話などで，信用の確保を確かにするなどはこの場合である。公共の組織一般でいえば資源調達を容易にするためである。

加えて，多くの公共セクターの組織一般は労働集約的である。語弊はあるが，多くの人員を目標の達成に向けて動員できたかどうかが，組織としての効果性を評価する基準となる。そのためには，その動員を促すような仕掛けが必要になる。また，組織内外の利害関係者に対しても，戦略を効果的に練り実行するためにも，よりいっそう魅力的な資源動員の仕掛けを図る必要がある。

そのためにミッションが工夫される。組織は具体的な，実現可能なミッション，あるいは，可能であるかどうかの保証はないが，はるかに遠い，理想の目標としてのビジョンをも提示し，その存在意義を明示することで，より多くの，より上質の，人員も含めた資源動員が可能になり，また良質の，大量の成果を得ることになる。達成可能な目標があり，それに向けて積極的に関与することは，労働集約的であるほどマネジメントの施策としては重要である。

しかし，他方で，評価の議論を戦略と結びつける場合，注意しなければならないことがある。さまざまの環境アクターに取り囲まれているということ

である。評価するアクターがさまざまである。しかも，互いに利害を異にすることが通常である。アウ（Au, 1996）の指摘に従えば，評価には価値判断が必ず伴い，ポリティカルな問題がつきまとう。それをどのように捌くかが，すでに評価の一部をなしている。単純に組織の効果性を評価しようとしても，だれのための成果であるか，だれが利益を増し，その逆に，だれが，利益を減らすことになったのかが，この組織の周囲で必ず起きていることである。事前評価がそれに対応する。それが，組織内部の関係者にも波及していると考えてよい。すでに述べたアイアン・トライアングルがそれに拍車をかける。それぞれは小さな公共の組織でも，むしろ小さいほどだれのための組織かを問われることになる。単純に成果が測定され，それにだれもが納得するようなことは通常あり得ない。

　したがって，戦略的には，ミッションやビジョンのような抽象的なタテマエ的な目標と実質的な目標を使い分けることが欠かせなくなる（Warriner, 1965）。環境アクターから支持を調達するための目標と，達成が見込まれる目標，より端的にいえば，八方美人的な戦略と手堅く目標を絞った戦略を使い分けるのである。自己評価による現状把握が正確であるほど，この使い分けに問題が生じることは少ない。

V　アカウンタビリティ

正当性という基準

　組織一般にとって，その存立は，それが置かれた環境から正当性を付与されるかどうかによっている。提供者が自己の利益のためだけにサービス提供をしているようであれば，公共の組織としては存在自体が意味のないこととされる。その存在の有意味性を環境が認知することが正当性の根拠となる。正当性とは，多くの利害関係者，より一般的にいえば，環境アクターから，そこに存続することが妥当との評価を受けることである。その地域社会がその組織を，積極的に必要にしていることとほぼ同義である。

　しかし，繰り返すが，外部に存在する環境アクターは互いにさまざまに相反する関係にある。しかも，その成果に対する評価は，立場が変われば違った評価を受ける。たとえば，地方自治体は大きな海に浮かんだ小さな島である。場合によっては暴風雨もあり得る，八方美人的に正当性を得ようとすれ

ばするほど，配慮すべき要因は大きく膨らみ，この組織は海から激しく打ち寄せる波と悪戦苦闘することもあり，穏やかそうに見えても，そのうちに大波が来て一切合財を洗い流してしまうようなこともないとはいえない。洗い流されないためには，環境アクターとの信頼関係を構築することである。組織の内外から生じる期待に対して，どの程度それに応えることができたかを説明することができれば，資源調達のコストの低減にも貢献する。

　正当性が，環境アクターのポリティクスの中で争奪されるとすれば，単なる合理性基準だけでは評価されず，経営努力だけでは得られないこともある。しかし，環境アクターの大方の支持を得ることが正当性に結びつくとすれば，それを得ることがマネジメントの根幹になければならない。そのためには，自らの組織が社会のために不可欠のものである側面を，たえず周知させる努力を繰り返すことである。環境適合を果たすためのもっとも明確な手掛かりは，その組織がそこにある点を環境アクターが認めることである。たとえば，正当性とは地方自治体の場合，首長が再選されることである。住民意識調査などでその動向を把握できるようになった。他の自治体からの問い合わせ，見学なども名声の確保に役立っている。経済誌に掲載されるランキングなどのマスメディアの評価も，正当性について，部分的ではあるが示唆を得るために役立っているといってもよい。激しいリコール運動などが起こることは，正当性がすでに動揺しているといってよい。

アカウンタビリティ

　本書でも，これまで繰り返し言及されたが，アカウンタビリティ（accountability，結果責任，報告責任，合わせて結果・報告責任とも訳される）は，組織の評価におけるもっとも大きな基準となる。ただし，上記のさまざまの視点からの評価と合わせながら，便宜的に使うだけのことであれば，言い逃れの弁に役立つだけとの批判もある。真剣に向き合うとすれば，成果の重視，つまり何をしたか，できたか，できなかったかを利害関係者に報告することであり，レスポンスビリティ（responsibility：遂行責任）と対比して論じられる。また後段で述べるディスクロジャー（情報公開）と連動している。たとえ成果が得られなかったとしても，その経過，そしてその理由を公表するのである。都合の悪い情報を隠すこともできるが，積極的に情報公開して信頼を得ることもできる。情報を隠すことで，利害関係者が気づいたときには，

その間の関係が修復不可能なところまで悪化していたなど，あり得ないことではない。利害関係者からの信頼を持続的に得るためにはアカウンタビリティは不可欠の要件である。そのためには情報公開が欠かせないことである。

　ミッションは組織の内に対してよりも外に対して発せられるので，その達成度が，即その組織の評価基準となるということである。気心の通じる仲間だけでミッションを確認しあっても，活動はやがて惰性に陥ることになる。ミッションの達成度を，たえず環境アクターによって監査を受けるようにすることである。利害関係者の牽制によって，アカウンタビリティは充実する，内実を得ることができる。アカウンタビリティとは結果ではなく過程の議論である。情報公開と表裏一体であるとはこのことによる。

ガバナンスとアカウンタビリティ

　外に多くのクライエントを擁し，その中にはプロフェッショナルな職業集団を並立させているので，管理構造が複雑に入り込み，ガバナンスが明確でないことが多い。それが強みでもあるが弱みでもあるという二面性を有している。その場合，強みというのは，ルース・カップリングによって環境の影響を分散させて，互いが自らのミッションに専心できるということである。遂行責任，レスポンシビリティはあっても，上述のアカウンタビリティ，結果・報告責任は少なくて済むという状況は，個々のメンバーにしても自由裁量が大きくなり，創造的に活動できる余地を大きくすることになる。ただし，このためには内部的な管理，ビュロクラシーの仕組みが一貫しなければならない。

　しかし，他方，弱みとして互いの無責任なマネジメントが徒となって行き詰まるようなことがないとはいえない。その方がはるかに可能性としては大きいというべきである。組織としての一貫性が欠けると，アカウンタビリティへの関心が乏しくなり，ガバナンスに混乱が生じる。したがって，極端な場合，だれのための何の組織かという認識を共有できなくなることもある。NPMが導入されると，逆にアカウンタビリティがいっそう重要になる（Barberis, 1998）。第3章で述べたが，公共サービスの多様化はアカウンタビリティをどのように位置づけるかという議論を，いっそう複雑に，しかも重要にしている（Moe, 2001; Moe & Stanton, 1989）。

アカウンタビリティの確立のために

　難しい問題は，その成果をサービス現場の送り手に依存しながら，なお，組織としての統合を維持し，最終責任の所在を明らかにしなければならないことである。遠心力と求心力が同時に働き，それをどのようにバランスするかである。部局主義的な分散化，専門性の重視，あるいはストリート・レベルのサービスなど，それぞれは自由裁量を得たいと考えるが，サービスの最終的な責任主体を明確にするべきである。それが不在であると，システムが機能しなくなる。実質的なアカウンタビリティは成り立たなくなる。現場裁量でいえば，仕事の範囲を明確に定義して，だれがそれに関わるかを明示することが欠かせない。それは明らかにビュロクラシー・システムの導入である。そのためには，個々の送り手における個々の成果を適切に評価すること，そのためのフィードバック回路の確立が欠かせない。これらはすべてモダンの，システムに重なっている。

　しかし，それは他方で，負の効果を有することも明らかであり，アカウンタビリティのためには，個々の送り手の考え方や行動が反映されるような仕組みも必要になる。単なる一つの歯車ではなくまた部品でもなく，したがって，匿名の世界でもない。名札や名刺があれば，例外も多いが原則として，だれが何をしているかを，受け手が熟知できるような世界でもある。

　組織としては内と外の区分が明らかではなく，いわゆる境界が不分明であれば，サービスの受け手は自由に送り手のいる組織の中を覗くことができる。しかも，それを貴重な情報として互いに伝え合う，その結果として，風聞としての評価が定まる。したがって，組織として信頼や信用を得る経営努力に気遣えば，アカウンタビリティを得ることに困難は少ない。サービスの受け手が，つまりクライエントが組織に出入りし，そのサービスのよさをうわさとして流すだけでも格段の効用がある。サービスのよさを，自信をもって喧伝するだけでも大いに評価は高まる。

ディスクロジャー（情報公開）

　ディスクロジャー（情報公開）が重要であるのはそれと関連している。そのためには，素直に組織を利害関係者に，より一般的には環境アクターに曝すこと，そのための特別の工夫も必要であろう。曝すなどは自信がなくてはできることではない。曝すことによって得た，直接の利害関係者以外の第三

者によるアカウンタビリティの保証は，その組織の威信を否が応でも高めることになる。ただし，風聞は圧倒的な影響を発揮するだけに，崩れかけると脆いということもある。

　地方自治体の場合は監査請求や住民訴訟で，さらに情報公開条例の制定などで，この機会は制度的に保障されている。しかし，情報公開によって，小さな事件が雪だるまのように肥大化して，意図せざる大事件に発展することがないとはいえない。いっそうビュロ・フィロソフィが貫徹できない事態に立ち至ることもないとはいえない。ディスクロジャーは諸刃の剣である。疚しいことがなければ，公開について何ら問題はない。結局，アカウンタビリティは管理技術の問題でもあるが，倫理的な局面を多く含んでいる。アカウンタビリティが徹底すれば汚職など生じない。当然，ディスクロジャーはそれを防止する手立てとして機能する。

評価の制約を超えて

　以下において，評価を向上させるための革新の方法について議論を試みる。

　繰り返すが，マネジメントとは，企画を練り，それを実行し，その成果を評価するというサイクルに，いかにマネジメントを乗せるかが重要である。企業と比較して難しいことは，この中で，その成果をどのように評価するかである。これが適切でないと，活動そのものが停滞したり後退することがないとはいえない。

　評価をさらに向上させるためには変革を必要とする。それには，枠組，ハードウェアを変更するのか，それとも，運用法，ソフトウェアを変更するか，また，それを構成する人的資源を変更するかという選択肢がある。その重点の置き方に革新の基本的な考え方がある。

　枠組みを変更するということは，目標の達成に向けてよりいっそう機能させることである。システム整備である。活動するメンバーが多くなるほど，サービスを提供するクライエントが多くなるほど，スケール・メリットを追求するほど，ビュロクラシーに合わせてシステマティックになるのは組織の成長として自然の成り行きである。評価のアイテムはそれに適合させなければならない。

　しかし，それは硬直化に至ることでもあり得る。それはソフトウェアを変更することで緩和される。ビュロクラシーの堅さを和らげることができる。

革新の成り行きを測定できるようなアイテムを用意しなければならない。組織として発達する，そして，複合的な仕組みを有するようになるほど，単純な評価では済まなくなる。一方でビュロクラシーとして整備され，他方では，動態化や柔構造化による変革が重要になり，その二つの方向のバランスにたえず気遣うことがマネジメントの要諦となる。そのバランスを的確に把握できなければならない。

　さらにいえば，成果の評価とは，それを成り立たせる資源を，どのように有効活用できるかという論点に尽きるといってよい。マネジメントの資源としては，しばしばヒト，モノ，カネ，それに加えて情報であるが，しかしその中でも，ヒトの要素の重要性は，格段に大きい。ヒトという資源を活かすことが，成果の評価のもっとも重要なところである。そのための条件整備ができるかどうかをマネジメントは問われることになる。したがって，そのメンバーの考えや行動の変革は組織革新の必須の要件である。人々の活動，そこから生まれるアイディアによって成り立つ組織である。したがって，人材として活かすこと，その資質や能力を引き出すモチベーション管理が適切であることが評価の大きな部分を占めることは疑いない。前章で述べた人的資源管理である。

　結論としていえば，評価は本来複合的で多面的である。それをどのように捉えるかは，マネジメントのもっとも大きな課題である。公共セクターの内外の活動は評価によってはじまり，それによって終わり，さらに次なる活動に連結される。そのサイクルをマネージャーを含めた関係者全員が承知しなければならない。であればこそ，関係者を納得させるような方法論の構築や具体的な技法の開発が望まれるのである。

要約

　組織は成果を得なければならない。そしてその成果を評価しなければならない。さらにいえば，組織は，その評価によって評価される。成果が評価されてはじめて，企画，実行，そして，評価という通常のマネジメント・サイクルが稼働する。そのサイクルは公共セクターの組織すべてになければならないことである。成果に向けて企画され，実行され，そして成果を得たならば，得ないことも含めて評価され，フィード・バックによって次の企画に活かされるのである。しかし，公共サービスを提供する組織は，一般的に成果

の評価が難しいとは，しばしば指摘されることである。

　理由としては，サービス一般にみられる評価の難しさである。公共サービス，そして行政サービスに通じることである。それらのサービスの成果は可視的ではないことがしばしばであり，しかも中長期的に評価されるものが多いからである。しかし，その限界を承知しながらも，評価しなければマネジメントの質は向上しない。どのように評価するかである。そのためにいくつかの論点整理を行った。

　アカウンタビリティとは何らかの成果を出すことであり，それを説明することである。そのためには，情報公開のような積極的に利害関係者に相対する姿勢を示すべきであり，それをマネジメントのなかに仕組むことができるかどうかである。それができなければ経営体としての正当性が問われる。また，中長期的な視点で評価されるので，存続という評価軸で成果が問われることが多くなる。長く続く組織ほど結果的によい組織ということになる。端的にいえば，再選されない首長などは，その任期中の成果が評価されなかったことになる。しかし，人気取りに終始して後世に禍根を残すことにならないとはいえない。また，評価を管理技術的に捉えるだけではなく，倫理としても認識すべきである。公共のために存在するのであるから当然といえば当然である。

　どのように評価するか，その軸の設定は，マネジメントの当否，そして是非と密接に関わっている。ポリティクスが絡むだけに論点の設定が難しい。それを加味した評価軸の設定は，今後に残された課題である。今後の問題ではあるが，もっとも基本的なこととしていえば，存続への強い意思と，そのために自己評価の意欲を失わないことである。そしてまた本書の最初の関心に戻ることになるが，公共とは何か，ガバナンスをどのように確保するか，そして，サービスをどのように発給するかである。理念を問い，それの実現に向かい，それの達成度を評価する。第1章から本章までは，半永久的に回転を続けるドラマである。

（1）　パフォーマンス測定は，組織は何をしたかということで，効果性や有効性の測定とほぼ重なるが，本章で述べる議論全体を議論することもある。パフォーマンスとは何かという問題設定自体がさまざまな論点を含んでいる。Snow & Hrebiniak (1983), Poister & Streib (1999), Kearney & Berman (1999), Berman & Wang

(2000), Julness & Holzer (2001), Heinrich (2002a, 2002b), Berman (2006) などを参照。
（2） とくに，以上の経済的合理性に関する指標については，財政学的にさまざまの議論が提示されている。伊多波 (1999) など。
（3） 何が正義かについては，議論としては興味深いが，市民一人一人にその正義を決定する資質が本来的に備わっているとするリベラリズムと，それはその社会の価値に拘束されざるを得ないとするコミュニタリアニズムの立場に分かれる。本書の立場としては，正義についてすでにある程度の合意が形成されていて，その枠の中で，人々は公共のために行動するように仕向けられていると考えた方が，本書の成り立ちを考えても望ましい。ただし，その場合は，デモクラシーという公共を支える仕組みの中で育った人たちという前提が欠かせない。であれば，最終的に，何が公平，公正，そして社会的正義に適うかについて，合意がすでにできている。そして，その社会では，さらなる合意に向けての決定のための資質が備わっている人が多いことと仮定したい。

デモクラシーやリベラリズム，コミュニタリアニズムなどの政治思想に関するさまざまの著書から貴重な示唆を得たが，著者が十分理解できたかどうかについては自信がないので，文献としては割愛する。なお，本書では繰り返し，公共セクターの存立の意義として，公平，公正，そして社会的正義を慣用句のように繰り返し用いた。それぞれの意味を深く吟味して用いるべきであろうが，とりあえずは，この社会の存続に貢献しなければならないという意味である。
（4） なお，具体的な指標設定や評価手法についての邦語文献には，以下のようなテキストがある。考察の参考にした。行政評価研究会 (1997)，山谷 (1997, 2005)，石原 (1999)，政策評価研究会 (1999)，伊多波 (1999)，三重県地方自治研究会 (1999)，高寄 (1999)，Hatry (1999a, 1999b)，古川・北大路 (2001)，INPM 行政評価研究会 (2005) などである。

第12章　残された問題と今後の課題

I　変化という与件

市民社会の成熟

　この社会は、ポスト・モダンといわれることもある。近代を通り過ぎたというのである。そのことの是非は、いまここでとりあえず問題ではない。しかし、近代が仮想した市民社会が現前にあることは否定しがたい。政治的にも経済的にも18世紀の啓蒙思想が想定した権利をほぼ得ている。これは確かなことである。私たちが市民であり、その社会に一人一人貢献すべきである、そして、そのことによって、私たちの生活が多少なりとも豊かになるという実感に浸ることができる社会であることは、自明として受け止めてもよい社会なのではないかと、とりあえず考えられる社会に生きている。

　それを自明として受け止めることができない人がまだ多くいるとしても、これは近代が成し遂げた大いなる成果であると考えたい。異論はあることを承知であえていえば、とにもかくにも前近代を抜け、ファッシズムを克服し、市民社会を実現したのである。そして成熟させたのである。地球の多くでは、それよりはるか以前の貧窮に喘ぐところがあっても、本書を読む読者はとりあえず豊かな社会にいる。そのことを実感できる社会にいることだけは疑いようのない事実である。

　ただし、成功体験の次には大いなる陥穽があることもあり得ることで、凄惨を極める社会にまた回帰するようなことがあるかもしれない。近代とは高い刑務所の塀の上にあるようなもので、油断したり、気を緩めるともとの場所に落ちるようなこともないことではない。用心が肝心の社会である。ポス

ト・モダンなどと浮かれるなどはとうていできることではない。もしかすると，たとえ塀の外に出ることができても，そのポスト・モダンが凄惨ではないことをだれが保証してくれるのか。

社会の変化，そして破綻への予感

その塀の外を予感させる議論がいくつかある。高度情報社会といいグローバリゼーションといい楽観的な論調が目立つが，負の側面もあることには留意したい。ダジタル・デバイドや貧富の格差が拡大しつつあるのは，ポスト・モダンが砂上の楼閣であるかもしれないことを予感させる。今後，この社会が安定を欠くこともあり得ることである。さらに負担を大きくしかねないのが超高齢社会である。その社会では，有形無形の貯えが高齢者間の格差を，むしろ大きく押し広げることになり，しかも，その格差を是正するための資源調達が，労働力の確保が少子化という思いがけない要因によって，さらに難しくなることが危惧される。

超高齢社会については検討すべきことが多すぎる。それは別途に検討すべきである（藤田，2000；田尾ほか，2003などを参照）。以下では，そのことを与件として，公共セクターの組織がどのような影響を受けるか，それに対してどのように向き合うか，積極的に施策を展開できるかを考える。

要は，高齢者が多くなり若年者が少なくなる。いわゆる労働力人口が早足で減少に向かっている。さらにいえば元気な老人だけではない。後期高齢者になれば，確実に寝たきりや虚弱老人も多くなる。認知症の老人もよほどのことがない限り少なくなることはあり得ない。特効薬ができればという声も聞くが，生命体に仕組まれた罠のようなものであれば，泰然と受け入れるべきであるかもしれない。それにしても，この社会にコストを負荷することは必至である。一方で少なくなる資源，他方で膨らむ需要，これをどのように折り合わせることができるかが，もっとも重要な施策となることは疑いない。しかし，それは所期の成果を得るかどうか，立案さえできないのではないかという漠たる不安もなくはない。その不安を払拭できるかどうか。

膨らむ一方の需要に対して，少ない資源をどのように按分するかは，公共政策の大きな課題である。近未来の社会をどのように乗り越えるかは，全体社会として関わらざるを得ない，大きな政策課題である。しかし，これは本書で述べた公共経営の課題であり，公共セクターの組織をマネジメントする

ための課題でもある。少ない資源をどのように活かして、この社会の存続に貢献するかである。できないこともある。しかし、できることも少なくない。その見通しを立てることが、本書の意図するところである。

　本書の関心は、第１章から前章まで一貫してそのことに向けてきた。今後の公共経営は資源の絶対的な不足にどのように向き合うかを課題としている。その意味では時代に制約されている。しかし数十年後、この危機が去っても、もっとも厳しい時代に洗練された議論は、やがて普遍性の一部を担えるようになるのではないか。

変革の試み、マネジメントの必須

　この社会、そして近未来に迫っている社会への施策として、制度的な対応はすでに始まっている。高齢者の多い社会に向けての対応は、相当以前から、福祉関連諸法の改正や保健福祉計画、そして、機関委任事務の廃止など相当程度、基礎自治体には権限が委譲されつつある。平成の自治体合併も三位一体改革も、異論の多い改革ではあるが、方向としてはこの社会のサステナビリティ（持続可能性）と連結しているはずである。待ったなしと形容されるだけに、論議が荒っぽいとされ、また議論が尽くされないところも多々あるが、旧守派に安住するだけで済みそうもないことはだれの目にも明らかである。ただし、試行錯誤的なところも少なくない。もしかして過重なコストをこの社会に、逆に課すようなこともなくはない。最良の施策と喧伝されてもにわかには信じがたい。

　今後、さまざまな立場から、たとえば、制度として、また施策として、そして全体社会を考える論点からの議論は、相応の貢献を果たすことが期待される。それらがある程度、現実に即していれば、たとえ過重なコストに遭遇しても、楽観的であるかもしれないが十分な議論を経てであればまた立ち直れるかもしれない。しかし、私たちが公共の世界の一員として公共セクターの内で、あるいは、外で向き合うのは、私たちの日々の生活そのものである。現場で、その施策をどのように効果的に実施するかは、むしろ瑣末ともいえる日々のルーティンが集積される中で考えることである。施策が荒っぽい、また尽くされていないといわれるのは、その制度や施策をどのように実施するか、できるかという基礎的な枠組み、手法や技法の裏づけがないからである。マネジメントに関するさまざまの理論は、その裏づけのためにある。裏

づけを確かなものにしようとするだけでも，日々の生活の中でコストの負担を多少とも少なくすることができる。少なくしよう，つまりこの社会を生き抜こうという意図関心が，私たちを公共性に向き合わせることになり，公共世界の一員であることを実感させることになる。

　制度が改正され，企画立案された後の，だれがどのように実施するか，という議論が精緻になされれば，高齢者の多い社会は，コストだけが語られることは少なくなるかもしれない。たとえば，それを背負うのは高齢者であり私たちである。日々をどのように暮らすかということである。これは経済学や法律学，政治学，行政学というよりも，日々の行動に関わる諸学が学際的に担う課題である。マクロ，つまり全体社会を通覧するというよりも，ミクロのここのそれをどのようにするかという問題に対処することである。技法の問題であると言い換えてもよい。要は，過重なコストを少しでも減らす技法である。

　加えて言えば，この技法の多くは，私たちの日々のルーティンを支えている公共セクターで工夫されるべきである。超高齢社会における資源の不足は，公共におけるそれである。それを私的セクターにおける不足としてしまえば，そこには情け容赦のない囲い込みが発生するだけである。まさしくホッブス的といえる空間が出現する。その果ては荒涼とした砂漠である。そこに雨を降らせ，また水路を造って水を供給するのが公共である。

　高度情報化やグローバリゼーションは，大きな私的な世界のこととされがちである。私的と考えれば，そこで競い合い，それぞれが利得の拡大に向けて動くのは勝手放題ということになる。見方次第では，見えざる手が社会をよりいっそう活性化することになるかもしれない。しかし，この身近にある社会の資源の不足は，この社会として考えることで，私的に封じ込めてよいことではない。私だけのこととして考えてしまえば，むしろ社会は萎縮に向かうことになる。現前にある砂漠で喧嘩をするのは勝手かもしれない。しかし，そしてだれもいなくなったでは，この社会が成り立たない。

　勝手に喧嘩をさせない工夫も大切であるが，それだけではなく，適宜，水という資源を提供して砂漠にしないところに公共セクターの意義がある。市民社会の成熟の意義とは，勝手な喧嘩をさせない，さらに，砂漠にさせないところにある。このことのためには，市民とは一人一人，公共の担い手でなければならない。あなたも私も，公共を支える人であれば，私利私欲のため

に勝手な喧嘩に興じる人であっては困る。

市民社会の内実化

いまなお，公共を市民と対置させて考えることがある。市民にとって公共とは大きな川の対岸にあると感じる人はまだ多い。それだけでも，近代はまだ内実化されていない。その公共の大きな一部を占める行政については，なおいっそう片務的であると感じる人が多い。実際近代に至っても，行政とはサービス資源を独占し，それを独占的に提供することで，市民を否応なく従わせることができた。端的にいえば，お上と下々という関係が成り立ったのである。その支配と応諾の関係は，行政の管理構造が外見的には大きく変容したようにみえても，本質的なところでは，今になってもなお旧態依然としているところが多くある。また，それに対する異議も従来，大きな社会的な影響力を得ることは比較的少なかったのではないか。むしろ，ビュロクラシー・システムが普遍化することで，市民と行政はいっそう乖離するようなところもなくはない（Taub et al. 1974）。であるから，ポスト・モダンに飛んでしまうのはまさしく論理の飛躍である。この乖離は地道な努力の積み重ねで短縮に向かうべきである。それがマネジメントである。

今ようやく，理念としては，市民と行政は相互依存関係にあると考えられるようになった。少なくとも一方的な応諾関係では説明できないような社会状況の構造的な変化は随所で散見されている。この現象，あるいはこれに触発された議論の背後には，市民の要求，それを具体化した行政需要に対して，行政は対処できなくなった，あるいは充足できなくなったということがある。充足の不足に対して，市民が黙ることがなくなった。異議申し立てが日常茶飯になったということがある。単純な支配と応諾の図式が適用できなくなったのである。

充足できなければ，市民は行政に対して応諾しない，それほどに市民も成熟したということもある。サービス過程，さらに，そのための意思決定に市民が参加することは，時代の趨勢であり，今に至れば止めようがなく，また戻しようのないことである。しかし，現時点において，市民と行政の関係は，円滑な関係，ハネムーンの関係にあるとはいえない，むしろ，ギクシャクとした対立関係，もしくは葛藤関係にあるのではないか。

少なくともある程度の合意形成を前提とした望ましい関係構築に至らしめ

るためには，多くの解決すべき問題に出合うことになるであろうが，その論点整理にようやく着手できたという段階である。今，喧伝されるボランティアも，行政にとって欠かせない資源とされながらも，行政とボランティア活動がどのような連携を構築するかは，まだ暗中模索，ようやくその取り組みがはじめられたところである。それさえも，どのような関係に至るかは予断を許さない。

　近年，ボランティアとボランティア活動への関心が高まっている。現状のままであれば，ただのファッショナブルな現象で終わることもないではない。しかし，他方，ボランティアと行政との連携は，今後の大きな課題となることは明らかでもある。従来の，いわば地域のエゴ的な要素の強い住民運動，それがやや普遍性をもった市民運動に転化し，さらに，市民参加への変化の中で，ボランティア活動そのものが，シチズンシップの質を向上させるという議論がある (Levine, 1984)。その活動は，行政のサービスの質を向上させながら，なお，その負担を軽減するのに役立つという考えもある (Warren, 1987)。上首尾であれば，市民社会の成熟に対応することになる。

公共セクターが膨れるということ

　明らかなのは，今後，いわゆる公共セクターとされる分野がますます活動を盛んにしそうだと思われることである。この考えは，近年の，行政の果たす役割についての疑問（いわゆる政府の失敗）などから生じる無用論とは相反することであろうが，公共セクターが大きく膨らむことは疑いない。またその重要性がますます増大することも疑いない。これまでの議論を敷衍していえば，超高齢社会が公共セクターを膨らませるのである。

　また，その社会はネガティブにだけ捉えられがちではあるが，高齢者という知恵を，というよりも経験を蓄えた人たちが多くなる社会というのは，社会のいっそうの成熟を予感させる。この社会自体もこの一世紀，そしてこの半世紀，疑いなく成熟の過程にあったといえるが，さらなる成熟に至ることが予想できそうである。ということは，公的な領域で，それぞれの利害関心が多様化し，しかも深化して，さらに強固になるということである。従来よりもだれもが強い利害関心を抱き，それを主張することが，社会の成熟の，これまでの経過であった。今後，この傾向がいっそう強くなる，とすれば，それをまとめたり調停したりすることは公共の場で大きな仕事になる。公共

セクターは，それをまとめ，方向付けるところになる。とくに地方自治体の役割はますます重要になる。

　公共セクター自体が大きく膨らみながら，公共の組織の数を多くし，その社会に占める比率を大きくしている。しかし，膨らむほどその内部に矛盾を多く抱えるようになり，その矛盾を解決することでさらに，その機能を発展させるというのである。ただし，問題は，いわゆる私企業，つまり利潤を追い求める企業に関する議論は山のようにありながら，公共のマネジメントに関する議論は，それほど多くはない。

理論の不在
　それは，本章で，とくに第１章で述べた，公共セクターの特異性によるところが大きい。私企業におけるような，経営管理の基礎としてしばしば当然の前提とされる合理性の追求が難しいことがある。企業でさえも難しい。さらに難しいのは，成果が可視的ではなかったり，目標が明確ではなかったり，さらにその目標そのものの設定がしばしばポリティクスに曝され，その挙句，歪んで決定されることもなくはない。このことは繰り返し述べたことであるし，また後段でも述べるが，合理的であることをマネジメントとして保証する機会が乏しい。合理的であろうとする以前に，不確実さが多すぎるといえばよいであろう。目標を達成するシステムを構築するために何をすればよいのか，その点に気遣いすることが多い，つまり，曖昧さを当然の与件としてのマネジメントである。

　要は，曖昧さを低減するために過剰ともいえるコストを払うことになる。高コストの舵取りを強いられる。この状況を合理性の未成熟として捉えるか，それとも本来合理性はあり得ないとして捉えるかによって，議論は決定的に相違する。前者の立場に立てば，近年のNPMなどがそれに当たる。公共セクターを少しでも民間企業に近づけるように経営するのである。しかし，後者に立てば，やむを得ないこととされる。そこには，新たな組織に対する見方，そして，新たなマネジメントの考え方を工夫しなければならなくなる。公共セクターの組織論，さらにマネジメントに関する理論は，この二つの間を彷徨っているといってもよい。

II 政策官庁化への試み

全庁的な視点

　以下は，公共のための組織，とくに地方自治体に限って議論する。公共の組織全般は，それの延長線上で議論すればよい場合が多い。何はともあれ，地方自治体が何をするかしないかが影響を及ぼすところは非常に広い。

　前節で指摘したように，この社会の変化を与件として，地方自治体は，本来何をすべきか，あるいは何をすべきではないかという根本的な発想の転換が欠かせない。これは全庁的視野ともいうべきで，近年 NPM で議論されていることと通底するところがある。

　地方自治体は，漕ぎ手ではなく舵取りの役割に脱皮すべきということになる。いうまでもないが，今後，行政サービスの資源は近未来，枯渇に向かい，少なくとも先細りになるという見通しは否定しがたい。少子高齢という現実は避けようのないことである。しかも他方で，市民社会の成熟がある。社会の成熟は，利害関係者のボイス（本書では異議申し立て，あるいは告発のような厳しい訳語を当てたが，ここではややマイルドに，利害関係者の要求一般）が大きくなることを当然としている。資源の減少と需要の増大，これは前門の虎，後門の狼といってもよい。

　その社会では，行政ニーズの高まりも避けようがないことであろう。どのように少ない資源を配分するかは，行政の，いわば腕の見せ所でもある。その手腕が問われる。利害関係者，あるいは行政ニーズに関わる人たちを，どのように説得し納得させるかは，地方自治体の，経営体としての正当性が問われることでもある。そのためには，俯瞰的にサービスの仕組みを見通す，大所高所の判断ができる優秀な職員がいることではじめて可能になる。システムはヒトという資源によって支えられる。人事施策の革新，そして活性化は，これまでも頻出し，以下でも議論する「政策官庁化」に向けて，避けることができない大門なのである。

政策官庁化

　以上を受けていえば，今後，政策形成が，とくに地方自治体ではもっとも重要な仕事になることは疑いない。政策形成とは，さまざまの企画立案とほ

ぼ同義である。しかし，それを越えることもあり得る。単純に企画を練ればそれで済むとはいえない。とりあえずは最大多数の最大幸福の実現に向かうが，さまざまの利害が交錯する中で，政治的に有力なアクターが資源の多くを得てしまうという現実があるからである。政治的な利害が絡むほど，大きな波に飲み込まれやすい。

しかし，それでも，それを巻き返し，取り戻すこともあり得るというところに，行政サービスの，この社会での正当性がある。それが消滅しない根拠になる。地方自治体は，さらにその中の地方公務員は，その正当性を維持発展させなければならない。その役割を果たしてこそ，地方自治体は，公共的であり公共そのものになると認知されるのである。そのためには，単なるコストの節減だけではなく，中長期的に，どのような戦略が構築されるか，今後は，その見通しのよさが問われることになる。

これがいわゆる政策官庁化である。しかし，現実には，日々のルーティンに追われ，さまざまの競合する利害の調整に忙殺される。とくにマネージャーの職位にある場合，議会対策に追われることも多い。アイアン・トライアングルの角逐に巻き込まれることも多い。根回しを含めた雑事に忙殺されることもある。政策立案などとは，この場合，きれい事で，利害と利害がぶつかり合う，その政治的なアリーナで調整役しかできないという不満が漏れ聞こえてくる。議員の横槍に抗するだけで，気力の大半を消耗するというのである。結局，妥協の産物，その策は，ベストなどはあり得ず，ベターでもない。もしかするワーストの選択になったりもする。

したがって，政策官庁化などは，現実には遙か彼方にある理念であるという意見もなくはない。にもかかわらず，政策立案機能の充実は急務である。どこに地方自治体は向かうのか，それは妥当な方向であるか，そのために資源配分は妥当であるか，そしてマネジメント・サイクルは無理なく稼働させることができるかなどは，それぞれが重なりあって複合的な問題状況を地方自治体に，そして地域社会に突きつけている。極論をいえば，無理なくなどあり得ない。最適水準よりも満足水準（Simon, 1947）ということは，組織論としてはすでに公理に近いと述べた。施策として，妥当な，というよりも近似的な回答を出すための，そのための人材育成でもある。

政策官庁化のために

政策官庁化のための人材育成を重視するのであれば，施策の中心に戦略的にそれを位置づけ，それを経営幹部，とくに首長が支援しなければならない。全庁をあげての理念，あるいはそれによる支援システムの構築は欠くことができない。データなどで問題点を客観的に整理でき，その事実や因果関係を正確に提示することができる人材である。利害関係者への説得は，客観的なデータによって対処する以外ない。データを存分に扱えるプロフェッショナルの育成は，政策官庁化のための基礎をなしている。そのような人材を得て政策官庁は成り立つ。

　地方自治体は，本来政治的である。ポリティクスが繰り返されるアリーナでの出来事を背負っている。ということは，行政において，さまざまの環境アクターから，とくに地域社会の利害関係者から認知されること，正当性を得ることが今後いっそう重要になることは明らかである。行政サービスは，技術的妥当性だけで，当然，経済的な論点からだけでも評価されない。政治的価値的な妥当性によって評価される。評価尺度を技術的に細密に工夫することだけに関心を注入することには，限度があるというべきである。その細密の程度を決定することさえ，政治的な判断が働くべきである。関係者の多くが素直に納得すれば，尺度をそれ以上に細密にする必要はなく，客観化を装う必然もない。しかし，それは夢のまた夢であろう。

　今，行政評価が客観的でなければならないとされるのは，コストの削減が焦眉の急であるからである。そのことを通して，合理的な経営体に衣替えをしたいからである。また，それに納得することを，住民を含めた多くの関係者が望んでいるからである。しかし，それを越えれば，再度，公共とは何かを巡って政治的に，価値的に議論されることになる。公共とは，本来，評価を越える難問を秘めているはずである。それを繰り返し議論しながら，より好ましい，より望ましい施策を立案し，それを実施するための政策官庁化があるべきとされるのである。

組織の変革

　地方自治体も経営体ということであれば，企業のように意欲的に，前向きにマネジメントに取り組むべきである。しかし，それは企業の模倣に終始すべきではない。企業の経営については失敗も多い。それは必ずしも理想のモデルではない。企業も多く失敗している。失敗の連続であるといってよいほ

どである。評価なども企業のほうが（財務諸表を検討すればよいように）はるかに測定がやさしい。企業に学ぶとすれば，効率的なマネジメントをたえず強いられていることである。終わりのない旅である。そのための手法は学ぶところが多くある。効率的でなければ，経営体としての存立が危ういからである。

したがって，地方自治体が企業と同じように効率でなければならないのは，いうまでもないことである。今後，さらにいっそう資源が制約される時代が到来する。すでに厳しく制約されつつある。それに対応するためには，効率重視は当然である。そのためには何よりも資源としてのヒトをキチンと処遇し，活用することである。付加的にいえば，四つの経営資源の中で，モノとカネが先細りになっても，ヒトだけは活かしようでいくらでも膨らむ，そして，ヒトを活かせば，情報という資源は無限大といってもよいほど活用できる。

ヒトの活用は，本来の公的なセクター，そして，地方自治体を含めての理念，その存立を支える基本的な価値，つまり，公平，公正，そして社会的な正義の実現に近づくことになる。ヒトを活かせる組織になるかどうかが，地方自治体の帰趨を決定するといっても過言ではない。まさしく人材が活かされることによって，地方自治体は大胆に変わることができる。自治体がマネジメントの対象になるということは，人的資源管理を当然としている。

では，どのように経営体としての仕組みを変更するか。サービス向上のための仕組みの変更を行うかである。フェルナンデツとレイニィ（Fernandez & Rainey, 2006）は，以下のように八つの要件をあげている。すべてヒトに絡むことである。

(1)変革の必要性を確信すること
(2)変革のための企画を提示すること
(3)内部で変革のための支持を調達できること，抵抗を少なくできること
(4)トップ・マネジメントの支持を得ること
(5)外部からの支持を得ること
(6)変革に必要な資源を調達できること
(7)制度的な変化を起こすこと

制度的な変化とは，その社会の一部となり，やがてルーティンになってしまうということである。

(8)総合的な，あるいは統合的な変化を期すること

行政サービスの広がりと人材育成
　上質の行政サービスに至るように組織としての工夫が欠かせない。積極的に環境に対応することでサービスの質が向上するのは，私企業と同じである。地方自治体を経営体とみなせば，それの向上のために，マネジメントの努力を真摯にしているかどうかが重要である。そのためには企画立案が重要でなければならない。また，その企画が場当たり的ではなく，体系的に整備されなければならない。したがって，体系的ということに相当するのが，戦略を有しているかどうかである。その戦略の下地を成すのは，それを実現するために経営体として地方自治体を位置づけようとする意志が，首長も含めた関係者，私企業でいえば社長以下経営幹部にあるかどうかである。そのために，前節で述べたような人材育成を図るべきである。そのような人材は，以下の可能性に配慮し，政策立案，より一般的にいえば戦略策定に，積極的に関与して，地域の発展に寄与することになる。

　(1)地域としての発展可能性：行政サービスでいえば，その地域に今後，発展が大きく見込まれるのであれば，可能性が大きいのは当然である。立地のよさ，インフラ整備についても対資本効率のよいところは，将来性を期待されるのであるから，評価が高まるのは自然の成り行きである。他方，たとえば過疎地のような，インフラ整備をしてもそれに見合った効果を期待できないところでは，将来を見越した評価は期待できない。しかし，それでもなお，後述するが，組織としての整備，企画などの戦略策定などで評価を高める工夫の余地は大いにある。

　(2)組織としての発展可能性：マネジメントとは繰り返すが，ヒト，モノ，カネ，情報という四つの経営要素の組み合わせに万全を期することである。そのための組織内部のインフラができているかどうかが問われる。たとえば，ヒトについては，優秀な人員を得ているかどうか，その人的資源の豊かさがまず重要であることは疑いない。さらにいえば，政策形成能力を備えた人員を得ているかどうかである。

　今後いっそう，公共サービスは，行政だけによるのではなく，多様な供給主体によって提供されることになる。とすれば，それらのサービスの複合的な提供自体は，システムとして一個の組織を越えて広がることにもなり，組

織間関係で議論しなければならなくなるであろうが，その複合的なシステムを，どのように革新すればよいかを考えなければならない。組織開発など変革の方策も，それを適切に企画し実行に移せるかという組織の能力も，サービス・ネットワークの中で改めて問われることになる。

その中心に位置する行政について，再度いえば，それらを総括できる政策官庁としての力量が問われることになる。

(3)戦略策定：以上の発展可能性に具体的な中身を織り込んだのが戦略であるといってよい。そしてそれに人的資源管理を織り込んだものが戦略的な人事施策である。以上の前提の上に，近未来について確実な見通しを有することができる人材が，適所に配置されているかどうかである。中長期的な展望を，さまざまの企画を含めて策定できる有為の人材があるかどうかである。これには，戦術や戦略に該当する基本構想，基本計画，年次計画などの公式的な計画だけではなく，各部署の個別的な計画をも含んでいる。それらと齟齬を来さないように，相互的な調整にもかなりのコストが負荷されるが，それに耐えるだけの人的資源が備わっていることも評価の枠に入れなければならない。

中長期的な戦略として行政サービスを捉えるとすれば，それが，だれによって，いつ策定されたか，どの程度の時間スパンを見越しているか，計画が将来的に適切であるか，地域の資源との整合性に配慮されているか，また，それがオーソライズされているか，だれによってオーソライズされているか，さらに周知されているか，合意をどこまで得ているかなどの論点で評価を受けるべきであろう。経営幹部，とくに首長の関与は重要である。地方自治体のマネジメントは，極論すれば，その人次第である。

以上は，経営幹部だけに期待されることではない。行政サービスが地域社会に広く関わる限り，それが日々の施策であるほど，すでに述べた有能な人材をも巻き込んで，むしろ，それを主体とするような可能性の追求や施策立案を考えなければならない状況に至っている。

組織論一般でいえば，地方自治体はフラットな形態を特徴としている。全庁あげてという雰囲気が，経営体の，いわゆる効率や生産性を向上させるのである。ヒエラルキーに頼った一致団結してというシャープなモデルの適用は相応しくない。参加というシステムがビルトインされ，期待された人材がそれに応えるように戦略策定に参加できることが，組織を活性化させるので

ある。

III 再度，公共とは

議論の拡張

以上は，公共のための組織，地方自治体について論じた。

しかし，何度も繰り返したが，公共とは地方自治体の占有ではなくなった。それの一部を担当するだけである。そのもっとも重要な一部を担当するのであるから，その重要性を別立てで強調することは当然である。

それを取り巻くように公共サービスを提供する組織は無数にある。私たち一人一人がそのサービスの担い手であるといってもよいほどである。市民活動に参加すれば，行政に対して協働するか，それとも異を唱えるかにかかわらず，すでにその一翼を担っている。NPOやNGOに加われば，疑いなく公共への関与を始めることになる。それほど公共は身近である。

したがって，公共のための組織のマネジメントを論じるのと同時に，それら公共の組織一般についても議論しなければならない。それはNPOやボランティア集団だけではない，医療や福祉，教育も含む，広大な領域である。企業さえもそれに含まれることになる。民間委託や民営化，エージェンシー化などで，私的な企業にまでも公共サービスの提供主体が広がり始めた。狭義の行政サービスに対して，広義の公共サービスを包括的に対置せざるを得なくなったのは，この事情による。それらを包括的に認識するガバナンスという言葉が流行るのも当然といえば当然である。

今後の課題

本書で考えたような問題は，いくつかの提案としてまとめることができる。人材育成が絡まって，部分的には即座に解決すべき問題であり，部分的には，中長期的に根本からの工夫を要する問題でもある。言い換えれば，人材育成のための必要不可欠の要件である。

(1)技術的妥当性の重視：今後の課題として，データ重視の姿勢と通底するが，一つの考え方は，過剰な政治的価値的な妥当性から，もう一度，評価を技術的妥当性に戻してみることである。政治的価値的という制約から抜け出ることは不可能である。しかし，過剰なそれから距離をおくためには，再度，

それが技術的に妥当な，実行可能な企画立案であり方策であることを冷静に提示する必要がある。

　達成可能な目標として提示されれば，それができたかどうかは政治的な思惑とは関係なく評価できる。たとえば，コミュニティ・センターについて地域住民の多くが設立を望み，それを議員やオピニオン・リーダーたちから繰り返し要求され，予算の枠の中でできそうであれば，当面，何の問題も発生しない。ただし，資源配分の問題としていえばどこまでその必要性を絞り込むことができるか，その要求が多くの問題を派生させそうであるかなどで，政治的な妥当性に議論が逆戻りすることは大いにあることである。

　(2)合意形成過程の重視：ポリティクスを不可避の与件としながらも，やはり合意形成過程に議論を戻さなければならない。技術的に妥当であるかだけでは済まないことはいくらでもある。政治的な思惑だけを先行させがちなことがある。その方がはるかに多いといってもよい。規範的にタテマエだけをいっても承知しない関係者が多い。しかし，それにもかかわらず，具体的な成果についての合意の形成に論点を移動させなければならない。何を得るか，得たいかである。それを得るために，だれがどのように発議し，それがどのように合意として集約されるか，その議論の過程を重視するのである。具体的な成果についてであれば，だれが賛成しだれがいかなる理由で反対するかが明確になる。

　しかし，他方で，成果は主観的であったり長期に及んだりするので，具体的に構想できないことが多い。社会変革への意図関心を含む場合，合意そのものが成り立たない。公共セクターには，結果よりも過程重視の組織を多く抱え込んでいる。NPMはその逆，過程よりも結果を重視しようとした。デモクラシーは結果ではない，過程である。本来的に，公共とは過程を重視しなければならない。

　(3)評価過程の公開：しかし，また，議論を逆転させて，何を得るかが明らかでないことには，マネジメントは成り立たない。何を得るかについての合意形成は欠かせないことである。また繰り返し言えば，行政サービスにおいて，その合意が容易に形成できないことなどは日常茶飯である。難しいがそれを逆手にとって，関係者にとってだれでもが入手できる情報になれば，政治的な歪みを少なくすることができる。当事者，つまり，意思決定に与るパワー・ポリティクスの関係者は，その社会的な責任を自覚しなければなら

なくなる。成果へのアカウンタビリティが厳しく問われる。そのためには，ディスクロジャー（情報公開）が欠かせないので，パワー・ポリティクスの過程が公けになる。公開は行政サービスの成果を評価するための有力な手掛かりであろう。

　予算や決算の報告などは当然，それ以外のさまざまの意思決定に関わる議論は公開に向けられるべきであろう。また，だれがポリティクスに参加しているかも公平，公正や正義を実現するためには公表されるべきである。さらに，情報を得たいのであれば，それに近接できるコストを少なくする工夫も必要である。だれでもどこでも知ることができるために，である。そして，あなたも私も，だれもかれもが参加できるところに公共性は存在するが，それがまた公共経営をいっそう難しくしているといえなくもない。しかし，難しいからこそ，本論の最初の問題の提示に戻ることになるが，マネジメントが不可欠となる。それを放棄すれば，この社会は破綻に至る。水一滴もない砂漠になる。

学問としての貢献

　本書の最後に，この問題に，組織論としてどのような関与ができるか，そして貢献できるかということがある。当然，この社会が少しずつ資源の供給源を乏しくさせていくことを前提に考えれば，効率を向上させることが至上課題となる。経営学といい組織論といい，資源の減少にどのように対処すればよいかは，これまで得意としてきたところである。少ない資源を効率的に活用する，つまり，経済的合理性を極限まで追求するためのモデルを提供し，できれば具体的な手法も提供できることが，これらの学問に課せられた使命であったといってよい。

　しかし，企業のように経済的合理性をそのまま追求できないように仕掛けられているのが公共セクターである。とくに公共のための組織である。私的との中間にある第三セクター一般についても同じことであろう。たとえば，医療や福祉についていえば，対人サービスは，クライエントに対して費やされるコストは，理想的には一対一の関係にあることが望ましい。親切に世話を焼くとはそういうことである。とすれば節減には限度がある。ヒューマン・サービス技術に依存する組織に，経済的合理性を導入することは，病院経営などではやむを得ないことではあっても，限界がある。その限界を超えれ

ば，社会的な信用を失うような不祥事が生じるようなこともあるのではないか。不祥事が重なれば，そこで働くプロフェッショナルズ，専門家たちも黙ってはいない。

　行政についても同じである。行政はサービス技術の巧みさだけで処理されることは少ない。政治的に，さまざまの立場からの関心，そして意見が反映される。経済的合理性だけでは，財政事情の好転には大いに貢献するであろうが，その地域（中央政府であれば，その国）がどのような方向に伸び，どのように発展するか，もしかすると，その発展の芽を摘み取ることになるかもしれない。それでよいのかどうか。それへの判断は保留するが，財政を圧縮する過程で，影響力を強く有する団体には配慮せざるを得ない，それが政治である。マネジメントがポリティクスの圏外にあるとは考え難い。

　公共セクターのマネジメントを，その存立の有意義さを経済的合理性で処するのは無理なところが少なくない。その無理を通すとどこかで破綻する。ただし，社会的な資源が少なくなる方向に進むとすれば，その立場が従来以上に重要になることも避けがたい。しかし，公共セクターについては，経済的合理性だけではない。それよりも社会的ともいうべき合理性が重視されることになる。社会的合理性についてすでに詳細に述べた。その合理性によってその社会が存続できるかどうかは，もっとも重要なマネジメントの課題である。その存続がポリティクスによる際どい均衡の上にあるとすれば，マネジメントの難しさは推して知るべきであろう。

　公共セクターの組織にはマネジメントが欠かせない。しかし，それは従来の，企業経営で培われてきたマネジメントに対する，もう一つの，オールターナティブともいうべきマネジメントである。それを構築することが，組織論に課せられた，もう一つの，そしてもっとも大きな課題である。

引用文献

Abell, P. (1995) The new institutionalism and rational choice theory, in Scott, W. R. & Christensen, S. eds. *The Institutional Construction of Organizations: International and Longitudinal Studies*, London: Sage.

Adams, J. S. (1976) The structure and dynamics of behavior in organizational boundary roles. in M. D. Dunnette ed., *Handbook of Industrial and Organizational Psychology*. Chicago: Rand McNally.

Adams, J. S. (1980) Interorganizational process and organizational boundary activities, *Research of Organizational Behavior*, 2, 321-355.

Agan, A. & Tabarrok, A. (2005) What are private governments worth? *Regulation*, 28 (3), 14-17.

INPM行政評価研究会 (2005)「自治体行政評価ケーススタディ」東洋経済新報社

明野斉史 (2005) アメリカにおけるBID制度を活用した地域マネジメント 日本不動産学会誌, no. 72, 19(1), 66-71.

秋月謙吾 (2001)「行政・地方自治」東京大学出版会

Aldrich, H. & Herker, D. (1977) Boundary spanning roles and organizational structure. *Academy of Management Review*, 2, 217-230.

Alford, J. (2002) Defining the clients in the public sector: A social-exchange perspective, *Public Administration Review*, 62, 337-346.

Allen, N. J. & Meyer, J. P. (1990) The measurement and antecedents of affective, continuous and normative commitment to the organization. *Journal of Occupational Psychology*, 63, 1-18.

Allison, G. T. (1971) *Essence of Decision: Explaining the Cuban Missile Crisis*, Little, Brown and Company.（宮里政玄訳「決定の本質 キューバ・ミサイル危機の分析 中央公論社，1977)

Ammons, D. N. & Coe, C. & Lombardo, M. (2001) Performance-comparison projects in local government: participants' perspectives, reform, *Public Administration Review*, 61, 100-110.

Andrisani, P. J., Hakim, S. & Savas, E. S. (2002) *The New Public Management: Lessons from Innovating Governors and Mayors*. Norwell MA: Kluwer.

Anheier, H. K. & Seibel, W. eds. (1990) *The Third Sector: Comparative Studies of Nonprofit Organizations*. Walter de Gruyter, Berlin.

Anthony, R. N. & Young, D. W. (1988) *Management Control in Nonprofit Organiza-*

tions, 4th ed, Homewood Ill: Irwin.

荒木昭次郎（1985）公的サービスの協働生産理論モデル－その実際的適用への批判的分析と評価　季刊行政管理研究（行政管理研究センター）32, 30－41.

荒木昭次郎（1990）「参加と協働　新しい市民＝行政関係の創造」ぎょうせい

Armstrong, A. (1998) A comparative analysis: New public management- the way ahead? *Australian Journal of Public Administration*, 57 (2), 12-24.

Asch, S. E. (1951) Effects of group pressure upon the modification and distortion of judgments. in Guetzkow, H. ed. *Groups, Leadership and Man*, Pittsburgh: Carnegie Press.

Au, C. F. (1996) Rethinking organizational effectiveness: Theoretical and methodological issues in the study of organizational effectiveness for social welfare organization. *Administration in Social Work*, 20 (4), 1-21.

Aucoin, P. (1990) Administrative reform in public management paradigms, principles, paradoxes and pendulums, *Governance*, 3, 115-137.

Aulich, C., Halligan, J. & Nutley, S. (2001) *Australian Handbook of Public Sector Management*. Allen & Unwin.

Austin, S. G. (1978) *Professionals and Paraprofessionals*. New York, Human Science Press.

綾部恒雄編（2005）「クラブが創った国　アメリカ」山川出版社

Bachrach, P. & Morton S. B. (1962) The faces of power, *American Political Science Review*, 56, 947-952.

Bachrach, P. & Morton S. B. (1975) Power and its two faces revisited: A reply to Geoffrey Debam, *American Political Science Review*, 69, 900-904.

Backman, C. W. & Secord, P. F. (1959) The effect of perceived liking on interpersonal attraction. *Human Relations*, 12, 379-384.

Baer, S. E. & Feiock, R. C. (2005) Private governments in urban areas: political contracting and collection action, *American Review of Administration*, 35, 42-56.

Bales, R. F. & Slaters, P. E. (1955) Role differentiation in small decision groups, in Parsons, T. & Bales, R. F. eds., *Family, Socialization and Interaction Process*, Glencoe, Ill: Free Press.

Barberis, P. (1998) The new public management and new accountability. *Public Administration*, 76, 451-470.

Barnard, C. I. (1938) *The Functions of the Executive*, Cambridge, MA.: Harvard University Press.（山本安太郎・田杉競・飯野春樹訳「新経営者の役割」ダイヤモンド社，1968）

Barzeley, M. (1992) *Braking Throgh Bureaucracy: A New Vision for Managing in*

Government. Berkley: University of California Press.

Barzeley, M. (2001) *The New Public Management: Improving Research and Policy Dialogue*. University of California Press.

Bauman, Z. (2001) *Community: seeking Society in a Secure World*. Polity Press.（奥井智之訳「コミュニティ　安全と自由の戦場」筑摩書房，2008）

Behn, R. D. (1995) The big questions of public management. *Public Administration Review*, 55, 313-324.

Behn, R. D. (1998) What right do public managers have to lead?. *Public Administration Review*, 58, 209-224.

Bellah, R. N., Madsen, R., Sullivan, W. M., Swidler, A. & Tipton, S. M. (1985) *Habits of the Heart*. Berkley: University of California Press.（島薗進・中村圭志訳「心の習慣」みすず書房，1991）

Bellah, R. N., Madsen, R., Sullivan, W. M., Swidler, A. & Tipton, S. M. (1991) *The Good Society*, New York: Alfred A. Knopf.（中村圭志訳「善い社会」みすず書房，2000）

Bendix, R. (1949) Bureaucracy: The problem and setting, *American Sociological Review*, 12, 493-507.（高橋徹・綿貫譲治訳「官僚制と人間」未来社所収，1956）

Bendix, R. (1952-53) Compliant behavior and individual personality, *American Journal of Sociology*, 58, 292-303.（高橋徹・綿貫譲治訳「官僚制と人間」未来社所収，1956）

Benz, M. & Frey, B. S. (2007) Corporate governance: What can we learn from public governance? *Academy of Management Review*, 32, 92-104.

Berkley, G. E. (1981) *The Craft of Public Administration 3rd ed*. Boston: Allyn & Bacon.

Berman, E. M. (1997) Dealing with cynical citizens. *Public Administration Review*, 57 (2), 104-112.

Berman, E. M. (1998) *Productivity in Public and Nonprofit Organizations: Strategy and Techniques*. Thousand Oaks, CA: Sage.

Berman, E. M. (2006) *Performance and Productivity in Public and Nonprofit Organizations, 2nd ed*. New York: M. E. Sharpe.

Berman, E. M. & Wang, X. (2000) Performance measurement in U.S. counties: capacity for reform, *Public Administration Review*, 60, 409-420.

Berman, E. M. & West, J. P. (1995) Municipal commitment to total quality management: A survey of recent progress. *Public Management Review*, 55 (1), 57-66.

Bernstein, S. R. (1991) Contracted services: Issues for the nonprofit agency manager, *Nonprofit & Voluntary Sector Quarterly*, 20, 429-443.

Besselman, J., Arora, A. & Larkey, P. (1997) Buying in a businesslike fashion and paying more? *Public Administration Review*, 60, 421-434.

Bevir, M., Rhodes, R. A. W., & Weller, P. (2003) Traditions of governance: Interpreting the changing role of the public sector. *Public Administration*, 81, 1-17.

Bielefeld, W. & Corbin, J. J. (1996) The institutionalization of nonprofit human service delivering: The role of political culture. *Administration & Society*, 28, 362-389.

Bigelow, B. & Stone, M. M. (1995) Why don't they do what we want? An exploration of organizational responses to institutional pressures in community health centers. *Public Administration Review*, 55, 183-192.

Blake, R. R. & Mouton, J. S. (1964) *The Managerial Gird*. Houston: Gulf. (上野一郎訳「期待される管理者」産業能率大学, 1969)

Blakely, E. J. & Snyder, M. G. (1997) *FORTRESS AMERICA: Gated Communities in the United States*, Brookings Institution (竹井隆人訳「ゲーテッド・コミュニティ 米国の要塞都市」中央公論新社, 2004).

Blau, P. M. (1955) *The Dynamics of Bureaucracy*. Chicago: University of Chicago Press.

Blau, P. M. (1956) *Bureaucracy of Modern Society*. Random House. (阿利莫二訳「現代社会の官僚制」岩波書店, 1958)

Blau, P. M. & Scott, W. R. (1962) *Formal Organizations: Comparative Approach*. San Francisco: Chandler.

Blau, P. M. (1964) *Exchange and Power in Social Life*. New York: Wiley. (間場寿一・居安正・塩原勉訳「交換と権力」新曜社, 1974)

Blau, P. M. & Schoenherr, R. A. (1971) *The Structure of Organizations*, New York: Basic Books.

Blondal, J. R. (2005) Market-type mechanisms and provision of public services. *OECD Journal on Budgeting*, 5 (1), 79-106.

Borum, F. & Westenholz, A. (1995) The incorporation of multiple institutional models: Organizational field multiplicity and the role of actors. in Scott, W. R. & Christensen, S. eds., *The Institutional Construction of Organizations*, Thousand Oaks, CA: Sage Publications.

Boston, J. (1996) The use of contracting in the public sector: Recent New Zealand experience. *Australian Journal of Public Administration*, 55 (3), 105-110.

Boston, J. (1998) Public sector management, electoral reform and the future of the contract state in New Zealand, *Australian Journal of Public Administration*, 57 (4), 32-43.

Boston, J., Dalziel, P., & John, S. St. (2000) *Redesigning the Welfare State in New Zealand: Problems, Politics, Prospects*. Oxford University Press. (柴田英昭・福地潮人監訳「ニュージーランド福祉国家の再設計」法律文化社, 2004)

Boston, J., Martin, J., Pallot, J., & Walsh, P. (1996) *Public Management: The New Zealand Model*. Oxford University Press.

Bovaird, T. & Loffler, E. (2003) *Public Management and Governance*. London: Loutledge. (稲澤克祐・紀平美智子監修 みえガバナンス研究会訳「公共経営入門」公人の友社, 2008)

Bovens, M. & Zouridis, S. (2002) From street-level to system-level bureaucracies: How information and communication technology is transforming administrative discretion and constitutional control. *Public Administration Review*, 62, 174-184.

Bower, J. L. (1983) Managing for efficiency, managing for equity. *Harvard Business Review*, 61 (4), 83-90.

Bower, D. & Seashore, S. (1966) Predicting organizational effectiveness with a four factor theory of leadership. *Administrative Science Quarterly*, 11, 238-263.

Bowling, C. J., Cho, C. & Wright, D. S. (2004) Establishing a continuum for minimizing to maximizing bureaucrats: State agency head preferences for governmental expansion-A typology of administrator growth postures, 1954-98. *Public Administration Review*, 64, 489-499.

Bowman, J. S. (1983) Whistle blowing: Literature and resource material. *Public Administration Review*, 43, 271-276.

Boyne, G. A. (2003a) Sources of public service improvement: A critical review and research agenda. *Journal of Public Administration Research and Theory*, 13, 367-394.

Boyne, G. A. (2003b) What is public service improvement. *Public Administration*, 81, 211-227.

Boyne, G. & Dahya, J. (2002) Executive succession and the performance of public organizations. *Public Administration*, 80, 179-200.

Boyne, G., Gould-Williams, J., Law, J., & Walker, R. (1999) The impact of best value on local authority performance: Evidence from the Welsh Pilots. *Local Government Studies*, 27 (2), 44-68.

Bozeman, B. (2002) Public-value failure: When efficient markets may not do. *Public Administration Review*, 62, 145-161.

Bozeman, B. & Kingsley, G. (1998) Risk culture in public and private organizations, *Public Administration Review*, 58, 109-118.

Bozeman, B. & Rainey, H. G. (1998) The bureaucratic rules and "bureaucratic personality." *American Journal of Political Science*, 42, 163-189.

Bozeman, B., Reed, P. N. & Scott, P. (1992) The presence and predictability of red tape in public and private organizations. *Administration and Society*, 24, 290-322.

Bramson, R. (1981) *Coping with difficult people*. Dell.

Bretschneider, S. (1990) Management information systems in public and private organizations: An empirical test. *Public Administration Review*, 50, 536-545.

Brewer, G. A., Selden, S. C., & Facer II, R. L. (2000) Individual conceptions of public service motivation, *Public Administration Review*, 60, 254-264.

Briffault, R. (1999) A government for our Time? Business improvement districts and urban governance, *Columbia Law Review*, 99, 365-477.

Brown, K. (1984) Explaining group poor performance: An attributional analysis. *Academy of Management Review*, 9, 54-63.

Brudney, J. L. (1985) Coproduction: Issues in implementation, *Administration & Soci-*

ety, 17, 243-256.

Brudney, J. L. (1990) Expanding the government - by - proxy construct: Volunteers in the delivery of public services, *Nonprofit and Voluntary Sector Quarterly*, 19, 315-328.

Brudney, J. L. & Duncombe, W. D. (1992) An economic evaluation of paid, volunteer, and mixed staffing options for public services. *Public Administration Review*, 52, 474-480.

Brudney, J. L. & England, R. E. (1983) Toward a definition of the coproduction concept. *Public Administration Review*, 43, 59-65.

Brudney, J. L. & Warren, R. (1990) Multiple forms of volunteer activities in the public sector: Functional, stractural, and policy dimensions. *Nonprofit and Voluntary Sector Quarterly*, 19, 47-58.

Brunham, P. (2001) New Labour and the politics of depoliticization. *Political Studies*, 3 (2), 127-149.

Brunsson, N. (1982) The irrationality of action and action rationality: Decisions, ideologies and organizational actions. *Journal of Management Studies*, 19, 29-44.

Bryman, A. (1984) Organizational studies and the concept of rationality. *Journal of Management Studies*, 21, 391-408.

Buchanan, B. II (1974) Building organizational commitment: The socialization of managers in work organizations, *Administrative Science Quarterly*, 19, 533-546.

Buchanan, B. II (1974) Government managers, business executives, and organizational commitment. *Public Administration Review*, 34, 339-347.

Buchanan, B. II (1975) Red tapes and the service ethic, *Administration and Society*, 6, 423-344.

Burke, R. J. (1970) Methods of resolving supervisor-subordinate conflict: The constructive use of subordinate differences and disagreements. *Organizational Behavior and Human Performance*, 5, 393-411.

Burns, J. M. (1978) *Leadership*. New York: Harper & Row.

Burns, T. & Stalker, G. M. (1961) *The Management of Innovation*. London: Tavistock.

Bush, G. (1995) *Local Government and Politics in New Zealand, 2nd ed.*, Auckland University Press.

Campbell, C. & Peters, B. (1988) The politics / administration dichotomy: Death or merely change, *Governance*, 1, 79-99.

Callaghan, G. D. & Wistow, G. (2006) Publics, patients, consumers? Power and decision making in primary health care. *Public Administration*, 84, 583-601.

Cameron, K. S., Kim, M. & Whetten, D. A. (1987) Organizational effects of decline and turbulence. *Administrative Science Quarterly*, 32, 222-240.

Carroll, J. D. (1995) The rhetoric of reform and political rerality in the National Performance Review. *Public Administration Review*, 55, 302-312.

Cartwright, D. & Zander, A. (1968) *Group Dynamics: Research and Theory, 2nd ed.* Tavistock. (三隅二不二・佐々木薫訳「グループ・ダイナミックス」誠信書房, 1969)

Chaffee, E. E. (1985) The models of strategy. *Academy of Management Review*, 10, 89-98.

Chandler, A. D. (1962) *Strategy and Structure*, MIT Press. (三菱経済研究所訳「経営戦略と組織」実業の日本社, 1967)

Chandler, J. A. (1991) Public administration and private management. Is there a difference? *Public Administration*, 69, 385-392.

地方自治研究資料センター編 (1982)「公・民比較による自治体組織の特質」第一法規

Christensen, S. & Molin, J. (1995) "Origin and transformation of organizations: institutional analysis of the Danish Red Cross." in Scott, W. R. & Christensen, S. eds., *The Institutional Construction of Organizations*, Thousand Oaks, Calif: Sage Publications 69-90.

Christensen, T. & Laegreid, P. eds., (2007) *Transcending New Public Management: The Transformation of Public Sector Reforms*. Ashgate.

Christensen, T. & Laegreid, P., Roness, P. G. & Rovik, K. A. (2007) *Organization Theory and the Public Sector*. Routledge.

Clegg, S. R. (1990) *Modern Organization: Organizational Studies in the Postmodern World*. Sage.

Coe, C. (1999) Local government benchmarking: Lessons from two major multi-government efforts. *Public Administration Review*, 59, 110-123.

Coffey, R. E., Athos, A. J., & Raynolds, P. A. (1968) Committee behavior. in R. E. Coffey et al. *Behavior in Organizations: A Multidimensional View*. Englewood Cliffs NJ: Prentice-Hall.

Cohen, S. & Wills, T. A. (1985) Stress, social support, and the buffering hypothesis, *Psychological Bulletin*, 98, 310-357.

Conger, J. & Kanungo, R. N. (1988) The empowerment process: Integrating theory and practice. *Academy of Management Review*, 13, 471-482.

Considine, M. (2000) Contract regimes and reflexive governance: Comparing employment service reforms in the United Kingdom, the Netherlands, New Zealand and Australia. *Public Administration*, 78, 613-638.

Considine, M. & Painter, M. (1997) *Managerialism, The Great Debate*. Melbourne University Press.

Cook, B. J. (1998) Politics, political leadership and public management, *Public Administration Review*, 58, 225-230.

Cook, C. K. (1984) Participation in public interest groups: Membership motivations. *American Politics Quarterly*, 12, 409-430.

Cooper, T. L. (1980) Bureaucracy and community organization: The metamorphosis of a relationship. *Administration & Society*, 11, 411-443.

Cope, S. & Goodship, J. (2002) The audit commission and public services: Delivering for whom? *Public Money and Management*, 22 (4), 33-40.

Coram, R. & Burnes, B. (2001) Managing organizational change in public sector: Lessons from the privatization of the property service agency. *The International Journal of Public Sector Management*, 14 (2), 94-110.

Coursey, D. & Bozeman, B. (1990) Decision making in public and private organizations: A test of alternative concepts of "publicness". *Public Administration Review*, 50, 525-534.

Crozier, M. (1964) *The Bureaucratic Phenomenon*. Chicago: University of Chicago Press.

Cupaivolo, A. A. & Dowling, M. J. (1983) Are corporate managers really better? Public managerial requires special skills and knowledge. *Public Welfare*, 41, 13-17.

Daft, R. L. (1978) A dual model of organizational innovation. *Academy of Management Journal*, 21, 193-210.

Daft, R. L. (1995) *Organization Theory and Design, 4th ed*. West Publishing Company, MN, St. Paul.

Dahl, R. A. (1961) *Who Governs? Democracy and Power in an American City*, New Heaven: Yale University Press. (河村望・高橋和宏訳「統治するのはだれか―アメリカの一都市における民主主義と権力」行人社, 1988)

Dahl, R. A. (1957) The concept of power, *Behavioral Science*, 2, 201-215.

Dahl, R. A. & Lindblom, C. E. (1953) *Politics, Economics, and Welfare: Planning and Politico-Economic systems Resolved into Basic Social Processes*. New York: Harper & Row.

Dalton, M. (1950) Conflicts between staff and line managerial officers. *Academy of Management Review*, 15, 342-351.

Das, T. K. (1989) Organizational control: An evolutionary perspective. *Journal of Management Studies*, 26, 459-475.

Davis, K. (1953) Management communication and the grapevine, *Harvard Business Review*, 31 (5), 43-49.

Davis, S. M. & Lawrence, P. R. (1977) *Matrix*, Reading,Mass.: Addison-Wesley. (津田達男・梅津祐良訳「マトリックス経営」ダイヤモンド社, 1980)

Deci, E. L. (1975) *Intrinsic Motivation*. New York: Plenum.(安藤延男・石田梅男訳「内発的動機づけ」誠信書房, 1980)

DeHoog, R. H. (1985) Human services contracting: Environmental, behavioral, and organizational conditions. *Administration & Society*, 16, 427-454.

DeHoog, R. H. (1990) Competition, negotiation, or cooperations: Three models for service contracting. *Administration & Society*, 22, 317-340.

Delanty, G. (2003) *Community*. Routledge. (山之內靖・伊藤茂訳「コミュニティ」NTT 出版, 2006).

DeLeon, L. & Denhardt, R. B. (2000) Political theory of reinvention. *Public Administration Review*, 60, 89-97.

Denhardt, R. B. & Denhardt, J. V. (2000) The new public service: Serving rather than steering, *Public Administration Review*, 60, 549-559.

Denhardt, J. V. & Denhardt, R. B. (2007) *The New Public Service: Serving, Not Steering*. Expanded Edition. M. E. Sharpe.

Denhardt, R. B. & Grubbs, J. W. (2003) *Public Administration: An Action Orientation*, 4th ed. Wadsworth / Thomson Learning.

Dent, M., Chandler, J. & Barry, J. (2004) *Questioning the New Public Management*, Ashgate.

Dess, G. G. & Beard, D. W. (1984) Dimensions of organizational task environments, *Administrative Science Quarterly*, 29, 52-73.

Deutsch, M. & Gerard, H. B. (1955) A study of normative and informational social influence on individual judgement. *Journal of Abnormal and Social Psychology*, 51, 629-636.

Diener, E. (1979) Deindividuation, self-awareness, and disinhibition. *Journal of Personality and Social Psychology*, 37, 1160-1171.

Dill, W. R. (1958) Environment as an influence on managerial autonomy. *Administrative Science Quarterly*, 3, 409-443.

DiMaggio, P. J. (1988a) Nonprofit managers in different fields of service: Managerial tasks and management training. in O'Neil, M. & Young, D. eds., *Educating Managers of Nonprofit Organizations*, New York: Praeger.

DiMaggio, P. J. (1988b) Interest and agency in institutional theory. in Lynne, G. & Zucker. eds., *Institutional Patterns and Organizations*. Cambridge, Mass.: Ballinger Pub. Co., 3-21.

DiMaggio, P. J. & Powell, W. W. (1983) The iron cage revised: Institutional isomorphism and collective rationality in organizational fields. *American Sociological Review*, 48, 147-160.

Dollinger, M. J. (1999) *Entrepreneurship 2nd ed. Strategies and Resources*, Prentice-Hall.

Domberger, S., Farago, S., & Fernandez, P. (1997) Public and private sector partnering: A re-appraisal. *Public Administration*, 75, 777-787.

Downey, H. K., Hellriegel, D., & Slocum, J. W,. Jr. (1975) Environmental uncertainty:

The concept and its application, *Administrative Science Quarterly*, 20, 613-629.

Downs, A. (1968) *Inside Bureaucracy*. 1968 Boston: Little Brown. (渡辺保男訳「官僚制の解剖」サイマル出版会, 1975)

Drennan, L. T. & McConnell, A. (2007) *Risk and Crisis Management in the Public Sector*, Routledge.

Drory, A. (1988) Politics in organization and its perception within the organization. *Organization Studies*, 9, 165-179.

Drucker, P. F. (1973) *Management: Tasks, Responsibility and Practices*, New York: Harper & Row. (上田惇生訳「マネジメント：課題・責任・実践」ダイヤモンド社, 2008)

Drucker, P. F. (1980) The deadly sins in public administration, *Public Administration Review*, 40, 103-106.

Duncan, R. D. (1972) Characteristics of perceived environments and perceived environmental uncertainty, *Administrative Science Quarterly*, 17, 313-327.

Dunleavy, P. (1994) The globalization of public service production: Can government be "best in the world"? *Public policy and Administration*, 9 (2), 36-65.

Dunleavy, P. & Hood, C. (1994) From old public administration to new public management, *Public Money and Management*, 14 (3), 9-16.

Elken, R. & Molitor, M. (1985-86) A conceptual framework for selecting management indicators in nonprofit organizations. *Administration in Social Work*, 9 (4), 13-23.

Eisenhart, K. (1989) Agency theory: An assessment and review, *Academy of Management Review*, 14, 57-74.

Elliston, F. (1982) Anonymity and whistle-blowing. *Journal of Business Ethics*, 1, 167-177.

Elliston, F., Keenan, J. Lockhart, P., & Van Schaick, J. (1985) *Whistle-blowing research: Methodological and Moral Issues*, New York; Praeger.

Elmore, R. F. (1979-80) Backward mapping: Implementation research and policy decisions. *Political Science Quarterly*, 94, 601-616.

Elster, J. (1998) *Deliberative Democracy*, Cambridge: Cambridge University Press.

Emerson, R. H. (1962) Power-dependence relations. *American Sociological Review*, 27, 31-41.

Emery, Y. & Giauque, D. (2005) Employment in the public and private sectors: Toward a confusing hybridization process. *International Review of Administrative Sciences*, 71, 639-657.

Engel, G. V. (1970) Professional autonomy and bureaucratic organization. *Administrative Science Quarterly*, 15, 12-21.

Etzioni, A. ed. (1969) *The Semi-professions and Their Organization*. New York: Free Press.

Etzioni, A. (1973) The third sector and domestic missions, *Public Administration Review*, 53, 314-327.

Fairweather, F. R. (1992) The timaru district council survey of public attitudes and opinions, *Local Authority Management*, 18 (2), 20-22.

Fama, E. F. & Jensen, M. C. (1983) Separation of ownership and control. *Journal of Law and Economics*, 26, 301-325.

Farrell, D. & Petersen, J. C. (1982) Patterns of political behavior in organizations. *Academy of Management Review*, 7, 403-412.

Fayol, H. (1930) *General and Industrial Management*, London: Pitman. Translated by Storrs, C. from *Administration Industrielle et Generale*, 1916 (佐々木恒男訳「産業ならびに一般の理論」未来社, 1972)

Feldman, D. C. (1984) The development and enforcement of group norms. *Academy of Management Review*, 9, 47-53.

Feldman, M. S. (2005) Management and public management. *Academy of Management Journal*, 48, 958-960.

Ferlie, E., Ashburner, L., Fitzgerald, L., & Pettigrew. A. (1996) *The New Public Management in Action*, Oxford University Press.

Fernandez, S. & Rainey, H. G. (2006) Managing successful organizational change in the public sector. *Public Administration Review*, 66, 168-176.

Ferris, J. M. (1984) Coprovision: Citizen time and money donations in public service provision. *Public Administration Review*, 44, 324-333.

Festinger, L. (1950) Informal social communication. *Psychological Review*, 57, 271-282.

Festinger, L., Schachter, S., & Back, K. (1950) *Social Pressures in Informal Groups: A Study of Human Factors in Housing*. New York: Harper & Row.

Fiedler, F. E. (1967) *The Theory of Leadership Effectiveness*. New York: McGraw Hill.

Finn, J. L. & Checkoway, B. (1998) Young people as competent community builders: A challenge to social work. *Social Work*, 43, 335-345.

Fitch, L. C. (1974) Increasing the role of the private sector in providing public services. in W. D. Hawley & D. Rogers eds., *Improving the Quality of Urban Management*, Beverly Hills, CA: Sage.

Flynn, N. (2002) *Public Sector Management, 4th ed*. Prentice Hall.

Fottler, M. D. (1981) Is manegent really generic? *Academy of Management Review*, 6 (1), 1-12.

Frederickson, H. G. (1996) Comparing the reinventing government movement with the new public administration. *Public Administration Review*, 56, 263-270.

Frederickson, H. G. & Smith, K. B. (2003) *The Public Administration Theory Primer.* Westview Press.

Friedman, M. & Friedman, R. (1980) *Free to Choose, Personal Statement.* Harcourt Brace Ivanovich.（西山千明訳「選択の自由 自立社会への挑戦」日本経済新聞社，1980）

Frieldman, M. & Rosenman, R. H. (1974) *Type A Behavior and Your Heart.* New York: Alfred A. Knopf.

藤田綾子（2000）「高齢者と適応」ナカニシヤ出版

古川俊一（2004）地方行革の新展開と経営志向の台頭 季刊行政管理研究，105，45-56.

古川俊一（2005）ガバナンスによる変容を遂げる計画行政と経営 季刊行政管理研究，106，55-72.

古川俊一・北大路信郷（2001）「公共部門評価の理論と実際」日本加除出版

Gabris, G. T. & Simo, G. (1995) Public sector motivation as an independent variable affecting career decisions, *Public Personnel Management*, 214, 33-51.

Gapanski, J. (1986) The lively arts as substitutes for the lively arts. *American Economic Review*, 76, 20-25.

Geddes, M. (2005) *Making Public Private Partnerships Work: Building Relationships and Understanding Cultures.* Gower.

Geering, G. J. (1993) Relationships between the district and regional levels, *Local Authority Management*, 19 (1), 5-6.

Ghiseli, E. E. (1963) The validity of management traits related to occupational level. *Personnel Psychology*, 16, 109-113.

Gibelman, M. (1990) National voluntary health agencies in an era of change: Experiences and adoptions, *Administration in Social Work*, 14 (3), 17-32.

Giloth, R. (1985) Organizing for neighborhood development, *Social Policy*, 15 (3), 37-42.

Goffman, E. (1961) *Asylums: Essays on the Social Situation of Mental Patients and Other Inmates*, Anchor Books.（石黒毅訳「アサイラム 施設収容者の日常世界」せりか書房，1964）

Goffman, E. (1963) *Stigma: Notes on the Management of Spoiled Identity*, Englewood Cliffs. NJ.: Prentice-Hall.（石黒毅訳「スティグマの社会学，烙印を押されたアイデンティティ」せりか書房，1970）

Goldfinch, S. (1998) Remaking New Zealand's economic policy: Institutional elites as radical innovators 1984-1993. *Governance*, 11, 177-207.

Goldfinch, S. (2000) *Remaking New Zealand and Australia Economic Policy*, Victoria University Press.

Goldsmith, S. & Eggers, W. D. (2004) *Governing by Network: The Shape of the Public Sector*, The Brooking Institution Press. (城山英明・奥村裕一・高木聡一郎監訳「ネットワークによるガバナンス」学陽書房, 2006)

Golembiewski, R. T. (1996) The future of public administration: End of a short stay in the sun? or a new day a dawning? *Public Administration Review*, 56, 139-48.

Gooden, V. (1998) Contracting and negotiation: Effective practices of successful human service contract managers. *Public Administration Review*, 58, 499-509.

Gorter, H. F. (1977) *Administration in the Public Sector*, New York: John Wiley.

Gouldner, A. W. (1954) *Patterns of Industrial Bureaucracy*. Glencoe, IL: Free Press. (岡本秀昭・塩原勉訳「産業における官僚制」ダイヤモンド社, 1963)

Gouldner, A. W. (1957) Cosmopolitans and locals: Toward an analysis of latent social roles 1. *Administrative Science Quarterly*, 2, 281-306.

Gouldner, A. W. (1958) Cosmopolitans and locals: Toward an analysis of latent social roles 2. *Administrative Science Quarterly*, 2, 444-480.

Gouldner, A. W. (1960) The norm of reciprocity: A preliminary statement, *American Sociological Review*, 25, 161-178.

Greenwood, E. (1957) Attributes of a profession. *Social Work*, 2, 45-55.

Gregory, R. (1998) A New Zealand tragedy: problems of political responsibility, *Governance: An International Journal of Policy and Administration*, 11 (2), 231-240.

Gregory, R. (2000) Getting better but feeling worse? Public sector reform in New Zealand. *International Public Management Journal* 3, 107-123.

Gregory, R. (2002) Governmental corruption in New Zealand: A view through Nelson's telescope? *Asian Journal of Political Science*, 10 (1), 17-38.

Grizzle, G. A. (1982) Measuring state and local government performance: Issues to resolve before implementing a performance measurement system. *State and Local Government Review*, 14 (9), 132-136.

Grizzle, G. A. (1999) Measuring state and local government performance: Issues to resolve before implementing a performance measurement system. in *Public Sector Performance: Management, Motivation, and Measurement*. Eds. by Kearney, R. C. & Berman, E. M., Westview Press.

Gronroos, C. (2007) *Service Management and Marketing, Customer Management in Service Competion 3rd ed*, Wiley & Sons.

Gutierrez, L., Glen Maye, L., & DeLois, K. (1995) The organizational context of empowerment practice: Implications of social work administration. *Social Work*, 40, 249-258.

行政評価研究会 (1997)「行政評価の視点」一芸社

Habermas, J. (1990) *Strukturwandel der Öffentlichkeit: Untersuchungen zu einedr Kategorie der bürgerlichen Gesellschaft*. Suhrkamp. (細谷貞雄・山田正行訳「公共性の構造転換　市民社会の一カテゴリーの研究」第二版　未来社, 1994)

Haeberle, S. H. (1987) Neighborhood identity and citizen participation. *Administration and Society*, 19, 178-196.

Hall, D. H. (1976) *Career in Organizations*. Goodyear.

Hall, R. H. (1968) Professionalization and bureaucratization. *American Sociological Review*, 33, 92-104.

Hamel, G. & Prahalad, C. K. (1994) *Competing for the Future*, Harvard Business School Press in Boston. (一條和生訳「コア・コンピタンス経営」日本経済新聞社, 1995)

Hannan, M. T. & Freeman, J. (1977) The population ecology of organizations. *American Journal of Sociology*, 82, 929-964.

Hannan, M. T. & Freeman, J. (1989) *Organizational Ecology*. Harvard University Press.

Hardin, G. (1968) The tragedy of the commons, *Science*, 162, 1243-1248.

Harriman, B. (1974) Up and down communications ladder. *Harvard Business Review*. 52 (5), 143-151.

Harris, P. (1996) *Reforming Local Government? A Critical Analysis of the View of the Business Roundtable on Local Government*, reported for the New Zealand Public Service Association.

Harrop, K. (1999) The political context of public services management in Rose, A. & Lawton, A. eds. *Public Services Management,?* NJ.: Prentice Hall.

Hartwig, R. (1978) Rationality and the problems of administrative theory, *Public Administration*, 56, 159-179.

Hasenfeld, Y. (1983) *Human Service Organizations*. Englewood Cliffs, NJ: Prentice Hall.

Hasenfeld, Y. & Schmid, H. (1989) The life cycle of human service organizations: An administrative perspective. *Administration in Social Work*, 13 (3 / 4), 243-269.

畠山弘文（1989）「官僚制支配の日常構造　善意による支配とは何か」三一書房

Hatry, H. P. (1999a) Performance measurement principles and techniques: An overview for local government. in *Public Sector Performance: Management, Motivation, and Measurement*. Eds by Kearney, R. C. & Berman, E. M., Westview Press.

Hatry, H. P. (1999b) *Performance Measurement: Getting Results*. The Urban Institute. (上野宏・上野真城子訳「政策評価入門　結果重視の業績測定」東洋経済新報社, 2004)

Havens, H. S. (1981) Program evaluation and program management, *Public Admini-*

stration Review, 41 (4), 480-485.

Heimovics, R. D. & Herman, R. D. (1990) Responsibility for critical events in nonprofit organizations, *Nonprofit and Voluntary Sector Quarterly*, 19, 59-72.

Heinrich, C. J. (2002a) Outcomes-based performance management in the public sector: Implications for government accountability and effectiveness, *Public Administration Review*, 62, 712-725.

Heinrich, C. J. (2002b) Measuring public sector performance and effectiveness, in B. G. Peters & J. Pierre eds. *Handbook of Public Administration*, Sage.

Helsley, R. W. & Strange, W. C. (1998) Private government, *Journal of Public Economics*, 69, 281-304.

Hendriks, F. & Tops, P. (1999) Between democracy and efficiency: Trends in local government reform in the Netherlands and Germany. *Public Administration*, 77 (1), 133-153.

Henry, N. (1975) Paradigms of public administration. *Public Administration Review*, 35, 378-386.

Hernes, T. (2005) Four ideal-type organizational responses to new public management reforms and some consequences. *International Review of Administrative Sciences*, 71 (1), 5-17.

Hersey, P. & Blanchard, K. H. (1993) *Management of Organizational Behavior: Utilizing Human Resources 6th ed.* Englewood Clifs NJ: Prentice Hall. (山本成二他訳「行動科学の展開」日本生産性本部, 1978 ただし原書3版の訳)

Hirschman, A. O. (1970) *Exit, Voice, and Loyalty*, Cambridge, Mass: Harvard University Press. (矢野修一訳「離脱・発言・忠誠」ミネルヴァ書房, 2005)

Hirst, P. (2000) Democracy and governance, in J. Pierre ed., *Debating Governance: Authority, Steering, and Democracy*, Oxford University Press.

Hitt, M. A. (2005) Management theory and research: Potential contribution to public policy and public organizations. *Academy of Management Journal*, 48, 963-966.

Hollander, E. P. (1958) Conformity, status and idiosyncrasy credit. *Psychological Review*, 65, 117-127.

Hollander, E. P. (1961) Some effects of perceived status on responses to innovative behavior. *Journal of Abnormal and Social Psychology*, 63, 247-250.

Holmes, M. & Shand, D. (1995) Management reform: Some practitioner perspectives on the past ten years. *Governance: An International Journal of Policy and Administration*, 8, 551-578.

Honadle, B. W. (1981) A Capacity-building and purpose, *Public Administration Review*, 41, 575-580.

Hood, C. (1986) *Administrative Analysis An Introduction to Rules, Enforcement and Organizations*, Harvester Wheatsheaf. (森田朗訳「行政活動の理論」岩波書店, 2000)

Hood, C. (1991a) A Public Management for All Seasons, *Public Administration*, 69, 3-19.
Hood, C. (1991b) The hidden public sector: The 'quasigocratization' of the world? in Kaufmann, Franz-Xaver, ed. *The Public Sector: Challenge for Coordination and Learning*. Walter de Gruyter. Berlin.
Hood, C. (1995a) The "new public management" in the 1980s: Variation on the theme. *Accounting, Organizations and Society*, 20, 93-109.
Hood, C. (1995b) Emerging issues in public administration. *Public Administration*, 73, 165-183.
堀場勇夫・望月正光編（2007）「第三セクター 再生への指針」東洋経済新報社.
Horton, S. & Farnham, D. eds. (1999) *Public Management in Britain*. Palgrave.
House, R. J. (1971) A path-goal theory of leadership effectiveness. *Administrative Science Quarterly*, 16, 321-338.
House, R. J. & Baetz, M. L. (1979) Leadership: Some empirical generations and new research directions, *Research in Organizational Behavior*, 1, 341-423.
House, R. J. & Dessler, G. (1974) The path-goal theory of leadership: Some post hoc and a priori tests. in J. G. Hunt & Larson, L. L. eds., *Contingency Approachs to Leadership*. Carbondale, IL: Southern Illinois University Press.
Howard, E. (1965) *Garden Cities of Tomorrow*, MIT Press, Cambridge, MA (first published in 1898 as *Tomorrow: A Peaceful Path to Real Reform*).
Hughes, O. E. (2003) *Public Management & Administration: An Introduction 3rd ed*. Palgrave Macmillan.
Hunter, Floyd. (1953) *Community Power Structure: A Study of Decision Makers*, The University of North Carolina Press.（鈴木広監訳「コミュニティの権力構造－政策決定者の研究」恒星社厚生閣，1998）

池上知子・遠藤由美（1998）「グラフィック社会心理学」サイエンス社
今井賢一・金子郁容（1988）「ネットワーク組織論」岩波書店
今村都南雄編（1993）「『第三セクター』の研究」中央法規出版
今村都南雄（1997）「行政学の基礎理論」三嶺書房
稲上毅・森淳二朗編（2004）「コーポレートガバナンスと従業員」東洋経済新報社
稲継裕昭（1996）「日本の官僚人事システム」東洋経済新報社
稲継裕昭（2006）「自治体の人事システム改革」ぎょうせい
稲継裕昭（2009）「自治体の人材育成」学陽書房
Isett, K. R., Morrissey, J. P. & Topping, S. (2006) Systems ideologies and street-level bureaucrats: Policy change and perceptions of quality in a behavioral health care

system. *Public Administration Review*, 66, 217-227.
石原俊彦（1999）「地方自治体の事業評価と発生主義会計」中央経済社
石村善助（1969）「現代のプロフェッション」至誠堂
伊多波良雄（1999）「これからの政策評価システム　評価手法の理論と実際」中央経済社
伊丹敬之（2000）「日本型コーポレート・ガバナンス－従業員主権企業の論理と改革」日本経済新聞社
伊藤修一郎（2002）「自治体政策過程の動態－政策イノベーションと波及」慶應義塾大学出版会
Ivancevich, J. M. & Matterson, M. T. (1980) *Stress and Work*. Glenview, IL: Scott, Foresman.
岩崎正洋・田中信弘編（2006）「公私領域のガバナンス」東海大学出版会
岩崎信彦・上田惟一・広原盛明・鰺坂学・高木正（1989）「町内会の研究」御茶の水書房

Jackson, S. E. (1983) Participation in decision making as a strategy for reducing job-related strain. *Journal of Applied Psychology*, 68, 3-20.

Jackson, R. A. & Newman, M. A. (2004) Sexual harassment in the federal workplace revisited: Influences on sexual harassment by gender. *Public Administration Review*, 64 (6), 705-717.

Jacobs, K. & Barnett, P. (2000) Policy transfer and policy learning: A Study of the 1991 New Zealand health service transfer, *Governance*, 13, 185-213.

Jacobs, M. K. & Goodman, D. (1989) Psychology and self-help groups: Predictions on a partnership. *American Psychologist*, 44, 536-545.

James, L. R. & Jones, A. P. (1976) Organizational structure: A review of structural dimensions and their conceptional relationships with individual attitudes and behavior. *Organizational Behavior and Human Performance*, 16, 74-113.

James, O. (2001) Business models and the transfer businesslike central government agencies, *Governance*, 14, 233-252.

Janis, I. L. (1972) *Groupthink: Psychological Studies of policy making and fiascoes. 2nd ed*. Houghton: Mifflin.

Jayaratne, S., Croxton, T., & Mattison, D. (1997) Social work professional standards: An exploratory study. *Social Work*, 42, 187-199.

Jepperson, R. L. (1991) Institutions, institutional effects, and Institutionalization, in Powell, W. W. & Dimaggio, P. J. eds., *The New Institutionalism in Organizational Analysis*, Chicago: University of Chicago Press.

Johnson, C. & Osborne, S. P. (2003) Local strategic partnerships, neighbourhood renewal, and the limits to co-governance. *Public Money and Management*, 23, 147-154.

Johnson, G., Smith, S., & Codling, B. (2000) Microprocesses of institutional change in the context of privatization. *Academy of Management Review*, 25, 572-580.

Jones, B., Greenberg, S. R., Kaufman, C., & Drew, J. (1977) Bureaucratic response to citizen-initiated contacts. *American Political Science Review*, 71, 148-165.

Jourard, S. M. (1971) *The Transparent Self. Revised ed*. Van Nostrand Reinhold.（岡堂哲雄訳「透明なる自己」誠信書房，1974）

Julness, P. L. & Holzer, M. (2001) Promoting the utilization of performance measures in public organizations: An empirical study of factors affecting adoption and implementation, *Public Administration Review*, 61, 693-705.

Kaboolian, L. (1996) The new public management: Challenging the boundaries of the management vs. administration debate. *Public Administration Review*, 58, 189-193.

Kahn, R. I., Wolfe, D. M., Quinn, R. P., Snoek, J. D., & Rosenthal, R. A. (1964) *Organizational Stress: Studies in Role Conflict and Ambiguity*. New York: Wiley.

金井壽宏（1991）「変革型ミドルの探究」白桃書房

金光淳（2003）「社会ネットワーク分析の基礎」勁草書房

Kanter, R. M. & Summers, D. V. (1987) Doing well while doing good, in Powell ed. *The Nonprofit Sector: A Research Handbook*, Yale University Press, New Haven Conn.

唐沢かおり編（2005）「社会心理学」朝倉書房

加藤富子・三隅二不二（1977）「自治体の中堅管理者のための新しいリーダーシップ」学陽書房

Katz, D. & Kahn, R. L. (1966) *The Social Psychology of Organizations*. New York: John Wiley.

Kearney, R. C. & Berman, E. M. eds. (1999) *Public Sector Performance: Management Motivation, and Measurement*. Boulder Colorado: Westview Press.

Kelling, G. L. & Coles, C. M. (1996) *Fixing Broken Windows*, J. Q. Wilson（小宮信夫監訳「割れ窓理論による犯罪防止」文化書房博文社，2004）

Keeling, D. (1972) *Management in Government*. London: George Allen & Unwin.

Kelly, R. M. (1998) An inclusive democratic policy, representative bureaucracies, and new public management. *Public Administration Review*, 58, 201-208.

Kelly, J. M. & Swindell, D. (2002) A multiple-indicator approach to municipal service evaluation: Correlating performance measurement and citizen satisfaction across jurisdictions, *Public Administration Review*, 62, 610-621.

Kelman, H. C. (1961) Process of opinion change. *Public Opinion Quarterly*, 25, 57-78.

Kelman, S. (2005) Public management needs help! *Academy of Management Journal*, 48, 967-969.

Kerr, S. & Jermier, J. M. (1978) Substitutes for leadership: The meaning and measurement. *Organizational Behavior and Human Performance*, 22, 375-403.

Kets de Vries, M. F. R. (1979) Organizational stress: A call for management action. *Sloan Management Review*, 21 (1), 3-14.

Kettl, D. F. (2000a) The transformation of governance: Globalization, devolution, and the role of government, *Public Administration Review*, 60, 488-497.

Kettl, D. F. (2000b) *The Global Public Management Revolution: A Report on The Transformation of Governance*. Brookings Institution Press.

吉川肇子（1999）「リスク・コミュニケーション」福村出版

菊池美代志・江上渉（1998）「コミュニティの組織と施設」多賀出版

Kim, K. A. & Nofsinger, J. R. (2004) Corporate Governance, Prentice - Hall.（加藤英明監訳「コーポレートガバナンス」ピアソン　エデュケーション，2005）

Kimberly, J. R. (1976) Organizational size and the structuralist perspective: A review, critique, and proposal. *Administrative Science Review*, 21, 571-597.

君村昌（2006）「準政府をめぐる国際的研究動向　準自律的組織の予備的考察」同志社法学 58 (1), 31-58.

Kingdon, J. W. (1995) *Agendas, Alternatives, and Public Policies 2nd ed*. New York: Harper Collins College Publishers.

北大路信郷（2004）「地方自治体における経営システム改革の課題」季刊行政管理研究, 106, 68-73.

Klein, S. M. & Ritti, R. R. (1984) *Understanding Organizational Behavior 2nd ed*. Boston, MA: Kent.

Klijn, E. & Teisman, G. R. (2003) Institutional and strategic barriers to public-private partnerships: An analysis of Dutch cases, *Public Money & Management*, 23, 137-146.

小林裕・飛田操編（2000）「社会心理学」北大路書房

Kogan, N. & Wallach, M. H. (1964) *Risk-taking: A study in Cognition and Personality*. New York: Holt, Rinehart & Winston.

小島廣光（2003）「政策形成とNPO法」有斐閣

Kolderie, T. (1986) Two different concepts of privatization. *Public Administration Review*, 46, 285-291.

小松隆二（1996）「ニュージーランド社会誌」、論創社

Kondrat, M. E. (1995) Concept, act, and interest in professional practice: Implications of an empowerment perspective. *Social Service Review*, 69, 405-428.

Kopp, J. (1989) Self-observation: An empowerment strategy in assessment. *Social Casework*, 70, 276-284.

Kornhauser, W. (1962) *Scientists in Industry: Conflict and Accomodation*. Berkley: University of Califonia Press.（三木信一訳「産業における科学技術者」ダイヤモンド社，1964）

Koroloff, N. M. & Briggs, H. E. (1996) The life cycle of family advocacy organizations. *Administration in Social Work*, 20 (4), 23-42.

小滝敏之 (2004)「アメリカの地方自治」第一法規

Koteen, J. (1997) *Strategic Management in Public and Nonprofit Organizations*. 2nd ed. Praeger.

Kotter, J. A. & Schlesinger, L. A. (1979) Choosing strategies for change. *Harvard Business Review*, 57 (2), 106-114.

Krupat, E. (1983) The doctor-patient relationship: A social psychological analysis. in R. F. Kidd & M. J. Saks eds. *Advances in Applied Social Psychology*, no. 2-2.

久保真人 (2004)「バーンアウトの心理学」サイエンス社

Kudla, R. J. (1980) The effects of strategic planning on common stock returns. *Academy of Management Journal*, 23, 5-20.

倉沢進・秋元律郎編 (1990)「町内会と地域集団」ミネルヴァ書房

桑田耕太郎・田尾雅夫 (1998)「組織論」有斐閣

Laegreid, P. (2000) Top civil servants under contract. *Public Administration*, 78, 879-896.

Lan, Z. & Rosenbloom, D. H. (1992) Editorial. *Public Administrative Review*, 52, 535-537.

Lane, J-E. (2000) *New Public Management*. London: Routledge

Langbein, L. & Spotswood-Bright, K. (2005) Accountability and private governments, *Regulations*, 21 (1), 12-16.

Latane, B., Williams, K., & Harkins, S. (1979) Many hands make little the work: The causes and consequences of social loafing, *Journal of Personality and Social Psychology*, 37, 822-832.

Latham, G. P. & Yukl, G. A. (1973) Assigned versus participated goal setting with educated woods workers. *Journal of Applied Psychology*, 60, 299-302.

Lau, A. W., Newman, A. R., & Broedling, L. A. (1980) The nature of managerial work in the public sector. *Public Administration Review*, 40, 513-521.

Lavery, K. (1995) Privatization by back door: The rise of private government in the USA. *Public Money & Management*, 15 (4), 49-53.

Lawrence, P. R. & Lorsch, J. W. (1967) *Organization and Environment*. Division of Research, Harvard Business School. (吉田博訳「組織の条件適合理論」産業能率大学出版部, 1977)

Lazarus, R. S. (1966) *Psychological Stress and the Coping Process*. New York: McGraw-Hill.

Lee, R. D. Jr. & Greenlaw, P. S. (1995) The local evolution of sexual harassment. *Pub-

lic Administration Review, 55, 357-364.

Lee, S. & Woodward, R. (2002) Implementing the third way: The delivery of public services under the Blair government. *Public Money & Management*, 22 (4), 49-56.

Lefton, M. & Rosengren, W. R. (1966) Organizations and clients: Lateral and longitudinal dimensions. *American Sociological Review*, 31, 802-810.

Levine, C. (1984) Citizenship and service delivery: The promise of coproduction. *Public Administration Review*, 44, 178-187.

Levine, M. (1988) An analysis of mutual assistance. *American Journal of Community Psychology*, 16 (2), 167-188.

Likert, R. (1961) *New Pattern of Management*, New York: McGraw - Hill. （三隅二不二訳「経営の行動科学」ダイヤモンド社，1964）

Lindblom, C. E. (1959) The science of muddling through. *Public Administrative Review*, 19, 79-88.

Lindblom, C. E. & Woodhouse, E. J. (1993) *The Policy-Making Process, 3rd ed*. Prentice-Hall. （藪野祐三・案浦明子訳「政策形成の過程　民主主義と公共性」東京大学出版会，2004）

Linden, R. C. & Mitchell, T. R. (1985) Reaction to feedback: The role of attributions. *Academy of Management Journal*, 28, 291-308.

Lipsky, M. (1980) *Street-level Bureaucracy: Dilemmas of Individual in Public Services*, New York: Russel Sage. （田尾雅夫訳「行政サービスのディレンマ　ストリート・レベルの官僚制」木鐸社，1986）

Lipsky, M. (1984) Bureaucratic disentitlement in social welfare programs. *Social Service Review*, 57, 3-27.

Lipsky, M. & Smith, S. R. (1989-1990) Nonprofit organizations, government, and the welfare state. *Public Science Quarterly*, 104, 625-648.

Lohrmann, R. A. (1992a) The commons: A multidiciplinary approach to nonprofit organization, voluntary action, and philanthropy. *Nonprofit and Voluntary Sector Quarterly*, 21, 309-324.

Lohrmann, R. A. (1992b) *The Commons: New Perspectives on Nonprofit Organizations and Voluntary Action*. San Francisco: Jossey-Bass. （溝端剛訳「コモンズ　人類の共働行為」ふくろう出版，2001）

Lowndes, V., Pratchett, L., & Stoker, G. (2001a) Trends in public participation: Part 1: Local government perspectives. *Public Administration*, 79, 205-222.

Lowndes, V., Pratchett, L., & Stoker, G. (2001b) Trends in public participation: Part 2: Local government perspectives. *Public Administration*, 79, 445-455.

Lundsgaard, J. (2002) Competition and efficiency in publicly funded services. *OECD Economic Studies*, 35 (2), 79-110.

Lynn, L. E. Jr. (1998) The new public management: How to transform a theme into a

legacy. *Public Administration Review*, 58, 231-237.
　Lynn, L. E. Jr. (2001) The myth of the bureaucratic paradigm: What traditional public administration really stood for. *Public Administration Review*, 61, 144-160.
　Lynn, L. E. Jr. (2003) Public management. in B. G. Peters & J. Pierre eds. *Handbook of Public Administration*, Sage.
　Lynn, L. E. Jr. (2006) *Public Management: Old and New*. Routledge.

　MacNair, R. H., Caldwell, R., & Pollane, L. (1983) Citizen participants in public bureaucracies: Foul-weather friends. *Administration and Society*, 14, 507-524.
前田総一郎（2004）「アメリカのコミュニティ自治」南窓社
　Mahoney, T. A., Jerdee, T. H., & Nash, A. H. (1960) Predicting managerial effectiveness. *Personnel Psychology*, 13, 147-163.
牧田義輝（1996）「アメリカ大都市圏の行政システム」勁草書房
　Malek, F. V. (1972) Executive goes to Washington. *Harvard Business Review*, 50 (5), 63-68.
　Maor, M. (1999) The paradox of managerialism, *Public Administration Review*, 59, 5-18.
　March, J. G. & Olsen, J. P. (1976) *Ambiguity and choice in organizations*. Universitätsforlaget.（遠田雄姿・アリソン・ユング「組織における曖昧さと決定」有斐閣，1986）
　March, J. G. & Simon, H. A. (1958) *Organizations*, New York: Wiley.（土屋守章訳「オーガニゼーションズ」ダイヤモンド社，1977）
　Mascarenhas, R. C. (1993) Building an enterprise culture in the public sector: Reform of the public sector in Australia, Britain, and New Zealand. *Public Administration Review*, 53, 319-328.
　Maslow, A. H. (1943) A theory of human motivation. *Psychological Review*, 50, 370-396.
　Massey, A. & Pyper, R. (2005) *Public Management and Modernization in Britain*, Palgrave Macmillan.
松下圭一編（1980）「職員参加」学陽書房
　Mayes, B. T. & Allen, R. W. (1977) Toward a definition of organizational politics. *Academy of Management Review*, 2, 672-677.
　Mayo, E. (1933) *The Human Problems of Industrial Civilization*, Mcmillan.（村本栄一訳「産業文明における人間問題　ホーソン実験とその展開」日本能率協会，1967）
　McConnell, G. (1958) The spirit of private government, *The American Political Science Review*, 52, 754-770.
　McKenzie, E. (1994) *Privatopia: Homeowner Associations and the Rise of Residential Private Government*. Yale University Press, New Haven.（竹井隆人・梶浦恒男訳「プライベートピア　集合住宅による私的政府の誕生」世界思想社，2003）

Mckevitt, D., Millar, M., & Keogan, J. (2000) The role of the citizen-client in performance measurement: The case of the street-level public organization (SLPO). *International Review of Administrative Sciences*, 66, 619-636.

Meier, K. J. (1987) *Policy and the Bureaucracy 2nd ed.* Brooks / Cole.

Meier, K. J. & O'Toole, L. J. (2006) Political control versus bureaucratic values: Reframing the debate. *Pubulic Administration Review*, 66, 177-192.

Merton, R. K. (1940) Bureaucratic structure and personality, *Social Forces*, 18, 560-568.

Meyer, J. W. & Rowan, B. (1977) Institutionalized organizations: Formal structure as myth and ceremony, *American Journal of Sociology*, 83, 340-363.

Meyer, J. W. & Scott, W. R. (1983) *Organizational Environments: Ritual and Rationality*, Beverly Hills: Sage.

Michels, R. (1957) *Zur Soziologie des Parteiwesens in der modernen Demokratie: Untersuchungen über die Oligarchischen Tendenzen des Gruppenlebens*, Alfred Kroner Verlag / Stuttgart.（森博・樋口晟子訳「政党の社会学」木鐸社，1973）

三重県地方自治研究会編（1999）「事務事業評価」の検証 三重県の行政改革を問う」自治体研究社

Milgram, S. (1974) *Obedience to Authority: An Experimental View*, New York: Harper & Row.（岸田　秀訳「服従の心理ーアイヒマン実験」河出書房新社，1975）

Miller, R. (2006) *New Zealand Government & Politics 4th ed.* Oxford Univ. Press.

Miller, T. I. & Miller, M. A. (1991) Standards of excellence: U.S. residents' evaluations of local government services. *Public Administration Review*, 51, 503-514.

Mills, P. K. & Moberg, D. J. (1982) Perspectives on the technology of service operations. *Academy of Management Review*, 7, 467-478.

Mills, P.K., Chase, R.B. & Margulies, N.(1983) Motivating the client / employee systems as a service production strategy. *Academy of Management Review*, 8, 301-310.

Mills, P. K. & Morris, J. H. (1986) Clients as "partial" employee of service organizations: Role development in client participation. *Academy of Management Review*, 11, 726-735.

Mintzberg, H. (1973) *The Nature of Managerial Work*. New York: Harper & Row.

Mintzberg, H. (1983) *Structure in Fives: Designing Effective Organizations*. Englewood Cliffs, NJ: Prentice Hall.

Mintzberg, H. (1989) *Mintzberg on Management: Inside Our Strong World Organizations*, New York: Free Press.（北野利信訳「人間感覚のマネジメント」ダイヤモンド社，1991）

三隅二不二（1966）「新しいリーダーシップ」ダイヤモンド社

Mitchell, J. (1997) Representation in government boards and commissions. *Public Administration Review*, 57, 160-167.

宮川公男 (1994)「政策科学の基礎」東洋経済新報社
宮川公男 (1995)「政策科学入門」東洋経済新報社
宮川公男 (2005)「意思決定論」中央経済社
宮川公男・山本清編 (2002)「パブリック・ガバナンス 改革と戦略」日本経済評論社
宮川公男・山本清編 (2009)「行政サービス提供の多様化」多賀出版
三宅一郎・村松岐夫編 (1981)「京都市政治の動態」有斐閣
溝口雄三 (1996)「公私」三省堂
Moe, R. C. (1994) The "reinventing government" exercise: Misinterpreting the problem, misjudging the consequences. *Public Administration Review*, 54, 111-122.
Moe, R. C. (2001) The emerging federal quasi government: issues of management and accountability. *Public Administration Review*, 61, 290-312.
Moe, R. C. & Stanton, T. H. (1989) Government-sponsored enterprises as federal instrumentalities: Reconciling private management with public accountability. *Public Administration Review*, 49, 321-329.
森田朗 (2006)「会議の政治学」慈学社出版
Moore, S. T. (1987) The theory of street-level bureaucracy, A positive critique. *Administration & Society*, 19, 74-94.
Moscovici, S., Dose, W., & Dulong, R. (1972) Studies in group decision 2: Differences of positions, differences of opinion and group polarization. *European Journal of Social Psychology*, 2, 385-400.
Moscovici, S. & Faucheux, C. (1972) Social influence, conformity bias, and the study of active minority. in L. Berkovitz ed. *Advances in Experimental Social Psychology*, 7, Academic Press.
Moscovici, S. & Lecuyer, R. (1972) Studies in group decision 1: Social Space, patterns of communication and group consensus. *European Journal of Social Psychology*, 2, 221-244
Moscovici, S. & Zavalloni, M. (1969) The group as a polarizer of attitudes. *Journal of Personality and Social Psychology*, 12, 124-135.
Mosher, F. C. (1980) The changing responsibilities and tactics of the federal government. *Public Administration Review*, 40, 540-547.
Mossholder, K. M., Bedian, A. G., & Armenakis, A. A. (1982) Group process work outcome relationships: A note on the moderation effects of self-esteem. *Academy of Management Journal*, 25, 575-585.
Mouritsen, J. & Skaerbaek, P. (1995) Civilization, art, and accounting The royal Danish theater: An enterprise straddling two institutions. in Scott, W. R. & Christensen, S. ed., *The Institutional Construction of Organizations*, Thousand Oaks, Calif: Sage Publications.

Mowday, R. T., Steers, R. M., & Porter, L. W. (1979) The measurement of organizational commitment. *Journal of Vocational Behavior*, 14, 244-247.

Mulroy, E. A. (1997) Building a neighborhood network: Interorganizational collaboration to prevent child abuse and neglect. *Social Work*, 42, 255-264.

Mulroy, E. A. & Shay, S. (1997) Nonprofit organizations and innovation: A model of neighborhood collaboration to prevent child maltreatment. *Social Work*, 42, 515-524.

村上弘（2003）「日本の地方自治と都市政策」法律文化社

村上弘・田尾雅夫・佐藤満（2007）「京都市政　公共経営と政策研究」法律文化社

村松岐夫（1984a）中央地方関係に関する新理論の模索　水平的政治競争モデルについて（上）自治研究, 60 (1), 3-18.

村松岐夫（1984b）中央地方関係に関する新理論の模索　水平的政治競争モデルについて（下）自治研究, 60 (2), 3-15.

村松岐夫（1985）集権化の下における自治概念の再検討　政治過程の中の地方自治，自治研究, 61 (1), 22-37.

村松岐夫・稲継裕昭編（2003）「包括的地方自治ガバナンス改革」東洋経済新報社

村松岐夫・稲継裕昭編（2009）「分権改革は都市行政機構を変えたか」第一法規

Murray, M. A. (1975) Comparing public and private management: An exploratory essay, *Public Administration Review*, 35, 364-371.

Myers, D. G. & Lamm, H. (1976) The group polarization phenomenon, *Psychological Bulletin*, 83, 602-627.

Mulgan, R. (1997) *Politics in New Zealand 2nd ed*. Auckland University Press.

中島明彦（2007）「ヘルスケア・マネジメント　医療福祉経営の基本的視座」同友館

中邨章（1991）「アメリカの地方自治」学陽書房

中邨章（2003）「自治体主権のシナリオ　ガバナンス・NPM・市民社会」芦書房

中邨章（2001）行政学の新潮流　季刊行政管理研究, 96, 3-14.

Nalbandian, J. (1999) Facilitating community, enabling democracy: New roles for local government meeting, *Public Administration Review*, 59, 187-197.

Nanus, B. (1992) *Visionary Leadership*. San Francisco: Jossey-Bass.（木幡昭他訳「ビジョン・リーダー」産能大学出版部，1994）

Near, J. P. & Miceli, M. P. (1987) Whistle-blowers in organizations: Dissidents or reformers? *Research in Organizational Behavior*, 9, 321-368.

Newberry, S. & Pallot, J. (2003) Fiscal responsibility: Privileging PPPs in New Zealand. *Accounting, Auditing & Accountability Journal*, 16, 467-492.

Nielsen, V. L. (2006) Are street-level bureaucrats compelled or enticed to cope? *Public Administration*, 84, 861-889.

Nigro, F. A. & Nigro, L. G. (2000) *The New Public Management Administration 5th eds*, F. E. Peacock Publishers.

Nigro, L. G. & Waugh, W. L. (1996) Violence in the American workplace: Challenges to the public employer. *Public Administration Review*, 56, 326-333.

Noble, G. & Jones, R. (2006) The role of boundary-spanning managers in the establishment of public-private partnerships. *Public Administration*, 84, 891-917.

Nohria, N. & Eccles, R. G. eds. (1992) *Networks and Organizations*. Harvard Business School Press.

野中郁次郎・竹内弘高（1996）「知識創造企業」東洋経済新報社

Norman, R. (2002) Management through measurement or meaning? Lessons from with New Zealand's public sector performance management systems. *International Review of Administrative Science*, 68, 619-628.

Norman, R. & Gregory, R. (2003) Paradoxes and pendulum swings: Performance management in New Zealand's public sector, *Australian Journal of Public Administration*, 62 (4), 35-49.

Nozick, R. (1974) *Anarchy, State, and Utopia*, Basic Books.（嶋津格訳「アナーキー・国家・ユートピア」1998，木鐸社）

Nutt, P. C. (1984) Types of organizational decision processes. *Administrative Science Quarterly*, 29, 414-450.

岡田知弘・石崎誠也編（2006）「地域自治組織と住民自治」自治体研究社

岡田良徳（1998）「ニュージーランド入門」，日本ニュージーランド学会編，慶應義塾大学出版会

恩田守雄（2006）「互助社会論：ユイ，モヤイ，テツダイの民俗社会」世界思想社

大住荘四郎（1999）「ニュー・パブリック・マネジメント：理念・ビジョン・戦略」日本評論社

Orpen, C. (1995) The effects of mentoring on employees'career success. *Journal of Social Psychology*, 135, 667-668.

小佐野広（2005）「コーポレート・ガバナンスと人的資本」日本経済新聞社

Osborne, D. & Gaebler, T. (1992) *Reinventing Government: How the Entrepreneurial Spirit is Transforming the Public Sector*. Readings, Mass.: Addison-Wesley.（野村隆監修，高地高司訳「行政革命」日本能率協会マネジメントセンター，1995）

Ostrom, V. (1989) *The Intellectual Crisis in American Public Administration, 2nd ed*. University of Alabama Press.

Ostrom, V. & Ostrom, E. (1971) Public choice: A different approach to the study of public administration. *Public Administration Review*, 31, 203-216.

O'Toole, L. J. Jr. (2000) Different public management? Implications of structural context in hierarchies and networks. in *Advancing Public Managemnt*, edited by J. Brudney, L. J. O'Toole, & H. G. Rainey, Washington, DC. Georgetown Uni. Press.

Painter, J. (1991) Compulsory competitive tendering in local government: The first round. *Public Administration*, 69, 191-210.

Pallot, J. (2001) Transparency in local government: antipodean initiatives. *The European Accounting Review*, 10, 645-660.

Parker, R. S. & Sabramaniam, V. (1964) Public and private administration. *International Review of Administrative Sciences*, 30, 354-366.

Parkinson, P. (1957) *Parkinson's Law*, Houghton Mifflin.（森永晴彦訳「パーキンソンの法則」至誠堂，1965）

Parks, R. B. et al. (1981) Consumers as coproducers of public services: Some economic considerations. *Policy Studies Journal*, 9, 1001-1011.

Parmerlee, M. A. Near, J. P. & Jensen, T. C. (1982) Correlates of whistle-blowers' perception of organization retaliation. *Administrative Science Quarterly*, 27, 17-34.

Perrow, C. (1961) The analysis of goals in complex organizations. *American Sociological Review*, 26, 856-866.

Perrow, C. (1967) A framework of the comparative analysis of organizations. *American Sociological Review*, 32, 194-208.

Perrow, C. (1970) *Organizational Analysis: A Sociological View.* Wadsworth.（岡田至雄訳「組織の社会学」ダイヤモンド社，1973）

Perrow, C. (1986) *Complex Organizations: A Critical Essay. 3rd ed.* New York: Random House.（佐藤慶幸監訳「現代組織論批判」早稲田大学出版部，1978，ただし邦訳は初版，1972による）

Perry, J. L. & Kraemer, K. L. eds. (1983) *Public Management.* Mayfield.

Perry, J. L. & Rainey, H. G. (1988) "The public private distinction in organization theory" *Academy of Management Review*, 13, 182-201.

Perry, J. L. & Porter, L. W. (1982) Factors affecting the context for motivation in public organizations, *Academy of Management Review*, 7, 89-98.

Perry, J. L. & Wise, L. R. (1990) The motivational bases of public service. *Public Administration Review*, 50, 367-73.

Peter, L. & Hull, R. (1969) *The Peter Principle*. Morrow.（田中融二訳「ピーターの法則」ダイヤモンド社，1970）

Peters, G. B. & Pierre, J. eds. (2003) *Handbook of Public Administration*, Sage.

Peters, G. B. (2002) The politics of tool choice, in Salamon, L. M. ed. *The Tools of Government, A Guide to the New Governance*. Oxford University Press.

Peterson, S. A. (1986) Close encounters of the bureaucratic kind: Older Americans and bureaucracy. *American Journal of Political Science*, 30, 347-356.

Peterson, S. A. (1988) Sources of citizens' bureaucratic contacts: A multivariate analysis. *Administration & Society*, 20, 152-165.

Petr, G. (1988) The worker-client relationship: A general systems perspective. *Social Casework*, 69, 620-626.

Pfeffer, J. (1981) *Power in Organizations*. Marshfield, Mass.: Pitman Publishing.

Pfiffner, J. M. & Presthus, R. (1967) *Public Administration*. New York: Ronald.

Pichault, F. (2007) HRM-based reforms in public organizations: Problems and perspectives. *Human Resource Management Journal*, 17, 265-282.

Picot, A., Dietl, H., & Frank, E. (1997) *Organization: eine Ökonomische Perspective*, Schaffer-Poeschel Verlag. (丹沢安治・榊原研互・田川克生・小山明宏・渡辺敏雄・宮城徹訳「新制度派経済学による組織入門―市場・組織・組織関係へのアプローチ」白桃書房, 1999)

Pierre, J. & Peters, G. (2000) *Governance, Politics and the State*, St. Martin's Press.

Pinderhughes, E. B. (1983) Empowerment for our clients and for ourselves, *Social Casework*, 64, 331-338.

Platt, C. S. (1947) Humanizing public administration, *Public Administration Review*, 7, 193-199.

Plumlee, J. P., Staring, J. D., & Kramer, K. W. (1985) Citizen participation in water quality planning: A case study of perceived failure. *Administration & Society*, 16, 455-473.

Pressman, J. & Wildavsky, A. (1973) *Implementation*. Barkley: University of California Press.

Poister, T. H. & Streib, G. (1999) Performance measurement in municipal government: Assessing the state of the practice, *Public Administration Review*, 59, 325-335.

Pollitt, C. (1986) Beyond the managerial model: The Case for broadening performance assessment in government and the public services, *Financial Accountability & Management* 2, 155-170.

Pollitt, C. (1993) *Managerialism and the Public Service. The Anglo-American Experience*. Oxford: Basil Blackwell.

Pollitt, C. (1996) Antistatist reforms and new administrative directions: Public administration in the United Kingdom. *Public Administration Review*, 56 (1), 81-87.

Pollitt, C. & Bouckaert, G. (2000) *Public Management Reform: A Comparative Analysis*, Oxford University Press.

Pollitt, C. & Harrison, S. (1992) *Handbook of Public Services Management*. Blakwell.

Pollitt, C., van Thiel, S., & Homburg, V. (2007) *New Public Management in Europe Ad-*

aptation and Alternatives, Palgrave-MacMillan.

Pressman, J. L. & Wildavsky, A. B. (1973) *Implementation*, Berkley: University of California Press.

Price, J. L. (1963)The impact of governing boards on organizational effectiveness and morale. *Administrative Science Quarterly*, 8, 361-378.

Prottas, J. M. (1979) *People Processing*. Lexington, Mass.: Lexington Books.

Provan, K. G., Beyer, J. M., & Kruytbosch, C. (1980) Environmental linkages and power in resource dependent relations between organizations. *Administration Science Quarterly*, 25, 200-225.

Pugh, D. S., Hickson, D. J., Hinings, C. R., & Turner, C. (1968) Dimensions of organization structure. *Administrative Science Quarterly*, 13, 65-105.

Pugh, D. S. & Hickson, D. J. (1976) *Organizational Structure in its Context The Aston Programme I*. Saxon House / Lexington Books

Pugh, D. S. & Hinings, C. R. (1977) *Organizational Structure: Extensions and Replications The Aston Programme II*. Saxon House / Lexington Books

Pugh, D. S. & Payne, R. L. (1977) *Organizational Behaviour in its context The Aston Programme III*. Saxon House / Lexington Books

Putnam, R. D. (1993) *Making Democracy Work*, Princeton University Press.(河田潤一訳「哲学する民主主義 伝統と改革の市民的構造」NTT 出版, 2001)

Putnam, R. D. (2000) *Bowling Alone: The collapse and Revival of American Community*. Simon & Schuster.(芝内康文訳「孤独なボウリング」柏書房, 2006)

Pynes, J. E. (1997) *Human Resources Management for Public and Nonprofit Organizations*. San Francisco: Jossey-Bass.

Quinn, R. E. (1978) Productivity and the process of organizational improvement: Why we cannot talk to each other, *Public Administration Review*, 38, 41-45.

Quinn, R. E. & Cameron. K. S. (1983) Organizational life cycles and shifting criteria of effectiveness: Some preliminary evidence. *Management Science*, 29, 33-51.

Racine, D. P. (1995) The welfare state, citizens, and immersed civil servants. *Administration & Society*, 26, 434-463.

Rainey, H. G. (1979) Perceptions of incentives in business and government: Implications for civil service reform. *Public Administration Review*, 39, 440-448.

Rainey, H. G. (1982) Reward preferences among public and private managers: in search of the service ethic, *American Review of Public Administration*, 16, 288-302.

Rainey, H. G. (1983) Public agencies and private firms: Incentive structure, goal, and individual roles. *Administration and Society*, 15, 207-242.

Rainey, H. G. (1990) Public management: Recent development and current prospects. in N. B. Lynn & A. Wildavsky eds. *Public Administration: State of the Discipline*, Chatham, N. J: Chatham House.

Rainey, H. G. (2003) *Understanding and Managing Public Organizations 3rd ed.* San Francisco Jossey-Bass.

Rainey, H. G., Backoff, W. R., & Levine, C. H. (1976) Comparing public and private organiozations. *Public Administration Review*, 36, 233-244.

Randall, R. & Wilson, C. (1989) The impact of federally imposed stress upon local-government and nonprofit organizations. *Administration & Society*, 21, 3-19.

Rangan, V. K., Karim, S., & Standberg, S. K. (1996) Do better at doing good. *Harvard Business Review*, 74 (3), 42-54.

Rashman, L. & Randor, Z. (2005) Leaning to improve: Approaches to improving local government services. *Public Money and Management*, 25, 19-26.

Rawl, J. R., Ullrich, R. A., & Nelson, O. T. (1975) Comparison of managers entering or reentering the profit and nonprofit sectors. *Academy of Management Journal*, 18, 616-623.

Reid, M. (1999) The central-local government relationship: The need for a framework? Local Government New Zealamd, *Political Science*, vol. 50 (2).

Reimann, B. C. (1974) Dimensions of structure in effective organizations: Some empirical evidence. *Academy of Management Journal*, 17, 693-708.

Rhodes, R. A. W. (1991) Introduction. *Public Administration*, 69, 1-2.

Rhodes, R. A. W. (2000) Governance and public administration, in J. Pierre, ed. *Debating Governance: Authority, Steering, and Democracy*, Oxford University Press.

Riccucci, N. M. (2001) The "old" public management versus the "new" public management: Where does public administration fit in? *Public Administration Review*, 61, 172-175.

Riccucci, N. M., Meyers, M. K., Lurie, I., & Han, J. S. (2004) The implementation of welfare reform policy: The role of public managers in front-line practices. *Public Administration Review*, 64, 438-448.

Rich, R. C. (1981) Interaction of the voluntary and governmental sectors: Toward an understanding of the coproduction of municipal services, *Administration & Society*, 13, 59-76.

Riessman, F. (1985) New dimensions in self-help. *Social Policy*, 15 (3), 2-4.

Ring, P. S. & Perry, J. L. (1985) Strategic management in public and private organization: Implications of distinctive contexts and constraints. *Academy of Management Review*, 10, 276-286.

Rizzo, J. R., House, R. J., & Lirtzman, S. I. (1970) Role conflict and ambiguity in complex organizations. *Administrative Science Quarterly*, 15, 150-163.

Robbins, S. P. (1983) *Organizational Behavior, 2nd ed.* Englewood Cliffs, NJ: Prentice Hall.

Robbins, S. P. (1990) *Organization Theory 3rd ed.* Englewood, NJ, Prentice Hall.

Robertson, P. J., Roberts, D. R., & Porras, J. I. (1993) Dynamics of planned organizational change: Assessing empirical support for a theoretical model. *Academy of Management Journal*, 36, 619-634.

Roethlisberger. J. & Dickson, W. J. (1939) *Management and the Worker*, Cambridge; Harvard University Press.

Romzck, B. S. (1990) Employee investment and commitment: The ties that bind. *Public Administration Review*, 50, 374-82.

Romzck, B. S. & Dubnick, M. J. (1987) Accountability in the public sector: Lessons from the challenger tragedy, *Public Administration Review*, 47, 227-238.

Rose, A. (1991) What is lesson-drawing? *Journal of Public Policy*, 11, 3-30.

Rose, A & Lauton, A. (1999) Comparative public service management. in Rose, A. & Lauton, A. eds. *Public Service Management*, Prentice-Hall.

Rosenbaum, J. E. (1979) Tournament mobility: Career patterns in a corporation. *Administrative Science Quarterly*, 24, 220-241.

Rosenbaum, A. (2006) Cooperative service delivery: the dynamics of public sector - private sector - civil society collaboration. *International Review of Administrative Sciences*, 72, 43-56.

Rosener, J. D. (1977) Incentives to innovate in public and private organization. *Administration & Society*, 9, 341-365.

Rothschild-Whitt, J. (1979) the collectivist organization: An alternative to rational bureaucratic models. *American Sociological Review*, 44, 509-527.

Royko, M. (1971) *Boss: Richard J. Daley of Chicago*, E. P. Dutton & Co. (宇野輝雄訳「ボス シカゴ市長R. ディリー」平凡社, 1973)

Rowan, B. (1982) Organizational structure and the institutional environment: The Case of Public Schools. *Administrative Science Quarterly*, 27, 259-279.

Rubin, H. (1993) Understanding the ethos of community-based development: Ethnographic description for public administrators. *Public Administration Review*, 55 (5), 428-437.

Rumsfeld, D. A. (1979) A politician turned executive. *Fortune*, September 10, 88-94.

Ryan, J. E. (1980) Profitability in the nonprofit environment. *Journal of Systems Management*, 31 (8), 6-10.

Saidel, J. R. (1989) Dimensions of interdependence: The state and voluntary-sector

relationship. *Nonprofit and Voluntary Sector Quarterly*, 18, 335-347.
　Saidel, J. R. (1991) Resource interdependence: The relationship between state agencies and nonprofit organizations. *Public Administration Review*, 51, 543-553.
　齋藤純一（2000）「公共性」岩波書店
　齋藤純一（2008）「政治と複数性　民主的な公共性にむけて」岩波書店
　Salamon, L. M. (1987) Partners in public service: The scope and theory of government-nonprofit relations. in Powell, W. W. ed. *The Nonprofit Sector: A Research Handbook*. New Haven, Conn.: Yale University Press.
　Salamon, L. M. ed. (2002) *The Tools of Government, A Guide to the New Governance*. Oxford University Press.
　Salas, E., Bowers, C. A. & Edens, E. (2001) *Improving Teamwork in Organizations*. Lawrence Erlbaum.（田尾雅夫監訳　深見真希・草野千秋訳「危機のマネジメント」ミネルヴァ書房，2007）
　佐々木利廣（1990）「現代組織の構図と戦略」中央経済社
　Sasser, W. E. (1976) Match supply and demand in service industries. *Harvard Business Review*, 54 (6), 133-140.
　佐藤竺（2003）「コミュニティバスの先駆け　武蔵野ムーバスの歩み」都市問題 94(3)，91－102.
　佐藤慶幸（1982）「アソシエーションの社会学　行為論の展開」早稲田大学出版部
　佐藤慶幸（2002）「NPOと市民社会　アソシエーション論の可能性」有斐閣
　佐藤慶幸（2007）「アソシエーティブ・デモクラシー　自立と連帯の統合へ」有斐閣
　Savas, E. S. (1982) *Privatising the Public Sector*. Chatham, NJ: Chatham House.
　Savas, E. S. (1987) *Privatizaton: The Key to Better Government*. Chatham, NJ: Chatham House.
　Savas, E. S. (2000) *Privatization and Public - Private partnerships*. Chatham NJ: Chatham House.
　Schachter, H. L. (1995) Reinventing government or reinventing ourselves: Two models for improving government performance. *Public Administration Review*, 55, 530-537.
　Schacter, S. (1951) Deviation, rejection and communication. *Journal of Abnormal and Social Psychology*, 46, 190-207.
　Schein, E. H. (1980) *Organizational Psychology, 3rd ed*. Englewood Cliffs, NJ: Prentice-Hall.（松井玉夫訳「組織心理学」岩波書店，1981）
　Schmenner, R. D. (1995) *Service Operations Management*. Prentice-Hall.
　Schmidt, W. (1974) Conflict: A powerful process for (good or bad)change, *Management Review*, 63 (12), 4-10.
　Schweiger, D. M., Sandberg, W. R., & Ragan, J. W. (1986) Group approaches for im-

proving strategic decision making: A comparative analysis of dialectical inquiry, devil's advocacy, and consensus. *Academy of Management Review*, 29, 51-71.

Scott, W. R. (1987a) The adolescence of institutional theory. *Administrative Science Quarterly*, 32, 493-511.

Scott, W. R. (1987b) *Organizations: Rational, Natural and Open Systems, 2d ed*. Englewood Cliffs, NJ: Prentice-Hall.

Scott, W. R. (1991) Unpacking Institutional Arguments. in Walter, W. P. & DiMaggio, P. J. eds., *The New Institutionalism in Organizational Analysis*, Chicago: University of Chicago Press.

Scott, W. R. (2001) *Institutions and Organizations, 2nd ed*. Sage. (河野昭三・板橋慶明訳「制度と組織」税務経理協会, 1998 ただし翻訳は初版 (1995) による)

Segal, L. (1997) The pitfalls of political decentralization and proposals for reform: The case of New York city public schools, *Public Administration Review*, 57, 141-149.

政策評価研究会 (1999)「政策評価の現状と課題　新たな行政システムを目指して」木鐸社

Sellers, M. P. (2003) Privatization morphs into 'publicization': Businesss look a lot like government. *Public Administration*, 81, 607-620.

Selskey, J. W. & Bretherton, M. (1998) Social responsibility provision of public-sector owned enterprises in Aotearoa / New Zealand. Post, J. E. ed., *Research in Corporate Social Performance and Policy*, JAI Press Inc.

Selznick, P. (1949) *TVA and Grass roots*, Berkley: University of California Press.

Selznick, P. (1957) *Leadership in Administration*, Harper & Row (北野利信訳「組織とリーダーシップ」, ダイヤモンド社, 1963)

Senge, P. (1990) The leaders' new work: Building learning organizations, *Sloan Management Review*, 32, 7-23.

Senge, P. (1992) *The Fifth Discipline: The Art and Practice of the Learning Organization*, Century Business. (守部信之訳「最強組織の法則」徳間書店, 1995)

Sharp, E. (1984) Citizen-demand making in the urban context. *American Journal of Political Science*, 28, 654-670.

Shaw, M. E. (1964) Communication networks. in L. Berkowitz ed. *Advances in Experimental Social Psychology*, no. 1, New York: Academic Press.

Shaw, R. & Eichbaum, C. (2005) *Public Policy in New Zealand, Institutions, Processes and Outcomes*. Pearson.

Shera, W. & Page, J. (1995) Creating more effective human organizations through strategies of empowerment. *Administration in Social Work*, 19 (4), 1-15.

Sherif, M. (1935) A study of some social factors in perception. *Archives of Psychology*, 27, no. 187.

Siciliano, J. I. (1997) The relationship between formal planning and performance in nonprofit organizations, *Nonprofit Management & Leadership*, 7, 387-403.

Sillett, J. (2001) *Public Private Partnership, Opening the Public Private Debate*, Local Government Information Unit.

Simon, H. A. (1947) *Administrative Behavior*, New York: Free Press.（松田武彦・高柳暁・二村敏子訳「経営行動」ダイヤモンド社，1989，なお，原書は第3版）

Simpson, R. L. (1959) Vertical and horizontal communication in formal organizations. *Administrative Science Quarterly*, 4, 188-196.

Skolnick, J. H. (1966) *Justice without Trial*, Wiley & Sons.（斎藤欣子訳「警察官の意識と行動」東京大学出版会，1971）

Skocpol, T. (2003) *Diminished Democracy*. University of Oklahoma Press.（河田潤一訳「失われた民主主義 メンバーシップからマネジメントへ」慶應義塾大学出版会 2007）

Smith, C. F. & Webster, C. W. R. (2002) Delivering public services through digital television. *Public Money and Management*, 22 (4), 25-32.

Smith, D. H. (2000) *Grassroots Association*. Thousand Oaks: Sage.

Smith, D. H. & Shen, C. (1996) Factors characterizing the most effective nonprofits managed by volunteers. *Nonprofit Management & Leadership*, 6, 271-289.

Smith, G. E. & Huntsman, C. A. (1997) Reframing the metaphor of the citizen-government relationship: A value-centered perspective, *Public Administration Review*, 57, 309-318.

Smith, M. & Beazley, M. (2000) Progressive regimes, partnerships and the involvement of local communities: A framework for evaluation. *Public Administration*, 78, 855-878.

Smith, S. R. (2002) Street-level bureaucracy and public policy. in B. G. Peters & J. Pierre eds. *Handbook of Public Administration*, Sage.

Smith, S. R. & Lipsky, M. (1993) *Nonprofits for Hire*. Cambridge, Mass.: Harvard University Press.

Snow, C. C. & Hrebiniak, L. G. (1983) Strategy, distinctive competence and organizational performance. *Administrative Science Quarterly*, 25, 317-335.

Sosin, M. R. (1990) Decentralizing the social service system: A reassessment. *Social Service Review*, 64, 617-636.

Spicer, M. (2004) Public administration, the history of ideas, and the reinventing government movement. *Public Administration Review*, 64, 353-362.

Springings, N. (2002) Delivering public services under the new public management: The case of public housing, *Public Money & Management*, 22 (4), 11-17.

Stanley, D. T. (1964) Excellence in public service? How do you really know? *Public Administration Review*, 24, 170-174.

Stebbins, R. A. (1996) Volunteering: A serious leisure perspective. *Nonprofit and Vol-

untary Sector Quarterly, 25, 211-224.

Stevens, J. M. & McGowan, J. R. (1983) Managerial strategies in municipal government organizations. *Academy of Management Journal*, 26, 527-534.

Stewart, J. (1993) The limitations of government by contract. *Public Money and Management*, 13 (3), 7-12.

Stewart, J. & Ranson, S. (1988) Management in the public domain. *Public Money and Management*, 8 (1 / 2), 13-19.

Stewart, J. & Walsh, K. (1992) Change in the management of public services. *Public Administration*, 70, 499-518.

Stigler, G. (1975) *The Citizen and the State*. Chicago: University of Chicago Press.（余語将尊・宇佐美泰生訳「小さな政府の経済学　規制と競争」東洋経済新報社，1981）

Stivers, C. (1990) The public agency as polis: Active citizenship in the administrative state. *Administration & Society*, 22, 86-105.

Stogdill, R. M. (1974) *Handbook of Leadership: A Survey of Theory and Research*. New York: Free Press.

Stoner, J. A. F. (1968) Risky and cautious shifts in group decision: The influence of widely held values. *Journal of Experimental and Social Psychology*, 4, 442-459.

Sugarman, B. (1988) The well-managed human service organizations: criteria for a management audit. *Administration in Social Work*, 12 (4), 17-27.

Sukel, W. M. (1978) Third sector organizations: A needed look at the artistic-cultural organization. *Academy of Management Review*, 3, 348-354.

Sullivan, H. & Skelcher, C. (2002) *Working Across Boundaries Collaboration in Public Services*, Palgrave Macmillan.

Summers, L., Coffelt, T., & Horton, R. E. (1988) Work-group cohesion. *Psychological Reports*, 63, 627-636.

Sundeen, R. A. (1985) Coproduction and communities: Implications for local administrators. *Administration & Society*, 16, 387-402.

Sundeen, R. A. (1990) Citizens serving government: The extent and distinctiveness of volunteer participation in local public agencies. *Nonprofit Management and Leadership*, 19, 329-342.

Super, D. E. (1957) *The Psychology of Career*. New York: Harper & Row.

Svara, J. H. (1998) The politics-administration dichotomy as aberration. *Public Administration Review*, 58, 51-58.

Svara, J. H. (1999a) Complementarity of politics and administration as a legitimate alternative to the dichotomy model. *Administration and Society*, 30, 676-705.

Svara, J. H. (1999b) The shifting boundary between elected officials and city managers in large council-manager cities, *Public Administration Review*, 59, 44-53.

Svara, J. H. (2001) The myth of the dichotomy: Complementarity of politics and administration in the past and future of public administration, *Public Administration Review*, 61, 176-183.

高木修（1998）「人を助ける心」サイエンス社
高橋英樹（2004）「官民パートナーシップによるまちづくり　Business Improvement District 制度　自治体国際化フォーラム報告書」CLAIR（自治体国際化協会）
竹井隆人（2005）「集合住宅デモクラシー」世界思想社
高寄昇三（1991）「外郭団体の経営」学陽書房
高寄昇三（1999）「自治体の行政評価システム」学陽書房
田中豊治（1994）「地方行政官僚制における組織変革の社会学的研究」時潮社
Tanner, R. M. (1998) The changing role of government in New Zealand: Implications for the training and development of public servants. *International Review of Administrative Science*, 64, 391-397.
丹沢安治（2000）「新制度学派経済学による組織研究の基礎」白桃書房
田尾雅夫（1981）「自治体における管理過程の特質に関する一考察」京都府立大学学術報告 33, 124-139.
田尾雅夫（1990）「行政サービスの組織と管理　地方自治体における理論と実際」木鐸社
田尾雅夫（1993）「モチベーション入門」日本経済新聞社
田尾雅夫（1994）「第一線職員の行動様式」西尾勝・村松岐夫編講座行政学有斐閣に所収
田尾雅夫（1995）「ヒューマン・サービスの組織」法律文化社
田尾雅夫編（1997）「『会社人間』の研究」京都大学学術出版会
田尾雅夫（1998）「会社人間はどこへ行く」中公新書
田尾雅夫（1999a）「ボランタリー組織の経営管理」有斐閣
田尾雅夫（1999b）「新版組織の心理学」有斐閣
田尾雅夫（2000）「市民と行政のパートナーシップ」水口憲人他編（村松還暦論集）変化をどう説明するか（行政篇）木鐸社に所収
田尾雅夫（2001a）「ボランティアを支える思想」すずさわ書店
田尾雅夫（2001b）「ヒューマン・サービスの経営」白桃書房
田尾雅夫（2002）「アメリカ合衆国における地方自治体Ⅱ　コロラド州における自治体ネットワークを考える」ワーキング・ペーパー（京都大学経済学会），J-23
田尾雅夫編（2003a）「非合理組織論の系譜」文眞堂
田尾雅夫（2003b）「アメリカ合衆国ケンタッキー州における地方自治体」ワーキング・ペーパー（京都大学経済学会），J-32
田尾雅夫（2003c）「成功の技法　起業家の組織心理学」中公新書

田尾雅夫（2004a）「オーストラリアにおける地方自治体(1)地方自治の概要」ワーキング・ペーパー（京都大学経済学会），J-34.
田尾雅夫（2004b）「オーストラリアにおける地方自治体(2)事例　リズモア市とブリスベン市の場合」ワーキング・ペーパー（京都大学経済学会），J-36.
田尾雅夫（2004c）「実践NPOマネジメント」ミネルヴァ書房
田尾雅夫（2007a）「自治体の人材マネジメント」学陽書房
田尾雅夫（2007b）「セルフヘルプ社会」有斐閣
田尾雅夫・深見真希・草野千秋（2006）　ニュージーランドの地方自治　中央政府と地方政府　ワーキング・ペーパー（京都大学経済学会），J-63
田尾雅夫・川野拓二共編（2004）「ボランティア・NPOの組織論」学陽書房
田尾雅夫・久保真人（1996）「バーンアウトの理論と実際」誠信書房
田尾雅夫・西村周三・藤田綾子（2003）「超高齢社会と向き合う」名古屋大学出版会
田尾雅夫・山岡徹・櫻田貴道（2002）「アメリカ合衆国における地方自治体Ⅰ　デンバー市とその周辺地域における基礎自治体について」ワーキング・ペーパー（京都大学経済学部），J-21
田尾雅夫・吉田忠彦（2009）「非営利組織論」有斐閣
Taub, R. P., Surgeon, G . P., Lindholm, S., Otti, P. B., & Bridges, A. (1974) Urban voluntary associations: Locally based and externally induced. *American Journal of Sociology*, 83, 425-442.
Terry, L. D. (1998) Administrative leadership, neo-managerialism, and the public management movement. *Public Administration Review*, 58, 194-200.
Thomas, J. C. (1982) Citizen-initiated contacts with government agencies. *American Journal of Political Science*, 26, 504-522.
Thomas, J. C. (1980) Governmental overload in the United States: A problem of distributive polices? *Administration & Society*, 11, 371-392.
Thomas, K. (1976) Conflict and conflict management. in M. D. Dunnette ed. *Handbook of Industrial and Organizational Psychology*. Chicago, Rand McNally.
Thomas, K. (1977) Toward multidimensional values in teaching: The example of conflict behaviors. *Academy of Management Review*, 2, 484-490.
Thomas, K., & Schimidt, W. (1976) A survey of managerial interests with respect to conflict. *Academy of Management Journal*, 19, 315-318.
Thomas, K. W. & Velthouse, B. A. (1990) Cognitive elements of empowerment: An 'interpretive' model of intrinsic task motivation. *Academy of Management Review*, 15, 666-681.
Thompson, F. J. (2002) Reinvention in the states: Ripple or tide. *Public Administration Review*, 62, 362-367.
Thompson, J. D. (1967) *Organizations in Action*. New York: McGraw-Hill. （高宮晋監

訳「オーガニゼーション イン アクション」同文舘, 1987)
Thranhardt, A. M. (1990) Traditional neighborhood association in industrial society: The case of Japan, in Anheier, H. K. & Seibel, W. eds. *The Third Sector: Comparative Studies of Nonprofit Organization*, Berlin: Walter de Gruyter.
Tichy, N. M. & Devanna, M. A. (1986) *The Transformational Leader*. New York: Wiley. (小林薫訳「現状変革型リーダー」ダイヤモンド社, 1988)
Tichy, N. M. & Ulrich, D. O. (1984) The leadership challenge: A call for the framework and leader. *Sloan Management Review*, 26, 59-64.
Tiebout, C. M. (1956) A pure theory of local expenditures, *Journal of Political Economy*, 64 (5), 416-424.
Tocqueville, A., de (1984) *Democracy in America*, Random House, New York.(原書 De la Democratie en Amerique の初版は1835)(井伊玄太郎訳「アメリカの民主政治」講談社学芸文庫, 1987 なお, 邦訳はフランス版によっている)
Tolbert, P. S. & Zucker, L. G. (1983) Institutional sources of change in the formal structure of organizations: The Diffusion of Civil Service Reform 1880-1935. *Administrative Science Quarterly*, 28, 22-39.
Tolbert, P. S. & Zucker, L. G. (1996) The institutionalization of institutional theory. in *Handbook of Organization Studies*. London: Sage.
Torres, L. & Pina, V. (2002) Changes in public service delivery in the EU countries. *Public Money & Management*, 22 (4), 41-48.
Touhey, J. C. (1974) Effects of additional woman professionals on ratings of occupational prestige and desirability. *Journal of Personality and Social Psychology*, 29, 86-89.
土屋守章・岡本久吉(2003)「コーポレート・ガバナンス論」有斐閣

上山信一(1998)「『行政評価』の時代」NTT出版
浮谷次郎(2004)「行政から財政支援を受けない全国初のコミュニティバスが運行開始―京都・醍醐地域」ガバナンス, 36, 42−44.
Useem, M. (1985) The role of the political manager. *Sloan Management Review*, 27 (1), 15-26.

Van Slyke, D. M. (2003) The mythology of privatization in contracting for social services. *Public Administration Review*, 63, 296-315.
Van Til, J. (1988) *Mapping the Third Sector*, New York: Foundation Center.
Vroom, V. H. & Jago, A. G. (1988) *The New Leadership: Managing Participation in Organizations*. Englewood Cliffs, NJ: Prentice-Hall.
Vroom, V. H. & Yetton, P. W. (1973) *Leadership and Decision Making*. Pittsburg: Uni-

versity of Pittsburg Press.

和田明子 (1998)「ニュージーランドの政治と行政,ニュージーランド入門」,日本ニュージーランド学会編,慶應義塾大学出版会に所収
和田明子 (2007)「ニュージーランドの公的部門改革」第一法規
Waddock, S. A. (1989) Understanding social partnership: An evolutionary model of partnership organizations. *Administration & Society*, 21, 78-100.
若林直樹 (2009)「ネットワーク組織」有斐閣
Wallis, J. (2002) Evaluating organizational leadership in New Zealand public sector in the aftermath of the Rankin judgement. *International Review of Administrative sciences*, 68, 61-72.

Wallis, J. & Dolley, B. (2001) Government failure, social capital and the appropriateness of the New Zealand model for public sector reform in developing countries, *World Development*, 2a-2.

Wallack, M. A., Kogan, N. & Bem, D. J. (1962) Group influence on individual risk taking. *Journal of Abnormal and Social Psychology*, 65, 75-86.

Walsh, P. (1998) From uniformity to diversity? Reinventing public sector industrials in New Zealand. *Australian Journal of Public Administration*, 57 (2), 55-59.

Walster, E., Aronson, E., & Abraham, D. (1966) On increasing the persuasiveness of a low-prestige communicator. *Journal of Experimental Social Psychology*, 2, 325-342.

Walters, K. (1975) Your employees'rights to blow the whistle. *Harvard Business Review*, 53 (4), 26-34, 161-162.

Wamsley, G. L. & Zald, M. N. (1973) *The Political Economy of Public Organizations*. Bloomington: Indiana University Press.

Warren, R. (1987) Introduction to the special issue: Coproduction, Voluntarism, privatization, and the public interest. *Journal of Voluntary Action Reseach*, 16 (3), 5-10.

Warriner, C. K. (1965) The problem of organizational purpose, *Sociological Quarterly*, 60, 139-146.

渡辺靖 (2007)「アメリカン・コミュニティ」新潮社
Watson, D. J. & Hassett, W. L. (2003) Long-serving city managers: Why do they stay? *Public Administration Review*, 63, 71-78.

Watson, K. M. (1982) An analysis of communication patterns: A method for discriminating leader and subordinate roles. *Academy of Management Journal*, 107-120.

Weber, M. (1921-22) *Wirtschaft und Gesellschaft*. (清水幾太郎訳「社会学の根本概念」岩波文庫,1972)

Weick, K. E. (1976) Educational organizations as a loosely coupled systems. *Administrative Science Quarterly*, 21, 1-19.

Werther, W. B. Jr. & Berman, E. M. (2001) *Third Sector Management: The Art on Management of Nonprofit Organizations*, Georgetown University Press, Washington, D.C.

Whitaker, G. P. (1980) Coproduction: Citizen participation in service delivery. *Public Administration Review*, 40, 240-246.

Whorton, J. W. & Worthley, J. A. (1981) A perspective on the challenge of public management: Environmental paradox and organizational culture. *Academy of Management Review*, 6, 357-361.

Whyte. W. F. (1943) *Street Corner Society*, The University of Chicago Press.（奥田道大・有里典三訳「ストリート・コーナー・ソサエティ」有斐閣，2000，ただし訳は原書第4版による）

Widmer, C. (1993) Role conflict, role ambiguity, and role overload on boards of directors of nonprofit human service organizations. *Nonprofit and Voluntary Sector Quarterly*, 22, 339-356.

Wildavsky, A. (1972) The self-evaluating organization, *Public Administration Review*, 32, 509-520.

Wildeasin, D. E. (1991) Income redistribution in a common labor market *American Economic Review*, 81, 757-774.

Williams, P. (2002) The competent boundary spanner. *Public Administration*, 80, 103-124.

Williamson, O. E. (1975) *Markets and Hierarchies: Analysis and Antitrust Implications: A Study in the Economics of Internal Organizations*, Free Press.（浅沼萬里・岩崎晃訳「市場と企業組織」日本評論社，1980）

Wilson, V., Salter, J. & Grierson, S. (2003) *A Guide to the Local Government Act 2002*, Brookers Ltd., Wellington, NZ

Wolch, J. R. (1990) *The Shadow State: Government and Voluntary Sector in Transition*. New York: The Foundation Center.

Wood, G. A. & Rudd, C. (2004) *The Politics and Government of New Zealand: Robust, innovative and challenged*, University of Otago Press. Dunnedin, New Zealand

山口定（2004）「市民社会論」有斐閣
山口定・佐藤春吉・中島茂樹・小関素明（2003）「新しい公共性」有斐閣
山倉健嗣（1993）「組織間関係」有斐閣
山本清（2002）「ガバナンスの類型化」宮川公男・山本清編著　パブリック・ガバナンス　改革と戦略，日本経済評論社に所収
山本清（2005）「パブリック・ガバナンス　公共空間での政策主体」北川正恭他編　政策研究のメソドロジー，法律文化社に所収
山谷清志（1997）「政策評価の理論とその展開」晃洋書房

山谷清志（2005）「地方自治体改革と『評価』運動」季刊行政管理研究，111，4－19.
山崎丈夫（1999）「地縁組織論　地域の時代の町内会・自治会・コミュニティ」自治体研究社
山崎丈夫（2006）「地域コミュニティ論（改訂版）」自治体研究社
保井美樹（1998）「アメリカにおける Business Improvement District (BID): NPO による市街地活性化」都市問題，89 ⑽，79－95.
保井美樹（1999）「アメリカにおける中心市街地活性化と NPO －ビジネス再開発地区（BID）を中心に」都市住宅学，25，49－59.
Yedich, S. & Levine, R. (1992) Participatory Research's Contribution to A Conceptualization of Empowerment. *Journal of Applied Social Psychology*, 22, 1894-1908.
横田清（1997）「アメリカにおける自治・分権・参加の発展」敬文堂
Yukl, G. (2006) *Leadership in Organizations 6th ed*. Pearson Prentice Hall.

Zajonc, R. B. (1965) Social facilitation, *Science*, 149, 269-274.
Zajonc, R. B. (1968) Attitudinal effects of mere exposure. *Journal of Personality and Social Psychology*, 9, 1-27.
Zald, M. N. (1970) Political economy: A framework for comparative analysis. in M. N. Zald ed. *Power in Organizations*. Nashville, Tenn.: Vanderbilt University Press.

なお，以上には，宮川公男先生（一橋大学名誉教授・統計研究会所長）が主宰する研究会や，君村昌先生（同志社大学名誉教授）が主宰する研究会，村上弘，佐藤満の立命館大学教授，京都市の職員も参加した研究会，著者自身によって主宰された公務労働や介護労働の研究会などで紹介された文献が含まれる。出席者による情報提供に感謝する。また著者自身が京都大学在職中，経済学部，経済学研究科，公共政策大学院などのゼミで若い人たちと読んだものも含まれる。

あとがき

　本書の意図したところは，地方自治体を含めた公共セクターのマネジメントを組織論の立場から論点整理することである。このことにはいくつかの限界がある。読んでいただいたならば，すでにお気づきと思うが，一つ目は，公共経営とタイトルをつけながら基礎自治体を中心に論点を限ったことである。それ以外の情報がほとんどない筆者の力量を超えてしまうからである。二つ目には，法的，政治的，財政的な問題には関心を向けることはほとんどできなかった。筆者の手に負えないことである。率直にいえば，理解できないところも多い。当然のことながら，関係者の間で議論されている中央－地方関係(とくに地方分権)，法的な制度改革や財政再建などについては一切言及しなかった。論理展開をあくまでも管理技術的な問題に限ることにした。地方自治体とその周囲に広がる組織の集合を組織論の視点からの論点整理である。現状分析のための枠組みの提示を意図している。三つ目には，そのことを心がけたので，具体的な事例への言及や，かくあるべきという提言のようなことは避けた。

　したがって論点を絞り込むところとしては，一方で個々の施策を具体的にどのように立案，実施するか，他方で地方自治とは何かなどという抽象的な理念の検討という，その中間に狙いを定めた。公共セクターの組織を支える枠組の現状と可能性についての論点整理である。それを手掛かりに，よりいっそうのシステムとしての効能の向上を図る企画立案に結びつくようなことがあれば，本書の意図するところは達成されたことになる。以後は実務家やコンサルタントの手に委ねるべきである。

　なお，筆者は関西のいくつかの地方自治体で，たとえば基本構想，基本計画，その後の点検，行財政改革，区政改革，業務改善，外郭団体の評価・廃止や整理統合，市民参加，高齢者福祉計画とその後の点検，電子自治体，自治体合併，特別職の報酬，最近では港湾経営などの委員会に加わった。そこでの経験が，本書では大いに役立っている。とはいいながら，委員にしてい

ただいて，今さらながら申し訳ないこととは思うが，積極的な発言は極力避けた。というのは，教科書的な知識として得ていたものとの乖離があまりにも大きく，どのように自分を納得させたらよいのか戸惑いのほうが大きかったことによる（率直にいえば，浮世離れの発言をして，実務中心の会合を混乱させたくないという気持ちが強かったからである）。

　筆者としては，委員会に出席して，なぜあのとき納得できなかったのか，そして，その論点の背後に潜んでいると感じた何かを，文章として表現しようとしたのが本書である。その意味ではテキスト的ではないかもしれない。テキストとして読んでいただいてもかまわないが，標準的ではないかもしれない。行政学や行政管理論のプロパーによるテキストと読み比べて中和していただいたほうがよいのではないか[1]。なお，加えていえば，委員会やそこで知己を得た人たち（具体的には，実務家や地域で影響力を発揮している人たち）と接触して得た情報は膨大である。ご期待には応えられなかったが，委員になったことで素晴らしい勉強の機会を得た。関係者の方々には感謝してもしきれない。

　さらにいえば二十年ほども以前になるが，立命館大学法学部で行政管理論を担当したとき以来の講義ノートが本書の下敷きにある。また先年，同志社大学総合政策学部で行政組織論，京都大学公共政策大学院では公共管理論を講じた。本書はその際のレジュメや覚え書などをまとめたものである。したがって，当初テキストとして書きはじめたはずである。しかし，文章の体裁を揃えようとするうちに標準的な論点から逸脱するような内容も多くなるのではないかと考えるようになった。十年ほど前に木鐸社の坂口さんに出版をお願いしたころはテキストとしてであったが，三年前あらためてお願いしたときは，テキスト的なものに何かを加えたいと考えるようになっていた。

　その何かとは，本論の内容を繰り返すことになるが，市民社会は成熟に向かう。今，この社会はすでに成熟している社会である。その社会ではさまざまの利害関係者たちが互いの利害を競い合う。その数も量も増えつつある。公共の世界とはカオスでありアナーキーである。多種多様の公共の組織は沸々と沸き立っている。それを調整し調停するところに，地方自治体の基本的な役割がある。地方自治体が経営体であれば，この役割を果たせるかどうかが，組織としての正当性を評価する基準となる。勇み足を覚悟でいえば，デモクラシーのための砦が地方自治体である。地方自治体もデモクラシーもさ

まざまの利害の競合によって形骸化に向かうという危惧が指摘されている。であればこそ，デモクラシーを支えるために地方自治体を中心に公共セクターは何かをしなければならない。そして，それが本義のマネジメントでなければならない。

加えていえば，本書は第6章を中心に前後に展開する構成になっている。いわゆるNPM批判である（第6章が脹らみ過ぎて，章構成にバランスを欠くことになったが）。それがなぜ限界に至らざるを得ないのかを論じたいために，公共性を論じ，それを支えるための特異ともいうべき仕組みの強調になった。以前，ある出版社に出版をお願いしたが，売れそうにはないということだった。やむを得ない。で，断念せざるを得なかった。NPM全盛のころである。しかし，お断りいただいたことが幸いして，さらに多くの文献による補強もできた。筆者にとって禍が福に転じたというべきである。

その後の作業の中で，さらに多くの文献に目を通して，その批判が必ずしも見当外れではないことをあらためて確認した。したがって行政管理論のテキストとNPM批判という二つの流れが合流したのが本書である。しかし，本書にオリジナリティはほとんどない。できるだけ多くの文献を読んで，それらを一つの物語になるように集約しただけである。それが結果としての合流ということである。いわば分厚いレジュメである。もしあえてオリジナリティがあるとすれば，章立て，あるいは本書の構成そのものにあると考えていただきたい。

その合流点でいえば，市民社会の成熟が望ましいことであれば，それを不可避と位置づけ，それに真正面から向き合わなければならない。さらに近未来の，この社会を支える資源が慢性的に不足する超高齢社会がそれに拍車をかける。とすれば，地方自治体には，よりいっそうのマネジメント的洗練が欠かせないということである。しかし，そのマネジメントとは私企業方式の模倣ではない。利害関係者相互のパワー・ポリティクスを与件とした，もう一つのマネジメントである。そこには技術的合理性が成り立つようで成り立たない。また，そこでは巷間，喧伝されているいわゆる政策官庁化を内実化するような地に根づいたマネジメントでなければならないと考える。

本文中でも紹介したが「90年代のNPMは，70年代の日本的経営のようなもの」という海の向こうの総括がある。いまさらNPMではないだろう，というのである。それならばと片意地を張るわけでないが，日本的経営は帰属

の重要性を説くことによって貴重な問題提起を行った。それの伝でいえば，NPMによる貢献は，行政は経営されなければならないということである。筆者としては，公共経営の理論的深化は，むしろこれからの課題であると考える。終結してはいない。

　なお，社会心理学を出自とする筆者が，なぜ地方自治の組織論に手を出すことになったのか。筆者の院生時代，村松岐夫先生（学習院大学教授，京都大学名誉教授）との出会いに尽きる。立命館大学に筆者を行政管理論の非常勤講師として紹介されたのも村松先生ではなかったかと思う。以後，講義ノートの作成に始まって，本格的に地方自治体の組織論的な研究をはじめることになった。そして，先生にはじまり，その山脈につながる多くの人たちに大いにお世話になった。お名前を挙げると切りがない，すぐに思いつくだけでも十指に余る。山脈を越えてのつながりもできた。この際，先生をはじめ，その人たちに感謝を述べなければならない。その出会いが今に続かなければ，おそらく本書はなかったといってよい。

　また，木鐸社には，M.リプスキーのストリート・レベルでの官僚制の翻訳（タイトルは「行政サービスのディレンマ」），「行政サービスの組織と管理」に続く三度目のご厄介になる。売れ残るなどのご迷惑をかけないことを願いたい。編集の坂口節子氏には，またまたお世話を受けることになる。感謝してもしきれるものではない。

田尾雅夫

（1）　著者は行政学については門外漢でもあるので，最近十年間に刊行された以下のような著作によって基礎的な知識の不足を補った。辞書代わりに使わせてもいただいた。なお法制度や財政については著者の能力を超えるところがあり，読んだことが即理解に至ったとはいえないことはこの際，釈明しておきたい。

　西尾勝（2001）「行政学（新版）」有斐閣
　村松岐夫（2001）「行政学教科書（第2版）」有斐閣
　昇秀樹（2001）「新時代の地方自治」東京法令出版
　宮脇淳（2003）「公共経営論」PHP研究所
　山崎正（2004）「最新地方行政入門」日本評論社

佐藤竺監修・今川晃・馬場健編（2005）「市民のための地方自治入門」（改訂版）実務教育出版

宮本憲一（2005）「日本の地方自治　その歴史と未来」自治体研究社

今村都南雄・武藤博己・沼田良・佐藤克廣・前田成東（2006）「ホーンブック基礎行政学」北樹出版

村松岐夫編（2006）「テキスト地方自治」東洋経済新報社

藤井浩司・縣公一郎編（2007）「コレーク行政学」成文堂

藤井浩司・縣公一郎編（2007）「コレーク政策研究」成文堂

磯崎初仁・金井利之・伊藤正次（2007）「ホーンブック地方自治」北樹出版

今川昇・牛山久仁彦・村上順編（2007）「分権時代の地方自治」三省堂

吉田民雄（2008）「都市行政学Ⅰ都市・市民・制度」中央経済社

吉田民雄（2008）「都市行政学Ⅱ政府・政策・政府体系」中央経済社

村上弘・佐藤満編（2009）「よくわかる行政学」ミネルヴァ書房

真渕勝（2009）「行政学」有斐閣

佐々木信夫（2009）「現代地方自治」学陽書房

なお，本書をテキスト（サブ・テキストが好ましいと思うが）として使っていただくのであれば，上記の書と併用していただくと中和作用が期待できそうである。

索　引

ア行

アイアン・トライアングル　58, 84, 127, 219-220, 229, 264, 312, 357, 373
アイヒマン実験　13
アウトカムズ　346-348
アウトソーシング　345
アウトプッツ　346-347
アカウンタビリティ　50, 69, 75, 101, 104, 124, 178-179, 182, 193, 195, 203, 258, 316, 344, 358-360, 363, 380
秋月謙吾　141
足による投票　67-68, 275, 293
汗，涙，誠　108, 309
新しい公益　187
アドボカシー　44, 91, 244, 257, 295
アドホクラシー　288
アドミニストレーション　39, 41, 104
アリソン，G．T．　218
アントレプルナー　164-166
委員会　235-236
意思決定　212, 216, 218, 232, 236, 239-240
意思決定過程　211, 214
伊多波良雄　363
伊藤修一郎　31
稲継裕昭　140
インクレメンタル（増分主義）過程モデル　219
インテリジェンス　297-299
インフォーマル・コミュニケーション　169
ウェーバー，M．　44, 144, 178
エージェンシー化　181-182, 190
NPM　27, 29-30, 33, 39, 174, 176-177, 180-182, 185-191, 193-194, 196-200, 203-205, 278, 296, 299, 310, 319, 354, 359, 371-372, 379
NPM改革　76
NPO　201, 241-242, 246, 254-256, 258, 260-261, 264-265, 269, 277
エンパワーメント　68, 93, 147, 190, 230, 237-239, 304
オープン・システム　109-111, 122, 140, 229
大きな政府　115, 177, 257
オストロム，V．　177

オズボーン，G．　98
お役所仕事　142, 151, 174, 241, 304, 308
愚かな決定　233

カ行

会議　235-236
学習する組織　123, 136, 343, 354
過程の組織　43
加藤富子　173, 332
ガバナンス　46-59, 61-63, 65, 67-71, 74-76, 98-99, 101, 111-112, 117, 125, 184, 359, 363, 378
ガバナンスの限界　57
カリスマ　163-165, 168, 172, 208
環境適合　114-115, 117-118
監視コスト　194-195, 197-198, 264
管理可能性　350
北大路信郷　338
君村昌　45
キャリア　321-322
キャリア管理　314
キャリアの限界　322-323
キャリアの成熟　322
キャリア・パス　157
境界関係　119, 121
境界人　120-121
行財政改革　93, 143-144, 175, 179, 189
凝集性　154, 234
行政官　128, 190-191, 297
行政管理　39-40
行政国家　201
行政サービス　44, 85, 94, 96-97, 107, 130, 241-242, 247, 257, 261, 265, 270, 303, 305, 307, 311-312, 314-315, 341, 373-374, 378-381
行政裁量　128, 311
行政評価　83, 190, 201, 354, 374
協働　55, 153, 248, 269-270, 273
協働生産　246-248, 251, 263
協働メカニズム　146
共有地の悲劇　18
金魚鉢　27, 316
クイン，R．E．　339
グールドナー，A．W．　151

索引　429

グラスルーツデモクラシー　63
クライエント　79-80, 82-83, 86-87, 106, 124, 133, 157, 170, 172, 199, 216, 229, 236, 247, 249, 265, 273-278, 280-284, 286, 288-289, 291-294, 296, 301, 308, 311-312, 314-315, 331, 342, 346, 352, 359-360, 380
クライエント支配　279, 281-282, 289, 295, 297
ゲーティッド・コミュニティ　62, 66-68, 77
ゲーブラー，T.　98
経営参加　230
経済性　348
経済的合理性　24, 32-35, 39-41, 48, 50, 55, 91, 133, 142, 181, 201, 267, 300, 338-339, 363, 380-381
権威　127, 148-149, 151, 164, 168, 172, 276-277, 282-283
権限　146-151, 167, 172, 276
権限委譲　93, 118-119, 124, 127, 147, 150, 155-156, 198, 200, 226, 234, 237-238, 294, 304
権限の集中化　148
限定された合理性　214, 217
現場裁量　124, 147, 150, 190, 196, 278
合意形成　242
コーポレート・ガバナンス　46-52, 56-58, 62, 75, 98, 230
コア・コンピタンス　90, 353
効果性　344-346, 363
公共　13-16, 34, 39-40, 127, 129, 363, 378-379
公共空間　13, 18-23, 47-49, 57, 66, 68
公共経営　39-40, 42
公共圏　16-17
公共サービス　23, 38, 44, 56, 64-65, 67, 76, 78, 81, 84-89, 92-94, 96-99, 101-102, 104, 106-107, 115, 134, 187, 238, 241-242, 247-248, 257-258, 261, 263, 274-275, 277-280, 287, 289, 296, 301, 334, 340, 342, 345, 351, 362, 376, 378
公共サービスの多様化　35, 37, 172, 184, 359
公共性　14-17, 19-22, 39, 41-43, 85, 133, 368, 380
公共政策大学院　137, 297, 301, 325, 333
公共セクター　21-22, 24, 28, 30-33, 40, 46-49, 51-58, 61-62, 73, 76, 91, 94, 96-97, 99, 101-102, 107, 109-111, 115-118, 121-122, 131, 133-134, 139, 141, 143, 146, 151, 153, 158, 168, 170-171, 175, 178, 184, 187, 191-192, 195, 199, 202-204, 214, 216, 241-242, 260, 272-273, 277, 289, 298-299, 301, 327, 329-331, 333, 335-336, 338-339, 343-345, 348-349, 356, 362, 364, 366-368, 370, 371, 379, 381
公共選択論　192, 200, 205, 209, 223
公共の組織　17, 21-22, 24-26, 30-32, 34-36, 38, 41-43, 47-49, 52-53, 60, 74, 78-79, 85, 88, 90, 92, 94-95, 100, 110, 115-116, 121, 126, 128, 131, 134, 139, 142, 149, 165, 171, 178, 187, 192, 205, 224, 242, 250, 258, 269, 273, 275-276, 297, 303, 305, 321, 331-332, 335, 340, 343, 366, 378
公共のための組織　14, 19, 21-22, 25, 28, 31, 34-35, 41-43, 47-48, 52-53, 55-57, 62, 74, 79, 94, 98, 100-101, 104, 107, 110-111, 115-116, 126, 130, 139, 142-143, 149, 168, 174, 179-180, 182, 192, 202-203, 205, 219, 224, 242-244, 267, 269, 298, 303, 305, 309, 330-332, 335, 349, 366, 372, 378, 380
公私組織比較　25
公人　304-307, 310, 326
公正，公平，社会的正義　17, 21, 23, 34-35, 42, 54, 78-79, 107, 129, 197, 265, 270, 305-306, 316, 349, 364, 375, 380
公務倫理　42, 149
合理性　338-339, 343, 347-348
効率性　143
合理的意思決定　213
合理的経済人　192, 219
告発　292
コスト低減　268
コスモポリタン　328
ゴフマン，E.　281, 289
ゴミ箱モデル　220
コミュニケーション　166-167
コミュニティ　59-62, 64-70, 73-74, 251-252, 262, 266, 268, 290
コミュニティ再建　58
コモンズ　18
コラボレーション　74
コンプライアンス（法令遵守）　126
コンフリクト　225-226

サ行
サード・パーティ　94-95, 97-99, 104-105, 107
サービス　80, 83-86, 88-89
サービス組織　80-81

サービス・ツール　97
サービス・ネットワーク　377
斉一性への圧力　234
最小国家　23
サイズ要因　233
最適基準　217, 224, 373
斎藤純一　43
サイモン, H. A.　214, 217, 224
サッチャーリズム　176
佐藤慶幸　62
サラモン, L. M.　53, 71, 95, 98, 100, 350
参加　226, 232
資源依存関係　70
資源動員　91, 226, 245, 356
自己評価　353-357, 363
市場の失敗　29, 37
自助, 共助, 公助　252
自助的な集団　290
事前評価　350
実行可能性　350
私的政府　59, 61-71
私的セクター　22, 52-53
市民　20, 241, 369
市民運動　58, 119, 243, 250, 370
市民活動　37, 184, 264, 378
市民参加　22, 58, 61, 89, 119, 131, 241-247,
　255, 263, 269-270, 276, 291, 295, 300-301, 311,
　317, 333, 344, 370
市民社会　16
市民セクター　37, 241-242, 253, 261, 265, 277
市民的義務　260
市民的公共性（Habermas, 1990）　15-17
市民と行政の関係　242, 269
社会関係資本　268-270
社会的格差　196
社会的公正　196
社会的合理性　33-35, 41, 51, 91, 130, 133, 202,
　381
社会的統合　196
柔構造化　93, 158
集団浅慮　222, 236
集中化　147-148, 190, 194, 200, 226, 229
住民運動　243, 255, 370
住民自治　58
主観的な評価　342
準メンバー　170, 276, 311

小集団　234-235
情報公開　245, 289, 363
職員参加　226-230, 237-238, 287
職場集団　153, 234
新古典派経済学　29, 178, 181, 186, 188, 192
新制度学派　134-137, 139, 141, 224
人的資源　156, 303, 305, 352, 361, 377
人的資源管理　179, 183, 227, 230, 304, 318,
　320-321, 331-332, 362, 375, 377
信頼　87-90, 298
心理的契約　317
スタジル, R. M.　159
スタッフ　156-157
スティグマ　281, 324
ストリート・レベルのサービスの送り手　228,
　280-281, 286, 294, 296, 299-300, 329, 336
ストリート・レベルのビュロクラシー　121,
　242, 273, 277-278, 281, 285, 287, 291, 293,
　295, 300-301, 306, 310, 326
スラック（余裕）　237, 273, 343
成果　334-337, 340, 342, 371
政策官庁化　245, 297, 327, 329, 332, 372-374
政策の窓モデル　221
生産性　143, 339
政治家　128, 184-185, 190-191, 200-201, 297
制度　132-133, 138, 224
制度化　137-139
制度的環境　134-136
制度的な制約　253
制度的ルール　134-139
制度論　132, 138
政府の失敗　37
政府の役割　29
セルズニック, E.　151
セルフ・ガバナンス　59-60, 62-63
セルフヘルプ社会　299
セルフヘルプ集団　60, 62-64, 66
全庁的視野　313, 372
専門的な権威　325
戦略　216, 337-338, 356, 376-377
組織開発　150
組織間関係　171, 376
組織間関係論　74, 112
組織均衡　317, 330
組織のインテリジェンス　272
存続　115, 343, 349, 353, 363-364, 381

索引　431

タ行

第一セクター　23-24, 42
第三者による評価　355-356
第三セクター　22-24, 35-39, 42, 98, 242, 253, 255-256, 380
代替尺度　341-342
第二セクター　23, 42
退出　292
田尾雅夫　44, 60, 129
高寄昇三　45
多様化　56, 105-107
ダウンズ，A.　307, 318
地域社会　251-254, 259
小さな政府　23, 115
遅刻せず，喧嘩せず，仕事せず　308
チャンドラーの命題　25, 338
超高齢社会　366, 368
庁議　212
ツール　95-96, 98, 100-103
ツール選択　102-103
ディスクロジャー（情報公開）　360, 380
鉄の檻　152
デモクラシー　13, 16-17, 19, 27-28, 35, 41, 43, 62, 67, 117, 193, 197-198, 244, 311, 351, 364, 379
伝達障害　167-168
討議民主主義　73
動態化　174, 234
トータル・インスティテュート　289
特定非営利活動促進法　254
トクヴィル，A. de　64, 69
ドラッカー，P. F.　336

ナ行

内部告発　230, 317
中島明彦　86
ニュー・ガバナンス　52-54, 71, 73, 98, 100, 102-104
ニュー・パブリック・マネジメント　174
人間関係管理　320
人間関係論学派　153
ネットワーク　49, 53, 61, 63, 70-74, 76, 100-101, 105, 107-108, 112, 131, 156, 171-172, 202-203, 216, 251, 264, 330, 355
ネットワーク・ガバナンス　71
ネットワーク組織　74, 76, 108, 131, 171
ネットワーク組織論　72, 172, 250
ネットワーク・マネジメント　71

ハ行

パーキンソンの法則　143, 234
ハーシュマン，A. O.　292
ハーセンフェルド，Y.　81, 292, 331
パートナーシップ　189, 242, 244-246, 252, 263-264, 266-268, 276, 327
バーナード，C. I.　148
ハーバーマス，J.　16
バーンアウト　289-290
発生主義会計　179, 181
パットナム，R. D.　131, 250, 268
派閥　169
パフォーマンス評価　179, 345
パフォーマンス（業績）測定　337, 344, 363
バリュー・フォー・マネー（VFM）　188
パワー　152, 156, 239
パワー関係　125, 152
繁文縟礼　151
PFI　182
PPP　122, 182, 189
ピーターの無能法則　323
ヒエラルキー　61, 72, 97, 99-100, 104, 118, 127, 130-131, 144-146, 148, 153, 155-156, 166-167, 170, 175, 212, 215, 250, 258, 279, 327, 377
非言語コミュニケーション　169-170
ヒト，モノ，カネ，情報　111, 305, 362, 376
ヒューズ，O. E.　28
ヒューマン・サービス　85, 88, 91, 247, 278, 301, 334, 338
ヒューマン・サービス組織　79, 238, 335
ヒューマン・プロセッシング　288
ビュロクラシー　41, 44, 47, 61, 72, 74, 76, 90, 100, 116, 118, 140, 144, 146-147, 150-152, 155, 158, 161, 164-167, 172, 174-175, 178, 180-181, 188, 190, 193, 199-202, 204-205, 223-225, 234, 258, 262, 278, 285, 318, 359, 361, 369
ビュロクラシーの限界　158, 178, 224
ビュロクラシーの硬直　119
ビュロクラシーの病理　142-143, 150, 165, 172, 264
ビュロ・フィロソフィ　48, 90, 123, 143, 168, 202-203, 205, 361, 377

評価基準　345
評価の不可視性　351
部局主義　123
福祉国家　177, 180
フッド，C．　57, 88, 177, 186, 250
ブラウ，P．M．　150-151, 283
フラット化　118
フラット組織　131
プラン・ドゥ・シー　152, 212
プリンシパル・エージェント（本人代理人）理論　105-106, 183, 190, 200, 264
プロフェッショナリズム　297, 324
プロフェッショナリゼーション（専門職化）　325
プロフェッショナル　86, 113, 120, 147, 178, 196, 203, 273, 276, 280, 297, 301, 319, 321-322, 325-326, 328-329, 333, 359, 374, 381
プロフェッショナル・マネジメント　185
プロフェッション　313, 324, 326-331, 333-344
分化と統合　124
分散化　147-148, 169, 190, 198, 200, 226-227, 229, 232, 234, 294
ベンチマーク　112
ベンディクス，R．　151
ボイス　111, 117, 175, 255, 264-265, 300, 372
ホイッスルブロワー内部告発を参照
放漫経営　142
ポスト・モダン　72, 365-366, 369
ポスト・モダン組織論　61, 144, 175, 178, 188, 193, 200
ボランタリーセクター　37, 253, 261
ボランティア　242, 246, 248, 254-255, 259-261, 264, 265, 267, 269, 370
ボランティア活動　37, 241, 249, 251, 259, 277, 306, 327, 370
ボランティア集団　254-256, 262, 264
ボランティア・セクター　242
ポリティカル・マネージャー　129, 184, 203
ポリティクス（パワー・ポリティクス）　17-22, 26-28, 34, 38, 40-43, 54-55, 57-58, 66, 70, 73, 75-76, 84, 96, 103, 106, 112-114, 125-127, 129-130, 132, 140, 143-144, 156, 175, 187, 195, 202-203, 205, 211, 218, 220, 224-226, 240, 246, 254-255, 258, 260, 267, 276, 300, 306, 312, 315, 318, 336, 349, 355, 358, 363, 371, 374, 379-381

マ行

マートン，R．K．　151
マネジネント・サイクル　199, 211, 241, 243, 334, 337-338, 343, 348, 350, 362, 373
マネジリアリズム　176, 181, 191, 200-201, 205
満足基準　217, 224, 373
ミッション　90-91, 149, 179, 202, 216, 260, 280, 315, 334-335, 340, 353, 356-359
宮川公男　212
民営化　181-183, 190, 194-195, 197, 209, 378
民間委託　181-183, 190, 194-195, 197, 378
ミンツバーグ，H．　19, 155, 338
村松岐夫　31
名声　89-90, 92, 340, 352-353, 356, 358
メンタリング　324
目標　371
目標管理　231-232
目標達成　334
モラル・ハザード　105-106, 201
森田朗　237

ヤ行

役割ストレス　319
夜警国家　23
山本清　55
よいサービス　82-84

ラ行

ライン　156-157
リーダーシップ　156, 158-162, 164, 172, 238
利害関係者（ステークホルダー）　79
リスキーシフト　223
理念の組織　43
リプスキー，M．　278, 285, 294, 341
稟議　167, 227
倫理　306, 314, 326
ルース・カップリング　93, 119, 122-124
ルーティン　215-216, 218
ルール　17-18, 20-21, 57, 88, 131, 133, 139, 232, 250
ルール化　130-131, 149

著者略歴

田尾雅夫（たお　まさお）

1946年　香川県生まれ，京都大学文学部哲学科（心理学専攻）卒業，京都大学文学研究科（心理学専攻）修了，博士（京都大学，経済学），京都府立大学文学部社会福祉学科助教授，京都大学経済学部経営学科教授，京都大学公共政策大学院教授を経て，2008年以降，愛知学院大学経営学部教授

著作　『行政サービスの組織と管理』（木鐸社，1990年，日本経済新聞経済図書文化賞，組織学会賞を受賞），『組織論』（共著，有斐閣，1998年），『組織の心理学』（有斐閣，1999年），『自治体の人材マネジメント』（学陽書房，2007年），『セルフヘルプ社会』（有斐閣，2007年，社会心理学会賞を受賞）など

公共経営論

2010年2月20日第1版第1刷　印刷発行　ⓒ
2014年3月20日第1版第2刷　印刷発行　ⓒ

著者との了解により検印省略	著　者　田　尾　雅　夫
	発行者　坂　口　節　子
	発行所　㈲　木　鐸　社（ぼくたくしゃ）
	印刷　アテネ社　製本　吉澤製本所

〒112-0002 東京都文京区小石川5-11-15-302
電話（03）3814-4195番　FAX（03）3814-4196番
振替 00100-5-126746　http://www.bokutakusha.com

（乱丁・落丁本はお取替致します）

ISBN978-4-8332-2424-6　C3034

行政サービスのディレンマ
M. Lipsky, Street-Level Bureaucracy, 1980
M.リプスキー著　田尾雅夫訳
A5判・352頁・3000円（1998年2刷）ISBN4-8332-0224-7
■ストリート・レベルの官僚制
　本書は街中の、地域住民のニーズと直接相対する官僚制＝教師・警官・弁護士・ソーシャルワーカー等の組織内外の行動の実態から、その制約要因や可能性を多角的に分析。本書により80年度ライト・ミルズ賞，81年度アメリカ政治学会カメラー賞を受ける。

行政サービスの組織と管理
田尾雅夫著
A5判・302頁・4000円（2010年6刷）ISBN4-8332-2145-4
■地方自治体における理論と実際
　本書は、「地方自治」という規範的概念を内実化するための方途として地方自治体の組織の変革可能性を議論したものである。即ち地方自治を機能させるための道具或いは装置としての自治体をどう運営するかということに実証的・理論的に取り組んだ。組織論の研究蓄積を駆使した試行調査の成果。日経図書文化賞受賞。

自治体発の政策革新　■景観条例から景観法へ
伊藤修一郎著（筑波大学）
A5判・300頁・3000円（2006年）ISBN4-8332-2376-7
　本書は景観条例を題材として，自治体が現代社会の政策課題に取り組む主体として，その潜在力を発揮できるのは，どのような条件のもとでか。いかにして自治体発の政策革新が可能になるのか，を追究する。分析した自治体は全国に及び、理論整理と実証的積み重ねは、他に類をみない。

辻中豊（筑波大学）責任編集
現代市民社会叢書
各巻　A5判250頁前後　本体3000円＋税

　本叢書は主として2006年8月から開始された自治会調査を皮切りに、電話帳に掲載された社会団体、全登録NPO、全市町村の4部署について2008年1月までの1年半の間、実態調査を続け、合計4万5千件におよぶ膨大な市民社会組織と市区町村に関する事例が収集された。この初めての全国調査は従来の研究の不備を決定的に改善するもの。本叢書はこの貴重なデータを基礎に、海外10カ国余のデータを含め多様な側面を分析し、日本の市民社会を比較の視座において実証的に捉えなおすもの。

（1）辻中豊・ロバート・ペッカネン・山本英弘
現代日本の自治会・町内会： 既刊
第一回全国調査にみる自治力・ネットワーク・ガバナンス
A5判・264頁・3000円（2009年）ISBN978-4-8332-2420-8